"Belau Rekid"

Belau loba klisiich er a kelulul,
El di mla ngar ngii re rechuodel mei
Meng mengel uolu er a chimol beluu,
El ngar eungel a rirch lomke sang...

"Our Palau"

Palau is coming forth with strength and power,
By her old ways abides still every hour.
One country, safe, secure, one government
Under the glowing, floating soft light stands...

팔라우 국가(國歌)

팔라우의 힘과 강력함이 더불어 앞으로 나아가고 있도다.
그의 전통 또한 모든 시간과 같이 하네.
하나의 조국, 안전, 안보, 하나의 정부.
빛나고 부드러운 밝음 아래 서 있네.

태평양
도서국
총서 05

Republic of Palau
팔라우 공화국
Beluu er a Belau

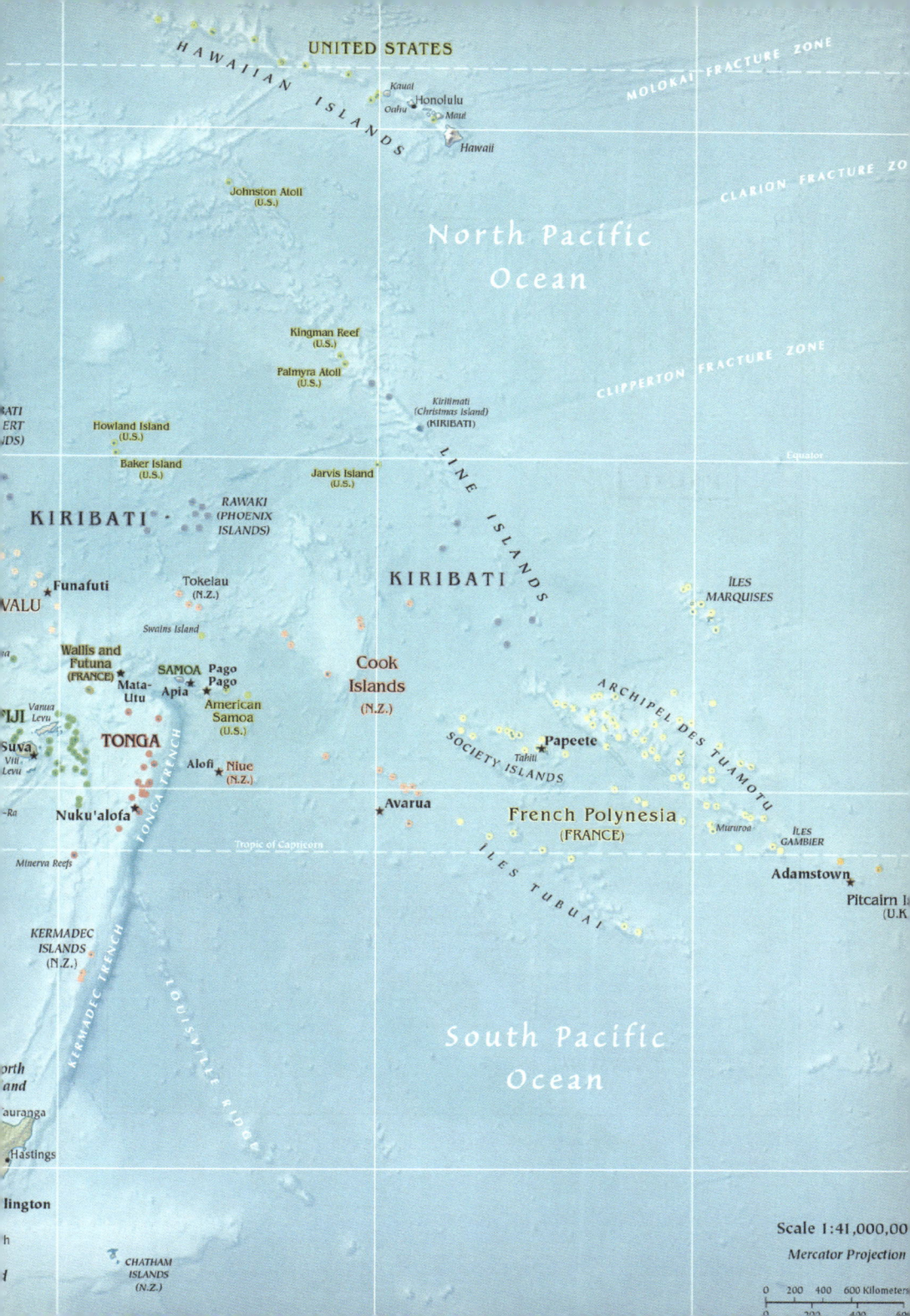

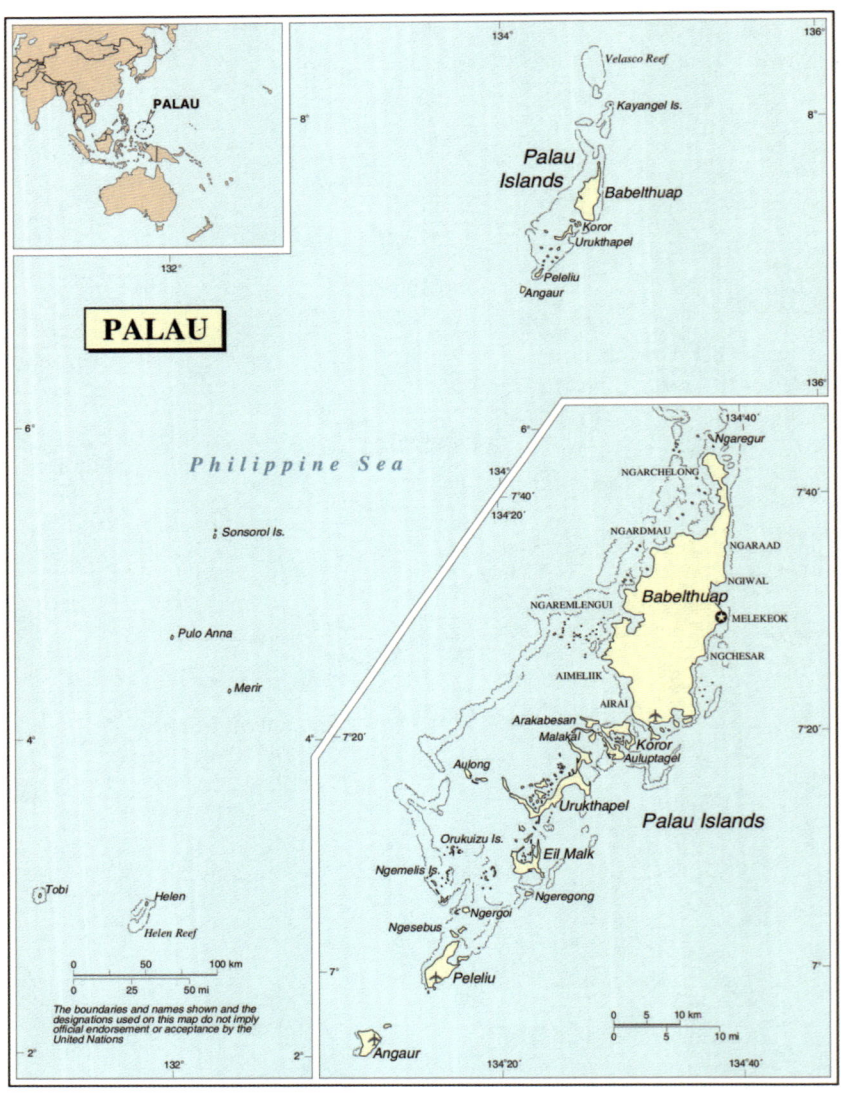

Wikipedia, Palau, https://upload.wikimedia.org/wikipedia/commons/0/0d/Un-palau.png

태평양 도서국 총서 발간 취지

15세기 중세까지를 그리스·로마 중심의 지중해시대, 16세기부터 20세기까지를 유럽과 미국 중심의 대서양시대로 본다면, 21세기인 오늘날은 태평양 연안 국가가 중심인 태평양시대가 도래한 시대라고 할 수 있습니다. 그러나 태평양 중심에 있는 도서국들은 지구기후 변화로 인한 자연재해뿐만 아니라 산업화 부재로 인한 경제적 어려움과 과학기술력 낙후로 다른 개발국들과 비교하여 경제적 생활수준의 격차가 커지고 있습니다. 하지만 이들은 육지에 비해 광대한 해역을 보유하고 있어 향후 그 생태공간적 자원가치와 해양자원의 잠재력이 무한할 것으로 추정되고 있습니다. 이미 선진국 위주의 기회 선점 경쟁이 본격화되었고, 후발 주자인 중국은 엄청난 물적·인적 네트워킹을 진행하고 있습니다.

우리나라의 경우에는 국제사회의 책임 있는 선진국의 지위에 도달한 나라로서 경제 및 사회 발전의 경험을 태평양 도서국들과 공유하고, 도서 국민들의 삶의 질을 향상시키며 그들 국가와 사회가 직면하고 있는 해양 현안문제들을 우리의 해양과학기술력으로 해결할 수 있는 방안을 모색하여야 할 것입니다.

이러한 인식하에 우리는 태평양 14개 독립 도서국에 대한 기초적인 안내자료를 제공하고, 태평양 지역의 독특한 사회적 특성과 문화에 대한 대중의 인식을 제고하며, 태평양으로의 지역진출뿐 아니라 이 지역에서의 제반사업 추진을 위한 기본 정보 및 협력 인프라 구축을 위해 본 총서를 발간하게 되었습니다. 부족한 점은 향후 지속적인 동향 보고와 자료로 보완할 것입니다. 아울러 본 총서가 태평양 도서국에 대한 이해를 증진하고, 궁극적으로는 우리나라의 태평양 진출과 현지 도서민들이 추구하는 가치를 공유하는 데 다소나마 이바지할 수 있기를 기대합니다.

2015년 9월 저자

Contents

chapter 01
마이크로네시아 문화권의 형성과 발전

- 01. 마이크로네시아 지역 소개 ·········· 14
  - 명칭 ·········· 14
  - 지리적 범위 ·········· 16
  - 지리적 특성 ·········· 16
- 02. 서태평양 마이크로네시아인의 기원 ·········· 19
  - 마이크로네시아어 ·········· 29
  - 마이크로네시아의 원주민 ·········· 30
- 03. 마이크로네시아 문화권의 특징 ·········· 32
  - 마이크로네시아 문화권의 특징 ·········· 32
  - 화산섬과 산호섬 문화 ·········· 38

chapter 02
팔라우 공화국의 이해

- 01. 국가 일반사항 ·········· 42
  - 명칭 ·········· 42
  - 지리 ·········· 42
  - 사람 ·········· 45
  - 정부 ·········· 48
  - 경제 ·········· 49
- 02. 환경과 인문사회 ·········· 53
  - 환경 ·········· 53
  - 기후 ·········· 58
  - 해양환경 ·········· 60
  - 항해정보 ·········· 64
  - 인구통계 및 인종기원 ·········· 67
- 03. 역사 ·········· 68
  - 정착시대 ·········· 68
  - 정복과 식민지 시대 ·········· 72
  - 세계대전 ·········· 72
  - 독립 ·········· 74

04. 국가 정부 형태 및 구조 ·········· 77
- 개요 ·········· 77
- 집행부 ·········· 79
- 입법부 ·········· 85
- 사법부 ·········· 86
- 팔라우의 16개 주(States) ·········· 87
- 팔라우 공화국 국가 및 공휴일 ·········· 106

05. 정치 현황 ·········· 108
- 현황 개요 ·········· 108
- 외교 관계 ·········· 113
- 마이크로네시안 도전 이니셔티브 ·········· 116
- 비핵무장 헌법 ·········· 117
- 관타나모 죄수 입국허용 ·········· 118

06. 경제 ·········· 119
- 팔라우 경제현황 ·········· 119
- 세금정책 ·········· 122
- 관광산업 현황 ·········· 122
- 팔라우 방문 정보 ·········· 128

07. 외교 ·········· 141
- 외교 현황 ·········· 141
- 한국과의 관계 ·········· 145
- 미국과의 관계 ·········· 152
- 일본과의 관계 ·········· 158
- 베트남과의 관계 ·········· 160

08. 사회 구조 및 문화 ·········· 161
- 종교 ·········· 161
- 전통 및 지역사회 구조 ·········· 162
- 전통적 정부 시스템 ·········· 162
- 전통 문화와 예술 ·········· 165
- Bai(남자들의 회의 장소) ·········· 168
- 마을의 전통적 사회 ·········· 170
- 전설과 민담 ·········· 175
- 현대 이야기 ·········· 178

chapter 03
참고 자료

별첨 1. 팔라우의 주요 경제지표 ··· 184
별첨 2. 기타 경제 현황 ··· 190
별첨 3. 일본과의 외교 관계 ·· 200
별첨 4. 중국과 대만과의 외교 관계 ·· 221
별첨 5. 팔라우 최근 주요 기사 ··· 225
별첨 6. 팔라우 방문 및 목격한 외국선박들에 대한 역사적 기록··· 230
별첨 7. 팔라우 지도 ··· 244
별첨 8. 팔라우 숙박시설 ·· 248
별첨 9. 팔라우 주요 식당 ··· 258

참고문헌 ·· 269
색인 ··· 293

일러두기

- 책에 수록된 사진과 지도, 그림 등은 주로 저작권이 없거나 소멸된 공유저작물(Public domain)을 활용하였으며, 저작권이 있는 경우는 저작자를 별도 표기하였다.
- 본 총서는 한국해양과학기술원 연구과제 "해양경제영역 확장을 위한 국제네트워크 구축사업(PE99355)"의 일환으로 발간되었다.
- 이 책 초본을 읽어주신 문학 평론가 최영호 교수님 그리고 조정현 작가님께 감사드리며, 초안작업을 도와준 강대훈님께도 감사드린다.

chapter
01

마이크로네시아
문화권의
형성과 발전

01 마이크로네시아 지역 소개[1][2][3][4][5]

1. 명칭

태평양은 일반적으로 폴리네시아, 멜라네시아, 마이크로네시아라는 세 지역으로 구분된다. 지역을 구분하는 근거는 본래 그 지리적 위치였으나 그 후 각 지역별로 언어, 풍습, 인종 등의 공통점이 생기면서 확고해졌다는 해석이 덧붙여졌다. 현재는 태평양의 지리적·문화적 경계를 나누는 개략적인 틀로 자리 잡았지만, 보편적으로 받아들여지는 것은 아니고 이러한 구분에 반대하는 학자들도 있다. 그 지역 명칭은 그리스어에서 기원했으며, 그 의미는 멜라네시아(검은 섬들), 폴리네시아(많은 섬들), 마이크로네시아(작은 섬들)이다.

멜라네시아["μέλας : melos"(검은) + "νῆσος : nesos"(섬들)]
폴리네시아["πολύς : poly"(많은) + "νῆσος : nesos"(섬들)]
마이크로네시아["μικρός : micros"(작은) + "νῆσος : nesos"(섬들)]

---

1) Lal, Brij V. and Fortune, K., 2000. The Pacific Islands - An encylopedia. University of Hawaii Press. Honolulu. https://books.google.co.kr
2) Green, V.J. and Green, R.C., 2007. An accent on atolls and approaches to population histories of remote Oceania. In, The Growth and Collapse of Pacific Island Societies: Archaeological and Demographic Perspectives, edited by P.V. Kirch and Rallu, J.L. Honolulu, University of Hawaii Press
3) Hurles, M.E., Matisoo-Smith, E., Gray, R.D. and Penny, D., 2003. Untangling oceanic settlement: The edge of the knowable. Trends in Ecology and Evolution 18: 531-540
4) Matisoo-Smith, E. and Robins, J.H., 2004. Origins and dispersals of Pacific peoples: Evidence from mtDNA phylogenies of the Pacific rat. Proceedings of the National Academy of Sciences of the United States of America (PNAS) 101(24): 9167-9172
5) Nero, Karen, 2010. (Review) Traditional micronesian societies - adaptation, integration & political organization. Pacific Asia Inquiry 1(1). http://www.uog.edu/sites/default/files/reviews.pdf
6) 쥘 뒤몽 뒤르빌(Jules Dumont d'Urville, 1790~1842)
태평양, 호주, 남극대륙 등을 탐험한 프랑스 해군 장교. 1826~1829년부터 피지, 뉴칼레도니아, 파푸아뉴기니, 솔로몬 제도, 마이크로네시아 등을 방문하고, 폴리네시아 지역과 구별되는 섬 그룹들을 지칭하기 위해 말레이시아, 마이크로네시아, 멜라네시아라는 용어를 고안했다.

이 가운데 폴리네시아라는 명칭은 1756년 프랑스 탐험가인 샤를 드 브로스(Charles de Brosses)가 태평양 도서국 전체를 지칭하는 용어로 역사상 처음으로 사용하였다. 그 후 1831년 프랑스 해군 장교이자 탐험가였던 쥴 뒤몽 뒤르빌(Jules Dumont d'Urville)[6]이 오늘날과 같은 세 지역으로의 구분을 제안했다. 멜라네시아란 용어는 이 지역 주민들의 피부색이 검다는 데서 나왔고, 마이크로네시아는 넓은 바다에 작은 섬들이 흩어져 있다는 데서 유래했다. 그리고 폴리네시아는 곳곳에 섬이 아주 많다는 것에서 생겨난 이름이다.

　오늘날 세 지역은 주요 국가/지역들을 포함하고 있다. 멜라네시아 지역은 파푸아뉴기니, 솔로몬 제도, 바누아투 등이고, 폴리네시아는 사모아, 통가, 프랑스령 폴리네시아, 하와이 등이다. 또한 마이크로네시아는 팔라우, 마이크로네시아 연방국, 마샬 제도 같은 주요 국가를 지닌다. 그리고 멜라네시아 지역에 속해 있지만 폴리네시아 지역과의 경계선상에 위치한 피지의 경우는 양쪽의 문화적 특징을 모두 갖고 있는 국가로 평가되고 있다.

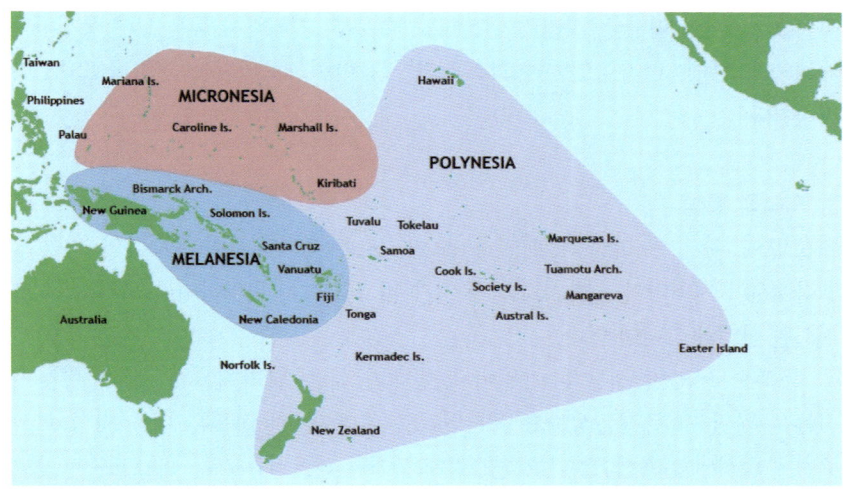

마이크로네시아의 지역 구분[7]

---

7) Wikipedia, Pacific Islander, https://en.wikipedia.org/wiki/Pacific_Islander

2. 지리적 범위

'마이크로네시아'라는 우리말 용어는 복합적이다. 하나는 지역명이고, 다른 하나는 국가명이다. 지역으로서의 마이크로네시아는 태평양의 세 문화권(폴리네시아, 멜라네시아, 마이크로네시아) 가운데 하나를 지칭하고, 국가로서의 마이크로네시아는 오늘날 서태평양상에 동서로 길게 배열되어 있는 섬들, 이른바 마이크로네시아 연방국(Federated States of Micronesia, FSM)을 가리킨다.

영어권에서는 지역으로서의 마이크로네시아를 Micronesia, 국가로서의 마이크로네시아는 Federated States of Micronesia(FSM)로 각각 구분해서 쓴다. 과거 미국은 지금의 마리아나 제도, 팔라우, 마이크로네시아, 마샬 제도 등을 모두 포함한 서태평양 지역을 신탁통치령으로 지배했다. 이때 미 태평양 신탁통치령(Trust Territory of the Pacific Islands: TTPI)은 지역으로서의 마이크로네시아와 거의 일치한다. 다만, 나우루와 키리바시는 여기서 제외된다.

따라서 지역으로서의 마이크로네시아는 오늘날의 팔라우, 마샬 제도, 마이크로네시아 연방국, 북마리아나 제도, 나우루, 키리바시 등을 모두 통칭하는 개념인데 반해, 국가명인 마이크로네시아는 마이크로네시아 연방국(FSM)만 지칭한다.

3. 지리적 특성

태평양에 자리한 섬들의 배열을 보면, 호주 및 파푸아뉴기니와 가까운 멜라네시아 지역의 섬들이 비교적 육지가 넓고 지형이 다양하며, 조산 활동으로 형성된 산맥과 계곡이 많다.

동쪽으로 가면 섬들의 기원이나 형태가 차츰 달라지는데, 동쪽 방향의 섬들은 훨씬 더 듬성듬성하고 육지면적도 좁다. 이런 섬들은 대개 과거 화산 주변에 형성된 환초섬이거나 자연스럽게 생겨난 환초섬들로서, 해발고도가 낮고 육지면적도 좁은 것이 특징적이다.

태평양을 이해하려면 '산호'를 알아야 한다. 깊은 바다에서 화산이 폭발하면 얕은 공간이 생기는데, 이 공간에 플랑크톤으로 떠돌던 산호 유생이 안착하게 되고 산호는 그 영역을 확대하게 된다. 오랜 시간이 지나면서 산호는 반복적인 생사(生死)를 통해 산호초와 모래를 만든다. 그리고 어디선가 떠내려 온 야자열매가 여기에 박혀 싹을 틔우고 나무로 자란다. 이렇게 작은 섬이 만들어지고, 야자나무가 숲을 이루면서 섬으로서의 형태를 갖추게 된다.

거초

해수면의 수온이 연평균 23~25℃인 열대 및 아열대기후 지역의 얕은 바다에서는 산호의 분비물이나 뼈대가 쌓여 이루어진 단단한 산호초가 발달한다. 대체로 산호초는 카리브 해, 인도양, 지중해 그리고 태평양의 서부 해역에 집중적으로 분포하고, 섬과 산호의 위치에 따라 거초, 보초, 환초로 형태를 달리한다. 거초는 섬에 산호초가 직접 부착해서 발달한 것이고, 보초는 섬과 산호초가 바다로 인해 나뉜 것을 말한다. 그에 반해 섬은 없고 산호초만으로 원을 형성하며 발달한 것을 환초라고 한다. 이런 생성은 산호의 각질이 해저에 쌓여 시멘트의 주원료인

보초

환초

산호초의 형성과정[8]
다윈은 섬 주위에 산호가 자라 거초가 발달한 후, 섬이 점차 침강하면서 보초가 형성되다가 바다 아래로 완전히 가라앉으면 바다 위에는 고리 모양의 환초만 남게 된다는 육지 침강설을 주장하였다.

석회암을 만들고, 지구온난화로 인한 피해를 최소화하는 역할에 기인한다. 한편, $1m^2$의 산호군림은 매년 1,500~3,700g 정도의 이산화탄소를 흡수하고 있어 우리 인류에게 소중한 허파 구실을 해 준다. 이는 열대우림이 연간 1,000~3,300g의 이산화탄소를 흡수하는 것에 맞먹는 양이다. 뿐만 아니라 산호초에는 열대우림 다음으로 풍부한 것이 다양한 생물종이다. 하지만 최근 해수 오염과 수온 상승으로 각종 생물종들의 서식조건이 악화되면서 산호초의 생태계가 갈수록 위협받고 있다.

---

8) 네이버 지식백과. 지구를 지키는 바다의 은인, 산호, 살아있는 지리교서. http://terms.naver.com/entry.nhn?dccId=1523065&cid=47340&categoryId=47340

제주도보다 작은 섬에 인구가 약 10만 명인 키리바시는 최근 해수면 상승으로 국토보전에 심각한 위협을 느끼고 있다. Radio New Zealand 뉴스에 의하면, 키리바시 정부는 기후변화에 대비해 피지 사부사부 지방의 토지 6,000애이커(약 24㎢)를 구입 했으며, 마샬 제도는 유엔 안전보장이사회에 기후변화를 국제평화 및 안보에 대한 위협으로 간주해 달라고 호소하기도 했다.

팔라우 국제산호초연구센터 (© KIOST)

02 서태평양 마이크로네시아인의 기원 9) 10) 11) 12) 13) 14) 15) 16)

인류의 태평양 이주 역사는 '태평양을 향한 동진(東進)'으로 요약할 수 있다. 약 200만~500만 년 전 사이에 동아프리카에서 현생 인류의 조상이 출현했는데, 이들은 약 100만~200만 년경(아직 이 연대에 대해 의견이 분분하다)에 아시아 지역으로 이주해 오늘날의 중국 및 인도네시아 자바 섬에 정착했다. 그 후 약 3만 5천~6만 년 전 사이에 이들은 당시에는 육지로 노출되어 있던 인도네시아 동부 해안을 건너 뉴기니 섬과 호주 대륙으로 넘어갔다. 이들이 오늘날 태평양 원주민의 조상인 오스트라네시아인들이다. 동남아시아를 거쳐 인도네시아 및 뉴기니 섬, 호주에 정착한 오스트라네시아인들은 계속해서 동진하며 오늘날의 태평양 섬들에 정착했다. 태평양 지역에서의 인류 이주 및 정착의 역사는 크게 세 단계로 나뉜다.

---

9) Lum, J.K. and Cann, R.L., 2000. mtDNA Lineage Analyses: Origins and migrations of Micronesians and Polynesians. American Journal of Physical Anthropology 113(2): 151-168
10) Carson, M., 2013. Austronesian Migrations and Developments in Micronesia. Journal of Austronesian Studies 4(1)
11) Wikipedia. Micronesia. http://en.wikipedia.org/wiki/Micronesia
12) Encyclopedia Britannica. Micronesian Culture: Cultural region. Pacific Ocean. http://www.britannica.com/place/Micronesia-cultural-region-Pacific-Ocean
13) Masse, W. Bruce, Snyder, David and Gumerman, George J., 1984. Prehistoric and Historic Settlement in the Palau Islands, Micronesia. New Zealand Journal of Archaeology 6: 107-127
14) Pearce, C.E.H. and Pearce, F.M., 2010. Oceanic Migration. Springer, New York. pp. 411
15) Callaghan, Richard and Fitzpatrick, Scott M., 2008. Examining Prehistoric Migration in the Palauan Archipelago : A Computer Simulated Analysis of Drift Voyaging Asian Perspectives 47(1): 28-44
16) Wollstein, Andreas, Lao, Oscar, Bocker, Christian, Brauer, Silke, Trent, Ronald J., Numberg, Peter, Stoneking, Mark and Kayser, Manfred, 2010. Demographic History of Oceania Inferred from Genome-wide Data. Current Biology 20(22): 1983-1992

인류의 태평양 정착사	
1기 (4만년~3만5천년 전)	최초의 원주민들이 오늘날의 뉴기니 섬, 호주에 정착 파푸아뉴기니 섬 근해와 솔로몬 제도까지 진출
2기 (3,500년~2,000년 전)	오늘날의 동부 멜라네시아 지역(바누아투, 뉴칼레도니아 등)과 서폴리네시아(피지, 통가, 사모아) 지역까지 진출
3기 (1,500년~500년 전)	동폴리네시아(하와이, 타히티, 쿡제도, 이스터 섬 등) 지역으로 진출. 뉴질랜드 지역으로의 이주도 이 시기에 일어남

제1기: 항해통로의 시기(3만 5천~4만 년 전)[17] [18] [19] [20] [21]

태평양 이주 역사에서의 제1기는 약 4만~3만 5천 년 전이다. 이 시기에 인류는 오늘날의 파푸아뉴기니 연안, 호주 대륙에 정착했으며, 이후에도 이들은 '항해통로(voyaging corridor)'라 불리는 지역(파푸아뉴기니, 솔로몬 제도)까지 진출했지만 더 이상 동태평양 지역으로 전진하지 못하고 거의 3만 년 정도를 이곳에서 머물렀던 것으로 보인다. 이는 육안으로는 솔로몬 제도의 동쪽, 즉 항해통로 바깥의 섬들을 볼 수 없었기 때문이었다.

학자들은 초기 태평양 주민들이 거의 3만 년 동안 이 지역에 머무르며 태평양을 횡단할 수 있을 만큼의 항해기술과 항해도구를 발전시킨 것으로 추정하고 있다. 안전한 근해에서 항해경험과 기술을 쌓은 후에 먼 대양으로 진출했다는 것이다. 이 항해통로 지역은 비교적 이주가 쉬웠을 뿐 아니라, 태평양인들이 광활한 중앙 태평양으로 진출하기 위해 항해기술과 도구를 연마하는 일종의 '항해 교육장(voyaging nursery)'의 역할을 했다고 평가받는다. 이 지역 너머로는 거대한 대양이 펼쳐지는데, 거기서부터는 육안으로 섬들을 보기 힘들기 때문에 추측항법(dead-reckoning)에 의지해 항해해야 했다. 또한 쉽게 돌아올 수 있는 가까운 섬도 더 이상 존재하지 않았다.

---

17) Usee Du Quai Branly, 2010. Lapita – Oceanic Ancestors. http://www.quaibranly.fr/uploads/tx_gayafeespacepresse/MQB_DP_LAPITA_en.pdf
18) Hurles, M.E., Matisoo-Smith, E., Gray, R.D. and Penny, D., 2003. Untangling oceanic settlement: The edge of the knowable. Trends in Ecology and Evolution 18: 531–540
19) Matisoo-Smith, E. and Robins, J.H., 2004. Origins and dispersals of Pacific peoples: Evidence from mtDNA phylogenies of the Pacific rat. Proceedings of the National Academy of Sciences of the United States of America (PNAS) 101(24): 9167–9172
20) Oppenheimer, S., 2004. The 'Express Train from Taiwan to Polynesia': On the congruence of proxy lines of evidence. World Archaeology 36: 591–600
21) Soares, P., Rito, T., Trejaut, J., Mormina, M., Hill, C., Tinkler-Hundal, E., Braid, M., Clarke, D.J., Loo, J.H., Thomson, N., Denham, T., Donohue, M., Macaulay, V., Lin, M., Oppenheimer, S. and Richards, M.B., 2011. Ancient voyaging and polynesian origins. The American Journal of Human Genetics (AJHG) 88(2): 239–247

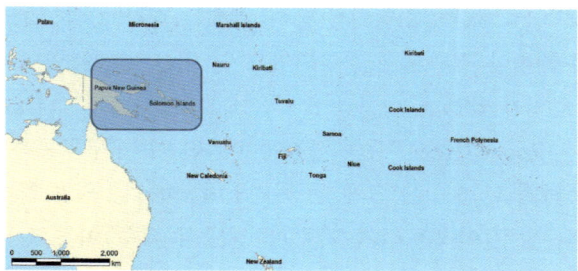

항해통로(voyaging corridor)의 위치 (© KIOST)

제2기: 라피타 문화의 등장 및 서폴리네시아로의 진출(2000~3500년 전)[22][23][24][25][26][27]

오늘날의 파푸아뉴기니 동부 해안, 비스마르크 제도, 솔로몬 제도 서부 등을 총칭하는 항해통로 지역에서 인류는 3만 년이 넘는 시간 동안 머물렀다. 이 지역의 섬들은 대체로 상호 식별이 쉬웠기 때문에 새로운 섬을 발견하거나 위험에 처했을 경우 다시 고향 섬으로 돌아오는 것이 상대적으로 쉬웠다.

그러던 중에 기원전 1500년경 원주민들은 항해통로 구역을 떠나 서폴리네시아로 진출하기 시작한다. 이러한 이주가 밝혀진 것은 20세기 중반부터 본격적으로 발굴되기 시작한 라피타 도기 덕분이었다. 이 라피타 유물은 서쪽으로는 파푸아뉴기니 동부 해안에서부터 동쪽으로는 서폴리네시아의 피지, 사모아에 이르기까지 광범위한 지역에서 발굴되었다. 그리고 거기서 발굴된 유적 및 도기들 사이에 일종의 연관성이 있다는 것이 밝혀지면서

---

[22] Geoff, Irwin, 'Pacific migrations', Te Ara – the Encyclopedia of New Zealand, http://www.TeAra.govt.nz/en/pacific-migrations
[23] Geoff Irwin, 'Pacific migrations – Ancient voyaging in Near Oceania', Te Ara – the Encyclopedia of New Zealand, updated 22-Sep-12, http://www.TeAra.govt.nz/en/pacific-migrations/page-2
[24] Green, Roger Curtis, 2000. An Introduction to Investigations on Watom Island, Papua New Guinea. New Zealand Journal of Archaeology 20(1998): 5-27. http://nzarchaeology.org/cms/NZJA/Vol%2020%201998/NZJA20,5-27Green.pdf
[25] Green, Roger Curtis, 2003. The Lapita Horizon and Traditions – Signature for One Set of Oceanic Migrations, pp. 95-120. In, Pacific Archaeology: Assessments and Prospects: Proceedings of the International Conference for the 50th Anniversary of the First Lapita Excavation. Koné-Nouméa 2002. edited by C. Sand. Les Cahiers de l'Archéologie en Nouvelle-Calédonie 15. Nouméa, New Caledonia: Département Archéologie, Service des Musées et du Patrimoine de Nouvelle-Calédonie
[26] Summerhayes, Glenn R., 2007. The rise and transformations of Lapita in the Bismarck Archipelago. Department of Anthropology, University of Otago, Dunedin, New Zeland, pp. 141-169
[27] Wikipedia, Roger Curtis Green, https://en.wikipedia.org/wiki/Roger_Curtis_Green

'라피타 문화'라는 개념이 확립되었다. 이 문화는 대략 기원전 1500년~기원후 1년 사이에 태평양 전역으로 전파되었으며, 이는 주민들의 이주 및 항해를 뒷받침하는 증거가 되었다.

로저 그린(Roger Green) 등의 학자에 따르면 이 시기에 동쪽으로의 대규모 이주를 가능하게 한 요인은 크게 두 가지였다. 하나는 원양 항해를 가능하게 했던 카누의 발전(아웃트리거 카누나 쌍발식 카누)이었고, 다른 하나는 영양분이 풍부할 뿐만 아니라 배에 싣고 오래 저장할 수 있는 새로운 구근류와 열매류가 동남아시아에서 파푸아뉴기니로 유입되었다는 것이었다. 또한 단순히 도기류뿐만 아니라, 각종 항해도구나 기술, 장식 등도 발전했다.

인상적인 사실은 라피타 문화가 처음 등장한 후 매우 빠른 시간 안에 폭발적으로 전파되었다는 것이다. 현재 가장 오래된 라피타 도기 유물은 파푸아뉴기니 동부 해안의 비스마르크 제도에서 볼 수 있다. 이들의 연대는 대략 기원전 1500년 정도의 것이다. 한편, 서폴리네시아의 피지, 사모아 등에서 발견되는 가장 오래된 라피타 유물의 연대는 대략 기원전 1000년경의 것이다. 즉, 처음 라피타 문화가 출현하고 500년 사이에 이것이 서폴리네시아로 전파되었다는 것이다. 500년이란 기간은 사람의 일생으로 보자면 약 20세대 정도가 거칠 수 있는 기간인데, 이 기간 내에 항해 및 이주가 대단히 빨리 이루어졌음을 알 수 있다.

한편, 라피타 도기의 기원이 어디인지에 대한 논란이 있는데, 크게 두 가지 입장이 있다. 하나는 이 문화가 최초로 출현한 지역이 파푸아뉴기니 동부 해안(비스마르크 제도)을 포함한 멜라네시아라는 입장과, 다른 하나는 동남아시아라는 의견이다. 이것은 폴리네시아인들의 기원이 멜라네시아인인지 아니면 동남아시아인인지에 대한 문제와도 관련이 있는데, 학자들은 언어학적·유전학적·고고학적 증거들을 들며 한쪽을 지지했지만 아직 라피타 문화의 기원지가 어디인지 정확히 밝혀지지 않았다. 다만 더 발전된 경작과 축산 기술·도구 등을 가진 사람들이 동남아시아에서 비스마르크 제도로 넘어왔고, 이것이 라피타 문화의 기원이 되었다는 설이 좀 더 폭넓은 지지를 받고 있다.

제3기: 동폴리네시아 및 뉴질랜드로의 진출(500~1500년 전)[28) 29) 30) 31)]

솔로몬 제도와 바누아투 등이 속한 멜라네시아와 피지, 통가, 사모아가 있는 서폴리네시아를 거쳐 동쪽으로 좀 더 가면 광대한 동폴리네시아가 펼쳐져 있다. 서폴리네시아에서 동쪽으로 쭉 가면, 현재 프랑스령 폴리네시아인 소시에테 제도(Society Islands)와 이스터 섬 등이 있고, 북쪽으로는 하와이, 남서쪽으로는 뉴질랜드가 위치해 있다. 이 섬들은 모두 제3기에 발견된 것으로 추정되고 있다. 그 중 동폴리네시아로의 이주 시기나 각 섬들의 정착 순서에 대한 논란이 많다. 그러나 동폴리네시아의 최초 거주민들이 서폴리네시아에서 왔다는 것만큼은 의심의 여지가 없어 보인다.

동폴리네시아의 정착과 관련하여 학계에서 거론되는 중요한 쟁점 세 가지가 있다.

> ① 서폴리네시아 정착과 동폴리네시아 정착 사이에 정말로 긴 휴지기(long pause)가 존재했는가?
> ② 동폴리네시아에 주민들이 모였다가 퍼져 나간 최초의 집결지가 있었는가?
> ③ 동폴리네시아 정착의 순서와 시기는 어떻게 되는가?

지금까지의 전통적인 학계 주장에 따르면 ① 서폴리네시아 정착과 동폴리네시아 정착 사이에는 약 1,000년 정도의 긴 휴지기가 존재했고, ② 오늘날의 프랑스령 폴리네시아에 속하는 마르키즈 제도(Marquesas Islands)에 처음 정착한 인류가 향후 하와이, 이스터 섬, 소시에테 제도 등으로 진출하는 요충지로 삼았으며, ③ 대략 300~800년 사이에 마르키즈 제도-이스터 섬-하와이 섬-소시에테 제도-뉴질랜드의 순으로 정착이 이루어졌다.

이 주장의 바탕에는 문화란 특정한 문화 중심지에서 주변부로 동심원을 그리듯 퍼져 나간다는 문화 전파주의(Diffusionism)적 시각이 깔려 있다.

---

28) Goldstein, Michael, King, Gail and Wright, Meghan, Diffusionism and Acculturation, Department of Anthropology/The University of Alabama, http://anthropology.ua.edu/cultures/cultures.php?culture=Diffusionism%20and%20Acculturation
29) Terry, L. and Klar, Kathryn A., 2005, Diffusionism Reconsidered: Linguistic and Archaeological Evidence for Prehistoric Polynesian Contact with Southern California American Antiquity 70(3): 457-484
30) Marshall, Yvonne, 1985, "Who made the Lapita Pots? A cases study in gender archaeology", The Journal of the Polynesian Society 94(3): 205-233, http://www.jstor.org/stable/20705934
31) Musee Du Quai Branly, 2010, Lapita - Oceanic Ancestors, http://www.quaibranly.fr/uploads/tx_gayafeespacepresse/MQB_DP_LAPITA_en.pdf

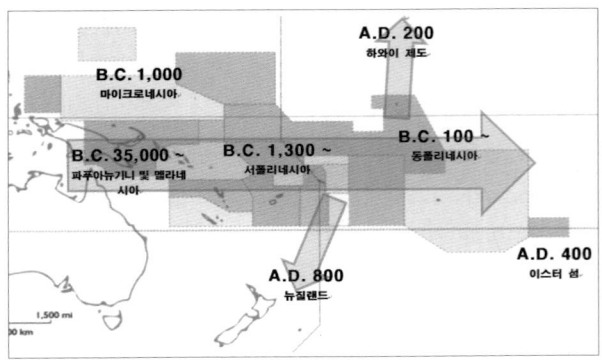
태평양의 인류 정착사 (© KIOST)

특정 문화권에서 핵심부가 되는 시역을 상정하고, 그곳에서 문화가 형성된 다음, 주변으로 퍼져 나갔다고 보는 시각이며, 이러한 전통적 주장은 고고학적 유물(라피타), 탄소동위원소 연대 측정(Radiocarbon dating), 언어학적 증거 등에 의해 뒷받침되었다.[32]

그러나 최근에는 이러한 견해들과 달리 서폴리네시아와 동폴리네시아의 정착 시기가 그다지 분리되어 있지 않았으며, 문화의 뚜렷한 중심이 존재하지 않았을지도 모른다는 주장이 제기되고 있다.

동폴리네시아 – 서폴리네시아 정착 사이의 불연속에 대한 전통적인 증거는 라피타 유물이다. 동쪽으로 갈수록 라피타 도기의 연대가 점점 늦어지기 때문이다. 하지만 여기에 대한 반박으로 주민들의 동쪽으로의 이주는 계속되었지만 동 폴리네시아로 갈수록 점토의 질이 나빠지자, 도기를 예전처럼 많이 만들지는 않았으리라는 반박이 제기되었다. 지대가 낮은 환초섬에서는 양질의 점토가 생산되지 않기 때문이다. 이 외에도 동폴리네시아 지역에서의 발굴 조사가 체계적으로 진행되지 않은 측면과 태평양판의 운동으로 인한 유물의 침수 가능성도 제기되었다.

라피타 유물이 태평양판이 호주판 아래로 섭입되는 통가 해구 너머(동쪽)로 가면서 전혀 발견되지 않았던 것은 지질운동으로 유물이 보존될 수 없었기

---

32) Bullerman, M., 2010. Hawaiian Language Tutorial. Society to advance indigenous vernaculars of the United States (SAIVUS). http://hawaiian.saivus.org/

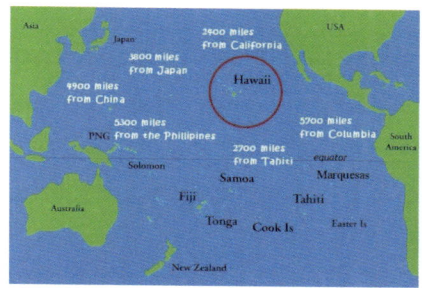
하와이의 위치[33]

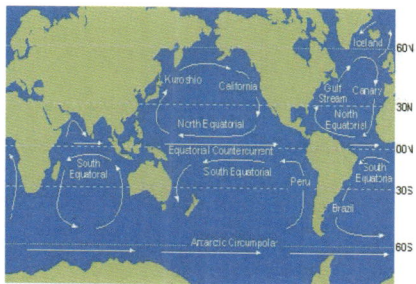
세계의 무역풍[34]

때문이라고 보고 있다. 여기에 지대가 낮은 환초섬이라는 환경이 더해져 노출된 유물들이 없다는 것이다. 또한 최근의 유물 발굴 및 탄소동위원소 연대 측정결과를 보면, 서폴리네시아와 동폴리네시아 유적 간의 연대 차이가 점점 좁혀지고 있다.

지금까지의 탄소동위원소 측정 결과를 요약하면, 최소한 기원전 100년경에는 인류가 동폴리네시아로 진출했던 것으로 보인다. 현재는 마르키즈 제도에서 가장 오래된 유물 증거가 발견되었지만, 향후 쿡 제도, 소시에테 제도, 투아모투 제도 등에서 더 오래된 증거가 발견될 가능성이 있다. 특히 위치상으로 보면 쿡 제도가 사실상 가장 최초로 발견된 섬들일 가능성도 있다.

동폴리네시아의 정착 역사는 인류가 태평양으로부터 바람이 불어오는 방향(동쪽)으로 항해했고 이에 따라 순차적으로 정착했다는 기본 패턴을 그대로 보여 준다. 피지, 사모아, 통가 등의 서폴리네시아에서 동쪽의 소시에테 제도, 이스터 섬 등으로 진출한 것이다.

뉴질랜드는 라피타 문화의 기원지에서 동폴리네시아 지역보다 훨씬 가까이 있었지만, 현재 밝혀진 바에 의하면 동폴리네시아 지역보다 약 1,000년 후에 인류가 이주했다. 또한 하와이는 동폴리네시아 가장 끝 쪽의 이스터 섬보다 약 3,200km나 가까운 위치에 있지만 두 섬은 모두 서기 400년경이라는 비슷한

---

33) PADZ. Teach your child to conserve our oceans. http://www.padi.com/blog/2011/05/02/teach-your-child-to-conserve-our-oceans/hawaii-map/
34) Earthguide. Pacific trade winds map, http://earthguide.ucsd.edu/virtualmuseum/Glossary_Climate/gencircocean.html

시기에 발견되었다.

하와이와 뉴질랜드 중 먼저 발견된 것은 하와이인데, 대략 300~400년경에 인류가 이주했던 것으로 보인다. 바람이 부는 방향으로 거슬러 항해하는 기존의 위도 항해와 달리, 하와이로 가기 위해서는 적도의 남동무역풍 지대를 벗어나 남동무풍대와 북동무역풍지대를 통과해 북쪽으로 항해해야 했다. 하와이는 적도에서 북위 약 20도 지점에 위치해 있다.

뉴질랜드를 향한 항해는 더 어려웠는데, 뉴질랜드 최북단의 위도가 남위 34도이기 때문에 적도로부터 남쪽으로 상당한 거리를 항해해야 했기 때문이다. 또 맞바람이 아니라 뒷바람을 타고 항해했기 때문에 훨씬 더 위험했다. 전형적인 뉴질랜드 근처의 기압분포를 보면, 뉴질랜드의 서쪽과 동쪽에 고기압이 형성되어 있고 북쪽에 저기압이 형성되어 서풍과 북풍이 강하게 분다. 그리고 쿡 제도나 소시에테 제도 같은 동폴리네시아와 뉴질랜드 사이의 650km 정도의 공간에는 사람이 정박할 수 있는 섬이 하나도 없다. 이러한 이유로 뉴질랜드는 라피타 문화의 기원지에서 가까운 위치에 있으면서도 인류의 이주가 가장 늦었던 것으로, 약 기원후 800년경에 최초로 정착한 것으로 보인다. 오늘날의 피지, 통가, 쿡 제도 남부에 살았던 주민들이 뉴질랜드로 이주했던 것으로 보이지만 동 폴리네시아 지역의 주민들이 뉴질랜드로 이주했을 가능성도 있다.

라피타 문화[35)36)37)38)39)40)41)42)]

라피타 문화는 기원전 1600~500년경에 멜라네시아인, 다수의 폴리네시아와 일부 마이크로네시아 정착민들로 구성된 문화 복합체이다. 라피타라는 말은 처음으로 도기가 발견된 뉴칼레도니아에 위치한 라피타의 이름을 딴 것이다. 라피타인들의 조상은 동남아시아에서 왔을 것으로 보며, 그들은 기원전 5000년에 이주를 시작하여 멜라네시아와 중동 태평양에 있는 섬들을 거쳐 통가와 사모아를 기원전 1000년에 도착했다는 설이 강하다. 그들은 내륙보다 해안에 정착하는 항해를 좋아하고 항해기술이 발달한 사람들이었다. 라피타 예술은 도기로 유명한데, 반복되는 기하학적 패턴의 모양이 대부분이지만, 가끔 얼굴형상을 한 도기도 볼 수 있다. 도기에는 얇은 점토를 발랐는데, 보통

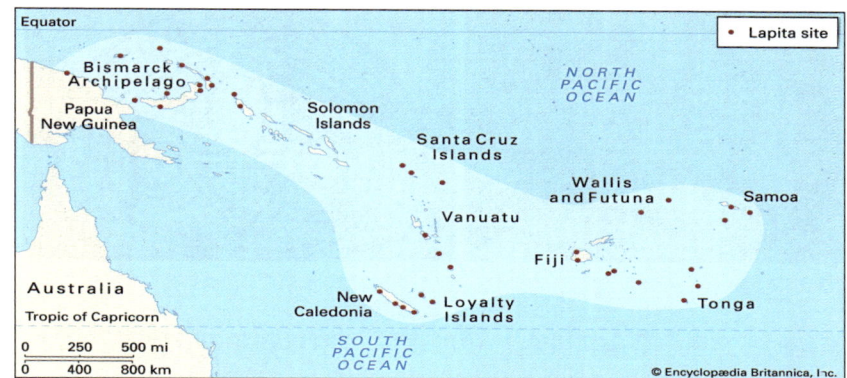

라피타 문화 영향권(Lapita Culture. http://kids.britannica.com/comptons/art-149870/Lapita-culture-area (inset source by Christophe cagé – travail personnel (own work), Encyclopedia Britannica online for kids. Based on Matthew Spriggs, Chapter 6. The Lapita Culture and Austronesian Prehistory in Oceania – Part 1. Origins and Dispersals – Map 1: Lapita sites and find spots in the southwest Pacific., CC BY-SA 3.0, https://commons.wikimedia.org/w/index.php?curid=5543968))

붉은색 점토를 주변에 바르고, 그 사이에 찰흙이나 석회질로 된 하얀 문양을 상감해 넣은 것이 특징이다. 이 도기는 1909년 파푸아뉴기니 뉴브리튼(New Britain) 섬 근처의 와톰(Watom) 섬에서 카톨릭 사제를 지내던 메이어 주교(Father

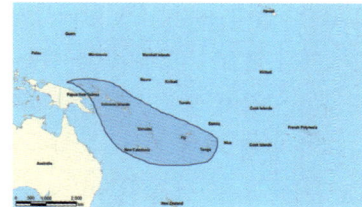

라피타 유적의 발굴지 (© KIOST)

---

35) Bedford, Stuart and Sand, Christophe. 2007. Lapita and Western Pacific Settlement: Progress, prospects and persistent problems. Terra Australis 26. http://press.anu.edu.au/wp-content/uploads/2011/05/ch0126.pdf
36) Chiu, Scarlett. 2012. The way of doing things: what Lapita pottery can tell us about the stories of Austronesian expansion. Journal of Austraonesian Studies 3(1): 1-25
37) Green, Roger Curtis. 2000. An Introduction to Investigations on Watom Island, Papua New Guinea. New Zealand Journal of Archaeology 20(1998): 5-27. http://nzarchaeology.org/cms/NZJA/Vol%2020%201998/NZJA20,5-27Green.pdf
38) Lawrence, Bailee. Oceania. http://exploreoceania.weebly.com/1-analysis-polynesia.html
39) Matisoo-Smith, E. and Robins, J.H.. 2004. Origins and dispersals of Pacific Peoples: Evidence from mtDNA phylogenies of the Pacific rat. Proceedings of the National Academy of Sciences of the United States of America (PNAS) 101(24): 9167-9172
40) Sand, Christophe. 2011. Looking at the big motifs: A typology of the central band decorations of the Lapita ceramic tradition of New Caledonia (Southern Melanesia) and preliminary regional comparisons. Department of Archaeology of New Caledonia, Nouméa, New Caledonia. pp. 265-287. http://press.anu.edu.au/wp-content/uploads/2011/05/ch166.pdf
41) Shutter, Jr. Richard. 2005. The relationship of red-slipped and lime-impressed pottery of the Southern Philippines to that of Micronesia and the Lapita of Oceania. pp. 521-529. http://horizon.documentation.ird.fr/exl-doc/pleins_textes/pleins_textes_7/divers2/010020769.pdf
42) Spriggs, Matthew. 2004. Is There Life After Lapita, and Do You Remember the 60s? The Post – Lapita Sequences of the Western Pacific. Records of the Australian Museum, Supplement 29: 139-144
43) Encyclopedia Britanica-Online. Lapita culture area map. http://www.britannica.com/topic/Lapita-culture

라피타 도기[44]   라피타 도기: 사람 얼굴 모양[45]

Mayer)에 의해 처음 보고되었다. 1917년에는 뉴칼레도니아의 라피타 지역에서 더 많은 도기가 발굴되었다. 그러다 1948년 뉴칼레도니아의 파인스(Pines) 섬에서 비슷한 도기들이 발견되면서 이 도기들 사이에 연관성이 있다는 사실이 알려졌고, 이후 1952년 글리포드(Glifford) 및 슈틀러(Shuttler)와 같은 고고학자들이 뉴칼레도니아에서 발굴 작업을 벌였으며, 이것이 1920~1921년, 통가에서 수집된 도자기들과 비슷하다는 사실이 확인되면서 '라피타 양식'이라는 도자기 양식이 태평양 전역에 퍼져 있었다는 내용이 처음으로 확립되었다. 이 도기가 널리 퍼져 있던 시기는 대략 기원전 1,500~500년 사이로 추정되며, 18세기에 서양 선교사들이 태평양을 방문했을 무렵에는 이미 라피타 도기의 명맥이 거의 끊어졌던 것으로 보인다. 현재 라피타 유물들은 서쪽으로는 파푸아뉴기니 마누스 섬과 비스마르크 제도로부터 동쪽의 사모아, 통가까지 발견된다. 이러한 라피타 문화의 전파와 오스트라네시아 언어의 전파 사이에 긴밀한 연관성이 있다는 사실은 학계에서 널리 인정받고 있다. 오늘날 폴리네시아 언어는 라피타 문화가 동쪽으로 전파되면서 형성된 것으로 추정하고 있다.

라피타 문화는 정교한 도기뿐만 아니라, 태평양 지역에서 발전된 농경문화의 증거들을 보여준다. 라피타 유적지에서는 경작용 텃밭 또는 작물을 길렀을 것으로 추정되는 토지 구역이 발견되었다. 이 외에도 태평양에서 가축화된 동물(돼지, 개, 닭)의 흔적이 발견되어 태평양 지역에서 최초로 가축을 길렀음을

---

44) Lawrence, Bailee. Oceania. http://exploreoceania.weebly.com/1-analysis-polynesia.html
45) Encyclopedia Britannica-Online. Lapita Culture photo. http://www.britannica.com/topic/Lapita-culture

알 수 있다. 또한 돌로 만든 손도끼, 조개껍데기 장식, 고리, 원반형 유물 등이 발견되었고, 파푸아뉴기니의 뉴브리튼 섬 및 어드미럴티 제도(Admiralty Islands)에서만 발견되는 검은 흑요석이 라피타 문화권 전역에서 발견되었다. 이러한 것들은 과거 인류의 이주 및 정착 역사를 보여 주는 라피타 문화권의 증거가 되고 있다.

1. 마이크로네시아어[46)47)48)]

마이크로네시아어는 오스트로네시아 어족(말레이-폴리네시아 어족)에서 갈라져 나온 언어 중 하나로 볼 수 있는데, 총 7개의 언어가 있으며, 이들은

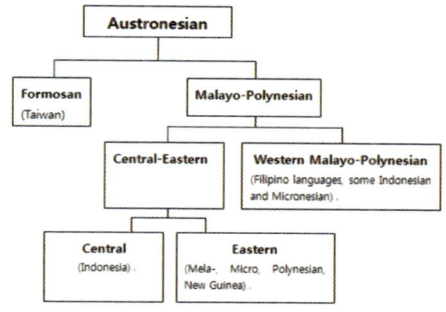

오스트로네시아 어족의 계통도[49)]

태평양 지역의 언어 표현 사례 : '감사합니다'

마이크로네시아	폴리네시아
폰페이어 – Kelangan	통가어 – Malo
코스래어 – Kulo	하와이어 – Mahalo
마샬어 – Kommol	이스트 섬어 – Maururu
축어 – Kinisow	
차모르어 – Si yu'us ma'are' / 필리핀어 – Salamat	
팔라우어 – Sulang / 인도네시아어 – Terimakasih	

---

46) Blaylock, Nate. The Austronesian Language Family. Department of Linguistics and English Language. Brigham Young University. http://linguistics.byu.edu/classes/ling450ch/reports/austronesian.html
47) Runner, Jennifer. 1995. "Thank you" in more than 465 languages. http://users.elite.net/runner/jennifers/thankyou.htm
48) Stevens, J. Nicoles. 1999. The Austronesian Language Family. Department of Linguistics and English Language. Brigham Young University. http://linguistics.byu.edu/classes/ling450ch/reports/austronesian2.html
49) Ibid.

마이크로네시아어의 핵심 언어들로서 모두 서로 연관되어 있다. 마샬어, 길버트어, 축어, 폰페이어, 코스레어, 캐롤라인어, 울리시어가 그것이며, 누쿠오로(Nukuoro)와 카핑가마랑기(Kapingamarangi)는 폴리네시아어군에 속하지만, 마이크로네시아 지역에서 사용되고 있다. 차모로어(Chamorro)는 필리핀어와 비슷하고, 팔라우어는 필리핀어와의 관련성이 불확실하나 인도네시아어와 관련이 있다고 보고 있다. 예외로, 얍어와 나우루어는 마이크로네시아어의 핵심 어족과의 관련성이 떨어진다고 본다. 마이크로네시아어의 핵심 어족은 음운체계(phonology)와 문법구조가 닮아 있으나 단어들은 25% 이하의 공통성을 지니고 있다고 본다.

2. 마이크로네시아의 원주민[50) 51) 52) 53)]

마이크로네시아의 원주민은 차모로족과 카나카족으로 구분된다. 차모로족은 마리아나 제도의 원주민으로, 인도네시아어족의 언어를 사용한다. 스페인계, 타갈로그에 기초를 둔 필리핀계, 그리고 여러 혈통이 다양하게 섞여 있다. 차모로어는 마이크로네시아 방언이 아닌 독자적인 어휘와 문법구조를 갖춘 별개의 언어이다. 괌에서는 순수한 혈통의 차모로족이 더 이상 존재하지 않는다. 그러나 영어가 이 섬의 공식적인 언어인데도 차모로어는 아직까지 많은 원주민 지역에서 사용되고 있다. 이들은 주로 로마 가톨릭을 믿는다.

카나카족은 처음에는 하와이에 거주하는 폴리네시아계 원주민을 가리키는 명칭이었다. 그러나 훗날 남태평양 섬들에 사는 사람들이란 광의의 의미로 쓰였으며, 대체로 마이크로네시아에 사는 원주민을 지칭하는 속칭이었다. 그들은 19세기 말과 20세기 초, 호주 퀸즈랜드의 사탕수수 대농장이나 방목지의 노동자 또는 소도시 지역의 하인으로 고용된 남태평양의 섬사람들이었다.

---

50) Gibbons, A., 2001. The peopling of the Pacific. Science 2891 : 1735-1737
51) Pietrusewsky, Michael, 2010. Lect_11 Models for Origins of the Polynesians_new. Anthropology 455 – Human biology of the Pacific. http://www.anthropology.hawaii.edu/people/faculty/pietrusewsky/anth455/lecture11.pdf
52) Wikipedia. Kanaka(Pacific Island worker). https://en.wikipedia.org/wiki/Kanaka_(Pacific_Island_worker)
53) ICMSpring12. 2012. Chamorros. http://icmspring12.wikispaces.com/chamorros

그들이 처음 퀸즈랜드에 등장한 것은 1847년 목화 대농장에 고용되면서였다. 그 후 수년간 이들은 값싼 노동력의 공급원이었는데, 이를 기반으로 사탕수수 산업이 이루어졌다. 1900년경까지 이들 수는 약 5만 7천여 명에 달한다. 한마디로 이들은 학대에 시달리며 노동만 하는 노예나 다름없었다. 이런 대우는 인도주의 차원에서 강력한 반발을 불러일으켰다. 1890년, 퀸즈랜드 정부는 더 이상의 노동자 모집을 금지시켰다. 주로 소규모의 유럽인 소작지를 늘려 유럽 노동력을 증진시키자는 요구와 함께 카나카족을 고용하는 것은 생활수준을 떨어뜨린다는 반발 때문이었다. 또한 농장주들은 자신들의 세력이 우세하다고 판단되는 퀸즈랜드 북부에 새로운 식민지를 세울 것을 요구하였다. 그것은 곧 노동자 모집 금지령을 유보(1892)시키는 데 영향을 주었다. 하지만 점점 괭이 대신 쟁기가 사용되고, 호주 농민들의 생산성이 높아지자 이듬해부터 카나카족 노동력의 필요성이 줄어들었다. 마침내 1901년, 새로운 호주 연방은 태평양 섬 노동자 법에서 1904년 이후부터 카나카족 노동력 모집을 폐지시켰다.

차모로족[54]

카나카족[55]

---

54) Ibid.
55) Wikipedia, Kanaka(Pacific Island worker), https://en.wikipedia.org/wiki/Kanaka_(Pacific_Island_worker)

03 마이크로네시아 문화권의 특징

1. 마이크로네시아 문화권의 특징[56) 57) 58) 59) 60) 61) 62) 63) 64) 65) 66) 67) 68) 69)]

인류학자들은 팔라우가 속한 마이크로네시아 지역에 고유의 문화적 특징이 존재하는지 여부에 대해 열띤 논쟁을 벌여 왔다. 그중 하나는 공통요소가 많지 않다는 주장인데, 그 이유로 마이크로네시아가 넓은 지역에 산재한 많은 섬으로 구성되어 있고, 각 섬들의 문화적 정체성이 뚜렷하며, 섬들 간의 거리가 멀다는

---

56) Kiste, Robert C. and Marshall, Mac(eds.), 1999. "Partial Connections: Kinship and Social Organization in Micronesia". In, American Anthropology in Micronesia: An Assessment. Edited by Robert C. Kiste and Mac Marshall, pp. 107-143. University of Hawaii Press. https://books.google.co.kr
57) Wolf, Arthur, 2014. In, Incest avoidance and the incest taboos - Two aspects of human natures. Standford University Press. Standford. http://www.google.co.kr
58) Encyclopaedia Britannica-Online. Micronesian culture - Cultural region, Pacific Ocean. http://www.britannica.com/place/Micronesia-cultural-region-Pacific-Ocean
59) Encyclopaedia Britannica-Online. Micronesian culture. http://www.britannica.com/print/article/380461
60) Henry, Rosita, Jeffery, William and Pam, Christine. 2010. A report on a pilot study conductd on Moch Island, Mortlock Islands, Chuuk, Federated States of Micronesia. January, 2008. Department of Anthropology, James Cook University. http://www.pacificdisaster.net/pdnadmin/data/original/FSM_2008_JCU_henryetal2008.pdf
61) Nero, Karen, 2010. (Review) Traditional Micronesian Societies - Adaptation, Integration & Political Organization. Pacific Asia Inquiry 1(1). http://www.uog.edu/sites/default/files/reviews.pdf
62) Knowledge Encyclopedia. Chamorro people. http://www.everyculture.com/knowledge/Chamorro_people.html
63) Flinn, Juliana, 1990. We Still Have Our Customs: Being Pulapese in Truk. In, Jocelyn Linnekin and Lin Poyer(ed). Cultural Identity and Ethnicity in the Pacific. University of Hawaii Press. http://books.google.co.kr
64) Kuartei, S., 2004. Incest in Palau: Delemumuu undressed: Environmental sacredness and health in Palau; Environment and expression of the thrifty genes: Essays
65) Micronesia Forum, Incest in the Pacific Islands. http://www.micronesiaforum.org/index.php?p=/discussion/12445/incest-in-the-pacific-islands/p2
66) Huntsman, Judith and McLean, Mervyn, 1976. Special Issue - Incest prohibitions in Micronesia and Polynesia. The Journal of Polynesian Society 85(2): 149-297
67) Flinn, Juliana, 1990. We Still Have Our Customs: Being Pulapese in Truk. In, Jocelyn Linnekin and Lin Poyer(ed.). Cultural Identity and Ethnicity in the Pacific. 1990. University of Hawaii Press. http://books.google.co.kr
68) Flinn, Juliana, 1991. "Who Defines Custom? The Case of Pulap Women's Dances." Paper presented at Association for Social Anthropology in Oceania symposium, "Custom Today," Victoria, B.C.
69) Flinn, Juliana, 1992. Pulapese dance - Asserting identity and tradition in modern contexts. Pacific Studies 15(4): 57-66. http://ojs.lib.byu.edu/spc/index.php/PacificStudies/article/viewFile/9813/9462

것을 들고 있다. 그리고 마이크로네시아 지역의 주민들이 아직 국가나 주 정부에 대한 개념에 익숙하지 않다는 것도 이 주장의 근거가 된다.

　마이크로네시아는 단일한 몇 개의 섬으로 구성되어 있지 않으며, 광대한 서태평양 위에 흩어져 있는 섬들로 구성되어 있다. 따라서 일부 학자들은 마이크로네시아적인 본질을 '느슨한 연계(partial connection)'에서 찾으며, 이들 사이에 유대가 있다면 그것은 오직 '느슨한' 수준에서만 그러하다는 입장이다. 이러한 '느슨한 연계'라는 개념으로 마이크로네시아의 여러 섬을 살펴보면, 이 지역에 공통되는 몇 가지 문화적 요소를 찾아낼 수 있는데, 특히 친족 및 사회조직과 같은 사람들 간의 관계를 규정하는 문화요소들 중에 공통점이 많다. 이러한 공통된 특징은 마이크로네시아 연방국, 마샬 제도, 팔라우 등에서 폭넓게 발견되는데, 북마리아나 제도의 경우는 예외이다. 그 이유는 17세기부터 스페인이 이 지역을 점령하면서 지역 고유의 차모로(Chamorro) 문화가 급격한 변화를 겪었기 때문이다.

　아이오와(Iowa) 대학의 인류학 교수인 맥 마셜(Mac Marshall)은 마이크로네시아 지역에서 50년 이상 행해진 연구를 정리하여 친족 및 사회조직의 측면에서 공통적으로 발견되는 마이크로네시아의 문화적인 특징 일곱 가지를 제기하였다; ① 형제자매 관계의 중요성, ② 모계 중심의 친족구조, ③ 빈번한 입양 및 대리 양육, ④ 친족과 토지, 음식의 연계성, ⑤ 결혼제도, ⑥ 근친상간 금지, ⑦ 결혼 후의 거주방식 등이다.

근친상간의 금지[70) 71) 72) 73) 74) 75)]

근친상간은 얼마전까지만해도 세계적으로 보편화된 특성이기 때문에 오랫동안 인류학에서 흥미로운 주제로 여겨져 왔다. 근친상간의 기원과 그것이 당연한 것으로 여겨지는 보편성은 인류학에서 지금까지 계속되는 토론의 주제가 되고 있으나, 누가 왜 그러한 규칙을 정했는지는 해결하기 어려운 문제로 남아 있다. 마이크로네시아 지역 사회의 근친상간의 규칙에 대한 자료는 이러한 논쟁에 중요한 방향을 제시하고 있으며, 특히 생물학에 기초한 것이 아닌 문화적 구조로서의 친족관계에 관련된 이 자료는 중요한 역할을 하고 있다.

마이크로네시아의 근친상간 규정에 대한 자료는 특별 부록인 *The Journal of the Polynesian Society*(Huntsman and McLean, 1976)에서 찾아볼 수 있다. 이 책에는 폴리네시아 사회에 대한 네 가지 기사뿐만 아니라, 얍, 나모룩, 폰페이, 마샬 제도의 아르노와 비키니 섬에 대한 견해도 실려 있다. 마이크로네시아의 근친상간 규정은 특히 남매나 모자간의 관계에 중점을 두고 있는데 이는 이 사회가 모계 중심으로서 형제자매의 관계를 얼마나 중시했는지 알 수 있다. 얍에는 두 가지 형태의 근친상간 금지형태가 있는데, 하나는 같은 모계 혈통 부족 간의 결혼 금지(ganong)이고, 다른 하나는 같은 토지를 가지고 있는 사람 간의 결혼 금지(tabinau)였다. 부족의 지속성은 족외혼의 엄밀한 규정에 따라 이루어질 수 있다고 생각하였다. 토지의 교환을 막고 전승(아버지로부터 아들에게 전해짐)을 확고히 하고자 같은 토지를 소유하고 있는 멤버 내에서의 근친상간도 부족의 지속성을 해하는 것으로 여겨 금지되었다.

나모룩의 근친상간과 동족결혼은 언어상으로 지칭하는 말이 없지만, 지역 통념상 근친상간은 성관계의 금지와 동족결혼의 금지 모두를 뜻하는 것으로 알려져있다. 나모룩인들은 먼 친척 간이나 발생학적으로 전혀 관계가 없는 친척 간의 결혼은 가능하다고 보며, 얍과 마찬가지로 남매나 모자간의 관계의 근친상간을 최악으로 여긴다. 하지만 나모룩에서는 생물학적으로 정해지는 부모, 자식, 형제보다 행동학적으로 규정된 관계들이 근친상간 금지를 결정짓는 더 중요한 요소이다.

---

70) Micronesia Forum. Incest in the Pacific Islands. http://www.micronesiaforum.org/index.php?p=/discussion/12445/incest-in-the-pacific-islands/p2
71) Huntsman, Judith and McLean, Mervyn. 1976. Special Issue - Incest prohibitions in Micronesia and Polynesia. The Journal of Polynesian Society 85(2): 149-297
72) Kiste, Robert C. and Marshall, Mac(eds.). Partial Connections: kinship and social organization in Micronesia. In, American Anthropology in Micronesia: An Assessment pp. 107-143. University of Hawaii Press. https://books.google.co.kr
73) Ward, Martha C., 2005. Nest in the Wind - Adventures in Anthropology on a Tropical Island, 2nd Edition. Waveland Press, Long Grove, Illinois. pp. 178. http://books.google.co.kr/
74) Kiste, Robert C. and Marshall, Mac(eds.). 1999. Partial Connections: Kinship and Social Organization in Micronesia. In, American Anthropology in Micronesia: An Assessment pp. 107-143. University of Hawai'i Press. https://books.google.co.kr
75) Kiste, Robert C. and Rynkiewich, Michael A., 1976. Incest and exogamy - A comrepehnsive study of two Marshall Island Populations. Journal of the Polynesian Society 85(2): 209-226

폰페이에도 '악마의 응시(evil gazing)' 혹은 '썩은 시체를 먹는 자(rotten corpse eater)'라는 근친상간을 지칭하는 말들이 있으며, 얍과 나모룩처럼 특정 형태의 근친상간을 더 안 좋게 보았다. 또한 폰페이는 이복형제에 대한 결속력이 마이크로네시아 지역 내에서 가장 뛰어나다.[76]

비키니와 아르노 산호섬은 마샬 제도에 속해 있지만, 생태학적으로 구분되며, 인구수도 다르다. 비키니는 아르노보다 역사적으로 훨씬 더 고립되어 있었다. 나모룩인들처럼 인구가 적은 비키니인들은 사촌 간의 결혼(bilateral cross cousin marriage)을 선호하는 반면, 인구가 다섯 배나 많은 아르노는 제도적으로 금지하지는 않았으나 선호하지 않았다. 이러한 차이점의 원인을 두 산호섬의 인구수의 차이, 비키니의 상대적인 고립, 아르노가 인접한 섬들로부터 배우자를 찾기에 수월한 점을 들었다. 또한 이러한 생태학적·인구통계학적 차이는 근친상간과 동족 결혼에 대한 태도에 영향을 주었다.[77]

예를 들어 20번 중 14번의 동족 간 결혼이 아르노에서 일어났으며, 아예 없거나 한 명의 배우자만 토착 혈통으로 밝혀졌다. 이처럼 아르노에서의 동족 결혼은 이론적으로 금지되어 있으나, 배우자 중 한 명만 아르노에 토착 혈통을 가지고 있으면 크게 도덕적인 문제가 되지 않는다. 반면 비키니에서는 동족 결혼이 이루어진 경우가 없었다.

이처럼 전반적으로 마이크로네시아 지역에서 근친상간의 금지가 이루어지고 있으며, 그 형태는 지리적·인구통계학적인 영향으로 각 섬마다 약간씩 다르다.

---

76) Ward, Martha C., 2005. Nest in the Wind - Adventures in Anthropology on a Tropical Island, 2nd Edition, Waveland Press, Long Grove, Illinois, pp. 178. http://books.google.co.kr/
77) Government of the Republic of the Marshall Islands, 2003. Republic of the Marshall Islands - A Situation analysis of Children, Youth and Women. http://www.unicef.org/pacificislands/RMI_SITAN(1).pdf

친족과 토지, 음식의 연계성[78] [79] [80] [81] [82] [83]

대부분의 마이크로네시아인들에게는 친척과 토지 공유권, 공유화된 토지에서 나오는 식량을 같이 취하는 사람의 상징적 연결에 대한 이야기들이 있다. 예를 들어, 축에서 토지는 통상적으로 음식을 가리키고, 얍에서는 "누구든지 식량을 주는 사람은 그것을 받은 사람의 아버지가 된다"라는 말이 있으며, 누쿠오로에서는 친척은 토지권을 공유하는 사람들이라고 하였다. 팔라우에서 사람은 오고 가지만 땅과 땅의 이름은 영원히 남을 것이고 절대 변하지 않는다는 이야기도 있다.

마이크로네시아인들에게 식량은 다른 어느 국가에서보다도 중요한 상징적인 의미를 지녔지만, 친족과 토지의 식량관계에 대한 인류학적인 조사는 상대적으로 덜 발달되어 있다. "풀랍(Pulap)과 축(Chuuk)에서 일반적으로 음식의 상징적인 가치는 과대평가되기 어려우며 자원을 공유하는 것은 결속의 표현으로서 음식을 나누어 먹는 것으로 전형화되어 있다. 음식은 친족 간에 같이 만들고 나누어 먹기 때문에 식사를 함께 만들고 먹는 행위는 누가 친척인지 결정하는 요소이다. 친족이 아닌 사람은 이러한 식사과정을 거치지 않는다"고 하였다. 친족을 유지하는 데 가장 기초적인 방법은 음식을 공유하는 것으로부터 시작된다. 풀랍에서는 생물학적인 연대가 없어도 토지와 식량을 공유하면 친족으로 간주한다. 이처럼 마이크로네시아 사회에서 친족은 사람과 토지, 음식으로 얽혀 있다.

---

[78] Flinn, Juliana, 1990. We Still Have Our Customs: Being Pulapese in Truk. In, Jocelyn Linnekin and Lin Poyer(eds.). Cultural Identity and Ethnicity in the Pacific. University of Hawaii Press. http://books.google.co.kr
[79] Nero, Karen, 2010. (Review) Traditional Micronesian Societies - Adaptation, Integration & Political Organization. Pacific Asia Inquiry 1(1). http://www.uog.edu/sites/default/files/reviews.pdf
[80] Petersen, Glenn. 2009. Traditional Micronesian Societies - Adaptation, Integration and Political Organization. University of Hawaii Press. Honolulu. pp. 228. http://books.google.co.kr
[81] Flinn, Juliana, 1992. Transmitting Traditional Values in New Schools - Elementary Education of Pulap Atoll. Anthropology and Education Quarterly 23(1): 44-58
[82] Countries and their Cultures. Federated States of Micronesia. http://www.everyculture.com/Ma-Ni/Federated-States-of-Micronesia.html
[83] Kuhnlein, Harriet V., Erasmus, Bill, Spigelski, Dina, Burlingame, Barbara, 2013. Indigenous Peoples' food systems and well-being. Food and Agriculture Organization of the United Nations (FAO/UN), Center for Indigenous Peoples' Nutrition and Environment. Rome. pp. 437

결혼 후 거주방식[84) 85) 86) 87) 88)]

작은 섬인 로모눔(Romónum)에서 3년간 결혼 후의 거주방식에 대한 자료분석은 다음과 같은 두 가지의 결론을 내렸다. 71%의 로모넘의 거주민들이 처가살이를 하고, 단 1.5%만 시집살이를 한다는 관점과 각각 58%, 32% 라고 보는 관점이다. 따라서 처가살이를 기본으로 한다고 보는 것과 모계, 부계 양측 모두에 이루어지고 있다는 주장이다. 이 두 주장들 이전에 Losap 산호섬 근처의 외숙거제(avunculocal residence)에 대한 개념이 만들어지기도 했는데 외숙거제의 다른 분류방식이 로모눔(Romónum)을 둘러싼 의견 불일치를 일으키는 원인인 것으로 알려졌다.

이런 다양성은 마이크로네시아 지역의 다른 곳들을 조사함으로써 더욱 강화되었다. 마샬 제도는 부계살이, 처가살이, 신거주살이(neolocal) 모두 어느 한쪽이 더 우세하다고 볼 수 없으며, 모든 거주 형태가 이루어진다. 또한 Kiste도 비키니 섬에서도 선호되는 거주방식은 없고, 거주지 이동이 빈번하게 일어난다고 했다. 적어도 팔라우에서는 전통적으로 결혼 후 주거는 시집살이로 시작하는데, 남편의 아버지가 죽으면 계속 그곳에서 살거나 남편의 모계 주거지로 이동한다. 코스레에서는 1920년 혹은 그 이전부터 부계살이가 이루어지고 있다.

팔라우의 전통적 결혼 방식 절차는 우선 예비신랑과 그 부모가 예비신부 집을 방문하여 신부 부모 앞에서 공식적인 청혼을 한다. 만일 청혼이 성공적으로 받아들여지게 되면 예비신랑은 예비신부 집에서 두 달 정도 지내게 된다. 이 기간 동안 예비신부 측에서 음식을 준비해서 예비부부가 함께 음식을 가지고 예비신랑 집으로 간다. 음식이 받아들여지면 결혼이 시작된다. 결혼식에는

---

84) Petersen, Glenn, 2009. Traditional Micronesian Societies – Adaptation, Integration and Political Organization, University of Hawaii Press, Honolulu, pp. 228. http://books.google.co.kr
85) Hezel, Francis X., 2001. The New Shape of Old Island Cultures: A Half Century of Social Change in Micronesia. University of Hawaii Press, Honolulu, pp. 204. http://books.google.co.kr
86) Kertzer, David, Fricke, Tom, 1997. Anthropological Demography – Toward a New Synthesis, The University of Chicago Press, Chicago, pp. 298. http://books.google.co.kr
87) Applebaum, Herbert A., 1987. Perspectives in cultural anthropology. State University of New York Press, Albany. 620pp. http://books.google.co.kr/
88) Janesoceania, Palau(Micronesia), Aspects of Palau. http://www.janesoceania.com/micronesia_palau/index_Htm

축가나 춤이 없다. 결혼식이 끝나면 신부는 신랑 집에서 지내게 되는데 만일 신랑의 집이 없을 경우에는 신랑 부모님과 생활을 같이하게 된다. 한편, 신랑은 신부 측 친정에 대한 책무도 지닌다. 즉, 신부의 남동생이나 오빠가 결혼을 하게 되면 집을 마련해주는 등 금전적 부분을 지원해주고, 장인이 팔라우에서 사업을 진행할 경우에도 신랑이 그 비용을 지원해야 한다. 또한 신부의 친척이 사망하였을 경우에는 장례식에 필요한 음식을 대는 것도 신랑의 몫이다.

2. 화산섬(high-island)과 산호섬(low-island) 문화[89) 90) 91) 92) 93) 94) 95) 96)]

마이크로네시아는 화산섬과 산호섬 두 가지 모두를 갖고 있다. 화산섬은 말 그대로 화산 활동으로 인해 생긴 섬으로서, 수면에서 몇 피트밖에 솟아올라 있지 않으며, 종종 아주 작은 섬(islet)이나 바위로 분류되기도 한다. 반면, 산호섬은 산호초 퇴적물들로 이루어진 산호섬이나 융기된 산호섬들을 지칭하는데, 이

High volcanic island

Low coral island

Low limestone island

화산섬과 산호섬[97]

---

89) Encyclopaedia Britannica. Micronesian Culture - Cultural region, Pacific Ocean. Written by Kiste, Robert C. http://www.britannica.com/place/Micronesia-cultural-region-Pacific-Ocean
90) Cederstrand, Sara. 2001. The Pacific Region. http://maps.unomaha.edu/Peterson/geog1000/Notes/Notes_Exam3/Pacific.html
91) Murphy, Raymond E., 1949. High and Low Islands in the Eastern Carolines. Geographical Review 39(3): 425-439. doi: 10.2307/210643. http://www.jstor.org/stable/210643. (On-line reading only)
92) Wikipedia. High Island. https://en.wikipedia.org/wiki/High_island
93) Wikipedia. Low Island. https://en.wikipedia.org/wiki/Low_island
94) Encyclopaedia Britannica. Pacific Islands. Written by Sophie Faster. http://www.britannica.com/place/Pacific-Islands
95) Smith, William James and Perkins, Reed. 2009. Islands, Small. Queens University of Charlott. http://www.sageapps.com/SRT/SageAppsDocs/Drafts/Project_125/Islands_Small-5.doc
96) Glenn, Amy. Oceania. Asia and the Pacific. http://www.amyglenn.com/GEOG/geog1303asiapacific.htm
97) Ibid.

융기된 산호섬들은 수면에서 몇백 피트의 높이를 가진다.

이러한 두 종류의 섬들은 많은 지역에서 대체로 서로 가까이 위치해 있다. 이런 특징은 산호섬이 화산섬을 둘러싸고 있는 거초(fringing reefs)에서 발견되며, 남태평양에서 특히 두드러진다.

산호섬은 모래처럼 물과 영양분이 부족한 흙을 갖고 있어 농경에는 적합하지 않다. 따라서 산호섬에 사는 사람들은 주로 어업 활동을 통해 생활한다. 반면, 일정 수준 높이 이상의 화산섬들은 지하수를 갖고 있어서 사람들이 정착하기에 훨씬 유리한 조건을 지닌다.

마이크로네시아는 7개의 화산섬 문화(high-island culture)들로 구분된다. 그 문화는 팔라우, 마리아나 제도의 4개의 남쪽 섬, 얍, 축 초호(lagoon)에 있는 12개의 화산섬, 폰페이, 코스레, 지질학적으로 융기된 환초인 나우루의 고립된 섬(노출된 화산 바위가 없음)으로 구분된다.

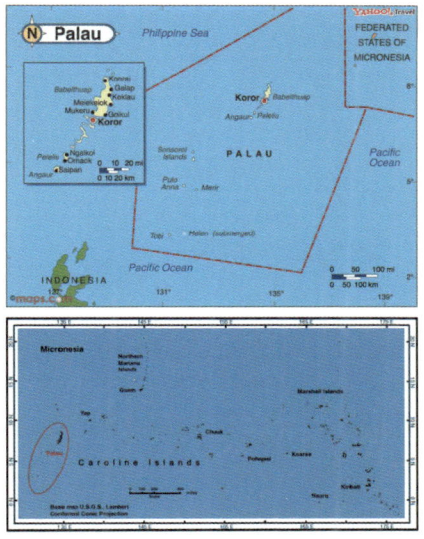

팔라우 공화국. Republic of Palau(Sources: Drived from and maps.com/Free Stuff (upper)Karolle's Atlas of Micronesia (bottom))

chapter
02

팔라우 공화국의
이해

01 국가 일반사항 98) 99) 100) 101) 102)

1. 명칭
- 공식 명칭 : Republic of Palau (Belu'u er a Belau)
- 비공식 명칭 : Belau, Pelew, Palau
- 현지 언어인 "Belulu"는 마을(village)이란 단어이거나 또는 이곳의 창조 신화와 관련된 aibebelau(indirect replies, 간접 응답)이란 단어에서 유래
- Palau라는 단어가 영어 단어에 포함된 것은 스페인어인 Los Palaos를 단초로 독일어 Palau에서 기원된 것으로 보이며, 영어 고어 Pelew Islands라는 이름에서 나온 듯함

2. 지리
- 위치 : 7° 30′ N, 133° 30′ E
- 면적 : 459㎢ (8개의 주요 섬 + 250개의 작은 섬)
  - 세계 196번째 규모의 국가
  - 섬(island)으로 불리는 명칭에 속한 작은 소도(islet)까지 합치면 총 586개 섬으로 구성됨

---

98) 외교부. 팔라우 개황. 주필리핀 대한민국 대사관. http://embassy_philippines.mofa.go.kr/webmodule/htsboard/template/read/korboardread.jsp?typeID=15&boardid=7623&seqno=784830&c=&t=&pagenum=1&tableName=TYPE_LEGATION&pc=&dc=&wc=&lu=&vu=&iu=&du=
99) 외교부. 팔라우 약황. 주필리핀 대한민국 대사관. http://www.mofa.go.kr/webmodule/htsboard/template/read/korboardread_tab.jsp?typeID=24&boardid=11665&seqno=12376&c=&t=&pagenum=1&tableName=TYPE_KORBOARD&pc=&dc=&wc=&lu=&vu=&iu=&du=
100) Wikipedia. Palau. http://en.wikipedia.org/wiki/Palau
101) Central Intelligence Agency (CIA). Palau. http://www.cia.gov/library/publications/the-world-factbook/geos/ps.html
102) Encyclopedia Britannica. Palau. Written by Donal Raymond Shuster. http://www.britannica.com/place/Palau

- 수도 : Ngerulmud, State of Melekeok(멜레케오크 주, 인구 391명)
  - 7° 21′ 0″ N, 134° 28′ 0″ E[103]
  - 2006년 10월 7일 정부 청사가 구(舊)수도인 코로르에서 북동쪽 20km 떨어진 Babelthaup 섬에 위치한 멜레케오크 주 Ngerulmud로 이주(멜레케오크 마을에서 2km 떨어진 곳에 위치)
- 가장 큰 도시 : 코로르(Koror)[104]
- 지형 환경 : 산지에서부터 소규모의 작은 산호초로 형성된 산호섬까지 다양함
- 연안선 : 1,519km
- 기후 : 열대
- 시간대 : UTC+9
  [한국, 일본, 동부 인도네시아, 동티모르, 팔라우, 러시아의 이르쿠츠크(Irkutsk)]

---

103) GeoHack-Palau. http://toolserver.org/~geohack/geohack.php?pagename=Palau&params=7_21_N_134_28_E_type:country
104) Wikipedia. Koror. http://en.wikipedia.org/wiki/Koror

1981년 1월 1일 채택된 팔라우 국기[105]

팔라우 국장[106]

105) 팔라우 국기. 1980년 10월에 처음 소개되었는데, 팔라우제도 자치정부가 만들어졌을 때였다. 그리고 1981년 1월 1일 독립국으로서 선포함에 따라 국가가 채택되었다. 바다에 떠오르는 만월을 표시하는 것이라고 한다. 노란 원의 달 표시는 국가적 융합과 운명을 뜻하고, 파란바탕은 독립을 뜻하기도 하고 바다를 뜻하기도 하는데, 바다와 같이 팔라우도 시간에 따라 계속 지속된다는 의미의 뜻도 있다. 일본의 일장기를 기본으로 만들어졌다고도 하며, 만월이 중심보다 약간 어긋나 있는 것이 특징이다. 이것은 일본의 일장기에 경의를 표하고자 중심을 조금 어긋나게 했다는 설도 있다. 크기는 5:8 비율을 가지고 있으며, 노란 원의 직경은 국기 폭의 6/10 비율이고 약간 왼쪽에 치우쳐 있다. 원의 외각이 국기 폭의 1/4정도로 되어 있다. 이 디자인은 1979년 Mr. Blau Skebong이 국기디자인 대회에서 우승을 차지한 디자인이며, 최종 디자인은 Olbiil Era Kelulau가 Public Law No. 7-6-2로 1980년 9월 공식화되었다. (Flags of the World. Palau. https://flagspot.net/flags/pw.html)
106) 팔라우 국장은 1981년 1월 1일에 제정되었으며 가운데에 그려진 원 안쪽에는 팔라우의 전통가옥이 그려져 있다. 원 바깥에는 '팔라우 국민회의(Olbiil Era Kelulau)'라는 문구와 팔라우 공식 명칭인 '팔라우 공화국(Republic of Palau)'이 있다. (외교부. 팔라우 개황. 주필리핀 대한민국 대사관. http://embassy_philippines.mofa.go.kr/webmodule/htsboard/template/read/korboardread.jsp?typeID=15&boardid=7623&seqno=784830&c=&t=&pagenum=1&tableName=TYPE_LEGATION&pc=&dc=&wc=&iu=&vu=&iu=&du=)

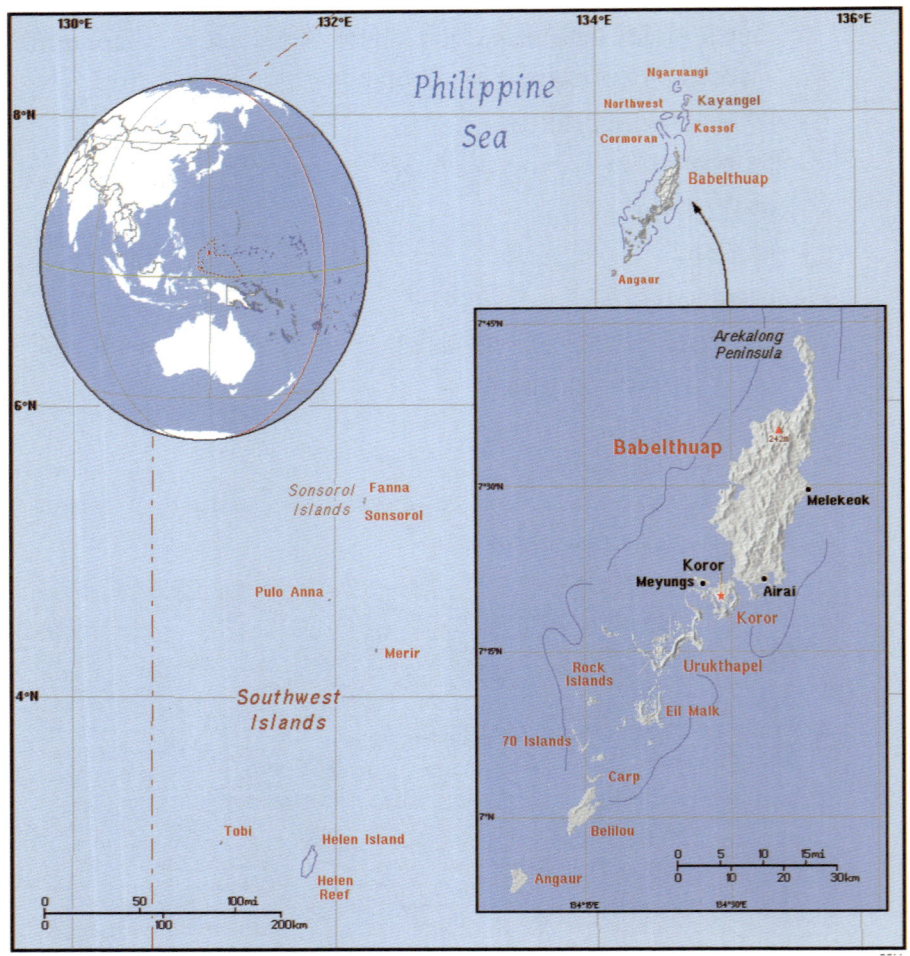

팔라우 지도 (PAT 지도, http://ian.macky.net/pat/map/pw/pw_blu.gif)

- 운전방향 : 오른쪽
- 인터넷주소 : .pw
- 전화 : +680

3. 사람

- 국적 명칭 : Palauan(Belauan, 팔라우언)
  - 원주민어로는 Beluu ęr a Belau라고 함
  - 팔라우 사람들이 자신들의 팔라우에 대해 이야기할 때는 팔라우를 Belau라고 하는데, 이 단어의 기원은 팔라우 언어인 "aidebelau"에서 유래했고, 번역하면 "indirect replies", 즉 "간접적 답변"이라고 할 수 있음. 간접적 답변은 전설의 인물인 Chuab가 땔감나무 수집 행위에 대한 질문(그리고 그녀 발밑에서의 땔감나무를 쌓는 방법)에 대한 대답이라고 하는데, 이는 그녀를 무너뜨리기 위한 계략이 진행되는 가운데 튀어나온 질문과 대답이라고 함
- 인구 : 약 2만 1,000명(2014년 기준, 세계 218번째 국가) (외국인 약 6,000명)
  - 인구 밀도 : 46명/km² (2014년 기준)
  - 나이 구조 : <15세 : 5,150명
    16~64세 : 1만 3,600명
    >65세 : 1,130명
- 인구 증가율 : 1%(2014년 기준)
- 도시인구 비율 : 87.1%(2015년 기준)
- 민족 그룹 : 팔라우 민족은 마이크로네시아인으로서 말레이인(Malayan)과 멜라네시아인(Melanesian) 요소가 포함됨
- 종교 : 천주교, 신교, 모데카이(Modekngei, 팔라우 토착종교)
- 언어 : 영어(16개 주에서는 공동 공식 언어), 팔라우어
  - 팔라우언은 괌과 북마리아나 제도에서도 다른 방언을 사용함
  - 그 외에도 앙가우르에서는 일본어, 손소롤에서는 손소롤어(Sonsorolese)[107],

하토호베이 주에서는 토비어(Tobian) 등이 사용됨. 대부분의 섬에서는 주로 팔라우어가 사용되지만, 남서쪽의 섬들에서는 마이크로네시아 연방국 얍 주의 방언을 사용하기도 함. 물론 구어체로서는 팔라우어가 주요 언어로 사용되지만 문어체에서는 정확한 철자법에 대해서 논쟁이 일기도 함. 특히 섬 명칭에 대한 철자법은 어떤 지도를 보는가에 따라 다른 경우가 많음. 주된 이유는 정확한 철자법 규칙이 만들어지지 않았기 때문임. 쉽게 발음하기 위해서 명칭들이 영어화된 경우도 많음

- 일본어의 경우 일본식민통치시대의 사람들 간에는 자연히 많이 사용되고 있으며, 앙가우르 주에서는 공식 언어 중 하나이기도 함. 필리핀어인 타갈로그어(Tagalog)는 팔라우어, 영어, 일본어 다음으로 네 번째로 많이 사용되는 언어지만 공식 언어는 아님
- 제2차 세계대전 후 어떤 미국인이 이 지역의 섬에 대한 지도를 만들면서 알파벳 'W', 'P', 'Y', 'V'자를 사용함. 현지 언어에는 이런 문자가 없었음. 지금은 너무 많은 영어식 명칭이 사용되는 바람에 원래 명칭이 사라지고 있음. 하나의 예로, 'Belau'가 원래 이 지역의 이름으로 사용되었으나 지금은 'Palau'라는 명칭이 대신 사용되고 있음[108]

---

107) Wikipedia. Sonsorolese Language. http://en.wikipedia.org/wiki/Sonsorolese_language. 이 언어는 마이크로네시아 언어 중 하나로, 팔라우에서 사용된다. 원래는 손소롤(Sonsorol) 주를 이루는 섬에서 유래되었다고 한다. Sonsorol(http://en.wikipedia.org/wiki/Sonsorol)은 팔라우의 16개 주 중 하나이며, 행정수도는 손소롤(Sonsorol) 섬의 Dongosaru이다. 이곳 주민들은 팔라우 언어 중 하나이자 현지 Trukic 방언인 Sonsorolese어로 말을 나눈다. 손소롤 주의 섬들은 Hatohoboi의 섬들과 함께 팔라우의 남서제도를 구성한다. 손소롤 주는 4개의 municipalities로 나누어져 있으며, 다시 4개의 개별 섬으로 구분된다. Fanna 섬을 제외한 나머지 섬마다 하나의 마을을 두고 있다.

Municipality(Island)	Village	Area(km²)	Population(est. 2000)	Coordinates
Fanna	–	0.54	0	05°21'09"N 132°13'32"E
Sonsorol	Dongosaru	1.36	24	05°19'28"N 132°13'16"E
Pulo Anna	Puro	0.50	10	04°39'34"N 131°57'49"E
Merir	Melieli	0.90	5	04°19'27"N 132°18'37"E
State of Sonsorol	Dongosaru	3.30	39	

108) Etpison, Mandy, 1994. Palau – Portrait of Paradise. Neco Marine Corp. http://www.underwatercolors.com/neco.html

주요 문장 [109][110]			
팔라우어	영어	팔라우어	영어
Alii!(ah-LEE)	Hello!	A dengua er ngak a _.	My phone number is _.
Ungil tutau. (oong-EEL-too-TAW)	Good morning.	Ke kiei er ker?	Where do you live?
Ungil sueleb.	Good afternoon.	Ak kiei er a _.	I live _.
Ungil kebesengei. (oong-EEL-kebba sung Ay)	Good evening.	Chochoi. (OH-OY)	Yes
A ngklek a _. (Ahng-KLEKK-a___)	My name is ___.	Ng diak. (Inh-dee-AHK)	No
Ng techa ngklem? (ngte-AHNG-KLEMM)	What's your name?	Adang.	Please.
Ke ua ngerang? (ka-wannga-RANGH)	How are you?	Sulang. (soo-LAHNG)	Thank you.
Ak mesisiich.	I'm fine.	Ke mo er ker?	Where are you going?
Ak chad er a _.	I'm from ___.	Mechikung.	Goodbye.
Belau	Palau	Meral ma sulang!	Thank you very much!
Merikel	U.S.A.	Ungilbung	pretty flower.
Ingklis	England	1	tang
Siabal	Japan	2	cherung
Sina	China	3	chedei
Ke chad er ker el beluu?	Where are you from?	4	cheuang
Ke mlechell er ker el beluu?	Where were you born?	5	cheiim
Olilai	House In Ngarchelong	6	chelolm
Ak mlechell er a _.	I was born in ___.	7	cheuid
Ng tela rekim?	How old are you?	8	cheiai
Ng _ a rekik.	I am ___ years old.	9	chetiu
Ng tela a dengua er kau?	What's your phone number?	10	machod
sechal	man	Meteet	Chiefly class (This term is used for wealthy people and people of high clan)
buik	boy (young boy)	Chad er a mekemad	Warriors (People who fight in the war)
Demal me a delal a demam	grand parents (parents of your father)	Meluchelechelid	Priest (A person who talks to spirits)
Demal me a delal a delam	grand parents (parents of your mother)	Chellimosk	Expert (A person who has indepth knowledge of his/her trade)
Chedam me a chedil	parent (Mother and father. No single word for parent.)	Di chad	Commoners (General term for everyone)
Ochad	Sibling (term used for brothers and sisters)	meloaoch	Outcasts (Person who does not have a home or village or clan.)
Obekul	Older brother (Older sibling (term used between male sibling only))	Sibai	Slave (This term is also for servant.)
Ochellel	Younger brother (Younger siblings (term use between male sibling only))	blai	House (Term used for house, or dwelling place)
Odos	Sisters (Girls sibling)	blai	Home (Dwelling place)
chudelek	Older sister (Older Sibling. Term used for female siblings only.)	odesongel	Stone Platform (Raised mound of stone in front of the house)
Chebedel a kesol	Nephew (Nephew or niece of a male)	kall	Food (General term for all the food)
rubak	old man (term used for elder male and title holder)	mark	Cook (Cooked food or ripe fruit)

109) Pacific Worlds & Associates. Language. http://www.pacificworlds.com/palau/native/lang2.cfm
110) Etpison, Mandy. 1994. Palau - Portrait of Paradise. Neco Marine Corp. http://www.underwatercolors.com/reco.html

- 교육 : 문맹률은 0.48%(2013년 기준)
  - 팔라우에는 Palau Community College가 있으며, 대학에는 다수의 전공학과가 있고, 하나의 도서관이 있음
  - 코로르에는 다수의 도서관이 있는데, 그중 공립도서관은 책 1만 7천 권을 보유하고 있음
  - 팔라우 국립 박물관(Belau National Museum)은 1956년 에비손(Etpison)가(家)에 의해 코로르에 건립되었고, 관할 소속의 연구도서관(Research Library)도 있음. 그 외에도 에비손 가는 코로르에 에비손 박물관(Etpison Museum)을 만들었으며, 여기에는 전통문화 차원에서 중요한 유물들이 보관되어 있음
- 건강
  - 평균수명 : 남자 69세, 여자 76세(2014년 기준)
  - 유아 생존율 : 72.6%(2014년 기준)
  - 성인 비만율: 47.1%(2014년 기준)
  - 총 GDP 중 보건 예산 : 7.6%(2014년 기준)
  - 결핵 비율 : 179명/10만명(지역 평균 139명, 세계 평균 178명)
- 노동력 : 공공 분야 - 33%, 민간 분야 - 67%

4. 정부

- 형태 : 헌법공화국으로서 미국과 자유연합협정이 체결된 국가
- 독립(유엔 신탁통치를 대신한 미국으로부터 독립) : 1994년 10월 1일
- 헌법 : 1981년 1월 1일
- 정부 구조
  - 행정 집행부 : 대통령(정부 정상, 국가 정상), 부대통령, 내각
  - 입법부 : 시민 일반투표에 따라 선출된 이원제 의회
  - 사법부 : 대법원, 법원, 일반소송법원(Court of Common Pleas), 토지법원(The Land Court)
- 16개의 주(state) 정부로 구성됨

State	HASC[111]	ISO	FIPS	Pop-2005	Pop-1995	Area(km²)	Area(m²)	Capital
Aimeliik	PW.AM	002	PS01	270	419	52	20	Ulimang/Mongami
Airai	PW.AR	004	PS02	2,723	1,481	44	17	Airai
Angaur	PW.AN	010	PS03	320	193	8	3	Ngaramasch
Hatohobei	PW.HA	050	PS04	44	51	3	1	Hatohobei
Kayangel	PW.KA	100	PS05	188	124	3	1	Kayangel
Koror	PW.KO	150	PS06	12,676	12,299	65	25	Koror
Melekeok	PW.ME	212	PS07	391	261	28	11	Melekeok
Ngaraard	PW.ND	214	PS08	581	421	36	14	Ngermechau
Ngarchelong	PW.NC	218	PS09	488	253	10	4	Imeong
Ngardmau	PW.NM	222	PS10	166	162	47	18	Chol
Ngatpang	PW.NP	224	PS11	464	221	47	18	Oikuul
Ngchesar	PW.NS	226	PS12	254	228	41	16	Ngerkeai
Ngeremlengui	PW.NL	227	PS13	317	281	65	25	Ollei
Ngiwal	PW.NW	228	PS14	223	176	26	10	Ngetkip
Peleliu	PW.PE	350	PS15	702	575	13	5	Kloulklubed
Sonsorol	PW.SO	370	PS16	100	80	3	1	Dongosaru
16 states				19,907	17,225	487	188	

5. 경제

- GDP : 3억 달러(2015년 기준)
- GDP 성장률 : 8.0%(2015년 기준)
- GDP/Capita : 1만 5천 달러(2015년 기준)
- 국가 수입(GDP+외부 원조) : 2억 3,650만 달러(2014년 기준)
- 국가 수입/Capita : 1만 1,810달러/capita(2013년 기준)

---

111) Statoid. State of Palau. http://www.statoids.com/upw.html. 미국이 주정부차원에서 부여했던 지방정부 I.D.
   Note : FIPS PUB 5-2 and FIPS PUB 6-4 are U.S. government standards. FIPS PUB 5-2 assigns a two-letter code and a two-digit code to each state-level division of the United States. The codes for Palau are PW and 70. FIPS PUB 6-4 assigns a three-digit code to each county-level division of the United States. When the FIPS 5-2 and 6-4 codes are concatenated, as in 70004 for Airai, the result is a code that uniquely identifies a county-level division of the United States. Since Palau became an independent country ("freely associated state") in 1994, these codes may no longer be applicable.
   HASC:Hierarchical administrative subdivision codes.
   ISO: Codes from ISO 3166-2. Same as the old FIPS PUB 6-4 codes (see note).
   FIPS: codes from FIPS PUB 10-4.
   Pop-2005: 2005-04-01 census
   Pop-1995: 1995-09-09 census

- 외부 부채[112] : 183.8억 달러(2014년 기준)
- 화폐 : 미국 달러
- 자유연합협정 : 미국으로부터 연간 4억 5천만 달러 원조
- GDP 구성

무역	21%	재무/보험	8%
공공행정	20%	운송/통신	8%
건설	15%	호텔/식당	10%

- 총 미국 지원액 : $624.37/capita(2012년 기준)
- 인플레이션 : 2.7%(2010년 기준)
- 실업률 : 23.7%(2010년 기준)
- 농경지 : 9%
- 농업 분야 : 코코넛, 코프라, 카사바(타피오카), 고구마, 물고기
- 노동력 : 1만 999명(2014년 기준)
- 거래 산업 : 관광, 수공품(조개껍데기, 나무, 진주 등), 건설, 직물가공
- 천연 자원 : 삼림, 광물(특히 금), 해양 관련 물품
- 산업 : 무역, 정부, 건설, 관광
- 주요 무역 대상 : 일본(40.6%), 미국(38.3%), 괌(2.5%), 호주(1.47%), 대한민국 등(2014년 기준)
  - 수출(2014년 기준 1,140만 달러)[113] : 가시를 제거한 생선, 연체동물(오징어 등), 자동차 부품, 가금류 고기(닭, 오리 등), 발효 음료(cider, perry 등), 의류·옷감 / 일본(91%), 멕시코(1.38%), 한국(0.72%), 미국(0.71%), 중국(0.08%) - 2013년 기준
  - 수입(2014년 기준 1억 6,498만 달러) : 연료 및 관련 광물, 기기장비와 운송장비, 요트, 자동차 / 일본(35.2%), 미국(21.0%), 싱가포르(10.5%), 중국(4.4%), 한국(4.2%) - 2013년 기준

---

112) Central Intelligence Agency (CIA). Palau-Economy. https://www.cia.gov/library/publications/resources/the-world-factbook/geos/ps.html
113) World Integrated Trade Solution. Overall Exports and Imports for Palau 2014. http://wits.worldbank.org/CountryProfile/en/Country/PLW/Year/2014/Summarytext

	1999/00	2000/01	2001/02	2002/03	2003/04	2004/05	2005/06	2006/07
United States	45,688	41,016	43,097	34,732	37,408	34,534	35,822	30,263
Singapore	12,231	8,578	7,435	8,931	17,451	23,671	31,192	22,630
Guam	13,648	10,938	9,675	10,979	10,652	12,461	12,468	10,226
Japan	21,931	9,779	8,722	7,661	7,575	10,645	11,159	8,791
Taiwan Province of China	8,896	5,229	6,505	3,835	5,783	8,250	6,897	5,429
Australia	1,922	1,051	1,744	982	1,399	3,162	1,062	849
Hong Kong SAR	3,793	3,459	3,897	848	884	587	1,991	780
The Phillipines	4,418	4,004	3,451	4,078	6,289	7,266	5,848	6,960
Korea	6,938	6,217	7,803	4,679	4,900	3,994	3,320	1,502
Saipan	527	586	590	346	422	384	262	460
New Zealand	150	38	140	637	162	192	252	293
Federated State of Micronesia	118	385	74	240	13	76	11	40
People Republic of China	937	2,644	1,102	629	722	1,440	2,228	1,221
Malaysia	675	102	142	62	314	428	227	56
Indonesia	2,860	367	616	575	252	119	193	131
Thailand	148	155	256	220	264	266	218	419
Germany	87	3,281	32	2	326	65	17	9
Others	1,980	1,766	1,961	969	962	561	2,117	1,229
Total 1/	126,946	99,592	97,241	80,405	95,778	108,100	115,284	91,287

팔라우의 주요 국가별 수입현황 (in 1,000 US$, Ministry of Finance 기준)[114]

- **이동 및 운송 수단**
    - 일반적으로 택시를 이용하며, 코로르 택시는 미터기가 없어 가격은 흥정에 따라 결정
    - 고속도로 : 61km(포장도로 36km, 비포장도로 25km), 속도제한은 40km/h
    - 국내 공항은 앙가우르와 펠렐리우에 있으며, 국제공항으로도 역할 수행
    - 화물선, 군함, 크루즈 선박 등도 코로르 외곽 말라칼 섬의 말라칼 부두 이용
    - 기차선로는 없고, 도로의 50%가 비포장 상태
    - 버스는 코로르에서만 서비스 제공
    - 섬과 섬 간의 이동은 개인 보트나 내국 항공 서비스 이용
    - 국제공항 : Palau International Airport / Babeldaob Island

---

114) International Monetary Fund(IMF), Republic of Palau: Selected Issues and Statistical Appendix, International Monetary Fund Country Report No. 08/162, May 2009. http://www.imf.org/external/pubs/ft/scr/2008/cr08162.pdf

- 코로르 섬에서 다리 건너 맞은편에 국제공항이 위치하고 있으며, 공항세는 50달러
- Palau International Airport가 괌, 마닐라, 서울, 타이페이, 도쿄/나리타에서 직항으로 오는 항공편 서비스를 제공

팔라우공항 (에밀리의 괌일상. http://blog.naver.com/shynabisky/220124095656)

02 환경과 인문사회[115) 116) 117) 118) 119)]

1. 환경[120) 121) 122) 123) 124)]

팔라우 공화국은 8개의 주요 섬과 필리핀 남서쪽으로 804km 떨어진 곳까지 약 250개의 섬들로 구성되어 있다. 팔라우 섬은 캐롤라인 제도를 이루는 주요 섬으로서, 64%가 코로르 주의 수도인 코로르 시에 속한다.

정부 청사들은 팔라우에서 가장 큰 섬인 바벨다오브(Babeldaob) 섬 동부 연안에 위치한 멜레케오크(Melekeok) 주의 은게룰무드(Ngerulmud)에 구축된 새로운 국가 수도 정부청사단지(National Capital Building Complex)에 있다. 멜레케오크의 면적은 약 28km^{2}이고, 인구는 2005년 기준 약 391명 정도이다.[125)] 옛 수도인 코로르와는 바다를 사이에 두고 약 25km 떨어져 있으며, 코로르-바벨다오브 다리로 연결된다. 마이크로네시아 지역 최대 담수 호수인 은가르독 호수(493ha)가 있는데, 이곳에는 악어가 서식한다.

---

115) 외교부. 팔라우 개황. 주필리핀 대한민국 대사관. http://embassy_philippines.mofa.go.kr/webmodule/htsboard/template/read/korboardread.jsp?typeID=15&boardid=7623&seqno=784830&c=&t=&pagenum=1&tableName=TYPE_LEGATION&pc=&dc=&wc=&lu=&vu=&iu=&du=
116) Wikipedia. Palau. http://en.wikipedia.org/wiki/Palau
117) Central Intelligence Agency (CIA). Palau. http://www.cia.gov/library/publications/the-world-factbook/geos/ps.html
118) Encyclopedia Britannica. Palau. (Written by Donal Raymond Shuster). http://www.britannica.com/place/Palau
119) Hayes, Steven, 2011. Palau and Sea Level Rise. ICE Case Studies Number 242. http://www1.american.edu/ted/ice/palau.htm
120) Wikipedia. Environment of Palau. https://en.wikipedia.org/wiki/Environment_of_Palau
121) Vogelmann, Connie. 2014. Palau Tiny Country, Big Problem. Yale School of Forestry & Environmental Studies-F&ES Blog. 29 January 2014 article. https://environment.yale.edu/blog/2014/01/palau-tiny-country-big-problems-2/
122) SPREP(Secretariat of the Pacific Regional Environment Programme). Palau. PEIN Palau Country Profile and Virtual Environment Library. https://www.sprep.org/Palau/pein-palau
123) Sakuma, Belhaim. 2004. Status of the Environment in the Republic of Palau. Palau Conservation Society. http://www.palauconservation.org/cms/images/stories/resources/pdfs/rptAPFED.pdf
124) Pristine Paradise Palau. About Palau. http://pristineparadisepalau.com/about-palau/general-information.html
125) Wikipedia. Melekeok. https://en.wikipedia.org/wiki/Melekeok

팔라우의 강[126]

1. Lmetmellasch (Mutukl River)
2. Ngeredekuu (Ngareboku River)
3. Ngerdorch (Garudokku, Ngardok River, Ngdorak River)
   - Merong (Amerong River)
   - Meskelat
4. Ngrikiil (Geriiki River, Ngerikil River)
   - Edeng
   - Kmekumel (Kumekumeyel River)
5. Ngerimel (Gihmel River)
6. Ngerderar (Ngarderartaog)
7. Isemiich (Aisemiich, Aisemith River, Barrak River)
8. Tabecheding (Tabagaten River, Tobagnding River)
9. Ngetpang (Ngesenhong River)
10. Ngermeskang (Almiokan River, Almongui River, Arumonogui River, Gabatouru River, Garumisukan River, Kloultaog)
    - Nkebeduul (Gabatouru River)
11. Chomet Ubet (Omobodo River)
12. Omoachel ra Ngchesuch
    - Ngerdesiur (Nedeshelu River, Ngeresiuur River)
13. Omoachel ra Mekaud (Amekaud River, Ngaramasech)
14. Ngereksong (Arukuson River)
15. Kabekel (Kabokel River, Marcon River)
16. Irur (Ailol River, Airoru River)
17. Ngerchetang (Galkatan River, Garukatan River, Ngaragatong River)
18. Diongradid (Adeiddo River, Adelildo River, aDid River, Arattsu River, Ateshi River, Taoch ra Iwekei)
19. Ngolsang
20. Ouang
21. Desengong

주요 섬의 이름	인구수	면적(km²)	주
Angaur (Island)	190	8	Angaur (State)
Babeldaob	5,000~6,000	331	Various
Kayangel	140	1.4	Kayangel
Ngerekebesang	1,500	5	Koror (Part)
Koror (Oreor)	12,000	25	Koror
Peleliu (Island)	800	13	Peleliu (State)
Sonsorol (Island)	50	1.3	Sonsorol (State)
Tobi	30	0.5	Hatohobei

---

126) Wikipedia, List of Rivers of Palau. https://en.wikipedia.org/wiki/List_of_rivers_of_Palau

제일 인구가 많은 지역은 코로르 섬이며, 다음으로는 앙가우르, 바벨다오브, 펠렐리우 순이다. 바벨다오브, 코로르, 펠렐리우는 같은 보초(barrier reef) 내에 속한 섬들이며, 앙가우르는 외딴 섬으로 훨씬 남쪽에 위치한다. 팔라우의 2/3가 코로르에 있다고 볼 수 있다.

팔라우의 모든 강은 가장 큰 섬인 바벨다오브 내에 있다.

마이크로네시아 지역의 태평양 열대 해역에 속한 여러 작은 도서들로 구성된 팔라우는 캐롤라인 섬의 서쪽에 위치해 있으며, 오세아니아의 서부 끝 쪽에 위치해 있는 군도이다. 인도네시아, 필리핀, 마이크로네시아 연방국과 해양 경계면을 두고 있다. 필리핀 남쪽의 민다나오 섬에서 동쪽으로 741km 그리고 괌에서 남서쪽으로 1,300km 떨어진 곳에 위치한다.[127]

1981년에 시행한 팔라우 헌법[128] [129]에 따르면, "코로르를 임시 수도로 하며 헌법 발효일로부터 10년 이내에 바벨다오브 섬을 팔라우의 항구적인 수도로 지정한다"라고 명시되어 있었으나, 실제로는 진행되지 않고 방치된 상태였다. 1999년 구니오 나카무라 전직 팔라우 대통령이 천도 계획을 입안했고 타이완 정부로부터 제공받은 차관을 이용해 의회 등의 건물을 건설했다. 팔라우 헌법 발효로부터 25년이 지난 2006년 10월 1일 팔라우 공화국 독립기념일에 맞추어 코로르로부터 바벨다오브 섬 멜레케오크 주의 은게룰무드로 수도를 이전했다.

첼바체브 제도(Rock Islands), 팔라우[130] [131]

---

127) NOAA. NOAA's Coral Reef Information System. Republic of Palau. http://coris.noaa.gov/portals/palau.html
128) Pacific Islands Legal Information Institute. Constitution of the Republic of Palau. http://www.paclii.org/pw/constitution.pdf
129) Explore Constitutions. Palau's Constitution of 1981 with Amendments through 1992. https://www.constituteproject.org/constitution/Palau_1992.pdf?lang=en
130) Pristine Paradise Palau. About Palau. http://pristineparadisepalau.com/about-palau/general-information.html
131) Liuk. The Rock Islands of Palau (Micronesia) – Heavenly Colors. Bidtotrip. http://biog.bidtotrip.com/en/2015/10/rock-islands-palau-micronesia-isole-roccia/

해안의 취락으로부터 조금 떨어진 언덕 위에 의회(OEK), 행정, 사법 분야의 최고 기관과 대통령 궁 등이 입지해 있다.

카양겔(Kayangel)의 산호초(atoll)는 이러한 섬들의 북쪽에 있으며 약 200개의 무인도 섬으로 이루어진 첼바체브 제도(Chelbacheb) 또는 록아일랜드(Rock Islands)는 주요 군도지역의 서쪽에 위치한다. 멀리 떨어진 외부 섬인 6개의 남서 제도(Southwest Islands)는 주요 군도로부터 약 604km 떨어져 있는데, 하토호베이(Hatohobei)와 손소롤(Sonsorol) 주에 포함된다.

팔라우는 화산섬의 산들로 구성된 수중 산맥을 받침대로 하는 섬들로 구성되어 있다. 이 산맥은 태평양의 불의 고리(Pacific Ring of Fire)의 한부분이며 지금도 수중 화산 활동이 진행되는 곳이기도 하다. 해양의 가장 깊은 해구(수심 ~8.2km)도 팔라우의 가까운 동쪽에 위치해 있다. 이런 영향으로 인해 팔라우의 지질학적 형태는 일반적인 형태와는 다른 양상이다. 북쪽에는 2개의 작은 환상 산호초가 있는 반면, 주요 섬인 바벨다오브는 화산섬이고 어떤 지역은 해발 213m까지 솟아나 있기도 하다. 코로르는 부분적으로 화산작용에 의해 만들어졌으며, 일부 석회암으로 이루어진 곳도 있다.[132]

첼바체브 제도는 전반적으로 석회암으로 이루어져 있다. 고대 산호초가 화산활동으로 인해 바닷속에서 솟구쳤을 때 남은 잔재라고 할 수 있다. 산호초가 죽은 후 다공성의 석회암이 자연적인 압력으로 인해 그 형태가 변형되었고, 비바람과 부패하는 생물 등이 산성화되면서 동굴이나 구멍을 만들거나 염분이 포함된 호수를 만들었다. 또한 해수면과 맞대고 있는 부분은 파도나 부착 생물 등으로 인해 추가적으로 침식되면서 석회암들은 버섯 모양을 이루게 되었다. 이런 기이한 형태들 때문에 세계적인 해양 전문단체인 CEDAM[133]은 팔라우의

---

132) USGS. M6.4 - Palau region. Earthquake Hazards Program. http://earthquake.usgs.gov/earthquakes/eventpage/iscgem833516#general
133) CEDAM(Conservation, Education, Diving, Awareness and Marine Research)은 1967년도에 설립된 세계적인 해양전문가 단체로서 해양과학자 및 해양보호학자협회이다. (CEDAM International is a unique not-for-profit organization dedicated to the preservation and conservation of the marine environment. The organization pioneered the use of volunteer divers in field work with marine scientists. For 25 years, CEDAM mobilized diving expeditions and made significant contributions to the fields of marine biology, marine conservation and marine/terrestrial archeology. The organization's name stands for: Conservation, Education, Diving, Awareness and Marine-research. Today, CEDAM continues its work through a scholarship program that supports marine education. http://cedaminternational.wordpress.com/about/)

첼바체브 제도를 7대 수중 불가사의 지역[134]으로 선정하기도 했다. 또한, 소수의 섬들을 집약하여 'The 70 Islands'로 지칭하고, 1956년에는 야생보호구역으로 지정했다. 바다거북(Hawksbill)과 바닷새들이 바로 이곳에 둥지를 틀거나 알을 낳는다.

이처럼 팔라우는 아직도 상당 부분 파괴되지 않은 자연 상태로 남아 있다. 그러나 다이너마이트를 이용한 불법 어획, 충분하지 않은 쓰레기 처리시설, 모래 채취, 산호모래 채굴 등의 준설행위들로 인한 피해가 우려된다. 또한 다른 태평양 도서국들과 마찬가지로 해수면 상승은 환경에 미치는 주요 위협요소 중 하나이며, 특히 저지대에 미치는 영향에 대한 우려가 커지고 있다. 이 밖에도 연안 초목환경, 농업활동, 담수자원 등에서도 피해가 속출할 것으로 예상된다.

팔라우 또한 다른 태평양 도서국들처럼 담수자원이 부족한 국가로서 농업활동이 불가능하여 팔라우 국민들은 자급자족에 어려움을 겪고 있다. 이 외에도 지진, 화산활동, 열대 태풍에 취약하며 오폐수 처리 문제, 비료 및 살충제 등을 포함한 독성/유해물질 배출 및 처리 등에 대한 문제도 팔라우가 다루어야 할 환경적인 문제로 인식되고 있다.

팔라우는 무엇보다 해수 악어로 유명하다. 해수 악어는 팔라우의 홍수림에 다양하게 분포되어 있다. 특히 관광객들이 많이 찾는 첼바체브 제도에서도

해수면 상승에 대한 만화[135]

해수면 상승에 취약한 팔라우 도로[136]

---

134) Underwater Wonders. http://www.7wonders.org/wonders/underwater-wonders.aspx
135) Cartoon Contest, Climate Change in Asia-Pacific. http://www.cartooncontestasiapacific.com/?p=824
136) Astaiza, Randy, 2012. 11 islands that will vanish when sea levels rise. Business Insider (Oct. 12, 2012). http://www.businessinsider.com/islands-threatened-by-climate-change-2012-10?op=1

종종 찾아볼 수 있다. 해수 악어는 일반적으로 매우 공격적이며 위험한 것으로 알려져 있으나, 1960년대 이후로는 단 한 명만 악어 공격에 의해 목숨을 잃었다. 지금까지 알려진 팔라우의 가장 긴 해수 악어의 길이는 4.5m로 기록되어 있다.

2005년 9월 25일, 팔라우의 존슨 토리비옹(Johnson Toribiong) 대통령이 유엔에서 세계 역사상 처음으로 상어 보호지역(Shark Sanctuary)[137]을 위한 60만km^{2}의 해양보호구역을 선정하겠노라고 발표했다. 이 면적은 프랑스의 본토 면적과 맞먹는 규모이다. 또한 토리비옹 대통령은 해양 상어 보호구역을 발표하면서 전 세계를 향해 상어 어획금지도 촉구했다.

팔라우는 바다악어, 과일박쥐, 기타 새들을 보호하는 데 기여하고 있다. 하지만 아직은 역량이 부족하여 불법 사냥 등을 순찰하거나 법을 집행하는 데 어려움을 겪고 있다.[138]

2. 기후[139) 140) 141)]

팔라우의 기후는 열대성 기후이다. 기온은 평균 28℃를 유지하고 있으며, 강수량은 연간 변함없이 높은 추세를 보이는데, 평균 3,800~4,400mm를 기록한다. 평균습도는 82%이며, 비는 7월과 10월에 더 자주 내린다. 그러나, 엘니뇨 등의 영향으로 심각한 가뭄을 겪기도 한다.

팔라우 기후	연간	1월	2월	3월	4월	5월	6월	7월	8월	9월	10월	11월	12월	YEARS	#CITIES
평균기온(℃)	20.6	20.4	20.4	20.8	21	20.8	20.6	20.6	20.6	20.7	20.8	20.7	20.6	33	7
평균 최고기온(℃)	29.8	29.2	29.2	29.7	30.3	30.2	29.9	29.7	29.8	29.9	30.2	29.4	29.8	33	8
평균 최저기온(℃)	23.8	23.5	23.6	23.6	24	24	24.1	24	24.1	24.1	24.1	23.4	23.8	33	8
평균강수량(mm)	3818.5	327.4	246	217.2	229.6	319.5	402.4	437.1	367.3	297.8	329.8	300.3	339.8	35	12

---

137) Heilprin, John. 2009. Palau creates world's first shark haven. U.S. News. Associated Press. http://www.usnews.com/science/articles/2009/09/25/palau-creates-worlds-first-shark-sanctuary
138) Epison, Mandy. 2012. Excerpt from Palau-Portrait of Paradise. http://www.underwatercolors.com/neco.html
139) Wikipedia. Palau. http://en.wikipedia.org/wiki/Palau
140) Unisys Weather. Hurricane/Tropical data. http://weather.unisys.com/hurricane/
141) Weatherbase. Palau - Climate Snapshot. http://www.weatherbase.com/weather/city.php3?c=PW&refer=&name=Palau

코로르, 팔라우	연간	1월	2월	3월	4월	5월	6월	7월	8월	9월	10월	11월	12월
평균온도(℃)	27	27	27	27	28	28	27	27	27	27	27	28	27
평균 최고온도(℃)	28.6	27.5	27.1	27.6	28.6	29	29.3	29.2	29.2	29.1	29.1	27.3	28.2
평균 최저온도(℃)	23.4	22.8	22.7	22.7	22.9	23.4	23.9	23.8	23.9	24.1	23.8	22.5	23.2
평균강수량(mm)	3760	290	210	190	230	340	370	440	370	330	340	290	300
평균강우량이 기록된 일수	250	18	17	16	17	18	22	25	26	24	24	22	21
가장 낮게 기록된 온도(℃)	20	22	20	22	22	22	20	22	22	22	21	22	21
비가 온 평균일수	266	23	19	20	19	24	25	24	23	21	23	22	24
월별 가장 높은 강수량 기록(mm)	4780	780	560	550	700	690	850	880	840	590	720	680	530
평균풍속(km/h)	12	14	14	14	14	12	9	12	12	14	14	9	12
평균 구름이 낀 일수	288	25	22	22	21	22	26	27	27	24	24	23	25

팔라우에는 태풍이 자주 오지는 않는다. 관통하는 태풍은 드물지만 열대성 폭우는 자주 있는 편이다. 특히 외곽 환초는 이러한 열대성 폭우나 강풍으로 인한 대형 파도로 인해서 산호초 환경이 피해를 입기도 하며 이러한 환경적 요소로 인해서 팔라우에는 대형 산호(massive coral)나 외피형(encrusting) 산호종이 우점하고 있다.

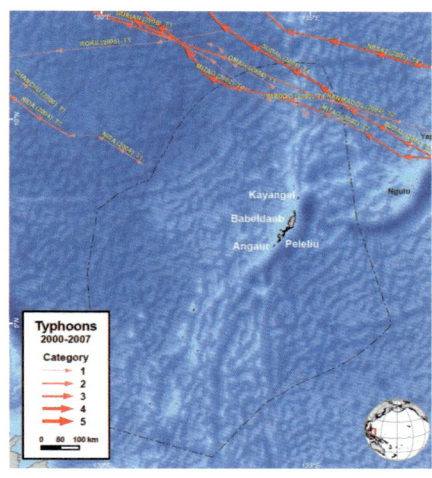

팔라우 태풍 경로(2000~2007)
(출처 : Marino et al, 2008)

3. 해양환경[142) 143) 144) 145) 146)]

팔라우는 다양하고 풍부한 산호초 서식지 및 산호초와 연계한 복잡한 시스템의 해양 서식지, 홍수림, 잘피밭, 깊은 바다의 해초밭, 진흙 퇴적분지, 해류가 이동하는 라군 해저환경, 그리고 생물체로 풍부한 조류 해협(tidal channels) 등의 형태를 보유하고 있다. 팔라우의 총 산호초 영역은 범위가 525km^2에 달한다. 여기에는 보초(barrier reef, 265km^2), 거초(fringing reef, 195km^2), 환초 서식지(65km^2) 등과 석호(lagoon) 내 1,457개의 작은 조각구역의 호초(patch reefs)를 포함한다.

현재 1,478km^2의 해양 서식지와 892km^2에 이르는 견고한 해저지반 형태의 서식지가 파악되었다. 이 지역에 대한 조사는 2007년도 미국 해양 대기청(NOAA)에서 실시하였다.[147)]

팔라우는 마이크로네시아 지역에서 가장 다양한 산호 동물군을 보유하고 있을 뿐만 아니라 가장 높은 열대성 해양 서식지 밀도를 가지고 있다. 즉, 산호초, 홍수림, 잘피밭 외에도 심해 해초류 밭(deep algal beds), 뻘 퇴적물 분지, 빠른 해류가 흐르는 환초 해저 서식지, 다양한 조류해협(rich tidal channels), 그리고 무산소성 분지(anoxic basins) 등의 서식지도 보유하고 있다.

조사 결과에 의하면, 팔라우의 해양환경은 약 400종의 돌산호, 300종의 연산호, 1,400종의 산호초에 서식하는 어류 등 높은 종 다양성을 유지한다.

---

142) Monaco, M.E., Anderson, S.M., Battista, T.A., Kendall, M.S., Rohmann, S.O., Wedding, L.M. and Clarke, A.M., 2012. National Summary of NOAA's Shallow-water Benthic Habitat Mapping of U.S. Coral Reef Ecosystems. NOAA Technical Memorandum NOS NCCOS 122. Prepared by the NCCOS Center for Coastal Monitoring and Assessment Biogeography Branch, Silver Spring, MD. pp. 83. https://coastalscience.noaa.gov/research/docs/MappingReport_December_6_2012.pdf
143) Marino, Sebastian, Bauman, Andrew, Miles, Joel, Kitalong, Ann, Bukurou, Asap, Mersai, Charlene, Verheij, Eric, Olkeriil, Ilebrang, Basilius, Kliu, Colin, Patrick, Sharon, Patris, Victor, Steven, Andrew, Wayne, Miles, Joel and Golbuu, Yimnang, 2008. The State of Coral Reef Ecosystems of Palau. In, Waddell, J.E. and Clarke, A.M.(eds.), The State of Coral Reef Ecosystems of the United States and Pacific Freely Associated States: 2008. NOAA Technical Memorandum NOS NCCOS 73. NOAA/NCCOS Center for Coastal Monitoring and Assessment's Biogeography Team, Silver Spring, MD. pp. 569. http://coastalscience.noaa.gov/research/docs/CoralReport2008.pdf
144) NOAA, Coral Reef Information System (CORIS). http://www.coris.noaa.gov/retired/CoRIS_About_Coral_Reefs_archive_2014.pdf
145) NOAA, CORIS. Marine environment and coral reefs. http://coris.noaa.gov/about/eco_essays/palau/marine_environment.html
146) NOAA, CORIS. Republic of Palau. http://coris.noaa.gov/portals/palau.html
147) NOAA, National Centers for Coastal Ocean Science. http://ccma.nos.noaa.gov/products/biogeography/palau/htm/overview.aspx

또한 총 9종의 거인 조개 중 7종이 팔라우에 서식하는 것으로 파악되고 있다. 이 외에도 수천 종의 무척추동물들이 살고 있으며, 그 밖에도 많은 종들이 분류되기를 기다리고 있다. 또한 최대한 격리되어 생존하고 있는 해우(dugong)종과 마이크로네시아 해역에 있는 유일한 바다 악어도 이곳에 서식하고 있다. 141종의 팔라우 고유의 새와 철새들도 이곳에서만 볼 수 있다. 팔라우의 첼바체브 제도(Rock Islands)는 70곳의 해양 호수(marine lake)도 보유하고 있다. 이러한 풍부하고 다양한 해양환경은 팔라우의 중요한 경제적 역할을 수행하고 있으며, 이를 통한 생태관광(eco-tourism)은 팔라우의 중요한 수입원이다. 왜냐하면 팔라우를 방문하는 방문객의 80%가 산호초에서의 다이빙과 관광 목적으로 방문하고 있기 때문이다.[148]

팔라우의 수산업은 역동적이다. 다수의 어류 종을 어획할 수 있고, 어부들은 대부분 생계형이거나 소상공인이다. 그러나 지난 수년 동안에는 대부분의 해역에서 연안 수산업의 어획량 감소 추세를 보이고 있다. 주된 원인은 대규모 산업형 어획활동, 산호 백화현상, 서식지 감소, 육상 기인성 퇴적물 증가 등을 들 수 있다.

해양환경 관련 각종 활동은 정부 차원에서, 그리고 비정부차원에서 다각도로 이루어지고 있다. 이런 활동을 통해 산호초의 생태계와 해양생물에 대한 기반지식을 확보하기 위해서이다. 특히 팔라우 환경품질보호 위원회(Environmental Quality Protection Board of Palau)에서는 월별 해양 수질 모니터링 조사를 40개의 정점에서 지속적으로 수행해 오고 있다. 모니터링의 정점은 관광객이 많이 찾는 곳이지만 오폐수가 배출되는 곳이기도 하다. 이러한 조사는 1992년부터 수행되어 왔고, 지금까지의 데이터들은 데이터베이스로 구축되어 있다. 모니터링 조사에 포함되는 항목은 탁도, pH, 염분도, 용존산소, 대장균, 온도 등이 포함된 일반적 해수 특성 항목들이다. 산호 생태계 모니터링

---

148) Marino, Sebastian, Bauman, Andrew, Miles, Joel, Kitalong, Ann, Bukurou, Asap, Mersai, Charlene, Verheij, Eric, Olkeriil, Ilebrang, Basilius, Kliu, Colin, Patrick, Sharon, Patris, Victor, Steven, Andrew, Wayne, Miles, Joel and Golbuu, Yimnang, 2008. The State of Coral Reef Ecosystems of Palau. In. Waddell, J.E. and Clarke, A.M.(eds.), The State of Coral Reef Ecosystems of the United States and Pacific Freely Associated States: 2008. NOAA Technical Memorandum NOS NCCOS 73. NOAA/NCCOS Center for Coastal Monitoring and Assessment's Biogeography Team. Silver Spring, MD. 569 pp. https://coastalscience.noaa.gov/research/docs/CoralReport2008.pdf

활동은 팔라우의 PICRC(Palau International Coral Reef Center)에서 2001년부터 시작하였다. PICRC는 2001년도에 14개의 영구 모니터링 정점을 정하였고, 2002년도에는 2개, 2005년도에는 5개의 정점을 추가하여 총 21개 영구 모니터링 정점을 운영해오고 있다. 조사 정점에서도 산호 서식지에 대한 조사가 실시되고 있다.

또한, 팔라우는 2009년 9월 25일 세계에서 처음으로 발표된 상어 보호 구역은 팔라우의 배타적 경제 수역 내에서의 상어 어업활동을 금지함으로써 약 60만km²의 해역을 보호한다는 내용으로 이루어져 있다.

팔라우의 해양관련 정부활동

AGENCY	Planning/ Management 계획/관리	Research 연구조사	Monitoring 모니터링	Education/ Outreach 교육인식제고	Training 훈련	Enforcement 법 집행	Year Est. 개설연도
Bureau of Natural Resources and Development (자원개발)	X	X	Ngermeduu Bay, Clam export and fish market		X	X	1990
Coral Reef Research Foundation (산호초 연구)		X	Temperature, marine lake				1998
Environmental Quality Protection Board (환경품질보호)			Water quality	X		X	1992
Helen Reef Resource Management Board (헬렌산호자원관리)	X		MPA	X	X	X	2000
Koror State Department of Conservation and Law Enforcement (코로르 환경보전 및 법 집행)	X	X	Marine lakes, Rock Island, MPA				1994
Palau Conservation Society (팔라우 보전 사회)	X		MPA's	X	X		1996
Palau International Coral Reef Center (팔라우 국제산호초센터)		X	Fish, coral MPA's, watersheds				2001
The Nature Conservancy (자연보호(NGO))	X	X	MPA Network	X	X		2003

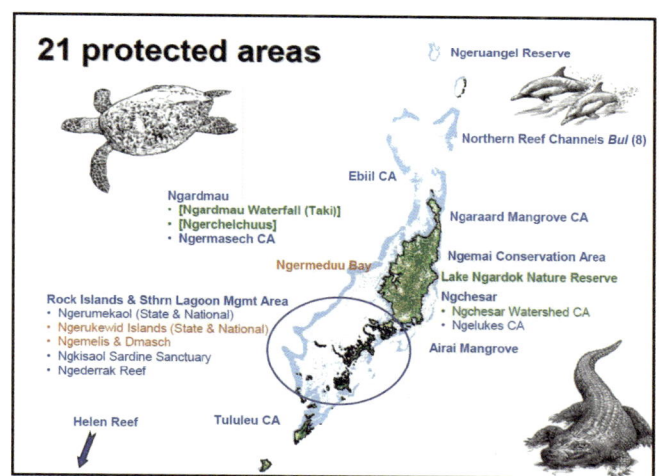

팔라우의 21개 보호구역.
출처 : Marine Protected Areas(MPAs) Map(http://www.picrc.org/CEPCRM/insidepages/index.html) (http://www.mpa.gov/helpful_resources/fact_sheets.html)

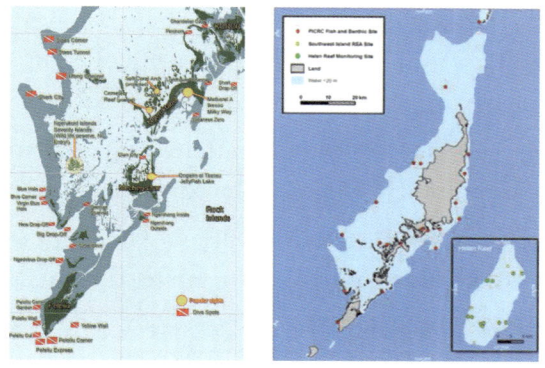

팔라우 코로르 남서쪽 해역의 다이빙 해역(좌)과 팔라우의 바벨다오브 섬 주변과 헬렌 산호초 주변의 해양환경 모니터링 정점(우)
출처 : http://ccma.nos.noaa.gov/ecosystems/coralreef/coral2008/pdf/Palau.pdf

    팔라우는 풍부하고 다양한 생물체를 활용하여 관광사업을 활성화 하고 있다. 또한, 높은 해양생물 다양성은 기능성 신물질 추출 등의 가능성을 높이고 있다. 하나의 예로 팔라우아민(Palau'amine)이라는 화학물질은 팔라우 바다의 스펀지인 *Stylotella agminata* 종에서 추출한 독성 알칼리성의 합성물질이다. 이

물질이 처음 추출된 것은 1993년이지만, 2007년에 이르러서야 정확한 구성도가 파악되었고, 그로부터 다시 2년 후 미국의 Scripps Research Institute에서 인공적인 합성이 가능해졌다. 처음 추출된 뒤부터 무려 17년간에 걸친 연구 끝에 이룩한 성과지만, 산업적으로는 제조하지 않을 전망이다.[149]

팔라우 해역 스펀지 *Styiotella agminata*

4. 항해정보[150) 151)]

팔라우는 대략 북위 7° 30′N, 동경 134° 35′E에 위치하며, 마이크로네시아 연방국(FSM)의 서쪽에 자리 잡고 있다. 8개의 비교적 큰 주요 섬과 다수의 작은 섬 등 총 243개의 섬(아주 작은 소도는 제외한 수치)으로 이루어져 있다. 이러한 섬들은 모두 숲을 가지고 있다. 캐롤라인 제도에 위치한 섬과 섬, 그리고 산호초 간의 수심은 약 1,800~3,600m 깊이이다. 최근에는 많은 해저산도 많이 발견되고 있는데, 이런 해저산들의 높이는 몇 미터에서 수백 미터 수심까지 이르는 것으로 밝혀져 있다. 음향학적 분석으로 가장 깊은 수심으로 기록되는 마리아나 해구(Mariana Trench)도 바로 이 팔라우 근처에 있는데, 약 1만 1,000m의 깊이와 평균 6만 4,373m의 폭을 가지고 있다. 주변 얍 해구(Yap

---

149) Madrigal, Alexis. Bizarre Sea Sponge Compound Finally Synthesized by Humans. Wired Science. http://www.wired.com/wiredscience/2010/01/palauamine-synthesized/
150) National Geospatial Intelligence Agency. Sailing Direction – Pacific Ocean and Southeast Asia. Publication No. 120. 2015. 12th Edition. The United States Government. http://msi.nga.mil/MSISiteContent/StaticFiles/NAV_PUBS/SD/Pub120/Pub120bk.pdf
151) National Geospatial Intelligence Agency. Sailing Direction – Pacific Islands. 2014. 11th Edition. The United States Government. http://msi.nga.mil/MSISiteContent/StaticFiles/NAV_PUBS/SD/Pub126/Pub126bk.pdf

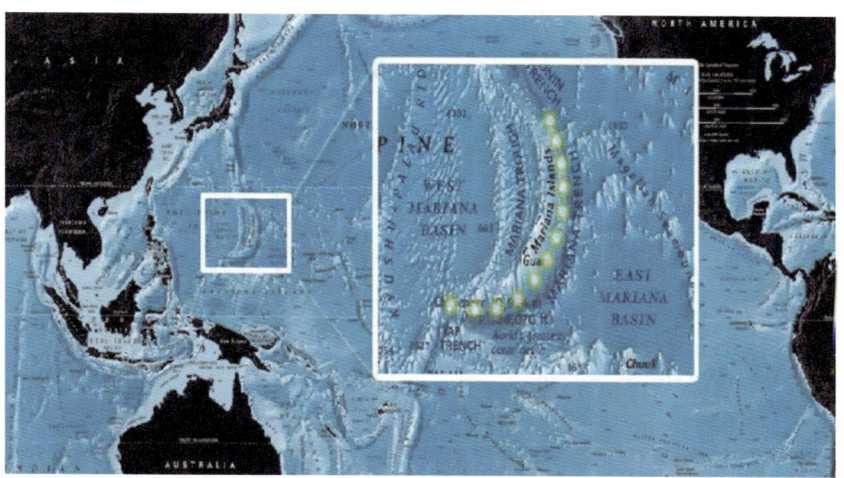

마리아나 해구(Mariana Trench)와 얍 해구(Yap Trench)[152]

Trench)와 팔라우 해구(Palau Trench)는 길이가 각각 약 700km, 650km이다.

비는 연중 내내 내리고(연평균 4,400mm), 북동 우기에 최저 강수량을 기록한다. 11월에서 1월에는 비가 훨씬 자주 내린다. 천둥과 번개, 폭풍우는 1월부터 4월까지는 흔치 않지만, 5월에서 8월까지는 자주 볼 수 있다. 평균적으로 7월에는 510mm, 3월에는 150mm를 조금 넘는다. 팔라우는 연안보다 외양에서 비교적 비가 적게 내린다. 비는 2월에서 4월까지는 일일 50% 정도 내리고, 7월에서 9월까지는 50~75% 정도 내린다. 비는 아침 일찍 가장 강하게 내리고, 그 다음으로 강한 비는 해가 저문 바로 직후에 내리는 비다. 하지만, 엘니뇨 등 기후변화로 인한 심각한 가뭄이 발생하기도 한다.

팔라우에 영향을 크게 미치는 태풍은 연평균 2개 정도이다. 대부분의 태풍은 서캐롤라인 제도에서 시작된다. 태풍의 직경은 작게 시작되지만 팔라우에 미치는 영향은 크다. 팔라우는 마리아나 제도와 함께 서캐롤라인 제도를 구성하며, 5°N와 평행으로 펼쳐져 있고, 5°N 지역은 태풍의 빈도가 잦은

---

152) National Geographic, The Mariana Trench, http://www.deepseachallenge.com/the-expedition/mariana-trench/

곳으로 알려져 있다. 팔라우의 산호초는 해안의 보초(barrier reef)이기도 하고 환초(fringing reef)이기도 하다. 북쪽의 2개의 작은 환상 산호초와 남서쪽의 앙가우르 섬을 제외한 대부분의 산호초들이 모든 섬을 둘러싸고 있다. 또한 일부 섬은 화산섬으로 최고봉은 바벨투아프 섬 북서쪽에 위치해 있다.

일반적으로 가장 날씨가 좋은 시각은 오전 9시에서 오후 2시 사이이다. 바람 가운데 가장 강한 바람은 해수면에 부는 바람이고, 해안으로 불어오는 바람(폭풍 시 배가 위험할 수도 있다) 때문에 배가 위험할 수 있는 시간대는 오전 3시이고 가장 약할 때는 오후 3시다. 11월에서 4월까지의 북동 우기 계절에 부는 탁월풍(항풍, prevailing wind)[153]은 동북동풍(ENE)인데 11월에는 60%정도 불고, 1월에는 93%, 4월에는 82%정도로 분다. 평균풍속은 12~2월에는 22.2km/h이고, 그 외에는 4.8~18.5km/h이다. 4월에는 가끔 남서풍이 불기도 한다. 동풍이 5월에서 6월까지 불며, 7월에서 10월은 약하고 변덕스러운 바람이 분다. 태풍은 일반적으로 봄(3~6월)에 강하다. 2월과 4월이 가장 건조하고, 강수량의 2/3가 5월에서 10월 사이에 발생한다.

조류와 해류는 적도 반류가 팔라우와 북위 2°사이에 흐르는데, 이는 연중 경험할 수 있다. 해류는 약 3.7km/h의 속도로 흐르는 것이 자주 측정되며, 3.7~5.5km/h까지 흐르는 조류도 측정된 적이 있다. 팔라우의 해류는 변덕스러워 시속 1.8~2.7km를 기록하기도 한다. 현지 앙가우르 섬 근처의 조류는 굉장히 변덕스러워 조심해야 한다. 앙가우르와 펠렐리우 간의 해협에서 한사리(spring tide, 음력 보름과 그믐 무렵의 밀물이 가장 높은 때) 때에는

---

153) 탁월풍. 탁월풍(卓越風) 또는 항상풍(恒常風), 일반풍(一般風)은 일정 지역, 혹은 일정 위도 영역에서, 거의 일정한 방향으로 부는 바람을 말한다. 열대권에서는 무역풍, 위도 30도~60도까지는 편서풍 그리고 극지방에서는 극동풍이 탁월풍이다. 특정 위도의 탁월풍의 풍향은 코리올리 힘의 영향을 받아 북반구에서는 시계 방향, 남반구에서는 반시계 방향으로 구부러진다. 탁월풍과 항상풍, 일반풍은 보통 유사한 의미로 사용된다. 하지만 탁월풍은 특정 지역의 현상을 기술하는 경우에, 항상풍이나 일반풍은 지구 보편적인 현상을 기술하는 경우에 선호된다. 가령 대한민국의 경우, 중위도대에 위치해 있기 때문에 항상풍은 편서풍에 해당되며, 탁월풍은 북서계절풍에 해당된다. (위키백과. http://ko.wikipedia.org/wiki/%ED%83%81%EC%9B%94%ED%92%8D). 어느 지역에서 어떤 기간(계절 또는 연) 동안에 가장 많이 나타나는 바람의 방향을 말하며, 보통 바람장미(wind rose)를 그려 보면 쉽게 구할 수 있다. 봄에서 가을 사이에 현저하게 나타나는 해안 지방의 해풍은 낮의 탁월풍이고, 육풍은 밤의 탁월풍이다. 한편, 지구상의 평균풍계는 극지방에는 편동풍, 중위도 지방에는 편서풍, 열대 지방에는 편동풍(무역풍)이 분다. (기상청. http://web.kma.go.kr/communication/encyclopedia/list.jsp;jsessionid=8lddEYVBJzpbN0Xje8Ru1WUL6GKZahAgd1uKKkaawZYNYBnMHML7bDd25tzI2ljt?encyc_id=641&page=1&schLang=kor&schGroup=&schType=&schText=%A4%BC)

5.5~7.4km/h 정도의 속도가 기록되기도 했다.

5. 인구통계[154] 및 인종기원[155] [156]

팔라우의 인구는 약 2만 1천 명(2014년도 기준)인데, 이 가운데 약 70~80%가 팔라우 원주민이다. 팔라우의 원주민은 멜라네시아인과 마이크로네시아인, 그리고 오스트로네시아인의 혼합 인종이다. 다음으로 많은 것이 필리핀인이다. 또한 상당 부분의 팔라우인은 아시아 계통의 혈통이 뒤섞여 있기도 하다. 그 중 일본인의 혈통이 섞인 팔라우인이 가장 많고, 그 다음 많은 인종이 중국인이나 한국인의 혈통이 섞인 팔라우인이다.

수천 건의 보고를 통해 체구가 작은 사람의 뼈가 팔라우 연안의 동굴에서 발견되었다고 한다. 이것은 팔라우에서 작은 체구의 사람이 최소한 3,000년 전에 이곳에 생존했다는 증거일 수 있다. 그러나 이런 작은 체구의 사람들은 약 1,400년 전에 사라진 것으로 파악되고 있다. 남아 있는 뼈의 구조를 보면, 이들은 약 100~120cm의 키에 32~41kg의 몸무게를 소유하고 있는 것으로 알려져 있다. 그러나 이러한 유골들이 작은 체구의 인종의 것인지, 아니면 유전학적 이상이나 질병 또는 영양분 부족으로 생겨난 것인지는 정확히 알 수 없다. 팔라우 주변에 위치해 있으면서 식량 자원이 부족한 외곽 섬에 거주하는 사람들도 이와 비슷하게 체구가 작은 것으로 알려져 있다.

---

154) NOAA, Coral Reef Information System, http://coris.noaa.gov/about/eco_essays/palau/people.html
155) Wikipedia, Palau, https://en.wikipedia.org/wiki/Palau
156) Roach, John, 2008, Ancient Bones of Small Humans Discovered in Palau, National Geographic, 10 March 2008, http://news.nationalgeographic.com/news/2008/03/080310-palau-bones.html

03 역사(History)[157) 158)]

1. 정착시대

팔라우는 약 3,000~4,000년 전에 사람들이 정착하기 시작했는데, 아마도 인도네시아와 필리핀 등지에서 기원전 약 2,500년 경에 이주해 온 사람들일 것으로 추정된다. 12세기까지 작은 키의 니그리토(Negrito) 또는 피그미인들이 오랫동안 거주해 왔다는 보도도 있지만, 이들이 다른 민족으로 대체되었다고 한다. 현재 사용 중인 언어를 살펴보면, 지금 거주하고 있는 주민들은 순다 열도(Sunda Islands)[159)]에서 이주해 온 주민들일 가능성이 높다. 팔라우가 속한 도서 지역은 "흑제도(the Black Islands)"라고 불렸다.

시기[160)]	설명
기원전 2500년 이전전	팔라우의 첫 정착 거주인 – 현 인도네시아 지역에서 이주하여 팔라우 섬들에 거주하기 시작한 것으로 추측됨. 초기 정착 거주인들은 복잡한 사회 시스템, 일반적인 어업 행위 그리고 농사 행위 등을 개발하였다고 함
1543	스페인 탐험가 루이 로페즈 데 빌라로보스(Ruy Lopez de Villalobos)에 의해 발견됨
1710.12.11	스페인의 프란시스코 데 파딜라[Francisco de Padilla(Islas Palaos)]에 의해 얼마 후 재발견되고, 이를 근거로 스페인이 자국 영토로 주장함
1783.8.10.~ 1783.11.12	영국 선장 헨리 윌슨(Henry Wilson)의 선박이 산호초에 좌초되면서 팔라우에 첫 서양인이 실질적으로 방문하여 발을 디딘 것으로 추측됨. 윌슨선장과 선원들이 3개월간 이곳에 체류하며 현지인들의 도움을 받아 자신들이 타고 탈출할 수 있는 선박을 건조하였다고 기록됨. 향후 유럽과의 접촉이 잦아지면서 영국은 팔라우의 주요 교역 상대가 됨

---

157) Wikipedia, History of Palau, https://en.wikipedia.org/wiki/History_of_Palau
158) Wikipedia for Schools, Palau, http://schools-wikipedia.org/wp/p/Palau.htm
159) Wikipedia, Sunda Islands, http://en.wikipedia.org/wiki/Sunda_Islands, 순다 열도는 말레이시아 도서 제도(Malay Archipelago)를 구성하고 있는 도서 그룹 중 하나로서 현재로는 4개의 국가로 나누어져 있는데 부루나이, 동티모르, 인도네시아, 말레이시아 이 섬들을 구성하고 있다. 그러나 대부분의 섬들은 인도네시아에 속해 있다.
160) BBC NEWS, Palau Profile, http://www.bbc.co.uk/news/world-middle-east-15446663

시기	설명
1885 (1875~ 1899.10.12)	스페인이 팔라우의 섬들을 대상으로 주권을 주장함 
1899.10.12~ 1914.10.8	스페인은 팔라우를 독일에 매각했고, 독일은 이곳에서 도서 지역의 자원 개발을 시작했으며, 이때 현지인들을 노역자로 사용함. 인(phosphate) 광물 개발과 코코넛 농사가 주된 개발 대상이었음  독일 왕국 (1871~1918) 　독일 왕국 (1885~1899) 　독일 왕국 (1892~1918) 　독일 왕국 (1893~1921) 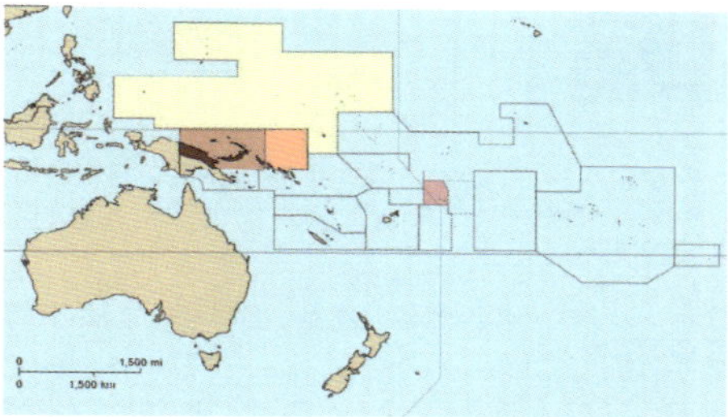 독일 식민지 구역 (색칠된 구역)
1914.10.8~ 1944.9	독일이 제1차 세계대전에 패한 후 일본이 팔라우를 침범했으며, 코로르시가 일본의 지역 행정 중심지로 개발됨. 이 시기 팔라우 거주 일본인들은 약 2만 6천 명이었고, 일본인이 가장 많이 거주하던 시기임  South Pacific Agency [일본이 아군을 대신하여 팔라우를 포함해 남태평양을 관리할 때에는 별도의 기(flag)가 만들어지지 않음. 왼쪽 그림은 수산 조사선 깃발로서 1930년 9월 18일 공고13에 따라 채택되었으며 한자(漢字)의 물 수(水)를 디자인한 것임]
1940~1945 (제2차 세계대전)	2차 세계대전 당시 팔라우에 설치된 일본의 군사 요새화 및 해군 시설 강화는 미군의 파괴목표 대상이었으며, 팔라우 섬 주민들은 자국의 섬에서 일본과 미국 간의 치열한 전투행위를 목격했음  미국 1944년 9월~ 1994년 10월 1일  유엔 1947년 7월 18일~ 1965년 8월 19일

시기	설명
1947	팔라우는 제2차 세계대전 이후 유엔 산하의 신탁통치 구역(United Nations Trust Territory under US Administration)으로 유엔을 대신하여 미국이 신탁통치 임무를 수행함 Trust Territory of the Pacific Islands The High Commissioner (1947~1986)
1979	마샬 제도와 함께 팔라우는 단일 마이크로네시아 연방국에서 탈퇴함
1981	1980년 7월, 지역 헌법이 채택되면서 팔라우 공화국이 탄생함. Hauro Remeliik 대통령이 선출됨 5:8 크기로 1981년 1월 1일 채택
1983~1990	팔라우가 독립적으로 국가를 운영하고 미국으로부터 독립하기 위한 미국과의 자유연합협정(Compact of Free Association)에 대한 국민투표가 계속 난항을 겪으면서 연합 협정에 대한 허가가 지체됨
1985	하루오 레멜리크(Haruo Remeliik) 대통령이 6월에 살해되고, 9월 라자루스 살리(Lazarus Salii)가 대통령으로 선출됨
1988	라자루스 살리(Lazarus Salii) 대통령이 자살하자 응기랏켈 에비손(Ngiratkel Etpison)이 차기 대통령으로 선출됨
1992	쿠니우 나카무라(Kuniwo Nakamura)가 대통령으로 선출된 뒤 1996년 연임됨
1993	미국의 조사 끝에 팔라우 국무총리(Minister of State)와 그의 부인이 1985년 Remeliik 대통령의 살해범으로 구속됨
1994	팔라우가 미국과 자유연합협정을 최종적으로 체결하면서 미국으로부터 독립함. 팔라우는 미국으로부터 원조를 받게 되고 미국은 팔라우의 국방에 대한 책임을 지는 한편, 팔라우에서의 군사활동에 대한 자유권을 확보함. 팔라우가 유엔에 가입함
2000. 11	전 부통령 토미 레멩게사우(Tommy Remengesau)가 대통령으로 선출됨
2003. 08	팔라우가 포괄적 핵 실험 금지 조약에 서명함
2004. 11	토미 레멩게사우대통령이 재임에 성공함. 이중 국적을 허용하고 국회의원은 세 번 연임만 허용하며 대통령과 부통령이 한 팀으로 선거 활동을 할 수 있도록 하는 것을 골자로 주민 투표(Referendum)를 실시해 헌법개정 지지를 확보함
2006. 10	수도를 코로르에서 멜레케오크로으로 이주함
2008. 11	전 주 대만 팔라우 대사 존슨 토리비옹이 엘리이스 캄세크 친(Elias Camsek Chin(현 부통령))을 이기고 대통령으로 선출됨
2009. 01	존슨 토리비옹이 대통령으로 취임함

시기	설명
2009. 10	중국 소수민족 Uighur(위구르)인 6명이 관타나모 만(Guantanamo Bay)에 있는 미군 감옥에서 풀려나 팔라우에 정착함
2010. 1	팔라우가 미국이 제시한 1억 5,600만 달러의 원조를 거절하자 미국은 팔라우에 추가로 2억 5천만 달러를 제공함. 존슨 토리비옹 대통령은 위그르인이 팔라우에 정착하는 것에 대한 지원과 미국 원조에 동의한 것과는 아무런 관련성이 없다고 함
2012. 11	국회 및 대통령 선거. 토미 레멩게사우가 다시 선임되어 대통령은 3번 하게 되었는데 이전에는 2001년부터 2009년까지 대통령직을 수행하였음
2013. 11	태풍 하이안(typhoon Haiyan)에 의해서 Kayangel 섬과 Babeldaob 섬을 포함하여 팔라우의 다수 섬들이 피해를 입음
2014. 01	Remengesau 대통령이 팔라우 해양수역내에서의 모든 산업적 어획활동을 금지하는 계획을 발표하면서 팔라우의 미래발전 가능성은 어획활동보다는 관광산업에 있다고 함
2015. 02	팔라우 Peleliu 주의 주지사는 4월에 Akihito 국왕과 Michiko 왕비의 팔라우를 방문을 기념하여 일분군인들의 유골을 찾는데 협조할 것을 약속함

1522년 무렵, 팔라우의 주요 섬으로부터 약 600km 떨어진 곳에 위치한 남서쪽 손소롤 섬들이 유럽인들에 의해 발견되었다. 페르디난드 마젤란(Ferdinand Magellan)의 기함인 트리니다드호가 세계 일주 항해 도중 위도 5도선에서 2개의 작은 섬이 평행으로 위치해 있는 것을 발견했다고 기록되어 있으며, 이곳을 '산 후안(San Juan)'으로 명명했다.[161]

1783년 팔라우 섬 주변해역에서 난판된 헨리윌슨선장의 Antelope 선박 (Thomas Tegg – National Maritime Museum, Greenwich, Wikipedia, Antelope, https://en.wikipedia.org/wiki/Antelope_(1781_EIC_packet_ship))

제2차 세계대전시 팔라우에 주둔하고 있던 일본과의 전쟁을 위해 팔라우의 Peleliu 해변가로 모여드는 수륙 양용장갑차(Landing Vehicle Tracked-LVT). The first wave of LVTs moves toward the invasion beaches, passing through the inshore bombardment line of LCI gunboats, Cruisers and battleships are bombarding from the distance. The landing area is almost totally hidden in dust and smoke. Photographed from a USS Honolulu (CL.-48) plane.(Wikipedia, Battle of Peleliu, https://en.wikipedia.org/wiki/Battle_of_Peleliu)

---

161) Wikipedia, Sonsorol, http://en.wikipedia.org/wiki/Sonsorol

2. 정복과 식민지 시대[162) 163) 164) 165) 166) 167)]

18세기에는 영국 무역 상인들이 주된 방문객이었고, 19세기에는 스페인의 확장 세력이 이곳에 큰 영향을 미쳤다. 1885년에는 스페인 동인도(Spanish East Indies) 영토의 일부가 되기도 했다. 1898년 스페인–미국 전쟁에서 패한 스페인은 팔라우와 자국의 주권을 행사하던 다른 캐롤라인 제도의 섬들을 이듬해인 1899년에 독일–스페인 협정(German-Spanish Treaty)에 따라 독일에 매각했다.

3. 세계대전[168) 169) 170) 171) 172)]

1914년 일본 해군이 제1차 세계대전 때 팔라우를 점령함으로써 팔라우는 일본의 식민지로 전락했다. 팔라우 섬들은 나중에 국제연맹(League of Nations)에 의한 남태평양 위임통치(South Pacific Mandate)에 따라 일본에 지배당했다.

제2차 세계대전 때의 마리아나·팔라우 제도 전투(Mariana and Palau Islands campaign, 1944년 6~9월)는 1944년 태평양 전쟁 당시 마리아나 제도에서 일어난 미군과 일본군 간의 전투이다. 솔로몬 제도와 뉴기니 섬, 길버트 제도 전역을 탈환한 미군은 마리아나 제도 점령을 다음 목표로 정했다. 당시 사이판 섬과 티니안 섬은 제1차 세계대전 이후 20년 동안 일본 제국의 영토로 남아 있었는데, 일본군의 대규모 비행장이 있던 사이판 섬이 미국에 점령되었다는 것은 곧 일본 제국이 미국의 전략 폭격기의 사정권 안에 들어간

---

162) Wikipedia. History of Palau. https://en.wikipedia.org/wiki/History_of_Palau
163) Lal, Brij V. and Fortune, Kate. 2000. The Pacific Islands – An encylopedia. University of Hawaii Press. Honolulu. https://books.google.co.kr
164) Citizendium. Palau. http://en.citizendium.org/wiki/Palau
165) Wikipedia. German–Spanish Treaty (1899). http://en.wikipedia.org/wiki/German%E2%80%93Spanish_Treaty_(1899)
166) World Heritage Encyclopedia. History of Palau (WHEBN0014952301). http://www.worldlibrary.org/articles/History_of_Palau
167) Hinz, Earl R., 1999. Landfalls of Paradise : Cruising Guide to the Pacific Islands. Fourth Edition. University of Hawaii Press. Honolulu. pp. 311-319. http://books.google.co.kr
168) World Heritage Encyclopedia. History of Palau (WHEBN0014952301). http://www.worldlibrary.org/articles/History_of_Palau
169) Wikipedia. Mariana and Palau Islands campaign. https://en.wikipedia.org/wiki/Mariana_and_Palau_Islands_campaign
170) Battlefield Historian Ltd., 2012. Mariana and Palau Islands Campaign 1944. https://www.battlefieldhistorian.com/mariana_and_palau_islands_campaign_1944.asp
171) WWII. Mariana & Palau Islands Campaign. http://kpresnell.wix.com/wwii#!mariana-and-palau-islands-campaign
172) Hinz, Earl R., 1999. Landfalls of Paradise: Cruising Guide to the Pacific Islands. Fourth Edition. University of Hawaii Press. Honolulu. pp. 311-319. http://books.google.co.kr

것을 의미한다.

일본은 도조 히데키를 주축으로 한 절대 국방권을 설정하는 한편, 마리아나 제도 사수를 목표로 9척의 항공모함을 앞세운 기동 부대와 5만명 이상의 수비대를 파견했다. 하지만 일본의 기동 부대는 마리아나 해전 당시 미국의 기동 부대에 대패했다. 일본군은 지상전에서 제공권과 해상권을 완전히 상실했고, 수비대는 미군에게 폭격을 당했다. 일본 해군은 전통적인 해안 방위 전술에만 집착하여 잇달아 미국에게 봉쇄당했다. 특히 사이판 전투에서는 상륙한 지 불과 3일 만에 3만명의 수비대가 전멸했다. 일본이 절대 국방권을 상실하자 도조 히데키는 내각총리대신에서 사임했다. 그러자 미군은 다음 목표를 필리핀 탈환으로 삼았다. 이는 당시 일본군이 생명선으로 삼은 남방 유전지대와 일본 본토와의 연결을 차단하기 위해서였다. 바로 이 전투를 필리핀 해전이라 부른다.[173]

일본 남태평양 위임 통치 총재(Governor of the South Pacific Mandate)[174]		
과도기 남도국 방위단 지휘관 (Commanders of Interim Southern Islands Defense Unit)	Tatsuo Matsumura	28 December 1914 ~ 6 August 1915
	Kichitaro Togo	6 August 1915 ~ 1 December 1916
	Masujiro Yoshida	1 December 1916 ~ 1 December 1917
	Yasujiro Nagata	1 December 1917 ~ 1 December 1919
	Kojoro Nozaki	1 December 1919 ~ 1 April 1922)
민간 총무 청장 (Head of Civil Affairs Bureau)	Toshiro Tezuko	1 July 1918 ~ 1 April 1922
총재(Governors)	Toshiro Tezuko	1 April 1922 ~ 4 April 1923
	Gosuke Yokota	4 April 1923 ~ 11 October 1931
	Mitsusada Horiguchi	12 October 1931 ~ 21 November 1931
	Kazuo Tawara	21 November 1931 ~ 5 February 1932
	Masayuki Matsuda	5 February 1932 ~ 4 August 1933
	Hisao Hayashi	4 August 1933 ~ 19 September 1936
	Kenjiro Kitajima	19 September 1936 ~ 9 April 1940
	Shunsuke Kondo	9 April 1940 ~ 5 November 1943
	Ishiro Hosokaya	5 November 1943 ~ 2 February 1944

팔라우에서 벌어진 펠렐리우 전투(Battle of Peleliu)를 포함하여 마리

---

173) 김창원. 2015. 필리핀해전 – 유용원의 군사세계. 조선일보. (1화) http://bemil.chosun.com/site/data/html_dir/2015/07/03/2015070301985.html (2화) http://bemil.chosun.com/site/data/html_dir/2015/07/03/2015070301998.html (3화) http://bemil.chosun.com/site/data/html_dir/2015/07/03/2015070302126.html
174) Wikipedia. Goverver of Nanyo. http://en.wikipedia.org/wiki/Governor_of_Nanyo

아나 · 팔라우 군사작전(Mariana and Palau Islands Campaign)이라고 명명된 전쟁이 미국과 일본 간에 벌어졌다. 펠렐리우 전투에서 희생이 컸던 일본은 바로 이곳에서 미국에게 패한 후 1944년 팔라우는 미국에게 넘겨졌다. 1944년 9월 15일부터 11월 25일까지 희생된 미국인은 2,000명, 희생된 일본인은 1만명인 것으로 알려져 있다. 마리아나 · 팔라우 군사 작전 전투의 총 피해규모는 미국 9,500명, 일본 6만 3천명 이상일 것으로 추정하고 있다.[175) 176)]

4. 독립[177)]

제2차 세계대전 후 1947년부터 미국은 다른 태평양 도서 지역을 포함하여 팔라우를 신탁통치(Trust Territory of the Pacific Islands) 지역으로 정하고, 유엔을 대신해 관리하기 시작했다.

미국 태평양 도서 지역 유엔 신탁통치의 최고 행정관(high commissioner)[178)]		
군사정부총재 (Military Governors)	John H. Hoover	March 1944 ~ 19 June 1944
	Chester W. Nimitz	19 June 1944 ~ 24 November 1945
	Raymond A. Spruance	24 November 1945 ~ 3 February 1946
	John H. Towers	3 February 1946 ~ 28 February 1947
	Louis E. Denfeld	28 February 1947 ~ 18 July 1947
최고행정관 (High commissioners)	Louis E. Denfeld	18 July 1947 ~ 17 April 1948
	DeWitt Clinton Ramsey	17 April 1948 ~ 1 May 1949
	Arthur W. Radford	1 May 1949 ~ 6 January 1951
	Elbert D. Thomas	6 January 1951 ~ 11 February 1953
	Frank E. Midkiff	13 March 1953 ~ 1 September 1954
	Delmas H. Nucker	1 September 1954 ~ 1 May 1961 (acting to November 1956)

---

175) Wired, Jeste, 2008. Thousand Yard Stares; Ruins and Ghosts of the Battle of Peleliu, 1944. (2차 대전의 총 피해 규모는 일본 제국은 174만 955명 전사, 39만 3천명 민간인 사망; 미국 10만 6,207명 전사, 24만 8,316명 부상 및 실종; 대만 약 380만 명 전사, 약 1,500만 명 민간인 사망; 소련 1만 2,031명 전사 및 실종, 2만 4,425명 부상; 호주 1만 7,501 전사, 영국 8만 6,838 명 전사 등. http://ko.wikipedia.org/wiki/%ED%83%9C%ED%8F%89%EC%96 %91_%EC%A0%84%EC%9F%81)
176) Hinz, Earl R., 1999. Landfalls of Paradise: Cruising Guide to the Pacific Islands, Fourth Edition. University of Hawaii Press, Honolulu. pp. 311-319. http://books.google.co.kr
177) Wikipedia, Palau, https://en.wikipedia.org/wiki/Palau
178) Wikipedia, High Commissioner of the Trust Territory of the Pacific Islands, http://en.wikipedia.org/wiki/High_Commissioner_of_the_Trust_Territory_of_the_Pacific_Islands

	Maurice W. Goding	1 May 1961 ~ 27 May 1966
	William R. Norwood	27 May 1966 ~ 1 May 1969 (acting to 1 August 1966)
	Edward E. Johnston	1 May 1969 ~ 1 July 1976
	Peter Tali Coleman	1 July 1976 ~ 9 July 1977 (acting)
	Adrian P. Winkel	9 July 1977 ~ 1981
	Janet J. McCoy	December 1981 ~ 10 July 1987
과도기사무국장 (Director of the Office of Transition)	Charles Jordan	3 November 1986 ~ 30 September 1991
US Dept of the Interior (내무성)		1991 ~ 1994

1979년에는 신탁통치 산하의 4개 지역을 하나의 마이크로네시아 연방 지역으로 묶었다. 그러나 팔라우와 마샬 제도가 독립을 원하였고, 국민투표를 통해 팔라우는 하나의 연방국 형태에서 분리되어 독립국가가 되는 절차를 시작하였다. 즉, 하나의 큰 대형 연방국이 되기보다는 오랜 역사와 문화를 독립적으로 지닌 독립 지역으로 분리되기를 원하였으며 팔라우 지역특성 위주의 분리 지역으로 남고자 하였다.[179][180]

옥빛색깔의 팔라우 바다 (© KIOST)

---

179) Chapman, William. 1978. In Palau, Even God is Said to Oppose Micronesian Unity. The Washington Post (17 July 1978). https://www.washingtonpost.com/archive/politics/1978/07/17/in-palau-even-god-is-said-to-oppose-micronesian-unity/f85347c8-d7cc-4680-bfe4-7371975bd349/
180) Encyclopedia.com. 2007. Palau. Worldmark Encyclopedia of Nations. http://www.encyclopedia.com/topic/Palau. aspx

팔라우 관할 구역 말단 행정관 (Palau/Belau District Administrators, Distad)[181]		
	William C. Ball	1947.9 ~ 1947
	Chesley M. Hardison	1947.12 ~ 1949.3
	Alan D. Curtis	1949.6 ~ 1951.6
	....	1951.6 ~ 1953.10
	David Donald Heron	1953.10 ~ 1958.10
	Francis B. Mahoney (acting to 1959)	1958 ~ 1962.8. 24
	Manuel Godinez	1962 ~ 1966
	James Boyd MacKenzie	1966 ~ 1969
	James C. Flannery	1969 ~ 1969
	Thomas O. Remengesau, Sr. (acting to 1970)	1969.11.1 ~ 1979
	Kim B. Batcheller (acting)	1979 ~ 1980.12.31
태평양 도서 신탁 통치 팔라우 사무국장 (Director of the Palau Office of Trust Territory of the Pacific Islands)	J. Victor Hobson, Jr.	1990.12.13 ~ 1994.10.24

  팔라우는 1978년부터 독립 절차를 공식적으로 진행하였고, 1981년 새로운 헌법을 승인하였으며, 미국과 1982년에 자유연합협정(Compact of Free Association)을 체결을 하기로 하면서 1986년에 최종 서명을 완료하였다. 그러나 체결된 자유연합협정을 시행하기 위한 국가적 절차는 여덟 번의 국민투표와 한 번의 팔라우 헌법 개정을 통해서 자유연합협정이 1993년에 최종 채택되고, 1994년 10월 1일에 발효되면서 팔라우는 신탁통치의 영향력에서 벗어나 법률상 정당한 권리상의 독립국가로 다시 태어났다. 하지만 팔라우는 1994년 5월 25일부터 신탁통치가 무효화되었으므로 1994년 5월 25일부터 사실상 독립국이 되었다고 볼 수 있다.[182] [183]

---

181) World Statesmen. Palau. http://www.worldstatesmen.org/Palau.htm
182) America.gov. Republic of Palau – Compact of Free Association. http://photos.state.gov/libraries/palau/5/home/rop_cofa.pdf
183) America.gov. Subsidary Agreements of the Compact of Free Association, Political Education Committee. Republic of Palau 1989. http://photos.state.gov/libraries/palau/5/home/rop_cofa_sub.pdf

04 국가 정부 형태 및 구조 [184) 185) 186) 187) 188) 189)]

1. 개요

팔라우는 중앙집권 대통령제 민주공화국으로서 집행부와 입법부를 직접 선출한다. 팔라우 헌법은 1981년에 채택되었다. 앞서 언급한 바와 같이 미국과의 자유연맹협정은 1986년에 체결되고, 1994년 10월 1일에 발효되었다.

미국과 50년간의 자유연합협정(the Compact of Free Association, COFA)이 체결됨에 따라, 미국은 국방, 원조, 사회적 서비스(social services)를 팔라우에 제공하는 대신 팔라우의 특별 항구와 공항에 대한 권한을 갖게 되었다.

자유연합협정은 정부간의 자유롭고 자발적인 관계 형성을 유지시키는 기반으로 간주된다. 주요 쟁점은 정부간의 관계, 경제적 관계, 안보 및 국방 관계에 집중되어 있다. 팔라우는 자유연합협정에 따라, 미국에 국방 안보 활동을 의지하고 있어 독립적인 군대 조직은 없다. 그 주요 내용에는 미국 군대는 팔라우에서 50년간의 군사 활동이 가능하다고 명시되어 있다. 그러나 미국 해군의 역할은 극히 최소한으로 진행된다. 즉, 소수의 해군공병단(construction engineers)의 활동이 대부분이다. 그중 미국의 연안 경비대는 해군보다는 많은 활동을 하고 있는데, 주로 팔라우의 해역을 감시하는 일을 한다.

---

184) Wikipedia, Palau, http://en.wikipedia.org/wiki/Palau
185) Republic of Palau, http://palaugov.pw/
186) Republic of Palau, States, http://palaugov.pw/states
187) Infoplease, Palau – Chiefs of State and Cabinet Members of Foreign Governments, http://www.infoplease.com/world/leaders/palau.html
188) Republic of Palau, The President, http://palaugov.pw/executive-branch/president/executive-branch/
189) Republic of Palau, Executive, http//palaugov.pw/executive-branch/

팔라우의 대통령 선거는 매 4년마다 실시된다. 미국 대통령 선거 시기와 같은 시기에 실시하며, 대통령과 부통령이 한 팀으로 선거를 치를 수 있다. 대통령이 국가의 원수이자 정부의 최고집행자라고 할 수 있다.

행정 집행부는 대통령을 통해 구성되고, 입법부는 정부와 국회에 권한이 있으며, 사법부는 행정 집행부와 입법부와는 독립적인 정부 구성원으로 이루어져 있다. 대선은 2004년 11월 2일에 열렸다. 그다음 선거는 미국 대선이나 총선과 같이 2012년 11월 6일에 개최되었고, 대선과 총선이 동시에 실시되었다. 그 다음 대선은 2016년 11월이다.

팔라우 정부 간부들의 급여는 2009년 기준 다음과 같다고 알려져 있다.[190]
- 대법원장(Chief Justice) : 9만 달러
- 대법원 판사(Associate Justice) : 8만 달러
- 최고재판관(Senior Judge, 토지 법원) : 7만 달러 / 6만 달러
- 대통령 당선자(president-elect) : 5만 달러
- 상원의원(senators/delegates) : 5만 달러
- 부대통령 당선자(vice president elected) : 4만 5천 달러
- 재판관(Associate Judge, 토지 법원) : 4만 5천 달러
- 장관(Minister) : 3만 달러

---

190) Micronesia Forum. Government Salaries in Palau. http://www.micronesiaforum.org/index.php?p=discussion/5481/government-salaries-in-palau/

참고 : 미국 대통령 등 간부 급여(2009년 기준)
Barrak Obama – President – Elected – $400,000
Joe Biden – Vice President – Elected – $227,300
Nancy Pelosi – Speaker of the House – Elected – $223,500
John G. Roberts, Jr.– Chief Justice, Supreme Court – Appointment – $217,400
Associate Justices, Supreme Court – Appointment – $208,100
House Majority & Minority Leaders – Elected – $193,400
Secretaries(equivalent of Ministers) – Appointment – $191,300
House/Senate Members & Delegates – Elected – $174,000
(from: The Belau Blog. http://belaublog.wordpress.com/2009/07/22/government-salaries-in-palau/)

2. 집행부(Executive Branch)

토미 에상 레멩게사우 주니어

존슨 토리비옹

집행부는 대통령, 부통령, 그리고 최고 추장위원회(Council of Chiefs)로 구성된다. 최고 집행자는 내각 장관(cabinet ministers)들과 소속 직원들이 지원하고 있으며, 부통령은 장관들 중 한 명으로 민중 서비스 임무를 수행한다.

2012년 11월 선거에서 토미 에상 레멩게사우 주니어 (Tommy Esang Remengesau, Jr.)[191]가 새 대통령으로 선출되었다. 그는 제6대 대통령을 지낸 경험이 있으며, 재임하여 2001년부터 2009년까지 대통령직을 수행했다. 이 대통령의 철학은 미국에 대한 의존도를 감소하고 관광 산업을 확장시키는 것이다. 또한 팔라우의 유엔에서의 활동과 영향력을 높이고, 그 중에서도 특히 지구 온난화와 환경 분야에서의 국제적 영향력을 높이는 데 주력하였다. 이전 대통령(2009년 1월~2013년 1월)은 존슨 토리비옹[192]이었다.

- 팔라우는 미국과 유엔에 대사관을 유지하고 있다.
  - 주 미국 팔라우 대사 : 허시 쿄타(Hersey Kyota)

    1700 Pennsylvania Avenue, Suite 400, Washington, DC 20006, USA
    Tel : (1) 202-452-6814 / Fax : (1) 202-452-6281

  - 주 유엔 팔라우 대사 : 스튜어트 벡(Stuart Beck)

    866 United Nations Plaza, Suite 575, New York, New York 10017, USA
    Tel : (1) 212-813-0310 / Fax : (1) 212-813-0317

- 또한 팔라우는 일본, 필리핀, 그리고 대만에도 대사관을 두고 있다.

- 팔라우 대통령 연혁은 다음과 같다.

---

191) Wikipedia, Tommy Remengesau. http://en.wikipedia.org/wiki/Tommy_Remengesau56)
192) BBC NEWS, Palau Profile - Leaders. http://www.bbc.co.uk/news/world-middle-east-15446661

순서	임기	대통령[193]	부통령
1	1981년 3월 2일~ 1985년 6월 30일	Haruo Ignacio Remeliik[194](초대 대통령) − 1933년 6월1일 출생 − 1985년 6월 30일 사망 − 1985년 6월 30일 자택에서 총에 맞아 사망하였으며, 고향인 Peleliu의 Kloulklubed에 안치됨 − 일본인과 팔라우인 사이의 혼혈 출생	Alfonso Rebochong Oiterong
	1985년 6월 30일~ 1985년 7월 2일 (대통령 대행)	Thomas Remengesau, Senior (acting)	
2	1985년 7월~ 1985년 9월	Alfonso Rebochong Oiterong −1924년 10월 9일 출생	
3	1985년 10월 25일~ 1988년 8월 20일	Lazarus Eitaro Salii[195] − 1935년 11월 17일 출생 − 1988년 8월 20일 사망 − 출생지 : 팔라우 코로르 − 특성 : 자택에서 총에 맞아 사망했다고는 하나 뇌물수수 혐의로 인한 자살로 추정됨 − 경력 : Palau Constitutional Convention of 1978에 참여함. 헌법이 1981년에 적용되면서 1984년까지 대사로 재직했고, 1984년에는 상원의원이 되어 팔라우 국회 의원으로 당선되어 코로르를 대표함[196] − 특성 : 초대 대통령이 암살당한 이후 대통령으로 선출됨. 자살 후 1988년에 부통령이던 Thomas Remengesau, Sr. 가 대통령직을 대행함	Thomas Remengesau, Sr.

---

193) Wikipedia, President of Palau, http://en.wikipedia.org/wiki/President_of_Palau
194) Corry, John, 1987, 20/20 Examines Trouble in Palau, The New York Times, http://www.nytimes.com/1987/07/02/movies/20-20-examines-toruble-in-palau.html
195) Wikipedia, Lazarus Salii, http://en.wikipedia.org/wiki/Lazarus_Salii
196) Associated Press, 1988, Second President of Palau is Found Shot to Death, The New York Times, http://www.nytimes.com/1988/08/21/us/second-president-of-palau-is-found-shot-to-death.html

순서	임기	대통령	부통령

	1988년 8월 20일~
	1989년 1월 1일
	(대통령 대행)
		Thomas Remengesau, Senior[197]
		(Thomas Ongelibel Remengesau)
		- 1931년 출생
		- 경력 : 부통령을 두 번 역임했고
		  (1985 ~ 1988 / 1993 ~ 2001),
		  대통령 사망 시 대통령 대행도 두차례 역임함
		  (1985, 1988~1989)
		- 아들 Tommy Remengesau Jr.도 6대 대통령을
		  역임하였고 현(2015) 대통령이기도 함	

4	1989년 1월 1일~
	1993년 1월 1일
		Ngiratkel Etpison[198]
		- 1925년 출생
		- 1997년 사망
		  (Riverside, CA, USA)
		- 출생지 : 팔라우 코로르
		- 정당 : Republican
		- 경력 : 31표 차로 대선에서 승리함으로써 대선
		  규정이 변경됨. 즉, 투표율의 50%를 확보하지
		  못하면 최고 투표수를 얻은 2명에 대해
		  재투표가 실시됨. Ngiratkel Etpison은 1945년에
		  NECO라는 얼음사탕 제조회사를 시작으로
		  거물급 경영인이 됨. 또한 1970년대에는
		  관광산업을 최초로 시작함. 1984년에는
		  팔라우에서 가장 화려한 해변호텔인 Palau
		  Pacific Resort를 건립함
		- 특성 : 대통령직을 수행하면서 미국에 43년
		  간의 신탁통치로부터의 독립을 신청함. 헌법
		  에 의거 75% 지원을 확보하지 못해 첫 번째
		  신청은 기각됨
			Thomas
			Remengesau, Sr.
			(1985~1988)
			Kuniwo Nakamura
			(1988~1993)

5	1993년 1월 1일~
	2001년 1월 1일
		Kuniwo Nakamura (일 : 中村國雄, クニオ ナ
		カムラ)[199]
		- 1943년 11월 24일 출생
		- 부인 : Elong Nakamura
		- 교육 : 하와이 대학교
		- 경력 : 1993~2001년 팔라우의 외무부장관.
		  28세부터 정치 활동을 시작하여 국회의원이
		  됨. 1988년~1992년까지 부통령 역임 후
		  대통령직을 역임함. 2000년에는 대선에 출
		  마하지 않고 부통령을 지원함
		- 특성 : 남태평양 군도가 일본의 위임통치령
		  당시 전 팔라우 수도인 코로르에서 팔라우
		  인 추장의 딸과 미에 현(이세 현의 마쓰사카
			Tommy Remengesau
			(1993~2001)

---

197) Wikipedia, Thomas Remengesau, Sr. http://en.wikipedia.org/wiki/Thomas_Remengesau,_Sr.
198) Wikipedia, Ngiratkel Etpison. http://en.wikipedia.org/wiki/Ngiratkel_Etpison
199) Wikipedia, Kuniwo Nakamura. http://en.wikipedia.org/wiki/Kuniwo_Nakamura

출신)의 일본 남성 사이에 8남매 중 일곱번째로 출생
- 태평양 전쟁 시에는 팔라우 섬 아이메리크의 에우레이 촌에 강제이주 당했고, 2세 때인 1945년 일본의 패전으로 팔라우가 미국의 신탁통치령이 된 이후 일가 모두 일본 고향으로 철수했으나, 패전 후 식량부족 및 차별 등으로 인해 팔라우로 다시 복귀 함. 팔라우가 모계사회 중심제여서 자녀들의 귀향에는 문제가 없었으나, 그의 아버지가 거주허가를 받는 데 어려움을 겪음. 이 때문에 일본어 교육을 제대로 받을 수 없었음. 베리류 지구에서 유소년기를 보낸 후 버브테스트 교회의 목사 집에 기숙하면서 괌에 있는 고등학교를 졸업한 이후 하와이 대학에 진학함. 졸업 후에는 팔라우로 돌아와 교사가 되었으나, 곧장 미크로네시아 의회선거에 출마했다가 낙선됨. 유엔 신탁 통치령의 경제적 조언 및 얍 지구의 경제개발 직원으로 근무함. 1970년 아이메리크의 유력한 부족의 딸과 결혼한 이후부터 강력한 정치적 입지를 확보함
- 1981년 팔라우 독립의 첫걸음으로 자치정부 및 헌법이 제정되었으나 헌법조항 중 비핵조항이 문제가 되어 1992년 주민 투표에 의해 삭제됨. 또한 신탁통치 종료를 위해 1982년 미국과 맺은 50년간의 자유연합협정이 1983년 이후 일곱 차례의 주민투표에서 75% 이상의 찬성표를 얻지 못하여 결국 승인되지 못하고 이런 상황이 지지부진한 가운데 대통령의 암살과 자살, 파업 및 폭파 사건 등의 불안이 지속됨. 나카무라는 지속적으로 독립을 주장했으며, 1993년에 전임자의 갑작스런 유고에 따라 대통령에 취임하여, 2001년까지 제3대와 제 4대 대통령에 취임함. 재임 중 독립운동에 계속 전념하여 1994년에 결국 독립 및 유엔 가입을 이룸. 미국을 제외하고는 일본과의 외교, 무역 관계를 매우 중시하여 수차례 방일함. 팔라우는 현재 전 지구상에서 일본 외에 일본어가 공용어(지방 정부)로 지정된 유일한 국가임. 퇴임 후에도 수차례 방일하여, 와세다 대학교 등지에서 강연했으며, 국가원수로는 유일하게 새로운 역사 교과서를 만드는 모임(약칭 새역모)의 지지자로서 이름이 올라 있었으나, 현재는 삭제됨. 새역모는 창설 초기에 본인의 동의 없이 지지자명을 올린 것으로 비판받고 있으며, 한편 나카무라는 야스쿠니 신사를 참배함

순서	임기	대통령	부통령
6	2001년 1월 1일~ 2009년 1월 15일	Tommy Esang Remengesau, Jr.[200] (토마스 에상 레멩게사우) - 1956년 2월 29일 출생 - 출생지 : 팔라우 코로르 - 부인 : Debbie Remengesau - 교육 : 미국 미시건의 Grand Valley State University - 경력 : 1992년 부통령, 1984년 가장 어린 나이로 국회의원 당선, 2000년에 전 대통령 지원에 힘입어 차기 대통령이 됨 - 2004년에도 재선으로 당선되었지만, 이 때 선거 시 불법선거자금을 대만과 베이징에서 받았다는 소문이 많았음 - 특성 : 미국 의존도를 낮추고자 함. 관광산업을 확장하고, "Preserve the best and improve the rest"라는 슬로건을 제정했으며, 유엔에서의 역할 확장을 추구함 - 특히 Micronesian Challenge를 통한 환경 프로그램에서의 선두자로서 역할을 강조함 - 가족 : 아버지는 신탁통치 기간 동안 팔라우의 행정관으로 재임했고, 팔라우의 세번째 대통령이었음 - 기타 : 대통령직에서 물러난 이후 19개 항목에 달하는 불법재산 관련 죄목에 기소되었으나 결국 해당 벌금의 1/8만 지불함. 전통적인 방법을 통해 확보한 토지에 대한 신고방법을 재인식시키는 계기의 본보기가 됐다고 함	Sandra Pierantozzi (산드라 피에란토치) (2001~2005) Elias Camsek Chin (엘리아스 캄세크 친) (2005~2009)
7	2009년 1월 15일 ~ 2013년 1월 17일	Johnson Toribiong[201] - 1946년 7월 22일 출생 - 고향 : 팔라우 아이라이 - 정당 : 독립 (무소속) - 부인 : Valeria Toribiong/ 2자녀 - 교육 : 미국 콜로라도 대학 정치학과 졸업, 미국 워싱턴 대학 법학대학원(법학박사), 미국 시애틀 대학(법무박사), 미국 워싱턴 대학 법학대학원 해양법 LLM(Master of Law, 법학석사) - 경력 1979년 팔라우 제헌위원회 부위원장 1981~1984년 팔라우 상원의원 1981~2009년 법률회사 "Toribion & Couglin" 파트너 변호사 1992년 대선에서 패배 2001~2008년 대만대사 2009년 1월 15일 ~ 2013년 1월 17일 대통령 역임	Kerai Mariur Office of the Vice President

순서	임기	대통령	부통령
8[202]	2013년 1월 17일 ~ 현직 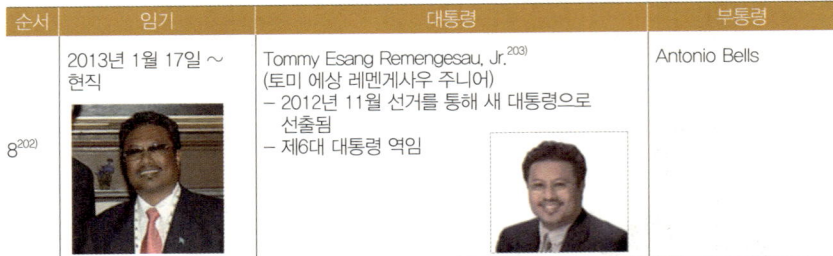	Tommy Esang Remengesau, Jr.[203] (토미 에상 레멘게사우 주니어) - 2012년 11월 선거를 통해 새 대통령으로 선출됨 - 제6대 대통령 역임	Antonio Bells

- 현재 대통령을 보좌하는 관련 인사는 다음과 같다.

대통령 직속 기관 관련 인사 (2015년 10월 인터넷 홈페이지 기준)[204]	
Chief of Staff (수석보좌관)	Secilil Eldebechel
Deputy Chief of Staff	Rebluud Kesolei
Ombudsman	Francis Llelolch
Grants Coordinator	Judy Dean
Special Advisor	Fritz Koshiba
National Environment Planner	Charlene Mersai

- 현재 대통령 집행부의 내각 관련 인사는 다음과 같다.

내각 관련 인사 (2015.10.2 기준)[205]	
대통령(President)	Thomas Remengesau, Jr.
부통령(Vice President)	Antonio Bells
문화통신부장관(Min. of Community & Cultural Affairs)	Baklai Temengil
교육부장관(Min. of Education)	Sinton Soalablai
재무부장관(Min. of Finance)	Elbuchel Sadang
보건부장관(Min. of Health)	Gregorio Ngirmang
법무부장관(Min. of Justice)	Antonio Bells
자원환경광부장관(Min. of Natural Resources, Environment, &Tourism)	F. Umiich Sengebau
인프라산업부장관(Min. of Public Infrastructure, Industries & Commerce)	Charles Obichang
외무부장관(Min. of State for Foreign Affairs)	Victor M. Yano, Dr.
주미 팔라우 대사(Ambassador to the US)	Hersey Kyota
주유엔 팔라우 대표(Permanent Representative to the UN, New York)	Stuart Beck
국무장관(Min. of State)	Billy Kuartei

---

200) Wikipedia. Tommy Remengesau. http://en.wikipedia.org/wiki/Tommy_Remengesau
201) Wikipedia. Johnson Toribiong. http://en.wikipedia.org/wiki/Johnson_Toribiong
202) Radio New Zeland International. Former President Posed to Lead New Palau Government. http://www.rnzi.com/pages/news.php?op=read&id=72103
203) Wikipedia. Tommy Remengesau. http://en.wikipedia.org/wiki/Tommy_Remengesau
204) Republic of Palau. Meet the President's Staff. http://palaugov.pw/executive-branch/president/staff/
205) Republic of Palau. Executive. http://palaugov.pw/executive-branch/

대통령기(Presidential flag)	국회문장(Congress emblem)
 — 일본의 국기제작회사인 Hatoori Co.가 1999년 나카무라 대통령의 요청에 따라 제작 — 대통령실 안에서만 사용	

3. 입법부(Legislative Branch)

팔라우 국회는 일명 Olbiil era Kelulau(House of Whispered Decisions, 속삭이는 결정의 집)라고도 하는데, 이원제 의회(bicameral)이다. 입법부에는 2개의 의회가 있다. 국가 전체적으로 선출된 13명의 상원의원이 있고, 팔라우의 16개 주

팔라우 국회 – 상원 의원 (Palau National Congress – Senate, 2015. 09 기준)		
국회 회기	상원 의장 (President of the Senate of Palau)	기간
1st Olbiil Era Kelulau	The Hon. Kaleb Udui	1981 ~ 1984
2nd Olbiil Era Kelulau	The Hon. Isidoro Rumitch The Hon. Joshua Koshiba	1985.01 ~ 1986.10 1986.10 ~ 1988.12
3rd Olbiil Era Kelulau	The Hon. Joshua Koshiba The Hon. Isidoro Rumich	1989 ~ 1991 1991 ~ 1992
4th Olbiil Era Kelulau	The Hon. Peter Sugiyama	1993 ~ 1996
5th Olbiil Era Kelulau	The Hon. Isidoro Rudimch The Hon. Seit Andres	1997.2 ~ 1999.8 1999.9 ~ 2000.12
6th Olbiil Era Kelulau	The Hon. Seith Andres	2001 ~ 2004
7th Olbiil Era Kelulau	The Hon. Johnny Rekai	2005 ~ 2007
8th Olbiil Era Kelulau	Elias Camsek Chin(상원의장)	2007.4.25 ~ 2009 2009.1.16 ~ 2015(현재)
하원의원(House of Delegates)	하원의장(Speaker of House)	Sabino Anastacio

에서 대표로 선출된 16명으로 구성된 하원의원이 있다. 모든 의원은 4년 임기로 활동하고, 주마다 주지사와 주 의회 의원을 선출한다. 상원의원 수는 8년마다 새롭게 정해진다.

족장 의회(The Council of Chiefs)도 있는데, 16개 주의 최고 전통족장들로 구성되며, 한마디로 대통령 자문기구라고 할 수 있다. 족장 의회는 전통법이나 관습과 관련된 부분에 대해 자문한다.

멜레케오크에 건립된 신축 국회의사당   팔라우 대법원

4. 사법부(Judiciary Branch)

팔라우의 사법부는 법을 적용하고 분쟁 시 정의를 수행하는 정부기관이라고 할 수 있다. 사법부는 대법원(공판/재판부와 항소/상소부로 구성), 일반법원, 재판부, 항소법원, 징계소송법원, 특별소송법원, 토지법원 등이 있다. 팔라우의 헌법에는 필요시 추가로 법원을 추가할 수 있는 조항이 있는데 현재는 이 조항이 활성화되어 있지 않다.

팔라우 국가의 안보는 미국이 책임지고 있지만, 현장에서 법의 집행(Law enforcement in Palau)[206]은 팔라우 경찰이 수행한다. 팔라우의 개별 16개 주 중 몇몇 주는 1980년에서 1990년까지 개별적 경찰청을 유지하기도 하였다.

또한 팔라우 경찰은 태평양급 순시선(Pacific-class patrol boat[207]인 PSS (President H. I. Remeliik)호를 이용하여 수산 활동의 감시와 순찰을 하고 있다.

---
206) Wikipedia. Law Enforcement in Palau. http://en.wikipedia.org/wiki/Law_enforcement_in_Palau
207) Wikipedia. Pacific class patrol boat. 현재 약 12개국이 Pacific class patrol boat를 군사 목적, 연안 경비 목적 또는 경찰 활동 목적으로 운영되고 있다. http://en.wikipedia.org/wiki/Pacific-class_patrol_boat

이 감시선은 호주가 제공한 것이며 훈련도 호주가 담당하고 있다. 이 감시선의 모항은 코로르이다. 팔라우 공공안전청장의 이름은 하짐 텔레이(Hazime T. Telei)이고, 순시선을 사용한 해양 감시를 맡고 있다. 2006년에는 팔라우의 경찰을 솔로몬 도서국에 지역 지원 임무[208]를 위해 파견할 만큼 훈련이 잘되어 있는 편이다.

2008년 11월에는 팔라우는 대통령 존슨 토리비옹과 부통령 케라이 마리우트 (Kerai Mariur)가 선출되어 2009년 1월 15일에 새로운 임기를 시작하면서 입법부에 엄청난 변화를 가져왔는데, 20개의 헌법 개정안이 통과되는 업적을 남기기도 하였다.

5. 팔라우의 16개 주(States)[209]

팔라우에는 16개 주(states, 1984년까지는 municipalities)가 있다. 역사적으로 팔라우의 유명한 무인도인 첼바체브 제도(Rock Islands)는 코로르 주에 속해 있다. 팔라우의 큰 섬인 바벨다오브 섬에는 팔라우의 16개 주 중 10개의 주가 있고, 나머지 6개 주는 다른 섬에 위치한다. 그중 1개 섬은 북쪽에 있고, 나머지 5개 섬은 남쪽에 위치하고 있다.

북 바벨다오브	카양겔(Kayangel) 주
바벨다오브	아이멜리크(Aimeliik) 주 아이라이(Airai) 주 멜레케오크(Melekeok) 주 가라르드(Ngaraard) 주 가르첼롱(Ngarachelong) 주 가르드마우(Ngaradmau) 주 가렘렝구이(Ngaremlengui) 주 가트팡(Ngatpang) 주 체사르(Ngchesar) 주 기왈(Ngiwal) 주
남서 바벨다오브	앙가우르(Angaur) 주 코로르(Koror) 주 펠릴리우(Peleliu) 주 ※ 록 아일랜드 (첼바체브) [Rock Islands(Chelbacheb)]
남서 제도	하토호베이(Hatohobei) 주 손소롤(Sonsorol) 주

바벨다오브(바벨투아프) 섬은 팔라우에서 가장 큰 섬이다. 팔라우의 다른 섬에 비해 산이 많고, 팔라우에서 가장 높은 게르첼추스 산(Ngerchelchuus, 해발 242m)도 이 섬에 위치해 있다. 면적이 331km^{2}이며, 팔라우 전체 면적의 70%를 차지한다. 괌 다음으로 마이크로네시아 지역에서 두 번째로 큰 섬인데, 이 섬에 팔라우의 수도 멜레케오크가 위치해 있다. 이 섬의 동쪽 연안에는 여러 개의 모래사장 해변이 있으며, 서쪽에는 홍수림(Mangrove)이 있다. 바벨다오브 섬 최남단에 위치한 아이라이(Airai) 주에는 팔라우 국제공항이 있으며, 팔라우에서 두 번째로 인구가 많다. 아이라이 주와 코로르 주는 코로르-바벨다오브 교량으로 연결되어 있으며, 최근 컴팩트 로드라고 부르는 일주 도로가 개통되면서 교통편이 좋아졌다.

팔라우지도 (Source : 팔라우관광공사, Pristine Paradise Palau, http://pristineparadisepalau.com/destinations/16-states.html .)

---

208) Regional Assistance Mission to Solomon Islands, http://www.ramsi.org
209) Wikipedia, Babeldaob, http://en.wikipedia.org/wiki/Babeldaob

주(State)[210] [211] [212]	팔라우의 행정 구역 소개

Aimeliik
(아이멜리크)[213]

- 현지어 : Ngerbuns
- 수도 : Mongami
    (몽가미)
- 면적 : 52㎢
- 인구 : 270명
    (2005년 기준)
	- 바벨다오브 섬 남서쪽 코너에 위치
	- 팔라우의 가장 강수량이 많은 곳
	- 팔라우의 가장 오래된 마을 중 하나로서 고대 잔조물들이 많은 곳 중 하나
	- 팔라우의 가장 큰 발전소가 있는 곳
	- 국제공항에서 가까운 거리
	- 팔라우에서 가장 강력한 단파주 라디오국(9, 15 mhZ BANDS) 위치. High Adventures Ministries 소유 운영. HAM은 원래는 미국 소유였으나 지금은 중국 교회 컨소시움 소유
	- Ngchemiangel Bay 주변의 낮은 언덕과 Medom 마을의 급한 경사, 경사지를 계단 모양으로 깎은 단지로 유명. 농업 및 안보 이유로 구축되었다고 함
	- 주요 마을 : Imul, Ngerkeai, Chelechui, Ngchemiangel, Medorm
	- 가트팡(Ngatpang)과 경계를 하고 있는 Tabcheding 강 위치
	- 팔라우의 바이[bai, 남자들의 회의장(men's meetinghouse)] 보유 (4개 중 다른 3개 장소는 코로르, 아이라이, 멜리케오크에 있음)
	- 마솔의 묘(Masol's Tomb) 존재(위대한 팔라우 전사들의 묘)
	- 농업과 상업 중심지 : Nekken
	- 주지사 : Leilani N. Reklai Aimeliik State Government
	P.O. Box 458, Ngerkeai, Aimeliik, Palau 96940
	Telefax : (680) 544-2697 / Legislature : (680) 544-2000 /
	Public Authority : (680) 544-2968

Airai(아이라이)[214]  7°22′N 134°33′E - 수도 : Ngetkib(게트키브) - 면적 : 44㎢ - 인구 : 2,723명 (2005년 기준)	- 바벨다오브 섬의 남쪽 연안 - 팔라우에서 두 번째로 인구가 많은 주 - 주요 공항 Roman Tmetuchl International Airport - 코로르 - 바벨다오브 다리를 통해 코로르 섬과 연결 - 아이라이 주에서 가장 큰 도시인 아이라이[인구 920명(2004년 기준)]는 코로르 주 이외의 지역 가운데 가장 큰 도시 - 아이라이 주의 가장 큰 마을의 이름도 아이라이로서 2004년 기준 920명. 아이라이 마을은 코로르 주 외에서는 팔라우에서 가장 큰 마을 - 아이라이의 중심지역은 Bai(남자회의장소, Mens Meetinghouse)로서 현재 아이라이에 있는 것이 약 200년 이상 된 가장 오래된 것임. 팔라우의 강한 비바람은 팔라우의 고대 유적들에게 치명적이기도 함. 아이라이는 내부의 산맥 밀림에 위치하고 있어 격리된 마을이라고도 할 수 있음 - 아이라이 주(State)의 다른 주 기(Flag)   - 주지사 : Victoria N. Kanai Airai State Government, Airai, Palau 96940 Tel : (680) 587-2135/3511 / Fax : (680) 587-2000 / Legislature : (680) 587-2194 / Public Works : (680) 587-2694

---

210) Pristine Paradise Palau. Tour our 16 States. http://pristineparadisepalau.com/destinations/16-states.html
211) Wikipedia. Flags on stamps of Palau (2006년 기준). http://totw.fivestarflags.com/b(-pw.html, http://flagspot.net/flags/pw.html
212) Republic of Palau. States. http://www.palaugov.pw/states/
213) Wikipedia. Aimeliik. http://en.wikipedia.org/wiki/Aimeliik
214) Wikipedia. Airai. https://en.wikipedia.org/wiki/Airai

주(State)	팔라우의 행정 구역 소개

Angaur(앙가우르)[215]

- 경위도 :
  6°54′N 134°08′E
- 수도 : Ngeremasch
  (서쪽에 위치)
- 면적 : 8㎢
- 인구 : 130명
  (2013년 기준)
	- Ngeaur(앙가우르)라고도 함
	- 펠렐리우의 남서쪽에 위치하고 있으며 단독 섬으로 이루어진 주
	- 수도인 게레마시(Ngeremasch) 동쪽에는 Rois 마을이 위치(주에서 두 번째로 큰 도시)
	- 1909~1954년 45년간 인(Phosphate) 광물자원 개발이 이루어진 곳(독일 → 일본 → 미국 순으로 개발)
	- 제2차 세계대전 주요 장소(Battle of Angaur/Operation Forager, 1944년 6~11월 진행)로서 미국과 일본의 전쟁 잔재들이 많음
	- 마이크로네시아에서 야생 원숭이를 찾아볼 수 있는 유일한 장소(독일 점령 시대 때 애완용으로 들어온 macaques 원숭이가 도망쳐 내려옴)로서 Monkey Island(원숭이 섬)라고도 함
	- 유명한 파도타기 장소
	- 보트 및 소형 비행기로 접근 가능
	- 1945~1978년 동안 미국 연안 경비대의 LORAN 송신대 운영
	- 동쪽은 모래와 암석, 서쪽은 작은 라군이 있으며 소형 어선 및 운송 선박을 위한 항구가 위치
	- 사용 공식 언어 : 일본어, 영어, 앙가우르어
	- 주지사 : Maria Gates Meltel Angaur State Government
	PO Box 9065, Koror, Palau 96940
	State Office (Koror) : (680) 488-5282
	State Office (Angaur) : (680) 277-2967 / Fax : (680) 488-3858 /
	Legislature : (680) 277-1001
	E-mail : angaurstate@palaunet.com

Hatohobei
(하토호베이)[216]

- 수도 : Hatohobei
- 땅 면적 : 1㎢
  총 면적 : 3㎢
- 인구 : 10명
  (2014년 기준)
	- Tobi(Kodgubi) Island라고도 함
	- 팔라우의 남쪽 끝에 있으며 손소롤 주의 섬들과 함께 팔라우의 남서쪽 섬 그룹 형성
	- 토비 섬은 사람이 거의 살지 않는 Helen Reef로 구성됨 (2014년 기준 3명 거주, 해양경비대 소속)
	- 토비 섬의 면적은 0.85㎢
	- 공식 언어는 토비어, 영어, 손소롤어
	- 토비(하토호베이)의 중심 마을은 하토보에이이며, Helen Reef(Hotsarihie)의 무인도 마을에는 Marine Ranger Station이 있고, Helen Reef에서 동쪽으로 50㎞ 떨어진 곳에 Transit Reef(Pierarou)가 위치해 있는데 수중 모래언덕일 가능성이 높음
	- 대부분의 주민은 서쪽에 거주하고 토비어 사용
	- 토비 섬의 최고 해발은 6m이고, 대부분은 평균 3m 정도임
	- 코코넛 나무로 덮여 있으며, 섬 중간에서 농사활동을 함
	- Helen Reef(Hotsarihie)는 토비 섬에서 동쪽으로 70㎞ 떨어져 있으며, 대부분은 수중 환초(atoll)라고 할 수 있음. Helen Island는 물 위로 도출된 섬임. Atoll의 크기는 25㎞×10㎞이며, 총 면적은 103㎢이고 호초 면적까지 합치면 164㎢임. 서쪽 중간에 라군 안으로 들어갈 수 있는 채널이 있음. 간조 시에는 물이 빠져나가면서 호초가 물 위로 나타나기도 함. Helen Island는 20~40m×400m이고, 총 0.03㎢의 육지면적을 보유하고 있으며, 모래언덕 위에 울창한 나무숲이 있음. 1990년대부터 3명의

---

215) Wikipedia, Angaur, https://en.wikipedia.org/wiki/Angaur
216) Wikipedia, Hatohobei, https://en.wikipedia.org/wiki/Hatohobei

주(State)	팔라우의 행정 구역 소개
 토비(Tobi) 섬의 바이(bai)	해양 경비원이 거주하고 있는데 이는 이곳에서의 불법어획을 막기 위한 것임 - 부 주지사 : Lt. Governor Dominic Emilio Hatohobei State Government PO Box 1017, Koror, Palau 96940 Tel : (680) 488-2218 / Telefax : (680) 488-5149 / Helen Reef Conservation : (680) 488-8044 E-mail : hsg@palaunet.com    Helen Reef [217]
  - 경위도 : 08°04′N 134°42′E - 수도 : Kayangel - 땅 면적 : 1.4㎢ 　총 면적 : 372㎢ - 인구 : 188명 　(2005년 기준)	- 3개의 atoll로 구성(Kayangel, Ngaruangel, Velasco Reef)되고 Ngcheangel이라고도 함 - 팔라우의 북쪽 끝 주이며 코로르에서 북쪽으로 24km 떨어진 곳에 위치함 - 사람이 거주하는 곳은 Kayangel Atoll이며 Babelthuap Island 북쪽에 있음. 라군의 깊이는 평균 6m, 최고 수심은 약 10m정도임. Atoll 서쪽에 배가 라군으로 드나들 수 있는 Ulach라고 하는 채널이 있는데 깊이가 2∼4m 밖에 안 됨. 산호초의 다양성은 낮음. 채널 주변에서는 큰 어류, 돌고래, 바다거북을 자주 볼 수 있음. 동쪽과 남쪽에 울창한 나무숲을 가진 4가의 작은 섬, 즉 북쪽에서 남쪽으로 Kayangel(Ngcheangel 또는 Ngajangel), Ngeriungs, Ngerebelas, Orak가 있음 - Kayangel 섬은 Kayangel Atoll에서 사람이 살고 있는 단 하나의 섬으로 2.5km 길이와 270∼700m의 폭을 가지고 있음. 5개의 마을(북 → 남, Orukei, Dilong, Doko, Olkang, Dimes)이 있는데, 서쪽 연안(라군 쪽)에 위치해 있으나 경계가 확실하지는 않음. 전력은 개별 발전기와 태양광을 통해서 확보되며 학교는 유치원부터 9학년(중3)까지 가르치는 작은 학교가 있고, 작은 도서관이 있음. 1개의 작은 일반 가게에서 물품을 구매할 수 있으며, 대부분의 생계는 바다와 땅에서 확보할 수 있는 것으로 해결함 Ngeriungs Islet에는 작은 캠핑지역이 있음 - Ngaruangel Reef는 발달 초기의 호초로서 15㎢의 면적을 가지고 있으며 라군 자체의 깊이는 평균 6m이고 약 115개의 호초 그룹이 있음. 보트는 북동쪽 barrier reef의 채널을 통해 이동할 수 있으며 모래와 뿔 산호 종류인 Staghorn *Acrop ora* 종으로 가득하고 Ngaruangel 보호지정구역에 따라 보호받고 있음. 무인도인 Ngaruangel island가 있으며, 파리와 제비 갈매기가 많음

---

217) Weng, Kevin and Guilbeaux, Michael, Marine Resources of Helen Reef in the Year 2000. A Summary Report of the Helen Reef Baseline Monitoring Expeditions sponsored by the Hatohobei Natural Resource Management Program, Hatohobei State, Republic of Palau. The Community Conservation Network, Honolulu, Hawaii, 2000. pp. 10. Http://www.friendsoftobi.org/thisisnow/HelenReef2000MonitoringExpedition.pdf
218) Wikipedia, Kayangel, https://en.wikipedia.org/wiki/Kayangel

주(State)	팔라우의 행정 구역 소개
	– Velasco Reef는 수중 atoll로서 심해 2,000m에서 뻗어 나온 것임. 라군 깊이는 31~55m이며 강한 파도현상들이 이곳에서의 산호 다양성을 제한하고 있음 – 주지사 : Edwin Chiokai Kayangel State Government Kayangel, Palau 96940, Governor : (680) 488-2766 / State Office : (680) 876-2967 / Legislature : (680) 488-4263 / Fax : (680) 488-6238 항구 – Kayangel Port : (680) 876-2766   북쪽에는 거대한 벨라스코 산호초, 중앙에는 가루안겔 환초, 남동쪽에는 카양겔 환초가 있으며, 바벨다오브의 북쪽 보초 아래에는 Ngerchelong reef가 있음

Koror(코로르)[219] [220]

– 경위도 :
  7°21′38″N 134°28′45″E
– 수도 : Koror
– 면적 : 18km²
– 인구 : 1만 2,676명
  (2005년 기준)
	– 주요 상업지역으로 이루어진 주로서 다수의 섬으로 구성. 가장 잘 알려진 섬이 코로르 섬(또는 Oreor Island)
	– 팔라우 주민의 약 70%가 코로르 주에 거주하고 있으며 팔라우의 전 수도이며 가장 큰 도시라고 할 수 있는 코로르 시도 코로르 주에 있음
	– 코로르 섬은 이웃의 2개의 섬과 다리로 연결되어 있는데 아라카베산 섬(Ngerekebesang Island)에는 팔라우의 두 번째로 큰 도시인 미욘스(Meyuns)가 있으며, 섬의 동쪽에 위치하고 약 1,200명이 거주함. 다른 섬은 말라칼 섬으로서 코로르의 항구마을임
	– 코로르 섬은 코로르-바벨다오브 다리를 통해서 바벨다오브 섬의 아이라이와 연결되어 있으며 아이라이에는 팔라우 국제공항이 위치하고 있음
	– 코로르 주의 수도인 코로르 시와 두 번째로 큰 미욘스 시 외에도 11개의 작은 마을(hamlets)이 코로르 주에 있음(Ngermid, Ngerkeseuaol, Ngerchemai, Iyebukel, Idid, Meketii, Dngeronger, Ikelau, Medalaii, Ngerbeched, Ngerkebesang)
	– 코로르는 일본이 통치한 South Pacific Mandate가 시행되는 동안 수도 역할을 함
	– 팔라우의 중요한 관광지인 첼바체브 제도(Rock Islands)도 여기에 있으며 잠수관광 시설 등 지원시설도 이곳에 많음. 호텔, 식당뿐만 아니라 세계 최대 돌고래 연구시설인 Dolphines Pacific[221]도 이곳에 있음

---

219) Wikipedia, Koror, https://en.wikipedia.org/wiki/Koror
220) Koror State Government, http://www.kororstategov.com/message.html
221) Dolphines Pacific, http://www.dolphinspacific.com/top-e.html

주(State)	팔라우의 행정 구역 소개
	- 지역 항공기인 Belau Air[222]의 모처도 코로르에 있음 - 코로르 지역의 연평균 최고온도는 28.43℃, 최저온도는 23.31℃, 강수량은 연 총합계 3,762mm임 - 가장 더운 달은 5~10월인데 6월 달이 가장 덥고, 여름인 6~8월에 가장 많은 비가 오는데 특히 7월의 평균 강수량은 445mm임. 가장 건조한 달은 2~4월인데 3월이 가장 비가 적게 오며 연평균 196mm의 강수량을 기록함   Palau boatyard/말라칼 섬 코로르의 전형적인 날씨  WCTC 쇼핑센터 - 주지사 : Yoshitaka Adachi | Koror State Government PO Box 116 Koror Palau 96940	Public Works Main Office : (680) 488-4004 / Malakal : (680) 488-2853 / Fax : (680) 488-4314 Solid Waste Management : (680) 488-8076		
---	---	---	---
Administration & Legal Counsel Tel : (680) 488-2576/2439 Fax : (680) 488-2862 E-mail : adm@kororstate.org	House of Traditional Leaders Tel : (680) 488-8058 Bai ra Meketii Tel : (680) 488-1630 Fax : (680) 488-2862 E-mail : hotl@kororstate.org	Koror State Legislature Tel : (680) 488-3655/8560 Fax : (680) 488-8560 E-mail : legis@kororstate.org	Koror State Public Land Authority Tel : (680) 488-2577/8435 Fax : (680) 488-6568 E-mail : kspla@kororstate.org
Finance Department Tel : (680) 488-8600/5005 Fax : (680) 488-4006 E-mail : finance@kororstate.org	Planning Commission/ Building & Zoning Tel : (680) 488-8436/8769 Fax : (680) 488-4002 E-mail : pzo@kororstate.org	Community & Cultural Affairs Director : (680) 488-4457 Sanitation Department : (680) 488-3133 Email : sanitation@palaunet.com Youth affairs : (680)488-3133 Gym : (680) 488-4398 Fax : (680) 488-2169	Koror State Rangers Main Office : (680) 488-4001 Coastal Management : (680) 488-8738 Tel : (680) 488-2862 Malakal Office : (680)488-2150 Malakal Fax : (680) 488-6683 Email : rangers@palaunet.com	

---

222) Belau Air, 팔라우 내국항공사로서 Cessna 206을 운영하고 있으며 5명의 승객을 태울 수 있다. 코로르에서 펠렐리우와 앙가우르를 운항하고 있으며 관광전세비행도 운영하고 있다. BELAU AIR INC. P.O. Box 605, Koror, Palau 96940, Tel: (680) 488-8090 / Fax: (680) 488-8091 / Email: belauair@palaunet.com, http://www.underwatercolours.com/belauair/about.html

주(State)	팔라우의 행정 구역 소개
Melekeok(멜레케오크)[223]  – 경위도 : 7°29′N 134°36′E – 수도 : 멜레케오크 – 면적 : 28㎢ – 인구 : 391명 (2005년 기준)	– 바벨다오브 섬의 동쪽 연안 중간에 위치하며 새로 지정된 수도인 앙게룰무드가 있음 – 멜레케오크 주는 긴 해변, 홍수림, 언덕, 경사진 능선, 강 그리고 팔라우와 마이크로네시아에서 자연적으로 만들어진 제일 크고 하나뿐인 담수호수인 앙가르독 호수(4.93㎢)가 위치함 – 지리적으로 살펴보면 라군에서 시작하여 바벨다오브 섬 중간에 위치한 주(state)들 간의 경계선 역할을 하고 있는 Rael Kedam(대형 산마루)까지임. 북쪽에는 기왈(Ngiwal) 주, 남쪽에는 체사르(Ngchesar) 주, 서쪽에는 가렘렝구이(Ngaremlengui) 주가 있음. 연안 내부에는 습지와 언덕들이 있음. 소금물에 거주하는 악어 종인 *Crocodylus porosus* 도 볼 수 있음 – 멜레케오크 주에는 8개의 거주 마을이 있음(Ngeburch, Ngeruling, Ngermelech, Melekeok, Ngerubesang, Ngeremecheluch, Ertong, Ngerulmud)

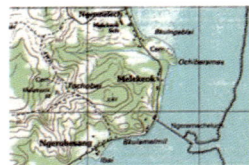
지형도

멜레케오크의 위치

멜레케오크의 수도 복합 건물

또 다른 주 기 (State flag)

– 주지사 : Lazarus Kodep
Melekeok State Government
PO Box 6042 Melekeok, Palau 96940
Governor : (680) 654-2728 / State Office Koror : (680) 488-2728 /
Melekeok : (680) 654-2967 / Fax : (680) 654-1417
Old Age Center : (680) 654-1066

---

223) Wikipedia, Melekeok, http://en.wikipedia.org/wiki/Melekeok

주(State)	팔라우의 행정 구역 소개
Ngaraard/ Kerradel(가라르드)[224]  - 경위도 : 　7°37′00″N 134°38′00″E - 수도 : 울리망(Ulimang) - 면적 : 36㎢ - 인구 : 581명 　　(2005년 기준) - 구(舊)주 기(state flag) 	- 원래 명칭은 Kerradel이며, 바벨다오브 섬 북쪽 끝에 위치. 팔라우 최북단에 위치한 가르첼롱(Ngarchelong) 주와 마주하고 있음 - Choll, Elab, Ngebuked, Ngkeklau와 동쪽 연안에 위치한 주 수도인 울리망(44㎢, 2000년 기준 638명이 거주) 등 5개의 작은 마을이 있음 - 이전 수도는 Ngebuked 마을이었으며 주의 전통지도자 Maderangebuked[225]가 거주하고 관리하던 곳임 - 주요 문구 : A rengud a dokngei(everyone works together as one in spirit and in the heart, 모두가 함께 마음과 정성을 합쳐서 일한다) - 스페인 신부 루이스(Luis)가 Elab에 거주하면서 기독교를 전파하였는데 가라르드(Ngaraard) 사람들은 기독교를 받아들이지 않았으며, 루이스 신부는 멜레케오크로 옮겨 가서 Reklai라는 족장을 만남. 그러나 그곳에서도 기독교를 받아들이지 않아 루이스신부 Ngchesar로 떠났으며 가는 도중에 병이 듬. 그 소식을 들은 Reklai 족장이 루이스 신부가 죽을 때까지 돌봐주었으며 Uudes 매장지에 묻었다는 이야기가 전해지고 있음 - 독일점령시대에는 독일인은 모든 팔라우인이 다양한 농사를 지어야한다는 법을 정하고 이러한 법을 어길 시에는 Ngebuked 감옥에 투옥된다고 정함. 이러한 이유로 인해서 팔라우에 많은 코코넛 나무가 자라게 됨. 가라르드 사람들 중에는 앙가우르로 가서 인(phosphate) 광물을 개발하기도 함. 앙가우르의 의사들이 나병때문에 Ngebuked로 오기도 하고 나병환자들을 치료차 멜레케오크로 보내기도 하였으며, 나병은 팔라우에 높은 사망율을 발생하게 함 - 일본 점령 시기에는 울리망/가라르드에 일본 학교를 지어 1∼3학년 과정의 초등교육을 실시. 가르드마우, 가르첼롱, 카양겔, 가라르드어서 학교를 다니는 학생들은 매일 아침 일본 천왕에게 머리 숙여 절하면서 천왕에게 충성을 맹세함. 학생은 배운 것을 모를 경우 밖에서 하루 종일 태양을 보고 서 있어야 하거나 물짐을 지고 계단을 몇 시간씩 오르락내리락 해야 하는 벌을 받음. 가라르드에는 2개의 상점이 있었는데 한 곳에서는 의복을 팔고, 다른 한 곳에서는 과자 등을 판매. Nanboyeki 상점은 섬 전체로부터 코코넛을 매입하였고 돈이 없는 사람들은 코코넛을 주고 옷을 구입. 일제강점기에도 가라르드의 많은 사람들이 앙가우르로 인 광물 광산 개발 일을 진행함. 또한 사람들은 가르드미우 알루미늄 광물인 보크사이트(Bauxite)[226] 광산 일을 하거나 Nanboyeki 상점에서 일을 함. 제1차 세계대전이 팔라우에서도 진행되면서 가르첼롱과 펠렐리우 사람들이 가라르드로 오기도 함

---

224) Wikipedia. Ngaraard. https://en.wikipedia.org/wiki/Ngaraard
225) Wikipedia. Maderangebuked. http://en.wikipedia.org/wiki/Maderangebuked. (Maderangebuked : 팔라우의 16개 주 하나인 가라르드 주의 최고 전통족장의 직함이다. 이 직함은 어머니 쪽 가족 혈통 내에서 남자를 통해 이어진다. Chief Maderangebuked는 가라르드의 족장위원회의 위원장 급이라고 할 수 있다. 계급화된 족장의 직함은 다음과 같다. 1. Maderangebuked, 2. Beches, 3. Kloulubak, 4. Ngirarois, 5. Ngirameketii 이다. 현재 최고족장 Maderangebuked 은 전 대리대통령(former acting president) Thomas Remengesau, Senior이다)
226) 다음 백과. 보크사이트. http://100.daum.net/encyclopedia/view/b09b3825a. (보크사이트 : 알루미늄의 주요 광석이며 광산의 특성과 지질학적 역사에 따라 물리적 특성이 달라진다. 보크사이트는 대부분의 나라에서 발견되지만, 큰 광산은 열대지방에서 발견된다. 보크사이트라는 명칭은 프랑스 남부지방의 Les Baux 지역 이름에서 유래했는데, 처음 이 광석에 알루미늄이 포함된 것이 알려지게 된 곳이다)

주(State)	팔라우의 행정 구역 소개
	- 제2차 세계대전이 시작되면서 많은 사람들이 Ngebuked의 밀림으로 도망을 감. 마을 사람들이 타로 밭이나 물고기를 잡기 위해서는 일본 군인들로부터 허가를 받아야 했음. 타로 밭에서 일이 끝나거나 물고기 잡이 일이 끝나면 일본 군인들에게 보고해야 했음. 미국의 공격이 시작되면서 비행기를 본 적이 없는 가라르드 사람들은 공포에 떨었으며, 비행기를 불을 가진 큰 새(Big bird with fire, Meklou el kiued el ngarngii ngau el tuobed a ngerel)라고 부름. 이 기간 동안에는 일본 군인들이 식량을 가져갔기 때문에 음식이 늘 부족하였음. 가라르드 사람들은 미국 비행기가 오지 않는 밤에 밖에 나가서 음식을 찾아 다녔는데, 일본 군인한테 들키면 총살이었기 때문에 늘 조심해야 했음. 일본 군인들은 팔라우 사람들을 모집하여 죽이라는 명령을 받았음. 일본 군인들은 펠렐리우를 일본군의 사령부로 만들기 위해 팔라우의 족장들을 만나서 펠렐리우 사람들이 거주할 수 있는 집을 모색함. 최고 족장인 Maderangebuked가 자발적으로 펠렐리우 사람들을 거두겠다고 하였는데 가라르드에는 큰 타로 밭이 있어서 식량 보급이 가능했기 때문이며, 이를 계기로 가라르드와 펠렐리우 사람들의 친분이 가까워졌다고 함 - Odesangel 암석이 있는데 이 암석의 이름은 Bai ra Ngaruau 옆에 서 있는 펠렐리우의 오래된 이름임. 전쟁 기간 동안 Ngebuked에 있던 펠렐리우 사람들이 숨어 있던 시기에서 해방되었다는 기념으로 돌에 "Odesangel Bad, 1945 23/9"라고 새겨 놓기도 함. 전해 오는 이야기에 의하면 Ngebuked 사람들은 원래 앙가우르에서 왔으며 Roisbuked 산에 살았다고 함. Roisbuked에 사람이 너무 많아지자 농사지을 땅이나 음식이 제한되었으며, Roisbuked 사람들은 이주할 곳을 찾다가 펠렐리우로 이주하였는데 Ngerchol이라고도 함. 그러나 Ngerchol에도 사람이 너무 많아지자 바벨다오브로 이주하면서 멜레케오크와 가라르드 사이에 도착함. 그들은 걸어서 Ngiwal로 갔으나 환영받지 못하자 Ngeteluang 안에 있는 가라르드로 이주하게 되었다고 함 - 가라르드에는 많은 천연자원이 있는데 산림과 물이 가장 중요한 자원이라고 할 수 있으며, 과일박쥐, 바다뱀, 개, 고양이, 다양한 벌레류 등의 많은 생물도 존재함. 이 중 가장 잘 알려진 농산물은 타로이며 이와 관련된 demok이라는 요리법이 유명함. 그 외 습지 농작물인 습지배추(swarm cabbage, kangkum), 타피오카(tapioca, diokkang), 고구마(sweet potato, chemutii), 대형습지타로(giant swamp taro, brak), 바나나, calamondin(kingkang), 빵나무(breadfruits), ysaol, amra tree(ti-timel), Eugenia 식물(chedebsachel), was apple(rebotel), betelnut 나무, 후추잎파리(pepper leaf, kebui) 등도 유명함. 가라르드의 토양은 건강하고 비옥한 것으로 알려져 있음 - 전통마을도 있는데 Elab, Chetoilechang, Diong er Ngerchokl, Bai ra Ngaruau, Chelsel a Beluu er Ngebuked, Diong era Imeduurang, Ulimang 등임. 울리망은 Chuab 신의 아이로도 알려져 있음. 그 외 주요시설로서는 Head Start 초등학교, Bethania 고등학교, 병원, Bai ra Rubak(남자들의 회의장소), 주 사무실, 상점 등이 있음 - 기후는 5~1월까지 우기, 2~4월까지가 건기이고 6월과 7월에 가장 많은 비가 내림 - 주 기(state flag)는 최근 들어 변경됨

주(State)	팔라우의 행정 구역 소개
	- 특히 이 지역에는 아름다운 모래해변이 많음 - 주지사 : Laurentino Ulechong Ngaraard State Government PO Box 6026 Koror, Palau 96940 State Office : (680) 824-1320 / Koror : (680) 488-1320/4490/ Fax : (680) 488-4855

Ngarchelong(가르첼롱)[227]

- 경위도 :
  7°42′N 134°37′E
- 수도 : Mengellang
- 면적 : 10㎢
- 인구 : 488명
  (2005년 기준)
	- 바벨다오브의 최북단 지역에 위치한 주로서 카양겔 주만 더 북쪽에 위치. 이 주는 역사적으로 중요한 지역이며 고고학적 발굴을 위한 활동이 진행되는 곳임. 고고학적으로는 이 지역은 기원을 알 수 없는 돌기둥(stone monoliths)이 있는 곳이며 팔라우 토착종교에서는 이 돌기둥이 있는 지역을 성스러운 지역으로 간주함. 물론 다른 곳에서도 가끔 볼 수 있지만 이곳에서 가장 많이 찾아볼 수 있음
	- 팔라우의 16개 주 중 육지면적으로는 13번째이지만 인구는 5번째로 많은 주이며, 수도인 Menglellang과 Ollei 지역이 사람이 가장 많이 거주하는 지역임. 이전에는 주 기(state flag)에 7개의 별이 있었으나 지금은 8개의 별이 있는데 이는 8개의 마을을 표시한 것임
	- 주 수도는 Menglellang이며 주의 남쪽에 위치
	- 구(舊) 주 기(state flag)

	- 주지사 : Browny Salvador
	Ngarchelong State Government
	PO Box 1504 Ngerchelong, Palau 96940
	Tel : (680) 488-2871/6564 / Fax : (680) 488-3966 /
	Tel : (680) 855-2967/2000/6508 / Telefax : (680) 855-2968
	E-mail : ngerch@palaunet.com

Ngardmau (가르드마우)[228) 229]  - 경위도 : 7°36′N 134°33′E - 수도 : Urdmang - 면적 : 47㎢ - 인구 : 166명 (2005년 기준)	- 공식 홈페이지 : http://www.ngardmau.com/ - 바벨다오브의 서쪽에 위치한 주로서 가라르드와 가렘렝구이(Nger-emlengui) 사이에 있음 - 약 46개의 가정이 3개의 소마을(hamlet)에 거주하고 있는데(Nget-bong, Ngerutoi, Urdmau), 소마을 간의 경계선은 없으며 시각적으로는 1개의 큰 마을과 같은 형태를 취하고 있음 - 팔라우에서 가장 크고 오래된 큰 열대우림이 있으며 또한 가장 높은 지역이 가르드마우에 위치해 있는데 해발 210m에 이르는 게르첼추스 산(Mt. Ngerchelchuus)도 이 주에 있음. 이곳에 있는 대형 나무들은 다양한 새들의 보금자리를 제공. Ongimi 강은 악어들이 부화하는 장소로 알려져 있으며, Ngertebechel 강 주변을 따라서 악어를 볼 수 있음. 이곳에는 폭포수가 있는데 오전 9시에서 오후 5시까지 개방되며 입장하기 위해서는 5달러를 지불해야 함 - Ngerhetang 마을은 비틀 너트 또는 현지어로는 "buuch"으로 유명함. Irur, Ngerdekus, Ngermasech 등의 마을은 다양한 가르드마우의 전

주(State)	팔라우의 행정 구역 소개
	설로도 유명하며, 다양한 유적이 있음. 스노클링 등을 할 수 있는 장소도 있으나 대부분은 양식 등으로 인해서 개방되어 있지 않기 때문에 가르드마우의 보호국(Department of Conservation)과의 연락이 필수적임 - 가르드마우는 빨래방 1개, 정유소 2개, 건축회사 1개, 자동차정비소 1개 등 5개의 가게가 있음. 또한 아파트형과 Taki 폭포 위에 위치한 방갈로 형태의 관광숙박시설이 있음 - 이 지역은 용감한 전설적 영웅들의 이야기가 있는 곳으로, 특히 아름답기로 유명한 Ngerchokl 우물[230]에 대한 전설의 기원지임 - 가르드마우의 정치사회적 시스템은 전통성이 아주 강하며 아직도 이 지역에서는 주도적인 역할을 함. 여자들의 모임(부인회)인 'Ngara-tumtum'과 남성들의 모임인 "Ngara Okelout"를 통해서 전통적 사회생활과 문화생활을 유지할 수 있는 원동력 제공. 'bul'은 아주 오래된 처벌 형태인데, 절도 또는 통행금지시간에 걸어 다닐 때에 주는 형벌임. 이에 따른 벌금은 추장에게 주게 되는데, 현재는 'bul'과 중앙정부 차원의 벌금을 모두 적용함으로써 범죄 없는 안전하고 깨끗한 지역을 유지하고자 노력하고 있음 - 이 주의 정부, 국회의원 등이 주정부의 행정활동을 수행하고 있지만, 족장과 족장 부인이 아직도 권력을 보유하고 있어 전통적 생활과 가치를 유지하고 있으며, "왕", "왕비", "공주", "왕자" 등의 명칭을 사용하기도 함. 가르드마우는 3개의 소마을(Urdmang, Ngerutoi, Ngetbong)로 나누어져 있고, 각각의 소마을에는 추장이 있으며, 계층 시스템을 유지함. 가장 높은 추장은 'Beouch', 두 번째 추장은 'Ngirkebai'라고 하며 현재는 Sakaziro Demk가 최고 추장, Aichi Kumangail이 서열 두번째 추장의 역할을 하고 있음 - 팔라우는 기본적으로 모계 사회이며, 여자들이 권력이 크고 그들의 후계자들이 부족의 우두머리가 되는데, 여자들이 의사결정을 하여 족장이 누가 될지를 정하는 전통을 지키고 있음. 장녀의 장남이 자연적으로 족장이 되기도 함 - 이러한 후계자들을 "왕자" 혹은 "공주"(Prince, princess)로 칭하기도 함

Taki 폭포

빌리 윌리엄(Billy William) "왕자"

---

227) Wikipedia, Ngarchelong, https://en.wikipedia.org/wiki/Ngarchelong
228) Wikipedia, Ngardmau, https://en.wikipedia.org/wiki/Ngardmau
229) Ngardmau State Government, http://www.ngardmau.com/
230) Ngerchokl 우물 : Ngerchokl는 젊음을 가져다주는 우물로 알려져 있었다. 만일 이 우물에 들어갔다가 다시 나오면 20년이 젊어진다는 전설이 있다. 한 여자가 자신의 아이와 함께 여행을 하다가 이 우물에 다다라 우물의 물을 먹었다. 그러나 너무 더운 나머지 이 우물의 마력을 알지 못하고 뛰어 들어갔다 나왔는데, 그녀는 자신의 아이보다 더 어린 나이가 되어 있었다. 그녀의 아이는 엄마가 너무 다르게 변한 것을 보고 통곡하며 울었다. 엄마는 아이를 달래 보았지만 소용이 없었다. 여자는 다시 한 번 우물에 뛰어들었다가 다시 나왔는데 이번에는 원래 모습이 되어서 나왔다. 그 후 이 우물의 마력이 시작되었는데 지금도 전해 내려오고 있다. 그러나 Ngerchokl 우물은 시간이 지나면서 그 능력을 상실되었다고 한다. (Ngardmau, Cultural History, http://www.revoly.com/main/index.php?s=Ngardmau)

주(State)	팔라우의 행정 구역 소개
	 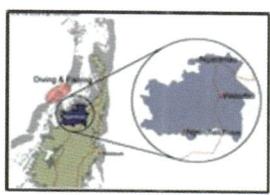 높은 계급의 Beouch / 가르드마우의 위치 − 주지사 : Renguul Masahiro Ngardmau State Government PO Box 6015 Koror, Palau 96940 State Office : (680) 488-1401 / (680) 747-2967 / Fax : (680) 488-6805 / Public Works : (680) 747-1051 E-mail : governor.office.ngardmau@palaunet.com
Ngeremlengui (가렘렝구이)[231) 232)]   − 경위도 : 　7°32′24″N 134°31′12″E − 수도 : 이메옹(Imeong) − 면적 : 65㎢ − 인구 : 317명 　　　(2005년 기준)	− Ngaremlengui라고도 하며 멜레케오크 주의 서쪽에 위치하고 바벨다오브의 서쪽에 있는 주 − 수도 이메옹에는 132명이 거주 − 육지면적으로는 팔라우에서 가장 큰 주 − 팔라우에서 가장 높은 산 게르첼츄스(Ngerchelchuus) 산이 가르드마우 주와 가렘렝구이에 걸쳐 위치함    − 또 다른 주 기(State flag) − 주지사 : Mary Frances R. Vogt Ngeremlengui State Government PO Box 458 Koror, Palau 96940 Governor : (680) 277-2967 / (680) 733-2967/1070 / Fax : (680) 733-1073

---

231) Five Star Flags, Ngeremlengui, Palau. http://fotw.fivestarflags.com/pw-ngere.html
232) Ngardmau State Government, http://www.ngardmau.com/

주(State)	팔라우의 행정 구역 소개
Ngatpang(가트팡)[233) 234)]  - 경위도 : 7°28′N 134°32′E - 수도 : Oikuul - 면적 : 47km² - 인구 : 464명	- 팔라우의 가장 큰 섬인 바벨다오브에서 서쪽으로 47km에 위치해 있으며 Ngeremeduu Bay를 향해 있음 - 주 수도는 오이쿨(Oikuul) - 팔라우에서 5번째로 사람이 많이 거주하는 주 - 주지사 : Jersey Iyar Ngatpang State Government Ngatpang, Palau 96940 Governor : (680) 535-1040 / State Office : (680) 535-2967/1010/1882 / Fax : (680) 535-6810 E-mail : NSPLA@palaunet.com - 항구 : Kamesang Dock (680) 535-1111
Ngchesar(체사르)[235)]  - 경위도 : 7°27′N 134°35′E - 수도 : Ngersuul - 면적 : 41km² - 인구 : 254명(2005 기준)	- 수도는 게르케아이(Ngerkeai) 또는 Ngersuul이라고 함 - 육지면적만으로는 팔라우에서 6번째로 큰 주 - 바벨다오브 섬의 동쪽에 위치해 있으며 아이라이 주에서 서북쪽, 멜레케오크 주에서는 남동쪽에 위치 - 성스러운 체사르의 토템[236)]인 노랑가오리(Stingray, 긴 꼬리 끝에 맹독성 가시가 있음)가 있는 곳 - 체사르는 많은 홍수림이 있는 곳이며 새우가 풍부함 - 구 주 기(Old State Flag) :  - 주지사 : Duane Hideo Ngchesar State Government PO Box 6025 Koror, Palau 96940 Governor : (680) 488-5881 / State Office : (680) 488-2636/2967 / Fax : (680) 488-6111 E-mail : ngsgov@palaunet.com Ngerngesang Annex : (680) 622-1005 / Old Age Center : (680) 622-1077

---

233) Wikipedia, Ngatpang, https://en.wikipedia.org/wiki/Ngatpang
234) Palau Field Office, 2010. Ngatpang Conservation Action Plan, Ngatpang State, Republic of Palau. Prepared by the Nature Conservancy. http://www.palauconservation.org/cms/images/stories/resources/pdfs/Ngatpang%20CAP%20report.pdf
235) Wikipedia, Ngchesar, https://en.wikipedia.org/wiki/Ngchesar
236) Wikipedia, Totem, http://en.wikipedia.org/wiki/(Totem: 신성시되는 상징물로서 한국의 천하대장군과 같은 장승을 예로 들 수 있음)

주(State)	팔라우의 행정 구역 소개

Ngiwal(기왈)²³⁷⁾ 
- 경위도 :
  7°33′N 134°37′E
- 수도 : Ngerkeai
- 면적 : 26㎢
- 인구 : 223명
  (2005년 기준)
	- 행정수도는 Ngerkeai임
	- 바벨다오브 섬 동쪽의 작은 마을이며 마을 구조는 일본의 작은 마을을 본떠서 만듦
	- 대부분의 거주민들은 어부나 주정부 공무원임
	- 3개의 가족 소유의 상점이 있으며, 초등학교 및 도서관이 있는데 영어로 된 어린이 동화가 많으며, 팔라우어로 된 책도 있고 그 외에 일본어 및 스페인어 책들도 있음
	- 아름다운 해변을 보유하고 있으나 Honeymoon Beach에 너무 가깝게 건설된 해변도로에 의해 모래가 상당히 유실됨
	- 이곳에 보트로 방문할 경우에는 만조 시 방문이 가능하며, 다른 방법으로는 남쪽 항구를 통해서 들어올 수 있음
	- 다양한 낑깡(kingkang, calamansi²³⁸⁾) 나무가 있으며 필리핀에서는 golden lime, 또는 chinese orange, 만다린 오렌지라고 함
	- 이곳의 전설 중 하나, 기왈에 세상에서 가장 아름다운 여인인 Surech가 있었는데, 추장이 그녀가 아름답다는 이야기를 듣고 만나기를 원했으나 그녀는 추장이 자기와 결혼하자고 할 것을 두려워하여 남자친구에게 자신의 목을 잘라 바구니에 넣어 추장에게 보내라고 하였고, 남자친구는 이 말을 이해하여 진행하였다고 전해짐
	- 기왈은 가장 용감한 용사인 Ngringemelas의 고향이기도 함. 이렇듯 기왈은 일본이나 미국 식민지시대 이전부터 내려오는 전설이 많은 지역임. 다른 주의 사람들은 이곳의 사람들에 대해서 "7 eat, 9 soup"이라는 말을 습관적으로 말하곤 하는데 이것은 이 주의 사람들이 자신들의 좋은 식성을 자랑스럽게 생각하고 있기 때문임. 전설에 따르면 기왈은 Uab의 위(위장)이기 때문에 이 주 사람들의 식성이 아주 좋다고 알려져 있음. 이 주의 주요 식단은 국, 호박, 쌀, 코코넛 우유임
	- 주지사 : Eiiender Ngirameketii
	Ngiwal State Government
	PO Box 10288 Ngiwal, Palau 96940
	Tel : (680) 679-1021

Peleliu(펠렐리우)²³⁹⁾ 	- 펠렐리우 섬에 있는 주로서 Beliliou라고도 하며, 수도인 클루클루베드(Klouklubed)는 섬 북쪽 끝 North Beach 주변에 위치 - 앙가우르의 북동쪽과 코로르의 남서쪽에 위치 - 팔라우에서 3번째로 인구가 많은 주로서 대부분의 주민들은 북서쪽에 있는 클루클루베드에 거주하며 그 외에는 북동쪽의 이멜레촐(Imelechol), 남단 섬 중앙에 있는 라데미상(Lademisang), 북단의 옹게우이델(Ongeuidel) 마을에 거주. 펠렐리우는 수도를 포함하여 4개의 마을로 이루어짐 - 마을은 제2차 세계대전 당시 일본이 운용한 주요 마을 중 하나로서 아직도 일본의 통신시설과 그때 구축된 활주로가 남아 있으며, 수중

---

237) Wikipedia, Ngiwal, https://en.wikipedia.org/wiki/Ngiwal
238) Calamondin, http://en.wikipedia.org/wiki/Calamondin, (칼라만시 : 필리핀, 인도네시아에서도 흔히 볼 수 있는데, 레몬보다 풍부한 비타민 C 성분을 가지고 있다. 신진대사를 원활하게 해주며 항산화작용, 피로회복, 스트레스 해소 등에도 효과가 있는 것으로 알려져 있다. 폭은 2.5cm로, 라임의 새콤함과 귤의 달콤함을 같이 느낄 수 있는 열대 과일이다. 많은 열대지방에서 음식에 기본적으로 사용되는 재료이기도 하다)
239) Wikipedia, Peleliu, https://en.wikipedia.org/wiki/Peleliu

State(주)	팔라우의 행정 구역 소개
- 경위도 : 7°01′N 134°15′E - 수도 : 클루클루베드 (Kloulklubed)(Ngerulmud) - 면적 : 13㎢ - 인구 : 702명 (2005년 기준)	으로 침몰했던 비행기와 선박들이 아직도 존재함. 또한 펠렐리우 전투의 기념비도 있음. 일본은 이곳에서 미국과의 전쟁을 장기간의 전쟁으로 선포하여 최대한의 많은 수의 적을 죽이는 방법을 선택하였는데, 이는 이전의 반자이 돌격(バンザイ突撃)과 같은 단기간의 전쟁 전략과는 다른 전략을 사용한 것임. 즉, 일본군은 이 지역의 특성을 사용하여 동굴이나 땅굴에 숨어서 미군이 이러한 굴을 하나씩 대전할 때 최대한의 높은 사망률을 내도록하는 전략을 선택함. 이곳에서 전쟁을 치른 미국의 40%가 목숨을 잃었음[240) 241) - 이 마을에는 팔라우의 첫 대통령이자 첫 대법원장이었던 Haruo Remeliik와 Mamoru Nakamura의 묘지가 있음. Remeliik 대통령은 1985년도에 암살을 당했으며 Nakamura 대법원장은 1992년에 심장마비로 사망. 이들은 펠렐리우가 고향이었으며 주지사 사무실 주변 마을 중심지에 묘지가 있음 - 주지사 : Kangich Uchau Peleliu State Government PO Box 6035 Koror, Palau 96940 Tel : (680) 488-1817 / Peleliu State Office : (680) 345-2967/1001

펠렐리우 섬 북쪽 부두

펠렐리우의 자동차 번호판

일본과의 전쟁에서 미국 해군이 Orange Beach 3에 도착한 당일의 모습

---

240) National Park Service. 1991. Historical Park Study. http://www.nps.gov/pwro/piso/peleliu/title.htm
241) The Wired Jester. 2008. Thousand Yard Stares: Ruins and Ghosts of the Battle of Peleliu, 1944. http://thewiredjester.co.uk/2009/04/11/thousand-yard-stares-ruins-and-ghosts-of-the-battle-of-peleliu-1944-2008/

State(주)	팔라우의 행정 구역 소개

1944년 미국의 해군이 도착한 White Beach, 활주로가 Orange Beach로부터 내륙으로 뻗어 있음

펠렐리우의 미국 해군 전함

Sonsorol(손소롤)[242]

- 경위도 :
  05°19′28″N 132°13′16″E
- 수도 : 동고사루
- 면적 : 3km²
- 인구 : 42명
  (2014년 기준)

- 팔라우의 남서쪽에 위치한 섬으로서 행정 수도는 손소롤 섬에 위치한 동고사루(Dongosaru) 마을
- 이곳 사람들은 손소롤어와 팔라우어를 공동으로 사용
- 4개의 작은 섬으로 각각 이루어진 4개의 마을(municipalities)로 나누어져 있으며 Fanna Island만 제외하고 섬마다 1개의 마을이 존재함

	섬 자치제 (municipalities)	마을	면적 (km²)	인구수 (2000년 기준)	경위도
1	Fanna(Fana)	–	0.54	0	05°21′09″N132°13′32″E
2	Sonsorol (Dongosaro/Dongosaru)	Dongosaru	1.36	24	05°19′28″N132°13′16″E
3	Pulo Anna(Puro)	Puro	0.50	10	04°39′34″N131°57′49″E
4	Merir (Melieli)	Melieli	0.90	5	04°19′27″N132°18′37″E
	State of Sonsorol	Dongosaru	3.30	39	

- 주지사 : Damian Alvis
Sonsorol State Government
PO Box 1077 Koror, Palau 96940
Tel : (680) 488-1237/0692 / Fax : (680) 488-5501

---

242) Wikipedia, Sonsorol, https://en.wikipedia.org/wiki/Sonsorol

아이멜리크 바이(남자들의 모임 장소)

마솔의 무덤

States, Municipalities, and Places

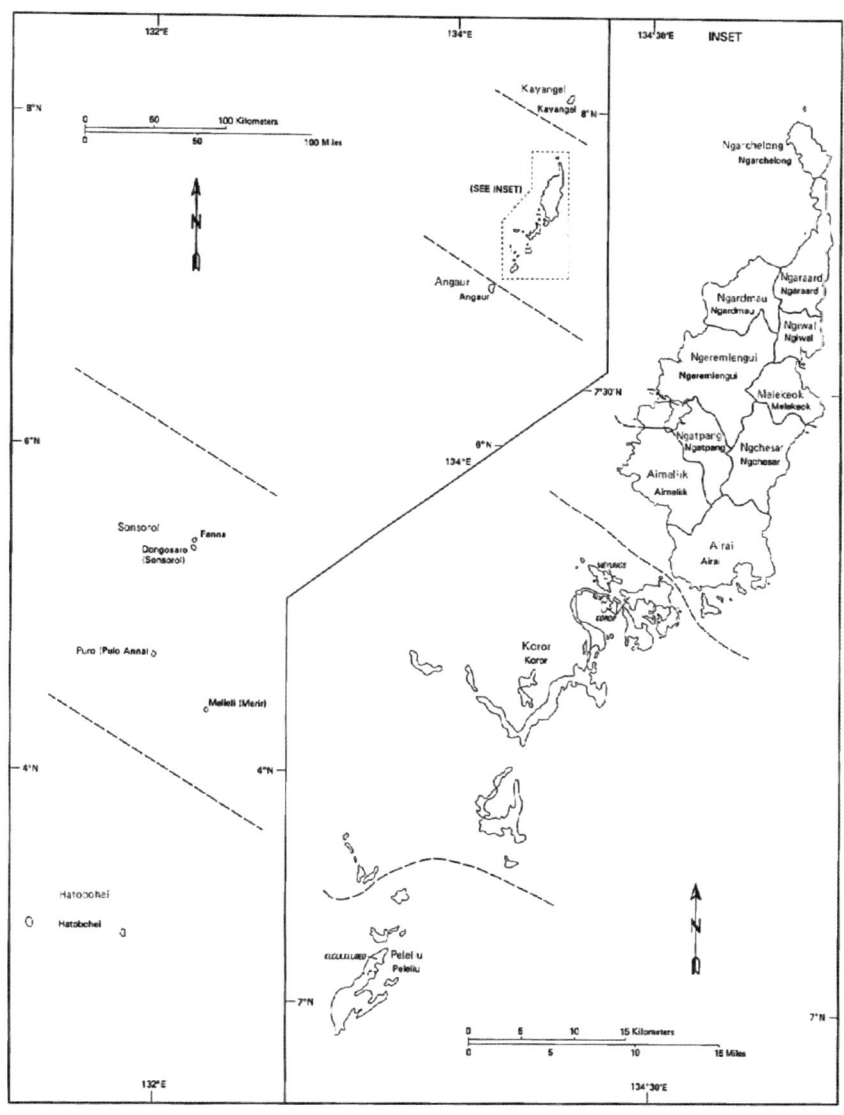

팔라우 공화국 및 16개 주
출처 : Wikipedia, Palau, http://en.wikipedia/wiki/palau

6. 팔라우 공화국 국가[243) 244)] 및 공휴일

팔라우 국가(國歌)의 제목은 'Belau Rekid(Our Palau)'이며, 1980년에 국가로 채택되었다. Ymesei O. Ezekiel가 작곡한 것으로 알려져 있으며, 가사는 여러 작사가들의 문장을 결합해서 만들었다.

원어	영문 번역	한글 번역
1. Belau loba klisiich er a kelulul, El di mla ngar ngii re rechuodel mei Meng mengel uolu er a chimol beluu, El ngar eungel a rirch lomke sang. 2. Bo dole ketek a kerruul er a belluad, Lolab a blakelreng ma duchelreng. Belau a chotil a klengar re kid, Mebo dorurtabedul msa klisichel. 3. Bod kai ue reke dchim lokiu a reng, E dongedmokel ra dimla koted, Lomcheliu a rengrdel ma klebkellel, Lokiu a budch ma beltikelreng. 4. Dios mo mek ngel tengat ra Be lumam, El dimla dikesam ra rechuodelmei, Beskemam a klisicham ma llemeltam, Lorrurt a klungiolam elmo ch'rechar.	1. Palau is coming forth with strength and power, By her old ways abides still every hour. One country, safe, secure, one government Under the glowing, floating soft light stands. 2. Let's build our economy's protecting fence With courage, faithfulness and diligence Our life is anchored in Palau, our land We with our might through life and death defend 3. In spirit let's join hands, united, one Care for our homeland...from forefathers on Look after its concord, its glory keep Through peace and love and heart's devotion deep 4. God bless our country, our island home always Our sweet inheritance from ancient days Give us strength and power and all the rights To govern with to all eternity	1. 팔라우의 힘과 강력함이 더 불어 앞으로 나아가고 있도다. 그의 전통 또한 모든 시간과 함께하네. 하나의 조국, 안전, 안보, 하나의 정부. 빛나고 부드러운 밝음 아래 서 있네 2. 우리 경제를 보호하는 방벽을 만들자. 용기와 믿음 그리고 성실로. 우리의 생명은 우리의 땅, 팔라우에 뿌리를 내리고 우리의 생명과 죽음을 우리의 힘으로 3. 우리의 영혼 안에서 손에 손을 한마음으로 잡고 우리의 조상으로부터 전해지는 우리의 고향을 돌보고 우리의 화합을 살피고, 우리의 영화를 유지하며 평화와 사랑 그리고 우리 마음속의 헌신을 통해서 4. 우리의 땅, 우리의 섬인 고향을 하느님이 항상 축복하시고, 우리의 조상으로부터의 정겨운 유산. 우리의 힘, 능력 그리고 모든 권한을 우리에게 주옵시고 영원히 함께, 더불어 끝까지 통치할 수 있도록

---

243) Wikipedia, Belau rekid, http://en.wikipedia.org/wiki/Belau_rekid
244) 국가 멜로디 : http://www.navyband.navy.mil/national_anthems.html
http://www.nationalanthems.me/palau-belau-rekid/

- 2015년 기준, 팔라우의 지정 공휴일은 다음과 같다.

일시	공휴일
1월 1일	New Year's Day (신정)
3월 15일	Youth Day (어린이날)
5월 5일	Senior Citizens Day (노인의 날)
6월 1일	President's Day (대통령의 날)
7월 9일	Constitutional Day (제헌절)
9월 첫째 주 월요일	Labor Day (노동자의 날)
10월 1일	Independence Day (독립일)
10월 24일	United Nations Day (유엔의 날)
11월 마지막 주 목요일	Thanksgiving Day (추수감사절)
12월 25일	Christmas Day (성탄절)

팔라우 박물관에 전시된 모델 전통가옥 입구 (ⓒ 이미진)

05 정치 현황 [245] [246] [247] [248] [249]

1. 현황 개요

팔라우 정부는 대체적으로 안정적이다. 대선은 매 4년마다 정기적으로 실시하고, 이때 새로운 집행부와 의회 구성원을 선출한다. 선거는 일반적으로 자유롭고 공평한 것으로 평가되고 있다. 대부분의 후보들은 미디어를 통한 선거 활동, 마을 회의, 선거 대회 등에 많이 의존하고 있다. 몇 개의 당이 있지만, 아직까지 안정화되고 공식화된 정당은 없다. 후보들은 자기들만의 방식을 따로 정해 선거 활동을 많이 하는 편이다.

정당을 만드는 것을 금지하는 법은 없다. 때문에 사실상 팔라우는 초당파적 민주 국가이다. 그러나 선거 무렵이면 'the Palau Nationalist Party'라는 그룹이 만들어져 선거 대응으로 활용되고 있는데, 이것은 공론을 갖춘 당이라기보다는 선거 집결용이라 할 수 있으며, 1996년 선거 때 처음 만들어진 것이다. 하지만 최근에는 활동이 거의 없는 것으로 알려진다. 또 다른 그룹은 'Ta Belau Party'로서, 팔라우 정부의 초창기인 1987년에 만들어졌다. 처음에는 라자루스 살리(Lazarus Salli) 대통령을 지지하는 그룹으로 만들어졌으나 지금은 활동이 없다.

1998년 상원에서 팔라우를 '역외(offshore)' 재무센터로 규정했고, 2001년에는 첫

---

[245] Wikipedia. Palau. http://en.wikipedia.org/wiki/Palau
[246] Shuster, Donald R., 2004. Republic of Palau 2004. National Integrity Systems - Transparency International Country Study Report. The Australian National University. Transparency International Australia. Canberra. http://transparency.org.au/wp-content/uploads/2012/08/palau.pdf
[247] Rosenberg, Erica. 1996. Who's local here? Politics of Participation in Development - Palau. Cultural Survival, Vol. 20.3 (Fall, 1996). https://www.culturalsurvival.org/ourpublications/csq/article/the-politics-progress-palau
[248] Countries and their Cultures. Palau. http://www.everyculture.com/No-Sa/Palau.html
[249] Wikipedia. List of Political Parties in Palau. https://en.wikipedia.org/wiki/List_of_political_parties_in_Palau

은행 관련 규정과 돈 세탁 방지법을 통과시켰다.[250][251] 토리비옹 대통령 취임 이후, 정치 개혁 차원에서 과거 정치 지도자들에 대한 부패 및 공직 남용 혐의에 대해 검찰 조사를 진행했다. 이들 중 일부가 기소되는 등 신·구 권력 간의 갈등이 빚어졌다.

대만과 단독 수교를 맺고 있으며, 신정부 출범 이후 팔라우 의회 일부에서는 중국과의 수교를 주장하는 움직임이 제기되고 있다.[252]

2012년 11월 6일[253] 3명의 후보자가 대선에 참여했으나 이전에 대통령직 경험이 있는 토미 레멩게시우 주니어가 선출되었다. 부통령으로는 안토니오 벨스(Antonio Bells)가 뽑혔으며, 그 외에도 여러 상원 및 하원 의원이 새롭게 선출되었다.

팔라우 대통령 선거 초기 결과
Palau Presidential Primary Results

당	후보자	초기 투표	일반 투표	백분율
Independent	Tommy Remengesau Jr.	4,617	4,682	49.08%
Independent	Johnson Toribiong	3,100	3,394	32.95%
Independent	Sandra Pierantozzi	1,690	–	17.97%
합계		9,407		100%

상원 의원 선거 결과 (2012년 기준)
Senate – Results of General Election

후보자 이름	득표수
Regis Akitaya	3,138

---

250) OECD/ADB. 2001. Palau – Money Laundering and Proceeds of Crime Act of 2001. Sixth Olbill Era Kelulau Rppl (Introduced as Senate Sixth Special Session, June 2001 Bill No. 6–116, SD2). http://www.oecd.org/site/adboecdanti-corruptioninitiative/39851559.pdf
251) IslandStudies.Ca. Belau(Palau). Jurisdiction Project. Institute of Island Studies. University of Prince Edward Island, Charlottetown, Canada. http://www.islandstudies.ca/sites/islandstudies.ca/files/jurisdiction/Belau%20(Palau).pdf
252) Kironska, Kristina. 2013. Taiwan and Palau – How to maintain this diplomatic alliance? Net Journal of Social Sciences 1(1): 11–23. http://www.netjournals.org/pdf/NJSS/2013/1/13-017.pdf
253) Oceania Television Network. General Election Results. http://www.oceaniatv.net/republic-of-palau-2012-elections-candidates/

Hokkons Baules	4,279
Camsek E. Chin	5,252
Alfonso Diaz	2,191
Kathy Kesolei	3,192
Regina K. Mesebeluu	2,633
Raynold R. Oilouch	5,242
Alan Marbou	2,791
Mark U. Rudimch	4,306
Mlib Tmetuchel	3,423
Joel Toribiong	2,974
Paul W. Ueki	2,104
Surangel Whipps Jr.	5,717
Alan Seid	2,731
Phillip Reklai	4,270
J. Uduch Sengebau Senior	3,419
John Skebong	2,814
Dr. Caleb Otto	1,735
Santy Asanuma	1,158
Moses Uludong	1,144
Earnest Ongidobel	3,032
Dilmei Olkeriil	1,346
Gale Ngirmidol	941
Salvador Remoket	2,907
Ismael Worswick	153
Laurentino Ulechong	2,564
Greg Ngirmang	3,160
Roman Yano	1,543
Rukebai Inabo	3,256
Robert Becheserrak	529
Mason Whipps	4,994
J. Risong Tarkong	1,172
Sandra Sumang-Pierantozzi	2,334
Semdiu Decherong	363

하원 의원 선거 결과 (2012년 기준)
For House of Delegates by State : General Election Results

후보자 이름	득표수
AIMELIIK	
Kalistus Ngirturong	186
Marino O. Ngemaes	233
ANGAUR	
Horace Rafael	114
Mario Gulibert	109
AIRAI	
Tmewang Rengulbai	369
Frank Kyota	344
HATOHOBEI	
Wayne Andrew	45
Sebastian Marino	41
KAYANGEL	
Noah Kemesong	135
Edwin Chiokai	88
Florencio Yamada	26
KOROR	
Alexander Merep	571
Salvador Tellames	323
Felix Francisco	298
MELEKEOK	
Lentcer Basilius	233
Brian Melairei	117
NGARAARD	
Gibson Kanai	293
Martin Sokau	175
Priscilla Subris	112
NGARCHELONG	

Marhence Madrangchar	209
Masao Salvador	202
Don Bukurrou	61
NGARDMAU	
Rebluud Kesolei	104
Lucio Ngiraiwet	112
NGAREMLENGUI	
Swenny Ongidobel	187
Portia Franz	150
NGATPANG	
Jerry Nabeyama	105
Lee Otobed	104
NGCHESAR	
Secilil Eldebechel	139
Sabino Anastacio	148
NGIWAL	
Noah Idechong (not running)	–
Francis Llecholch	62
Eugene Termeteet	118
Masasinge Arurang	144
Pablo Rrull	48
PELELIU	
Jonathan Isechal	149
Joseph Giramur	135
Charles Desengei Matsutaro	99
SONSOROL	
Celestine Yangilmau	64
Yutaka Gibbons	66

2. 외교 관계[254) 255) 256)]

신탁통치로부터의 독립 이후 팔라우는 태평양 이웃 국가들을 포함하여 다수의 국가들과 폭넓은 외교관계를 맺으면서 자주국으로서의 독립적인 외교 관계를 구축하고 있다. 2010년 6월 이후 전 세계의 52개국과 수교를 맺고 있다.

마이크로네시아연방 남아프리카공화국 아랍에미레이트 파푸아뉴기니 솔로몬제도	말레이시아 인도네시아 슬로바키아 아이슬란드 아르헨티나 오스트리아	일본 한국 인도 영국 태국 네덜란드 체코	독일 칠레 대만 미국 호주 터키 EU	스웨덴 프랑스 스페인 나우루 필리핀 캐나다 바티칸 스위스	그리스 멕시코 브라질 러시아 베트남 코소보 핀란드	이탈리아 마샬제도 싱가포르 포르투갈 이스라엘 모로코	키리바시 동티모르 아일랜드 뉴질랜드 캄보디아 벨기에

팔라우의 재외 공관은 4개의 대사관(미국, 일본, 필리핀, 대만), 5/6개의 영사관(독일 함부르크, 네덜란드, 미국 괌, 사이판, 하와이 그리고 비상주 영사관 말레이시아), 1개의 대표부(유엔) 등을 두고 있다.

1994년 12월 유엔 가입 후 UNESCO, FAO, IAEA, ICAO, IOC, IPU, UNCTAD, WHO, IBRD, IMF, ADB 등에 가입했다.

팔라우 내 상주 공관은 2015년 현재 4개국(미국, 일본, 필리핀, 대만)이다.

팔라우에 상주 대사관을 설치한 국가	
국가	대사관 장소
미국	아이라이(Airai)
대만	코로르(Koror)
일본	코로르
필리핀	코로르

---

254) Encyclopedia of the Nations. Palau – Foreign Policy. http://www.nationsencyclopedia.com/World-Leaders-2003/Palau-FOREIGN-POLICY.html
255) 외교부. 팔라우 개황. 주필리핀 대한민국 대사관. http://embassy_philippines.mofa.go.kr/webmodule/htsboard/template/read/korboardread.jsp?typeID=15&boardid=7623&seqno=784830&c=&t=&pagenum=1&tableName=TYPE_LEGATION&pc=&dc=&wc=&lu=&vu=&iu=&du=
256) Wikipedia. Palau. http://en.wikipedia.org/wiki/Palau

팔라우가 설치한 주 팔라우 대사관이 있는 국가	
미국 지역	
워싱턴 DC, 미국 본토 (Embassy)	대사관
Tamuning, 괌 (Office)	영사관
Saipan, 사이판 (Office)	영사관
아시아 지역	
대만(타이페이)	대사관
일본(도쿄)	대사관
필리핀(마닐라)	대사관
말레이시아(쿠알라룸푸르)	영사관
유엔	
뉴욕	유엔대사
기타 지역(명예 영사 등)	
네덜란드, 독일, 말레이시아, 벨기에, 영국, 이스라엘	명예 영사

2004년에는 스튜어트 벡(Stuart Beck)이 첫 유엔 대사로 임명되었다.

• 인도 : 1995년에는 인도와 수교를 체결했다. 인도와의 외교관계를 통하여 개발원조가 제공되면서 팔라우 국립병원의 조리실에 필요한 가전제품을 확보하는데 14만 9,841(약 1억 7천만 원)달러를 제공받았다. 2008년에는 2대의 트럭과 한 척의 소형 보트 구매를 위한 원조를 받았으며, 2010년에는 10만 달러가 지원되어 컴퓨터 구입과 2개의 ITEC 장학금 제도를 위해 사용되었다. 또한 팔라우는 인도의 관심사를 지지하고 있다. 특히 인도가 국제기구에서 활동하고 다양한 지위에 임명되는 부분을 지원하고 있다. 비회원국 대상 유엔 안보리에서 2011~2012년에 인도 후보자를 지지했다. 현재 팔라우에는 약 15여 명의 인도인이 있다.

• 대만 : 1999년에는 중국 대신 대만을 선택하여 대만을 단일 중국 국가로 외교관계를 맺었다. 2006년 9월에는 첫 대만-태평양 연합국 정상회의(Taiwan-Pacific Allies Summit)를 개최했으며, 이때 팔라우 대통령은 대만을 포함하여 태평양의 여러 국가를 공식 방문한 적 있다.

• **이스라엘** : 팔라우는 이스라엘과 1994년에 수교를 맺었다. 이스라엘은 태평양 지역 외의 국가 중 팔라우와 외교관계를 체결한 첫 국가이다. 이스라엘은 팔라우가 유엔에 가입할 때 찬성했을 뿐만 아니라 새로운 국가로 만들어진 팔라우에게 경제적 원조를 제공했다. 또한 이스라엘의 외무부는 농업 및 수산업 전문가들을 팔라우에 파견하여 지역주민들을 대상으로 교육 훈련을 진행하였다. 2006년에는 팔라우가 이스라엘과 공동으로 협력하여 투표를 가장 많이 한 국가였다. 팔라우 대통령 토미 레멩게시우 주니어는 이스라엘을 방문하여 정상회담을 갖기도 했다. 현재 팔라우에는 약 12~15명의 이스라엘 시민이 있으며 이들은 대부분 관광업계에 종사하고 있다. 팔라우(명예)영사관은 이스라엘에 존재하는 156개 영사관 중 하나이다.[257)][258)][259)] 가장 존경받는 유대인은 팔라우의 대법원 판사인 래리 밀러(Larry Miller)이다. 2001년 9·11 테러 사건 이후 팔라우 정부는 이스라엘과 가까운 외교관계를 유지하고 있는 국가로서, 국내 테러에 대한 위협요소를 제거하고자 이슬람 외국인노동자들을 배제했다. 그러나 팔라우는 일반적으로 종교적 개방 국가이다.

• **미국** : 미국은 팔라우에 대사관과 일반적인 외교적 채널을 두고 있다. 그러나 대부분의 양자 간 관계 활동은 자유연합협정에 따른 프로젝트 수행에 치중되어 있고, 이는 미국 내무부의 소도서 사무실에서 주도하고 있다. 이러한 미국의 처사는 팔라우가 법률적 권리로 자주국임에도 불구하고 권한을 행사하고 있어 공식적인 팔라우의 국가적 위치에 대한 논란을 불러일으키기도 하는데, 미국과의 여러 관계 중 한 예를 보면 알 수 있다. 1962년부터 쿠바에 대한 무역 거래를 중단하는 정책을 펼쳐 온 미국을 비난하는 유엔 결의안에 대해 2004년부터 반대표를 던진 3개국(미국, 이스라엘, 팔라우) 중 팔라우가 속해 있는 것이다.

---

257) Jewis Virtual Library. http://www.jewishvirtuallibrary.org/jsource/vjw/palau.html
258) Israel–Palau Relations. http://en.wikipedia.org/wiki/Israel%E2%80%93Palau_relations
259) Israel · Honorary Consulate in Koror, Palau. (이스라엘 명예영사). Alan Seid. 9lanscide@gmail.com

• 2009년 10월 5일에는 말레이시아와 외교 및 무역 관계를 맺었다. 모리스 데이빗슨(Morris Davidson) 경이 팔라우를 대신하여 첫 주 말레이시아 팔라우 명예영사로 임명되었다.

• 또한 팔라우는 나우루 협정 당사국의 회원이다.

Micronesia Challenge 해당 지역 (http://cnmicoralreef.com/our-work/education-outreach-2/micronesia-challenge.htm)

3. 마이크로네시안 도전 이니셔티브(Micronesian Challenge Initiative, MCI)[260]

2005년 11월 5일에는 당시 팔라우 대통령인 토미 레멩게시우 주니어가 지역적 환경 프로그램 발제안을 제시했다. '마이크로네시안 도전(Micronesian Challenge)'이라는 프로그램이 시작된 것은 2006년이다. MCI는 마이크로네시아 지역의 해양과 산림자원을 보존하자는 데 목적이 있다.

MCI를 통해 2020년까지 주요 목표가 제시되었는데, 연안 수자원의 30%, 산림의 20%, 육지와 해양자원의 10%를 보존하자는 목표이다. MCI 프로그램에는 팔라우, 마이크로네시아 연방국, 마샬 제도, 괌, 북마리아나 제도가 함께 협력하여 진행하기로 합의했다.

---

260) Micronesia Challenge. www.micronesiachallenge.org/

4. 비핵무장 헌법(Nuclear-Free Constitution)[261) 262) 263) 264)]

제2차 세계대전 후 팔라우는 유엔을 대신하여 미국의 신탁통치를 받게 되었는데 미국이 주도한 마이크로네시아의 연방국에 포함되는 것을 1978년 선거를 통해 거부하고 독자적인 국가 설립을 추진하게 되었다. 팔라우는 1979년도에 헌법이 만들어졌으며 1981년 팔라우는 세계 최초로 비핵무장 내용이 포함된 헌법을 채택하였다. 1981년도에 초대 대통령도 선출하여 취임하였지만 자립정부 수립은 아직 이루어지지 않았다.

1979년 헌법에는 핵, 독성 화학물질, 가스 그리고 생물학 무기의 사용, 보관, 폐기처분을 금지하는 내용이 포함되어 있다. 1981년 헌법 채택 후 1982년도에 미국과의 자유연합협정을 체결하고 독립국을 수립하고자 하였으나 이 협정은 미국의 핵 탑재선박의 기항을 가능하게 하는 조항이 들어 있어 1979년 헌법의 비핵조항에 모순이 된다고 하여 비핵조항의 수정이 필요하게 되었다. 이러한 조항을 제정하기 위해서는 국민의 75%의 지지가 필요하게 되는데 7번의 국민투표에 모두 실패하게 되었고 미국의 신탁통치는 지속되었고 자유연합협정 체결과 발효도 연기되었다. 신탁통치는 팔라우 경제에 악영향을 주어 경제적으로 더욱 힘들게 되었으며 팔라우인들은 1987년 비핵 조항을 철폐하고 미국과의 자유연합협정을 인가하게 되었다. 미국과의 자유연합협정은 1994년도에 비준되었고 그 대가로 15년간 5억달러의 원조를 받게 되었다. 팔라우는 1994년 10월 1일이 되어서야 정식 독립국으로 선포되었으며 미국의 47년간의 신탁통치를 끝냈다. 독립후에도 팔라우는 많은 어려움을 겪었으나, 미국의 대대적인 원조를 기반으로 마이크로네시아의 다른 지역보다는 비교적 풍족한 국가를 유지하였다.

---

261) Lal, Brij V. and Fortune, Kate. 2000. The Pacific Islands - an encylopedia. University of Hawaii Press. Honolulu. https://books.google.co.kr
262) Wikipedia. Palau. http://en.wikipedia.org/wiki/Palau
263) Iechad, Mechlins Kora. 2012. Nuclear activity and human kind : The history of nuclear activity in the Pacific and women's struggle for its end. https://www.academia.edu/5025854/Nuclear_Activity_and_Humankind_History_of_nuclear_activity_in_the_Pacific_and_women%CA%BBs_struggle_for_it_end
264) Hinck, Jon. 1990. The Republic of Palau and the United States: Self-Determination becomes the Price of Free Association. 78 Cal. L. Rev. 915. http://dx.doi.org/doi:10.15779/Z38P443

5. 관타나모(Guantanamo) 죄수 입국(Asylum) 허용[265) 266) 267)]

2009년 6월 10일, 팔라우는 관타나모에 보류된 17명의 위구르[268)]인들을 인도주의 차원에서 수용하겠다고 발표했다. 미국은 9.11 테러를 겪은 후 2002년 1월 위험 죄수 구금을 위해서 관타나모 기지에 수용소를 만들었다. 그러나 대부분의 수감자들이 테러와는 관계없이 적합한 법적 절차 없이 수감되어 문제가 되었는데 이 중 중국 위구르인들이 군사 훈련에 참여해 이슬람 극단주의 테러활동에 관여했다는 혐의를 받아 수감되어 있었다. 2009년 10월에 미국 연방지방법원은 위구르인 수감자들의 무죄가 입증됐다며 석방 명령을 내렸지만 중국으로 돌아갈 수 없었다. 왜냐하면 이들 대부분이 아프가니스탄을 여행하던 중 붙잡힌 위구르인들이고 대부분이 중국 신장 위구르 자치구 출신들이며 중국 정부로부터 분리자치를 요구하고 있어 중국에서도 테러법 취급을 받고 있기 때문이었다.

이 때문에 미국은 고문과 사형, 그리고 종교박해가 예상된다며 위구르인들을 중국으로 석방하지 않았으나 이들을 받아들일 국가가 있어도 중국의 압력으로 무산되기도 했다. 17명중 팔라우가 관타나모에 보류된 6명의 위그르인들을 인도주의 차원에서 수용하면서 미국은 2억 달러를 팔라우에 원조하였다. 그러나 팔라우는 임시거주 지역이었다. 이들은 그들의 가죽가공 기술 등을 활용하여 팔라우에 정착을 시도하였으나 결국은 재정적/문화적 차이 등으로 인해서 이들은 팔라우에 정착하지 못하고 미국의 도움으로 2015년까지 모두 팔라우를 떠난 것으로 알려져 있으나 그들의 최종 목적지는 알려지지 않고 있다.

---

265) Ward, Martha C., 2005. Nest in the Wind – Adventures in Anthropology on a Tropical Island, 2nd Edition. Waveland press. Long Grove, Illinois. pp. 178. http://books.google.co.kr/
266) Watts, Jonathan and MacAskill, Ewen, 2009. Palau agrees to take in Uighur Muslims from Guantanamo. The Guardian. 11 June 2009.
http://www.theguardian.com/world/2009/jun/10/palau-uighurs-guantanamo
267) Vanderklippe, Nathan, 2015. After Guantanamo, life on Pacific island was difficult. 28 June 2015. The Globa and Mail. http://www.theglobeandmail.com/news/world/after-guantanamo-life-on-pacific-island-was-difficult/article25172787/
268) Uyghur(유오이, 위구르족) : 터키 소수민족 그룹으로서 중앙아시아와 동아시아에 거주하고 있음.
http://en.wikipedia.org/wiki/Uyghur_people

06 경제(Economy) [269)270)271)272)273)274)275)276)277)]

1. 팔라우 경제현황

팔라우의 1인당 GDP는 약 15,000 달러(2015년 기준)로서, 태평양 도서국의 부자 국가 중 하나이다. 이를테면 팔라우 주민의 평균 수입은 마이크로네시아 지역의 다른 국가들 수입의 2배 이상이다.

평균 GDP 증가율은 1983~1990년에는 연간 14% 증가 추세를 보였고, 1991~1997년에는 연간 10% 증가 추세를 보였다. 한편, 1998~1999년에는 아시아 지역의 재정 위기로 마이너스 성장률을 보였으나, 서서히 다시 증가 추세를 나타내고 있다. 2007년도에는 5% 성장률을 보였다.

팔라우 정부는 노동력의 30%를 채용하고 있고, GDP의 20%를 담당한다. 또한 팔라우의 경제는 주로 관광, 생계형 농업, 수산업이 우세한데, 상당 부분은 원조에 의한 GNP 생산이다. 공식적으로 확보된 원조 금액 가운데 미국의 원조 금액이 가장 많고, 그다음이 일본, 유럽 등 기타 국가라고 할 수 있다.

---

269) Central Intelligence Agency(CIA). Palau – Economy. https://www.cia.gov/library/publications/the-world-factbook/geos/ps.html
270) International Business Publication. 2011. Palau Country Study Guide. Volume 1. Strategic Information and Developments. Global Investment Center, USA. http://books.google.co.kr/
271) Central Intelligence Agency(CIA). Palau. http://www.cia.gov/library/publications/the-world-factbook/geos/ps.html
272) Encyclopedia Britannica. Palau (Written by Donal Raymond Shuster). http://www.britannica.com/place/Palau
273) SPREP(Secretariat of the Pacific Regional Environment Programme). Palau. PEIN Palau Country Profile and Virtual Environment Library. https://www.sprep.org/Palau/pein-palau
274) Encyclopedia.com. 2007. Palau. Worldmark Encyclopedia of Nations. http://www.encyclopedia.com/topic/Palau.aspx.
275) International Monetary Fund(IMF). 2014. Republic of Palau – Selected issues. International Monetary Fund Country Report No. 14/111. May 2014. https://www.imf.org/external/pubs/ft/scr/2014/cr14111.pdf
276) World Bank Group. Doing Business – Palau. http://www.doingbusiness.org/data/exploreeconomies/palau/paying-taxes/
277) News.Com. 2015. Palau islands have been inundated with Chinese tourists. http://www.news.com.au/travel/world-travel/pacific/palau-islands-have-been-inundated-with-chinese-tourists/news-story/75a4d19601a930e431298983a2b28937

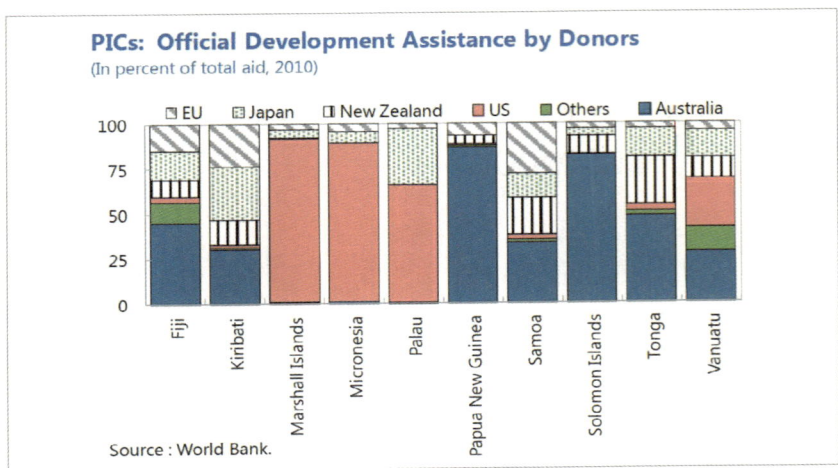

남태평양 도서국들에 대한 공식개발원조 현황
[Official Development Assistance by Donors (in % of total aid, 2010)] (IMF 보고서에서 발췌)[278]

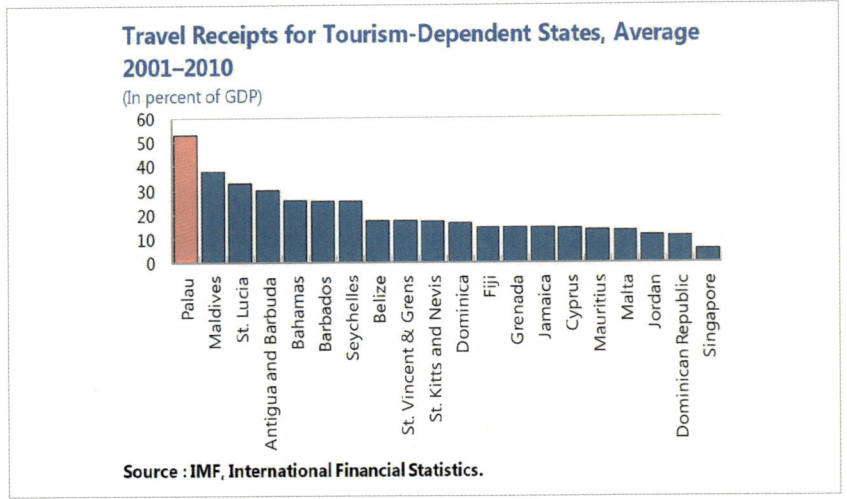

도서국의 관광산업의 비중
[Travel Receipts for Tourism-Dependent States, Average 2001~2010 (in % of GDP)] (IMF 국가보고서에서 발췌)[279]

278) Sheridan, Niamh, Tumbarrelo, Patrizia and Wu, Yiqun, 2012. Global and Regional Spilovers to Pacific Island Countries. IMF Working Paper WP/12/154/. http://www.imf.org/external/pubs/ft/wp/2012/wp12154.pdf
279) International Monetary Fund, 2012. Republic of Palau 2012 Article IV Consultation. IMF Country Report NO. 12/54. http://www.imf.org/external/pubs/ft/scr/2012/cr1254.pdf

관광산업은 다른 국가에 비해 전체 GDP의 약 85%를 차지하고 있어 팔라우의 관광산업(및 기타 지원 인프라)은 국가적 차원의 주요 산업이다.[280] 팔라우 경제를 주도하는 것은 무엇보다 관광과 관련된 서비스 분야와 공공 서비스가 포함된 서비스 분야로서, 노동력의 50% 이상을 담당하고 있다. 다만, 상당 부분을 미국이 제공하는 원조에 의존하고 있다.

건설업도 팔라우의 중요한 산업활동분야이다. 다수의의 대형 인프라 프로젝트, 도로 건설, 호텔 건설 등이 여기에 포함되어 있고, GDP에도 상당 부분 기여하고 있다.

농업 분야는 생계형 수준이 대부분으로서, 주요 농산물은 코코넛, 타로, 바나나이다. 수산업은 수입산업으로 가능성이 큰 부분이다. 하지만 팔라으 제도의 참치 생산은 1990년도에 비해 1/3 수준으로 감소했고, 수입의 대부분은 어선에 대한 면허료로 확보되고 있는 실정이다.

정부의 주요 책임 중 하나는 외부의 원조를 받되 팔라우가 외국 원조에 대한 의존도를 감소시키면서 장기적으로 생존 가능한 안정적인 경제를 확보하는 것이다. 그중 하나가 미국과의 자유연합협정에 따른 원조이다. 현재 체결된 미국과의 자유연맹협정의 규정에 의해, 팔라우는 2010년까지 15년 동안 미국으로부터 약 8억 달러(약 9,350억원)의 직접적인 원조를 받았으며, 다양한 연방 프로그램에 참여할 수 있는 특권을 누렸다. 2010년 9월 초반, 미국과 팔라우는 15년간의 자유연합협정에 대해 검토를 완료한 뒤 향후 15년간의 협정을 다시 체결했다. 2010년 말에는 팔라우의 장래를 위해 자유연합협정에 의거해 만들어진 신탁기금이 1억 6천만 달러(약 1,870억 원)가 되었다.

팔라우에는 3개의 미국 은행, 1개의 기타 외국 은행 그리고 3개의 국내 은행이 있다.[281]

---

280) News.Com. 2015. Palau islands have been inundated with Chinese tourists. http://www.news.com.au/travel/world-travel/pacific/palau-islands-have-been-inundated-with-chinese-tourists/news-story/75a4d19601a930e431298983a2b28937
281) Sheridan, Niamh, Tumbarrelo, Patrizia and Wu, Yiqun. 2012. Global and Regional Spillovers to Pacif.c Island Countries. IMF Working Paper WP/12/154/. http://www.imf.org/external/pubs/ft/wp/2012/wp12154.pdf

- 미국 은행 : Bank of Guam, Bank of Hawaii, Bank Pacific
- 대만 은행 : First Commercial Bank (Taiwan)
- 팔라우 은행 : Asia Pacific Commercial Bank, Palau Construction Bank, First Fidelity Bank

> **Palau Saving Bank**
> - 2006년 11월에 파산한 은행이다.
> - 총 641명의 예금자가 영향을 받았으며, 이 가운데 298명이 5천 달러 이하의 예금을 보유한 예금주들이었다. 그 외 예금주들은 5천~200만 달러를 예금한 자들이었다.
> - 2006년 12월 12일, 그중 79명이 보상을 받았다. 1명이 대만인이고, 나머지는 팔라우, 필리핀, 미국인들이었다. 보상 금액은 팔라우가 대만에서 차용한 지원금을 통해 지불되었다. 원래 이 재원은 대만이 팔라우에 팔라우개발기금으로 약속한 100만 달러였고, 그중 95만 5천 달러가 보상금으로 지불되었다.

2. 세금정책

팔라우의 세금은 보통 수준이라고 할 수 있다. 소득세는 3개로 분류되는데, 9.3% 그룹, 15% 그룹 그리고 19.6% 그룹이다. 법인세는 4%, 일반 판매세는 5.7%이며, 재산세는 현재 없는 상태이다.

3. 관광산업 현황[282)283)]

팔라우 관광객들은 바다 환경을 대상으로 한 스쿠버와 스노클링 활동에 집중하고 있다.

이러한 바다 체험 활동은 산호생태계와 2차 대전 때의 난파선이 주요 대상 상품이다. 이러한 관광산업이 번창하는 이유는 팔라우의 다양하고도 깨끗한 해양 환경과 육지와 도서의 아름다움이 보존되어 있기 때문이다. 통계적으로 살펴보면 관광을 목적으로 팔라우를 방문하는 사람들 중(2015년 기준) 54%가

---

282) Imperial Palau Corporation. http://www.impackorea.co.kr/Palau_BaseInfo.aspx
283) 세계 신혼 여행지 지역정보. 팔라우. http://www.koreaweddingnews.com/html/hunymoon/oseania/oseania-prw-002.html
284) Sheridan, Niamh, Tumbarrelo, Patrizia and Wu, Yiqun. 2012. Global and Regional Spillovers to Pacific Island Countries. IMF Working Paper WP/12/154/. http://www.imf.org/external/pubs/ft/wp/2012/wp12154.pdf
285) Republic of Palau. Immigration/Tourism Statistics. Visitor by Country of Nationality and Purpose of Entry(2015). http://palaugov.pw/executive-branch/ministries/finance/budgetandplanning/immigration-tourism-statistics/

 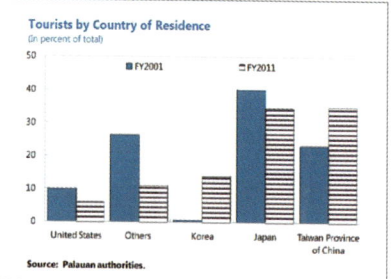

주요 도서국을 관광 목적으로 찾는 관광객 현황(좌)[284] 및 팔라우 관광객 변동 현황(우)[285]
[Tourists Visiting Fiji, Palau, Samoa and Vanuatu by country of Residence (in % of total arrivals) and Visitors to Palau in 2001 and 2011 (in % of total)]

국가별 2011년 팔라우 방문객[286]

Nationality	Tourist	(%)	Business	Employ	Dependant	Other	Total
Total	160,370	100.00	1,559	3,593	485	1,959	167,966
Australia/NZ	957	0.60	81	34	14	49	1,135
France	248	0.15	14	7	-	7	276
FSM	422	0.26	37	20	2	148	629
Germany	878	0.55	22	6	3	68	977
Italy	383	0.24	6	7	-	10	406
Japan	30,635	19.10	381	392	87	383	31,878
Korea	12,238	7.63	86	84	36	59	12,503
Marshall Islands	56	0.03	10	3	-	15	84
Philippines	1,025	0.64	160	1,695	179	338	3,397
PRC China	86,850	54.16	207	468	32	158	87,715
ROC Taiwan	14,013	8.74	160	387	36	41	14,637
Russia	401	0.25	1	2	2	1	407
Singapore	181	0.11	5	-	-	3	189
Switzerland	293	0.18	1	3	2	10	309
United Kingdom	611	0.38	18	31	10	54	724
USA/Canada	8,582	5.35	160	232	61	238	9,273
Other Europe	1,449	0.90	45	18	4	38	1,554
Others	1,148	0.72	165	204	17	339	1,873

중국, 19.10%가 일본, 8.74%가 대만, 7.63%가 한국, 5.35%가 미국으로서 2015년 기준 16만 명을 넘었다. 이 수치는 2014년에 비해 15% 증가한 것이다. 최근 들어 중국인 관광객 수의 증가는 상당하다. 2014년에 비해 220%

---

286) Republic of Palau, Immigration/Tourism Statistics, Visitor by Country of Nationality and Purpose of Entry(2015). http://palaugov.pw/executive-branch/ministries/finance/budgetandplanning/immigration-tourism-statistics/

증가하였다. 이에 반해 대만은 52%, 일본은 18%, 한국은 15.8%로 감소하였다.

　팔라우 관광 부문의 활성화는 항공사 활동이 증가했기 때문으로 분석되고 있다. 현재 총 10개의 항공사가 팔라우를 운항중이다. 특히 동아시아 관광객들과 항공기 입항 증가 그리고 팔라우 인프라 개발에 대한 외국의 자발적인 원조 증가 등이 이런 경제적 부분에 크게 영향을 미치고 있다. 무분별한 관광 개발을 줄이기 위해 팔라우 관광청과 환경청이 관광산업을 재조정하려고 노력하고 있으며, 방문객을 줄이는 반면 고가의 관광상품 개발에도 힘쓰고 있다.

팔라우로 운항하는 주요 외국 국적 항공사 현황[287]	
JAPAN AIRLINES Palau Office	P. O. Box 8004 KOROR Republic of Palau, PW 96940 Tel : (680) 587-2400 / Fax : (680) 587-2401 Email : jalpalau@palaunet.com Web : www.jal.com/en/
UNITED AIRLINES MICRONESIA	- Palau Office P.O.Box 367 KOROR Republic of Palau, PW 96940 - Koror Office Reservations : (680) 488-1029/2448 / Fax : (680) 488-2164 Airport Ticket Counter Tel : (680) 587-1110 / Fax : (680) 587-2288 Web : www.unitedvacations.com or www.united.com
DELTA AIR LINES Check-In Counter	Palau International Airport Business Hours : 10:00~18:00 (Mon~Fri) Sales Support Number : (680) 488-2255. All calls will be routed to either Edgar Pilante on GUAM or Esther Sound or Chris Concepcion on SAIPAN
KOREAN AIR Palau Agent Contact Info	Surangel's World Wide Travel Tel : (680) 488-3411/2808/1111 / Fax : (680) 488-3505 Email : travel@surangel.com or surangeltravel@yahoo.com Web : www.surangel.com
CHINA AIRLINES Palau Office	Dallan Bao, Station Manager - Palau Tel : (680) 488-8866 Email : tseng_bao@email.china-airlines.com Web : www.china-airlines.com
ASIANA AIRLINES Palau Agent Hana Tour Palau	Miss Hyuna Lee (Emile) Reservation Ticket Booking Information P. O. Box 129 KOROR Republic of Palau, PW 96940 Tel : (680) 488-4999 / Fax : (680) 488-4998 Email : leehyuna@hotmail.co.kr
기타 항공사	Asian Air(Palau-Macau), Dynamic Airways(Palau-HongKong), Mega Maldives(Palau-HongKong), Palau Pacific Airways(Palau-HongKong)

---

287) Pristine Paradise, Palau, About Palau - Getting Here, Airline Information, http://pristineparadisepalau.com/getting-here/airlines.html

대한항공은 최근 138석 규모의 B787-800 기종을 투입해 태평양의 인기 휴양지인 팔라우로 주 2회 운행하고 있다. 매주 목요일과 일요일에 일반적으로 오후 9시 05분 인천공항을 출발하여 다음날 오전 1시 50분에 팔라우에 도착하고, 돌아오는 항공편은 금요일과 월요일 오전 2시 50분에 팔라우를 출발해 오전 8시 5분에 인천에 도착한다.

아시아나 항공은 전세기를 2004년부터 운항했다. 2006년부터 더 많은 한국 관광객이 팔라우를 찾기 시작했고, 한국의 하나투어 여행사를 통해 매주 2번 운항했다. 아시아나 항공의 출발편은 매주 목요일과 일요일 오후 10시 40분에 인천공항을 출발하여 다음날 오전 3시 30분에 팔라우에 도착한다. 귀국 항공편은 월요일과 금요일 오전 4시 30분에 팔라우를 출발하여 오후 9시 40분에 인천에 도착한다.[288]

- 주요 항공기 출발지와 팔라우 간의 항공시간, 거리, 위치는 다음과 같다.

출발지	거리	평균항공시간
호주 브리즈번	2,701.73 마일	5:30 h
미국 괌	813 마일	1:45 h
필리핀 마닐라	1,041 마일	2:35 h
일본 도쿄	2,394 마일	4:05 h
대만 타이페이	2,533 마일	4:55 h
한국 인천	2,600 마일	5:00 h
미국 호놀룰루	4,612 마일	7:50 h

2014년 11월에 Palau Pacific Airways(PPA)가 만들어졌다. Palau Pacific Airways(http://www.palaupacificairways.com/new-page.html)는 홍콩과 팔라우를 연결하는 항공사로서 2014년 11월에 처음 시행되었다. 홍콩 의 Chep Lap Kok Airport로부터 매주 다섯 번을 운항한다. 사용하는 항공기는

---

288) Imperial Palau Corporation. http://www.impackorea.co.kr/Palau_AccessMethod.aspx

Palau Pacific Airways 항공항로선 (Wikipedia, Palau Pacific Airways, https://en.wikipedia.org/wiki/Palau_Pacific_Airways)

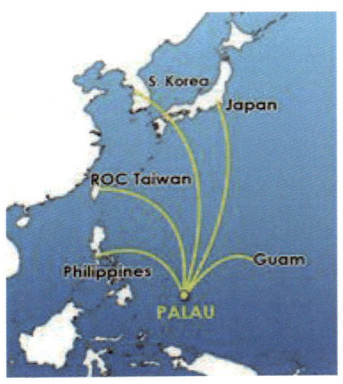
팔라우 항공항로(Pristine Paradise Palau, http://pristineparadisepalau.com/getting-here.html)

슬로바키아에서 임대한 180명이 탑승가능한 보잉 737-800기를 사용하고 있다. 2015~2016년에는 대만, 일본, 괌 항로도 계획하고 있다.[289] 국내선 항공사로서는 Belau Air가 있다 (http://www.underwatercolours.com/belauair).

Palau Pacific Airways (Boeing 737) (from https://www.planespotters.net/airline/Palau-Pacific-Airways)

---

289) Wikipedia, Palau Pacific Airways, https://en.wikipedia.org/wiki/Palau_Pacific_Airways

- Palau Micronesia Air[290] : 2004. 7 ~ 2004. 12

2002년 9월에 설립된 항공사로서 팔라우 사업가 Alan와 Glenn Seid 공동의 소유회사였다. 2003년 10월에 Air New Zealand와 양해 각서를 통해 Air New Zealand의 운영 면허로 2004년 8월 5일부터 운영을 시작했다. 기체는 스위스 항공기를 빌려서 사용하고 호주와 뉴질랜드 조종사 그리고 팔라우 직원이 근무했다. 그러나 높은 유류비와 예측보다 낮은 이용률 등의 이유로 2004년 12월에 사업을 정지했으며, 2005년 8월에는 구조 조정을 통해 재개하려 했으나 실패했다.

- Pacific Flier[291] : 2010. 3.26 ~ 2010. 8.16

코로르 기반의 항공사로서, 임차한 Airbus A310-300 1대로 운영했다. 팔라우에서 호주 브리즈번을 운항하는 항공기였으며, 2010년 5월에 Gold Coast 공항 운항 기념으로 어린이 탑승 무료 기념행사를 가졌지만 8월에 운항을 중지했다. 운항권을 확보하지 못하여 뒷날 재개를 노렸으나 아직 실현되지 못하고 있다. 이 항공사의 창시자는 호주의 Reginald Free와 뉴질랜드의 Rex Banks이며, 이들은 항공사를 공동 소유하고 있다.

운영이 중단된 팔라우 기타 항공사
- Palau Trans Pacific Airlines: 2002 ~ 2005
- Palau Airways: 2011 ~ 2013

Palau International Airport(ROR)는 팔라우에서는 단독으로 운영되는 국제공항으로서, 아이라이 주에 위치해 있다. 주요 관광 시설이 있는 코로르 주로부터 30분가량 떨어진 곳에 위치한다. 대부분의 관광객을 위한 숙소, 관광회사, 일반회사 등은 코로르 주에 있다.

---

290) Palau Micronesia Air. http://en.wikipedia.org/wiki/Palau_Micronesia_Air
291) PacificFlier. http://en.wikipedia.org/wiki/Pacific_Flier

팔라우 국제공항 및 공항 위치[292]

5. 팔라우 방문 정보 : 여행 경고, 여행 정보 등[293] [294]

- 야간 통행금지 시간이 있는 지역도 있으므로, 필히 참고해야 한다.
  - 2:30am ~ 5:00am(월~목)
  - 4:00am ~ 6:00am(금~일, 공휴일)
- 한국과의 시차는 없다. 사용 가능한 전기는 110V/60Hz이며, 일자 모양의 콘센트 소켓을 사용하고, 장기간 체류할 경우라면 따로 변압기를 준비하는 것이 좋다.
- 팔라우는 핸드폰 로밍 비용이 비싼 지역이므로, 국제전화 선불카드를 사용하는 것이 좋다. 한국에서 판매하는 국제전화 선불카드는 팔라우에서 사용할 수 없는 경우가 종종 있으며, 팔라우 현지에서 구매하는 것이 편리하다.
- 기본적으로 팔라우는 팁 문화가 잘 발달되지 않은 국가라고 하지만 미국 문화의 영향으로 호텔과 식당 등에서는 팁 문화가 정착해있다. 호텔이나 레스토랑에서 1달러 정도 지불하면 된다.
- 팔라우의 수돗물은 일반 샤워 등에는 문제가 없으나 식수로는 사용이 불가하며 주로 시판되고 있는 증류수나 생수를 구해서 마셔야 한다.

---

292) Pacific Worlds, Palau. http://www.pacificworlds.com/palau/home/location.cfm
293) Imperial Palau Corporation. http://www.impackorea.co.kr/Palau_BaseInfo.aspx
294) 세계 신혼 여행지 지역정보, 팔라우. http://www.koreaweddingnews.com/html/hunymoon/oseania/oseania-prw-002.html

팔라우 국제공항 정면 (Wikipedia, Roman Tmetuchl International Airport, https://en.wikipedia.org/wiki/Roman_Tmetuchl_International_Airport)

팔라우 국제공항 내부 모습('에밀리의 괌일상'에서 발췌, http://blog.naver.com)

- 주요 질병과 전염병이 갑자기 발생하는 지역이기도 하다. 주로 발생하는 질병과 전염병은 뎅기열, 치쿤구니야 바이러스, 필라리아증, Ross River virus, 뇌염, 나병, 홍역, 유비저, 시구아테라 중독, 광견병/공수병, 파상풍 등이다.
- 의료 서비스를 받을 수 있는 곳은 현지 병원이 있다. 팔라우에는 2곳의 민간 의료시설과 1개의 공공 의료시설이 있다. 팔라우 국립병원(Belau National Hospital)에서는 다이버들을 위한 고압 챔버 시설도 보유하고 있다. 전화번호는 +680-488-2552/2553이다. 병원 긴급 구조 전화는 +688-488-2558이며, 앰뷸런스 요청 전화는 +688-488-1411이다. 경찰 긴급 구조 전화는 미국과 같이 911이다.
- 공산품 물가는 대체로 값이 비싼 편이다.
- 입국 수속은 수속 창구가 몇 개 되지 않아 1시간 이상 소요되며, 세관원이 거의 모든 짐을 직접 풀어서 꼼꼼히 확인하는 경우가 많아 시간이 많이 걸린다.
- 팔라우의 출입국 안내는 다음과 같다.[295]

- 모든 방문객들은 여권의 남아 있는 유효기간이 체류일 수 + 6개월 이상, 그리고 팔라우에서 떠나는 항공권 등이 있어야 함
- 30일 이내의 관광, 상용, 외교, 공용 목적의 체류는 비자가 불 필요하나 도착시 30일 체류(관광)비자가 주어지고 연장 신청을 통해 총 90일 체류가 가능함 (연장신청비용은 미화50달러). 미국시민 및 괌, 마이크로네시아연방국, 마샬제도, 북마리아나 제도 등의 시민은 도착시 1년 체류비자가 주어짐 (팔라우 출입국관리소: (680) 488-2498/2678, Email: imm@palaunet.com)
- 2013년 7월부터 최소 20개비 (1 pack), 또는 시가 1개 또는 3온스 파이프 담배류/궐련 등에 대해서도 무세이지만 그 외 담배류에 대해서 세금이 부여됨
- 주류는 1병 (약 1리터)까지 관세가 없으나 만 21살 이상이어야 함
- 콜레라나 황열 등의 전염병이 유행한 나라에서 온 방문객들은 예방접종이 필수
- 개인당 출국세 미화 50달러를 공항에서 지불해야 출국이 가능함

---

295) Imperial Palau Corporation, http://www.impackorea.co.kr/

팔라우 입국신고서는 세관신고서와 함께 흰색 종이와 노랑색 종이 두장이 붙어 있다. 흰색면은 먹지로 되어 있어 입국신고 내용을 적으면 뒷장 노랑색 종이에 찍힌다. 팔라우 국적을 제외한 외국인은 흰색면 아래 노랑색 부분인 COMPLETE FORM BELOW (EXCEPT PALAUAN CITIZENS) 도 작성한다. 입국시 심사후, 이부분을 잘라 돌려 받게 되는데, 출국시 필요하기 때문에 잘 보관해야 한다. (Naui 사관학교에서 발췌. http://www.ddanports.com/bbs/zboard.php?id=scuba_free&no=14089 및 제주도 자유여행에서 발췌. http://www.12go.kr/07community/tripmaster_story_view.asp?s_idx=506)

- 주요 관광지[296] : 코로르는 팔라우 총 인구의 2/3가 거주하는 곳으로 한국의 1970~80년대 풍경과 비슷하다. 예전 코로르가 수도로서의 역할을 할 당시, 선진국 관광객들의 눈에 각종 정부 기관(국회의사당, 대통령궁) 등은 소박하게 보였다. 팔라우가 UN 가입국 중 가장 적은 인구 인구(2012년 기준 2만 1,032명)의 국가 중 하나라는 점을 감안하면 십분 이해된다. 그래서 이런 소박한 건물들을 둘러보는 것 또한 팔라우 관광 코스이다. 코로르에서는 팔라우

첼바체브 제도 전경(View of Rock Islands)[297]

원주민들의 역사와 문화를 엿볼 수 있는 벨라우 국립박물관도 찾아볼 수 있다.
 첼바체브 제도(Rock Islands, 록아일랜드)는 팔라우가 가장 자랑하는 관광지이다. 마치 여러 개의 송이버섯 묶음이 바다에 널려 있는 듯한 모습이다. 이러한 다양한 석회류의 바위섬이 원시림으로 뒤덮여 있고, 수백 개의 크고 작은 바위섬들로 이루어진 이 지역은 아름다운 자연을 갈구하는 여행객들, 세계의 유명한 스쿠버 다이버들, 그리고 사진작가들이 열망하는 곳이다. 특히 '세븐티아일랜드(Seventy Islands)'라는 곳이 있는데, 군집된 70여개의 작은 섬들이 저마다 자기의 멋을 한껏 자랑하고 있는 곳이다. 첼바체브 제도 관광의 핵심 지역으로, 세븐티 아일랜드를 상공에서 찍은 사진은 록아일랜드(Rock Islands)뿐만아니라 팔라우를 대외에 광고할 때 가장 많이 소개되는 곳이기도 하다.
 또 다른 팔라우의 대표적인 장소는 해파리 호수(Jellyfish Lake) 이다. 이 호수 또한 록아일랜드 내에 있으며 엘 마르크(Eil Malk)섬에 위치한 기수호(소금물 호수)로서 평균 30m 깊이의 세계에서도 보기 드문 경치와 수면을 떠다니는 오렌지색의 무독의 해파리들과 수영할 수 있는 곳이다. 이 곳은 옛날에는 바다와 연결되어 있었던 곳이 약 12,000년전에 바다와의 연결고리가

---

296) 하나투어. 팔라우 설명회 자료. http://inside.hanatour.co.kr/inside/information/pacific/palau/cd/palau_explan.htm

 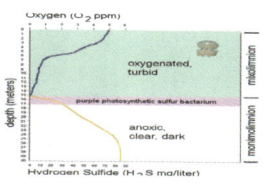 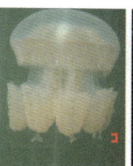 

해파리호수 광경(Jellyfish Lake (또는 팔라우 명칭으로 Ongeim'l Tketau, 5번째 호수(Fifth Lake)) 호수 밑부분에 작은 오렌지 점들이 해파리들이다.(Lukas from Munich, Germany – originally posted to Flickr as Palau_2008030818_4734)(왼쪽), 또한 호수는 성층화 되어 있어 바닥은 산소가 없는 층으로 존재한다 (중간), 이 호수에서 서식하는 해파리(Golden Jellyfish, *Mastigias* cf. *papua etpisoni*)는 다른 개방된 라군에 살고 있는 해파리(Spotted jellyfish, *Mastigias papua*)와 비교해 볼 때 촉수들이 대부분 사라진 것을 알 수 있다(오른쪽)) (Derivative work from Dpallan own work)(Wikipedia, Jellyfish Lake, https://en.wikipedia.org/wiki/Jellyfish_Lake)

밀키웨이와 밀키웨이에서 산호머드팩을 즐기고 있는 관광객들

끝어지면서 호수로 만들어진 곳으로 남태평양에는 약 70여개의 이러한 호수들이 있다. 하지만 석회암으로 만들어진 이 섬의 특성상 바다와의 작은 터널과 틈새를 통해 바다와 지속적으로 순환하고 있다고 볼 수 있으나 적당히 고립되어 있어 이 곳의 해파리들이 환경에 적응하면서 변화되어 바깥 해파리와는 달라져 있다. 두 종류의 해파리(*Mastigias* sp. 와 *Aurelia* sp.)가 해가 뜨면 수면으로 올라오고 햇빛을 따라가면서 이동하게 되는데 그 이유는 해파리가 영양염을 제공받는 공생 해조류에게 에너지 제공을 함으로써 해조류의 생산을 위해서이다.

밀키웨이(Milky Way, 우윳빛의 길)는 록아일랜드 내에 빼곡이 서 있는 섬들로 인해 물의 이동이 거의 없는 평온한 지역을 가르킨다. 물색이 뽀얗게 보여서 밀키웨이라고 하는데 얕은물 아래에 산호가루/석회질이 하얗게 침전되어 있기 때문이다. 이 침전물을 온몸에 바르고 머드팩을 하기도 한다. 또 다른 팔라우의 중요한 지역은 코로르로부터 남서쪽 하단에 있는 롱비치(Long

---

297) Pristine Paradise, Palau, http://pristineparadisepalau.com/index.php

밀키웨이에서 채취한 석회 침전물(오른쪽, Palau Visitors Authority Collections) 과 썰물 후 형성된 롱비치 (Long Beach, Koror Island, Palau. http://creativelunatics.com/long-beach-palau/)

Beach)이다. 여기에서는 썰물 후 모래톱이 형성되어, 그 위를 걸어다닐 수도 있으며 주변 얕은 바다를 거닐 수 도 있다.

2001년 11월에 개장한 태평양 돌고래 센터(Dolphin Pacific)[298]는 돌고래에 관한 연구를 진행하는 곳이자 방문객들을 위한 돌고래 엔터테인먼트를 제공하는 곳이다. 방문객들은 이곳에서 사전 예약을 통해 돌고래들과 함께 수영을 즐길 수도 있다.

대부분의 호텔은 공항까지 픽업 서비스를 제공하고 있으나, 숙소 예약 시 미리 픽업 서비스를 신청해야만 한다. 공항이나 코로르의 다운타운에서 자동차를 렌트할 수 있는데, 그 가격은 자동차의 모델에 따라 달리 적용된다. 대부분의 자동차는 일본식으로 운전석이 우측에 있으나 가끔 미국식처럼 좌측에

태평양 돌고래 센터와 이곳에 있는 돌고래의 전경

운전석이 있는 경우도 있다. 팔라우에서의 렌터카 운전은 30일 이내의 체류일 경우에 한하고, 한국 면허증으로도 운전할 수 있다. 그 외에 셔틀버스, 택시 등을 활용할 수도 있다.

Budget Car Rental
P. O. Box 10122 KOROR
Palau, PW 96940
Tel : (680) 488 6233
Fax : (680) 488 6233
Email : budgetpalau@palaunet.com

Toyota Car Rental
P. O. Box 280 KOROR
Palau, PW 96940
Tel : (680) 488 5599
Fax : (680) 488 2136
Email : west.plaza@palaunet.com

I.A. Car Rental
P. O. Box 694 KOROR
Palau, PW 96940
Tel : (680) 488 1113/5011/4182
Fax : (680) 488-1115
Email : iabc@palaunet.com

PIDC Car Rental
P. O. Box 1266 KOROR
Palau, PW 96940
Tel : (680) 488 8350/8351
Fax : (680) 488 1342

Palau Automotive
P. O. Box 726 KOROR
Palau, PW 96940
Tel : (680) 488 4488
Fax : (680) 488 1040
Email : palauautomotive@palaunet.com

King's Rent-A-Car
P. O. Box 424 KOROR
Palau, PW 96940
Tel : (680) 488 2964
Fax : (680) 488 3273
Email : kingsent@palaunet.com

Palau Limo Service
P. O. Box 428 KOROR
Palau, PW 96940
Tel : (680) 488 2129
Fax : (680) 488 1471
Email : gec@gecpalau.com

---

298) 돌고래 센터: 돌고래 센터는 소니(Sony) 회장이 자폐증을 앓고 있는 손자의 치료목적으로 팔라우 섬 중 하나를 통째로 구입하여 만들어졌다고 한다. 돌고래들은 자연 그대로의 환경 속에서 살고 있다.

팔라우의 번화가인 코로르에서는 1일 사용료를 내면 자전거를 대여하여 이용할 수 있다. 산악자전거도 렌트할 수 있으나, 자전거 대여점의 운영 시각이 오후 5시에서 오후 8시까지인 경우가 대부분이기 때문에 주의해야 한다.

Yolt A. I. C. Bicycle
P. O. Box 10266 KOROR Palau, PW 96940
Tel : (680) 488 8141
Email : aic@aic-palau.com
Web : www.aic-palau.com

팔라우에서는 콜택시가 많이 이용된다. 대부분의 택시요금은 정액제이고, 택시 내부에 게시되어 있다. 그러나 택시를 이용하기 전에 요금이 기록된 종이를 보여 달라고 하여 확인한 후 승차해야 한다.

City Cab
P. O. Box 593 KOROR
Palau, PW 96940
Tel : (680) 488 1519

KOROR Taxi 101
P. O. Box 1143 KOROR
Palau, PW 96940
Tel : (680) 488 1394

헬리콥터 서비스도 이용 가능하다. 관광이나 사진 촬영, 비디오 촬영자들에게 적합하다.

Palau Helicopters
Tel : (680) 488 6669
Mobile : (680) 779 5831 (Matt) / Mobile : (680) 779 2420 (Jon)
Email : mattpilot@hotmail.com / Email : jwalker@guam.net

팔라우는 관광산업이 활발한 관계로 다양한 형태의 숙소가 있으며, 예약은 인터넷을 통해 가능하다. 이 가운데 일반적인 관광 숙소는 다음과 같다.

Cliffside Hotel
P.O. Box 129, Koror 96940
Tel : (680) 488 4590
Fax : (680) 488 4593
Email : cliffside@palaunet.com
Web : http://www.cliffsidehotelpalau.com/

Malakal Central Hotel
P.O. Box 6016, Koror, Palau 96940
Tel : (680) 488 1117/1118
Fax : (680) 488 1075
Email : mch@palaunet.com

Palau Marine Clubhouse- Antelope
P.O. Box 1722, Koror, Palau 96940
Tel : (680) 488-1059
Fax : (680) 488 2077
Email : antelope@palaunet.com

The Penthouse Hotel
P.O. Box 6013, Koror, Palau 96940
Tel : (680) 488 1941/1942/1943
Fax : (680) 488 1442
Email : the-penthouse@palaunet.com

Waterfront Villa
P.O. Box 1036, Koror 96940
Tel : (680) 488 5776/2904
Fax : (680) 488 4904
Email : waterfrontvillapalau@gmail.com
Web : http://www.palaunet.com/waterfront_villa
Contact : Jamima Finnegan

West Plaza Desekel
P.O. Box 280, Koror 96940
Tel : (680) 488 2521, 2529
Fax : (680) 488 2136
Email : west.plaza@palaunet.com

Cocoro Hotel
P.O. Box 1711, Koror, Palau 96940
Tel : (680) 488 5852/5853
Fax : (680) 488 5855
Email : maco@palaunet.com
Web : http://www.cocoro.co.jp

Palau Marina Hotel
P.O. Box 142, Koror, Palau 96940
Tel : (680) 488 1786/5358
Fax : (680) 488 1070
Email : marina@palaunet.com

Sea Passion Hotel
P.O.Box 10068, Koror, Palau 96940
Tel : (680) 488 0066
Fax : (680) 488 0077
Email : service@palauseapassion.com
Web : http://www.palauseapassion.com
Contact : Ms. Maggie Tian

VIP Guest Hotel
P.O. Box 18, Koror, Palau 96940
Tel : (680) 488 1502/4618/3828
Fax : (680) 488 1429
Email : vipghotel@palaunet.com

West Plaza Downtown
P.O. Box 280, Koror, Palau 96940
Telephone : (680) 488 1671/1781
Fax : (680) 488 1783/2136
Email : west.plaza@palaunet.com
Web : http://www.wphpalau.com
Contact : Manabu Chibana

West Plaza Hotel By The Sea
P.O. Box 280, Koror, Palau 96940
Tel : (680) 488 2133/2135
Fax : (680) 488 2136
Email : west.plaza@palaunet.com
Web : http://www.wphpalau.com

Comfort Suites Hotel
P.O. Box 605 Malakal Island, Koror,
Palau 96940

Palasia Hotel Palau
P.O. Box 10027
Koror 96940
Tel : (680) 488 8888
Fax : (680) 488 8800
Email : res.palasia@palaunet.com
Web : http://www.palasia-hotel.com
Contact : Janice Aguon

West Plaza Coral Reef
P.O. Box 280, Koror, Palau 96940
Tel : (680) 488 5332/5333
Fax : (680) 488 5332/5333
Email : west.plaza@palaunet.com
Contact : Centeral reservation

West Plaza Malakal
P.O. Box 280, Koror, Palau 96940
Tel : (680) 488 5291/6717
Fax : (680) 488 5290
Email : west.plaza@palaumet.com
Contact : Central reservation

Palau Pacific Resort
P.O. Box 308, Koror Palau 96940
Tel : (680) 488 2600
Fax : (680) 488 1606
Email : info@ppr-palau.com
Web : http://www.palauppr.com
Contact : Ms. Sarah Kebekol

Palau Royal Resort
P.O. Box 10108, Koror, Palau 96940
Tel : (680) 488 2600
Fax : (680) 488 1606
Web : http://www.palau-royal-resort.com/en/default.html

Airai Water Paradise Hotel & Spa (Babeldaob)
P.O. Box 8067, Main St. Airai, Palau 96940
Tel : (680) 587 3530
Fax : (680) 587 3533
Web : http://www.airaiwaterparadise.com/main/en_index.php?p=en_intro2

Ngellil Island Resort (Bungalows)
Airai Rock Islands/Ngellil Island,
Airai, Palau 96940
Tel : (680) 587 1059
Fax : (680) 587 3631
Mobile : (680) 779 3631
Email : info@naturegraceresort.com

팔라우 정부는 최근 팔라우에서 가장 유명한 해파리 호수와 록아일랜드 방문 시 방문객이 지불해야 할 입장료에 대한 변경 조치를 진행했다.[299] 코로르 주 공공법 No. K9-248-2011에 따르면, 록아일랜드 50달러, 해파리 호수는 100달러로 입장료가 책정되었다. 이 비용은 총 관광객 10만 명이 넘는 주요 관광 지역에 대한 지속적인 관리를 위한 명목이다.

한국에도 팔라우만 대상으로 하는 전문 관광 여행사도 있다.

임페리얼 팔라우 코퍼레이션(한국지사) (Imperial Palau Corporation)
서울시 중구 공평동 100번지 스탠다드 차타드 은행 본사 20층
Tel : 070 8622 9661
Email : impac@impackorea.co.kr
홈페이지 : http://www.impackorea.co.kr

- 주의 사항
  - 모든 지역에서 조개껍질, 자연 유물 등의 반출을 강력하게 금지하고 있다.
  - 만일 캠핑을 하려면 사전에 마을 대표에게 동의를 구해야 한다.
  - 정치와 관련된 대화에는 깊이 관여하지 않는 것이 좋다.
  - 파상풍이나 전염병, 광견병 등과 같은 것은 드물지만, 파리, 바퀴벌레, 쥐가 많아 위생적이지 못한 곳도 많다.
  - 걸리기 쉬운 일반적인 병으로는 감기, 설사가 있고, 드물게는 모기에 의한 열대 전염병인 뎅기열이 발생하기 때문에 조심해야 한다.
  - 바다뱀이 많으며, 지네가 방으로 들어오기도 한다.
  - 연중 고온다습한 기후여서 식료품이나 의류 관리에 신경 써야 한다.
  - 수돗물을 식수로 마실 때에는 반드시 끓이거나 정수해야 한다. 외지에서는 빗물을 이용하고, 시판되는 미네랄 워터나 생수를 사용하는 것이 좋다. 정수기는 구매가 어려워 필요하다고 생각되면 방문 시 직접 가져와서 사용해야 한다. 그리고 수돗물은 자주 단수되기 때문에 주의해야 한다.
  - 택시기사가 관광객들에게 높은 요금을 요구하는 경우도 있으므로 주의해야 한다. 하지만 악질적인 범죄형 택시기사는 보고된 바 없다.

---

299) Koror State Government Announcement (2012년 1월 4일). http://www.kororstategov.com/pdf/Fact%20Sheet.2.15.13.pdf

택시기사의 횡포를 막는 방법은 길에서 택시를 잡아서 타지 말고 가능하면 호텔에서 택시를 불러서 미리 철저하게 요금을 정하고 타는 것이 좋다.
- 만일 택시와 관련해 문제가 발생할 때에는 의연한 태도로 조목조목 따져야 손해를 보지 않는다. 되도록이면 여성은 혼자서 택시를 타지 않는 것이 좋고, 현지문화에 맞게 적절한 옷차림이나 개인용품에도 신경을 써야 한다.

팔라우 국제산호초연구센터에 있는 팔라우 바다(해수)악어 (© 이미진)

07 외교 300) 301) 302) 303) 304) 305) 306) 307)

1. 외교 현황

팔라우는 1994년 10월 1일 미국과의 자유연합협정이 발효되면서 미국의 신탁 통치로부터 독립했다. 또한 팔라우는 태평양 도서국 중 유엔 신탁통치 지역으로서는 마지막으로 독립한 국가이다. 자유연합협정에 따라 미국은 팔라우의 국방을 50년간 책임지는 것으로 협정을 맺고 있다. 미국과 팔라우는 2010년 9월 초반에 자유연맹협정에 대한 재검토를 진행했다.

팔라우는 주권적 독립국가로서 독립적 외교 활동을 진행하고 있다. 독립 후 팔라우는 다수의 국가와 외교관계를 수립했다. 태평양의 주요 이웃 국가들뿐만 아니라 대만을 중국으로 고려하여 외교관계를 수립하고 있다. 팔라우는 1994년 12월 15일 유엔에 가입한 이후 다양한 국제기구에도 가입했다. 또한 팔라우는 유엔에서 미국이 의존할 수 있는 지원 국가이기도 하다.

---

300) Wikipedia. Foreign relations of Palau. https://en.wikipedia.org/wiki/Foreign_relations_of_Palau
301) 외교부. 팔라우 약황. 주필리핀 대한민국 대사관. http://www.mofa.go.kr/webmodule/htsboard/template/read/korboardread_tab.jsp?typeID=24&boardid=11665&seqno=12376&c=&t=&pagenum=1&tableName=TYPE_KORBOARD&pc=&dc=&wc=&lu=&vu=&iu=&d=
302) Nations Encyclopedia. Palau-Foreign Policy. HYPERLINK "http://www.nationsencyclopedia.com/World-Leaders-2003/Palau-FOREIGN-POLICYhtml" http://www.nationsencyclopedia.com/World-Leaders-2003/Palau-FOREIGN-POLICY.html
303) Wikipedia. List of diplomatic missions of Palau. https://en.wikipedia.org/wiki/List_of_diplomatic_missions_of_Palau
304) Government of Republic of Palau. Embassies and Consulates. http://palaugov.pw/executive-branch/ministries/state/embassies-consulates/
305) Wikipedia. List of diplomatic missions in Palau. https://en.wikipedia.org/wiki/List_of_diplomatic_missions_in_Palau
306) Wikipedia. Palau. https://en.wikipedia.org/wiki/Palau#Foreign_relations
307) Europa. EU relations with Palau. http://eeas.europa.eu/palau/index_en.htm

현재 팔라우 등을 포함한 도서 국가들에 대한 외교 활동은 수표 외교라고 할 만큼 원조, 즉 머니게임이 되고 있어 경우에 따라서는 아주 위험한 수준에 이르기도 한다.[308] 이러한 원조를 미끼로 한 외교관계는 이들 국가의 의존도를 심화시킬 뿐만 아니라 부패를 조장하고 민족적 우월감을 형성하게 하는 요소가 되기도 한다. 또한 이와 같이 높은 원조 의존도는 현재까지도 잔존해 있는 강압적인 봉건제도나 강제적인 종교적 시스템을 강화하는 요소가 되기도 한다.

- 팔라우 주 외교 공사 (대사관)

괌
Palau Consulate Office-General in Guam
Mr. Jeff Kenty - Consul General
Ms. Lorie Nelson - Administrative Officer
Ms. Hila Asanuma - Student Coordinator
ITC Building Suite 615, 540 South Marine Drive, Tamuning, 96931, Guam
Tel : (1) 671 646 9281/9282 / Fax : (1) 671 646 5322
Email : pwconsul@ite.net

하와이
Honorary Consul General, Palau Consulate Hawaii
Mr. Michael John Moroney
1154 Fort Street Suite 300, Honolulu, HI 96813
Tel : (1) 808 524 5414 Ext 6
Fax : (1) 808 599 5004
Email : palauconsulhi@aol.com

팔라우/ 하와이 의료 추천 사무소 (Palau/Hawaii medical referral office)
Ms. Mary Allyn Takada
Medical Referral Coordinator
1510 Evelyn Lane, Honolulu, HI 96822
Tel : (1) 808 945 7710
Fax : (1) 808 945 7716
Email : medref@hawaii.rr.com

일본
Embassy of the Republic of Palau
Mr. Minoru Ueki - Ambassador
Mr. Peter Adelbai - Deputy Chief of Mission
201 Pare Crystal, 1-2
Katamachi, Shinjuku-Ku, Tokyo 160-0001, Japan
Tel : (81) 03 3354 5500 / Fax : (81) 03 3354 5200
Email : eroptj@pastel.ocn.ne.jpo

---

308) Vitchek, Andre. 2008. Wooing the islands - China and Taiwan High Stakes Bid for Pacific Island Support. The Asia-Pacific Journal - Japan Focus 6(4) (April). http://www.japanfocus.org/-Andre-Vltchek/2727/article.pdf

네덜란드

The Honorary Consul General for the Kingdom of the Netherlands
Dr. Tjeerd van den Berg
Kennemerstraatweg 59 1851BA Heiloo, The Netherlands
Tel : (31) 72 532 0435 / (31) 62 709 7543 / Fax : (31) 72 533 9539
Email : consul@palau.cc

사이판

Palau Consulate, Saipan
Ms. Eileen Kintol — Consul
Katupak Center, Unit No. 105, Beach Road, Susupe, Saipan
P.O. Box 7984 SRVB, Saipan, MP 96950
Tel : (1) 670 235 6804/6805
Fax : (1) 670 235 6809
Email : palaucon@vzpacifica.net

독일

Honorary Consulate of the Republic of Palau in Hamburg, Germany
Mr. Dirk Peter Jorg Steffens
Rutschbahn 6, 20746, Hamburg, Germany
Tel : (49) 40 7690 4047 / Fax : (49) 49 7690 4048
Email : mail@dirksteffens.de

영국

Honorary Consul General
Mr. Q. Mohammed
Bankfoot Square, Bankfoot St, Batley WF17 5LH, U.K.
Tel : (44) 1924 470786
Fax : (44) 1924 474747
Email : office@honoraryconsul.org.uk
Web : www.palauconsulate.org.uk

대만

Embassy of the Republic of Palau
Mr. Kaclspm Jemru — Ambassador (Non-Resident)
Ms. Lydia Ngirablosech — Charge d' Affaires
5th Floor, No. 9, Lane 62
Tienmu West Road, Taipei, Taiwan, Republic of China (ROC)
Tel : (886) 2 2876 5415/5460/7174 / Fax : (886) 2 2876 0436
Email : rodch@palaunet.com / ithyblosch@yahoo.com / edblosch@ms68.hinet.net

Palauan Consulate in Taipei, Taiwan
Palau Visitors Authority Representative Office in Taipei, Taiwan
2/F — B, No. 100 Nanking East Road
Sec.2, Taipei, Taiwan, ROC
Tel : (886) 02 2561 1580 / Fax : (886) 02 2511 4687
Email : pvatwnjs@ms29.hinet.net

미국

Embassy of the Republic of Palau
Mr. Hersey Kyota – Ambassador
Mr. Wayne Wong – First Secretary
1701 Pennsylvania Avenue NW Suite 300, Washington, D.C. 20006, USA
Tel : (1) 202 452 6814 / Fax : (1) 202 452 6281
Email : info@palauembassy.com
Web : www.palauembassy.com

필리핀

Embassy of the Republic of Palau
Mr. Ramon Rechebei – Ambassador
Marbella Condominium II
Unit 101, Ground Floor
2071 Roxas Boulevard, Malate,
Manila, Republic of the Philippines
Tel : (63) 2 522 1982/2849
Fax : (63) 2 521 0402
Email : rop_piembassy@yahoo.com

팔라우/ 마닐라 의료 추천 사무소 (Palau/Manila Medical Referral Office)

Ms. Christiana Bien – Medical Referral Coordinator
Tel : (63) 2 416 2192
Fax : (63) 2 722 9998

Palau Mission to the United Nations – New York, New York

Mr. Stuart Beck – Ambassador & Permanent Representative
767 Third Avenue, 34th Floor, 10017, NY
Tel : (1) 212 546 0410 / Fax : (1) 212 826 2530
Email : mission@palauun.org

벨기에

Honorary Consul General – Palauan Consulate in Brasschaat, Belgium
Mr. Stefan Claes
Klaverheide 209, Brasschaat 2930, Belgium
Tel : (32) 03 645 1208
Email : stefan.claes@palauconsulate.be
Web : http://www.palauconsulate.be/index.php/en/

2. 한국과의 관계[309]

팔라우는 1995년 3월 22일 한국과 정식으로 수교를 맺었다. 한국은 팔라우의 9번째 수교국이지만, 북한과는 아직 미수교 상태이다. 팔라우는 필리핀의 마닐라 주재 한국 대사관 영사부에서 겸임 관할하고 있는 국가이다.

주 필리핀 한국대사관

대사관
대사 : 김재신 (2015년 기준)
122 Upper McKinley Road, McKinley Town Center, Fort Bonifacio, Taguig City 1634, Philippines
Tel : (63) 2 856 9210 / 긴급당직번호 : (63) 917 817 5703
Fax : (63) 2 856 9008/9019
Email : philippines@mofa.go.kr
Web : http://embassy_philippines.mofa.go.kr
Office Hours : 8:30~17:00 (월~금)
여권 및 공증 접수시간 : 9:00~12:00 / 비자 접수시간 : 8:30~11:00
여권 및 공증 교부시간 : 13:30~16:00 / 비자 교부시간 : 13:30~16:00

영사관
122 Upper McKinley Road, McKinley Town Center, Fort Bonifacio, Taguig City 1634, Philippines
Tel : (63) 2 856 9210
Fax : (63) 2 856 9024
Email : ph04@mofa.go.kr

세부 명예 총 영사관
주소 : Mezzanine Floor, UC-ICTC Bldg., Gov. Cuenco Avenue Banilad, Cebu City
명예총영사 : 아우구스토 고(Augusto Go)
Tel : (63) 2 856 9210 / Fax : (63) 2 856 9024
(세부명예총영사관에서는 여권, 공증, 비자 등 일반 민원 업무는 하지 않음)

---

309) 주필리핀 대한민국 대사관. 팔라우. http://embassy_philippines.mofat.go.kr/korean/as/embassy_philippines/legation/adjunct/palau/index.jsp

주요 인사 교류로는 1996년 5월과 1997년 6월 나카무라 팔라우 대통령의 비공식적 방한을 들 수 있고, 1995년 3월 김정원 대통령 특사가 팔라우를 방문하여 수교 의정서에 서명한 예도 있다.

한국과 팔라우간 교류활동(1995~2010)

1995.3	김정원 대통령 특사 팔라우 방문, 수교 의정서 서명
1995.7	이장춘 대사 신임장 제정
1996.5	나카무라 대통령 비공식 방한
1997.1	김도언 의원(신한국당), 나카무라 대통령 취임식 참석
1997.6	나카무라 대통령 비공식 방한
1998.2	박동순 대사 신임장 제정
1999.5	신성오 대사 신임장 제정
2000.5	허경만 전남도지사 EXPO 2010 여수유치 교섭
2001.1	신성오 대사 대통령 취임식 참석
2001.10	손상하 대사 신임장 제정
2002.2	토미 대통령 비공식 방한(세계문화체육대전 참석차)
2002.3	Shmull 국무장관 일행(경제사절단) 방한
2002.6	토미 대통령 비공식 방한(월드컵 축구경기 참관차)
2003.2	APPU 대표단 팔라우 방문(서정화 통일 외교 통상 위원장)
2004.1	토미 대통령 비공식 방한(통일교 재단 주최 세계평화정상 회의 참석차)
2004.2	손상하 대사 위임 인사차 방문
2004.5	Shmull 국무장관 일행 방한(국제 항공 협력 세미나 참석)
2004.7	유명환 대사 신임장 제정
2005.1	유명환 대사 대통령 취임식 참석
2006.2	홍종기 대사 신임장 제정
2006.10	홍종기 대사 독립기념일 및 수도 이전 기념행사 참석
2007.3	홍승목 공사 여수세계박람회 유치 지지 방문
2009.1	최중경 대사 신임장 제정
2009.11	황우여 의원 등 아태환경개발 의원회의 참석차 방문
2009.11	부산 해양포럼 참석차 토리비옹 대통령 비공식 방한
2010.9	이혜민 대사 신임장 제정

1996년 10월 18일에 Surangel S. Whipps. Jr. 첫 명예 영사가 임명되었는데, 그는 팔라우 전 하원의장의 장남이다. 현재(2015)는 팔라우 중앙정부의 의원(Senator)이며 세입위원장(Ways and Means)으로 활동하고 있다. 1992년에 미국 캘리포니아대학(UCLA)에서 MBA 학위를 수여받았다. Surangel & Sons Company(쇼핑센터, 차량 판매, 무역업 등)의 최고경영자(President and CEO)이기도 하다. 국회 연락처는 680-775-4171이며 국회 이메일은 senatewmfm@gmail.com이다.[310]

주 팔라우 한국 명예영사관
South Korean Honorary Consulate in Koror, Palau
명예대사 : Surangel S. Whipps, Jr.
Tel : (680) 488 2008/1259/2608
Fax : (680) 488 1535
Email : jr@surangel2008.com
         reagan@surangel2008.com

1995년 9월 이장춘 대사가 독립 1주년 기념행사에 참석했고, 1997년 1월 김도언 의원이 나카무라 대통령 취임식에 참석했다. 1997년 5월 이장츤 대사가 무상공여 차량 1대를 인도했으며, 1998년 7월에는 박동순 대사가 마이크로네시아 게임 개막식에 참석한 뒤 차량 1대를 인도한 적도 있다.

팔라우의 한국 교민 수는 80여 명으로, 규모는 작지만 팔라우 내에서 활발한 교민사회라는 평가를 받고 있다. 한편, 팔라우에는 제2차 세계대전 중 강제 징용 및 일본군의 위안부로 끌려와 숨진 한국인을 위한 위령비가 코로르-바벨다오브 다리 진입에 세워져 있다.[311]

팔라우는 한국인의 국제기구 진출 지지요청에 적극적인 협조를 보여 주고 있으며, 여수세계박람회의 유치 지지, 기후변화협약 당사국회의 유치 지지 등을 비롯하여 유엔 경제사회이사회(ECOSOC) 이사국 진출 등 다양한 부문에서 한국을 지지했다.

---

310) Republic of Palau - Palau National Congress (Olbiil Era Kelulau) http://www.palauoek.com/?page_id=19
311) 두산세계대백과. 팔라우. http://pro.gjue.ac.kr/~kang/nation/palau/palau.htm

• 팔라우 한인회 및 기업

- 한인회 김정곤 회장　　　　　　680-779-9864
- 하순섭 평통 위원(전 한인회장) 680-488-2777
※ Hanpa Industrial Development Co. 대표
- 이우형 평통 위원　　　　　　　680-488-5191

• 한국과의 교역량은 다음과 같다.[312]

구분 (단위 : 천달러(U$))	팔라우로 수출	한국으로 수입
2000년	6,642	141
2001년	7,066	24
2002년	7,188	17
2003년	3,567	664
2004년	6,212	204
2005년	2,991	284
2006년	2,310	199
2007년	1,663	243
2008년	2,070	118
2009년	1,525	76
2010년	1,578	24
2011년	2,114	62
2012년	2,604	40
2013년	3,005	114
2014년	13,570	4
주요품목	철강 및 금속제품, 기계류, 수송장비, 가죽·고무 및 신발류 등	산호, 동, 알루미늄 등

• 한인 징용자 위령비 재건립 사업 관련 사항 [313] [314] :

1981년 10월, 해외 희생동포추념사업회가 팔라우 한인 위령비를 코로르-바벨다오브 다리 진입부에 건립했다. 그러나 1996년 9월 26일 코로르-

---

312) 주 필리핀 대한민국 대사관. 2015. 팔라우 개황. http://embassy_philippines.mofa.go.kr/webmodule/htsboard/template/read/korboardread.jsp?typeID=15&boardid=7623&seqno=1208128
313) Ibid
314) 주 필리핀 대한민국 대사관. 2013. 팔라우 개황. http://embassy_philippines.mofa.go.kr/webmodule/htsboard/template/read/korboardread.jsp?typeID=15&boardid=7623&seqno=1133769

바벨다오브 다리가 붕괴되자 위령비는 1999년 7월 같은 다리의 재건설 공사가 시작되면서 유골을 다른 장소(이찬후 전 한인회장의 Socio 건설회사 부지 내)로 이전하여 안치했다.

해외 희생동포추념사업체(회장 : 이용택)는 대사관, 재외동포재단, 팔라우 한인회 등과 협력하여 위령비의 재건립을 추진했다. 2002년 4월 3일 팔라우 정부 측으로부터 토지 사용 허가서를 취득했고, 2002년 4월 30일 외교통상부 및 재외동포재단에 사업비 3만 달러의 지원을 요청한 뒤 재외동포재단으로부터 1만 달러를 2002년 12월에 지원받았다. 2002년 7월 위령비 건립 착공식이 새로운 수도인 멜레케오크의 신축정부 청사로부터 600m 떨어진 곳에서 거행되었다. 2004년 12월 위령비 건립에 필요한 추념 사업회가 제작한 석조물이 팔라우에 도착했으나 정리 작업을 했던 지반이 불안정해서 설치 공사가 지연되었다. 그 후 2007년에 이르러 마침내 건립이 완료되어 제막식을 거행할 수 있었다. 그리고 2015년 초에는 위령비 보수작업이 진행되었다.

- 대 팔라우 무상협력사업 현황[315]
  - 1991~2009년간 총 84만 5천 달러 지원 / 연평균 4만 5천 달러
  - 1991~2009년간 국내 초청 연수 : 14만 3천 달러 / 총 31명
  - 1991~2009년간 해외 봉사단 파견 : 12만 달러 / 총 2명 (협력의사)
  - 1991~2009년간 물자 지원 : 6만 8천 달러 / 총 4건
  - 1991~2009년간 의료단 파견 : 51만 3천 달러 / 총 1명
  - 2010~2011년 무상 협력 사업

구분	지원 내역	예산
2011	해외봉사단 협력 의사 파견 1명(계속)	4천만 원
2010	해외봉사단 협력 의사 파견 1명(계속)	4천만 원

---

[315] 주 필리핀 대한민국 대사관, 2011, 팔라우 개황, http://embassy_philippines.mofa.go.kr/webmodule/htsboard/template/read/korboardread.jsp?typeID=15&boardid=7623&seqno=784830

– 1991~2009년간 무상협력사업 연도별 지원액 및 순위

사업 연도	원	달러	순위
합계	963,961,176	844,634	
2009	69,018,651	54,179	80
2008	26,686,020	24,039	95
2007	23,420,689	25,205	116
2006	34,378,368	35,979	97
2005	24,243,135	23,668	124
2004	59,801,494	52,243	91
2003	107,647,488	90,317	64
2002	126,442,572	101,054	73
2001	98,161,746	76,045	57
2000	87,211,687	77,138	48
1999	78,494,803	65,991	56
1998	108,701,934	77,706	52
1997	42,886,685	45,091	93
1996	62,254,981	77,357	84
1993	4,424,687	5,475	131
1992	5,267,604	6,681	121
1991	4,918,632	6,465	113

– 1991~2009년간 무상협력사업 연도별·사업별 종합 실적

사업분야	구분	합계	1991	1992	1993	1994	1995	1996	1997	1998	1999	2000	2001	2002	2003	2004	2005	2006	2007	2008	2009
총액	백만원	963.96	4.92	5.27	4.42	–	–	62.25	42.89	108.7	78.49	87.21	98.16	126.44	107.65	59.8	24.24	34.38	23.42	26.69	69.02
	천불	844.63	6.47	6.68	5.47	–	–	77.36	45.09	77.71	65.99	77.14	76.04	101.05	90.32	52.24	23.67	35.98	25.21	24.04	54.18
국내초청연수	백만원	160.9	4.92	5.27	4.42	–	–	–	–	–	7.3	4.78	16.15	40.81	33.47	19.54	24.24	–	–	–	–
	천불	142.93	6.47	6.68	5.48	–	–	–	–	–	6.14	4.23	12.51	32.61	28.08	17.07	23.67	–	–	–	–
	인원수	31(31)	1(1)	1(1)	1(1)	–	–	–	–	–	2(2)	1(1)	3(3)	7(7)	6(6)	5(5)	4(4)	–	–	–	–
해외봉사단	백만원	129.29	–	–	–	–	–	–	–	–	–	–	–	–	–	–	–	34.38	23.42	26.69	44.8
	천불	120.39	–	–	–	–	–	–	–	–	–	–	–	–	–	–	–	35.98	25.21	24.04	35.17
	인원수	5(2)	–	–	–	–	–	–	–	–	–	–	–	–	–	–	–	1(1)	1(0)	1(0)	2(1)
물자지원	백만원	78.92	–	–	–	–	–	12.21	–	18.31	–	–	–	–	–	24.18	–	–	–	–	24.22
	천불	68.4	–	–	–	–	–	15.18	–	13.09	–	–	–	–	–	21.13	–	–	–	–	19.01
	건수	4(4)	–	–	–	–	–	1(1)	–	1(1)	–	–	–	–	–	1(1)	–	–	–	–	1(1)
의료단	백만원	594.85	–	–	–	–	–	50.04	42.89	90.39	71.19	82.43	82.02	85.64	74.18	16.08	–	–	–	–	–
	천불	512.91	–	–	–	–	–	62.18	45.09	64.62	59.85	72.91	63.54	68.44	62.24	14.04	–	–	–	–	–
	인원수	9(1)	–	–	–	–	–	1(1)	1(0)	1(0)	1(0)	1(0)	1(0)	1(0)	1(0)	1(0)	–	–	–	–	–

- 1991~2009년간 무상협력사업 사업별 세부협력 실적(국내 초청연수)

연도	지원 규모	지원 액 [단위 : 백만 원 (천 달러)]	지원 내역
1991	1분야 1명	4.9(6.5)	어로기술 · 수산양식 1
1992	1분야 1명	5.3(6.7)	어로기술 · 수산양식 1
1993	1분야 1명	4.4(5.5)	어로기술 1
1999	1분야 2명	7.3(6.1)	행정발전계획 2차 2
2000	1분야 1명	4.8(4.2)	의약품안전 1
2001	3분야 3명	16.1(12.5)	결핵관리 1, 수산양식 1, 전시 · 컨벤션 전문가 양성 1
2002	4분야 7명	40.8(32.6)	BIE 파트너십(3) – D조 2, 병원관리 및 제도운영 1, 연안수산양식 2, 해상교통관제 2
2003	4분야 6명	33.5(28.1)	보건의료정책 1, 아 · 태 여성 IT기술교육 2, 어로기술 1, 연안수산양식 2
2004	5분야 5명	19.5(17.1)	국제통상 및 WTO 협정(아시아) 1, 보건의료정책1, 아 · 태 청소년 파트너십 1, 아시아 파트너십 1, 해운항만관리 1
2005	4분야 4명	24.2(23.7)	보건의료정책 1, 수산양식 1, 아시아 파트너십 1, 해운항만정책 1
계	31명	160.9(142.9)	

- 해외 봉사단 파견 현황

연도	지원 규모	지원 액 (단위 : 백만 원(천 달러))	지원 내역
2006	1명(신규)	34.38(35.98)	협력의사(내과의) 파견
2007	1명(계속)	23.42(25.21)	협력의사(내과의) 파견
2008	1명(계속)	26.69(24.04)	협력의사(내과의) 파견
2009	2명(계속 1/신규 1)	44.8(35.17)	협력의사(내과의) 파견
계	5명(신규 기준 2명)	129.29(120.39)	

- 물자 공여

연도	지원 액 [단위 : 백만 원(천 달러)]	지원 내역
1996	12.2(15.2)	소나타 1대
1998	18.3(13.1)	미니버스 1대
2004	24.2(21.1)	그랜저 XG 1대(미 배정액)
2009	24.2(19.0)	제14차 아태환경개발 위원회의 경비지원
계	78.92(68.4)	

- 의료단 파견

연도	지원 규모	지원 액 [단위 : 백만 원 (천 달러)]	지원 내역
1996	1명(신규)	50(62.2)	외과전문의 파견(팔라우국립병원)
1997	1명(계속)	42.9(45.1)	외과전문의 파견(팔라우국립병원)
1998	1명(계속)	90.4(64.6)	외과전문의 파견(팔라우국립병원)
1999	1명(계속)	71.2(59.9)	외과전문의 파견(팔라우국립병원)
2000	1명(계속)	82.4(72.9)	외과전문의 파견(팔라우국립병원)
2001	1명(계속)	82(63.5)	외과전문의 파견(팔라우국립병원)
2002	1명(계속)	85.6(68.4)	외과전문의 파견(팔라우국립병원)
2003	1명(계속)	74.2(62.2)	외과전문의 파견(팔라우국립병원)
2004	1명(계속)	16.1(14)	외과전문의 파견(팔라우국립병원)
계	9명(신규 기준1명)	594.9(512.9)	

3. 미국과의 관계[316) 317) 318) 319) 320) 321) 322) 323) 324)]

현재 주 팔라우 미국 대사는 2015년 3월에 부임한 에이미 하얏트(Amy J. Hyatt) 대사이다.

---

316) Wikipedia, Palau–United States relations. https://en.wikipedia.org/wiki/Palau%E2%80%93United_States_relations
317) Office of the Historian, A guide to the United States' history of recognition, diplomatic, and consular relations by country since 1776 – Palau. Department of State/USA. https://history.state.gov/countries/palau
318) US Department of State. US relations with Palau. Diplomacy in action. http://www.state.gov/r/pa/ei/bgn/1840.htm
319) US Department of State. Ambassador to Palau – Amy J. Hyatt. Diplomacy in action. http://www.state.gov/r/pa/ei/biog/239887.htm
320) US Department of State. Remarks, Press Releases, and Fact Sheets Pertaining to Palau. Diplomacy in action. http://www.state.gov/p/eap/ci/ps/c39340.htm
321) Central Intelligence Agency(CIA). The World Factbook – Palau. https://www.cia.gov/library/publications/the-world-factbook/geos/ps.html
322) Embassy of the United States – Koror, Palau. http://palau.usembassy.gov/
323) US Department of State. Offical Blog(DipNote–Palau). http://blogs.state.gov/countries/palau
324) Wikipedia, Compact of Free Association. https://en.wikipedia.org/wiki/Compact_of_Free_Association

주 팔라우 미국대사관

대사 : Amy J. Hyatt
아이라이 주 내에 있으며, Omsangel 마을에 위치함
P.O. Box 6028, Koror, 96940, Palau
Tel : (680) 587 2920
Fax : (680) 587 2911
Email : usembassykoror@palaunet.com
Web : http://palau.usembassy.gov/
Office Hours : 7:30~16:30
(월~금, 미국 및 팔라우 공휴일에는 휴무)
Visa Hours : 8:30~11:30 (화~목)

*여권신청을 받지만 여권을 발행하는 곳은 하와이 호놀룰루 여권 발급 대행사이다. 또한 팔라우 대사관은 이민 비자를 발행하지 않으며, 이민 비자는 필리핀 마닐라에 위치한 미국 대사관에서 한다.

대사관 직원 (2015년 10월 기준)

- Mission Deputy – Thomas E. Daley
- Computer Management Assistant – Tulob J. Temengil
- Political Assistant/COMM/ECON – Jocelyne Isechal
- HR Admin Assistant – Mlamei Ima Salii
- Consular Assistant – Marjorie Towai
- Secretary – Francine M. Ngiraswei
- Financial Assistant – Maria Luisa Daquioag Gomez
- General Services – Raymond Barao
- Maintenance/Chauffeur – Kent Kerai
- Maintenance/Chauffer – Kabo Anastacio
- Procurement Clerk – Janice Markub
- Post Security Supervisor – Freeman Isimang
- Post Security – 'Atu K. Taumoepeau
- Post Security – Wilfred O. Seharmidal

- 미국 대사관 공휴일은 다음과 같다(2015년 기준).

날짜	공휴일	U.S./Palau
1-Jan-15	New Year's Day	U.S./Palau
19-Jan-15	Martin Luther King Jr.'s Birthday	U.S.
16-Feb-15	Washington's Birthday	U.S.
16-March-15	Youth Day	Palau

5-May-15	Senior Citizens Day	Palau
25-May-15	Memorial Day	U.S.
1-Jun-15	President's Day	Palau
3-Jul-15	Independence Day	U.S.
9-Jul-15	Constitutional Day	Palau
7-Sept-15	Labor Day	U.S./Palau
1-Oct-15	Independence Day	Palau
12-Oct-15	Columbus Day	U.S.
24-Oct-15	United Nations Day	Palau
11-Nov-15	Veteran's Day	U.S.
26-Nov-15	Thanksgiving Day	U.S.
25-Dec-15	Christmas Day	U.S./Palau
1-Jan-16	New Year's Day	U.S./Palau

최근 미국과 팔라우 간의 관계[325]에 금이 가고 그 틈을 이용해 중국의 영향력이 커질 기세이다. 최근 들어 중국은 태평양에 대한 투자를 늘리기 위해 쉴 새 없이 움직이고 있다. 그 한 예로, 중국이 발표한 마이크로네시아 연방국의 얍 주에 대한 개발 계획을 들 수 있다. Kaselehlie Press 신문[326] [327]에 의하면, 중국은 얍 주에 8~10개의 호텔을 건설하고 8~15개의 골프 코스를 건립하겠다고 했으며, 2020년까지 1만 개의 객실을 구축하겠다고 발표한 바 있다. 얍 정부는 중국 관광 개발 회사와 2012년 1월에 양해 각서(MOU)를 체결했는데, 이러한 양해 각서가 현지 주민들의 의견을 반영하지 않은 정부 관리들의 일방적인 결정이었다는 의견들이 표출되면서 이 개발계획의 추진 여부는 앞으로 주시해 봐야 한다. 특히 약 101km²의 작은 섬의 환경 문제 등에 대한 고려는 이 지역에서의 지정학적 힘겨루기 내용으로 볼 수 있는 부분으로서,

---

325) Mietus, James. 2012. Why Micronesia Matters. Policy Interns (October 19, 2012). http://policyinterns.com/2012/10/19/why-micronesia-matters/
326) Chugen, Arlynne. 2011. Chinese investors propose huge tourism development plans for Yap. Kaselehlie Press (Octover 03, 2011). http://sidneymori.files.wordpress.com/2011/10/k-press-vol11-iss-22-03-october-11.pdf
327) Kaselehlie Press. 2012. Split in Yap over Massive ETG Tourism Project (August 30, 2012). http://www.kpress.info/index.php/site-map/203-opinions-split-in-yap-over-massive-etg-tourism-project

아시아-태평양 지역에 대한 미국의 관심사에 상당한 파급효과를 미치는 부분이기도 하다.

팔라우를 포함한 태평양의 마이크로네시아 지역은 전 세계적 규모에서 고려할 때 군사적 그리고 무역 활동에서 중요한 전략적 요충지라 할 수 있는 지역이다. 하지만 이 지역에 위치한 태평양의 도서 국가들의 경제 규모는 극히 작기 때문에 현대식 정부로서의 홀로서기가 개별적으로는 불가능하다. 즉, 그들의 국가 규모, 위치상의 고립, 제한적인 자원 등을 고려하면, 경제적 독립성은 쉽지 않은 목표라고 할 수 있다. 대부분의 국가들은 그들의 경제적 생산력을 2배로 늘려야만 국가 정부를 지탱할 수 있는 세액을 확보할 수 있다고 한다. 그렇기 때문에 이런 도서 국가들은 타국의 원조에 의존할 수밖에 없는 것이다. 그들의 급박한 경제 환경은 경제적 도움을 받는 대가로 분리주의 국가로 선포한 압하지야(Abkhazia)[328]나 남오세티야(South Oseetia)[329]를 공식적으로 인정하는 사례도 생겨나고 있다.

다른 도서 국가들은 미국처럼 자국보다 훨씬 부유한 국가들과 자유연합협정 같은 동맹체제를 구축하기도 했다. 즉, 팔라우를 포함한 마이크로네시아 연방국과 마샬 도서국은 미국과의 자유연합협정을 통해 자국의 국방권을 미국에게 넘기는 대신 미국으로부터 자체 사회적 프로그램이나 세금 등에 더한 이익을 제공받게 된다. 이는 미국이 제2차 세계대전 시 태평양 도서 지역에 대한 군사적 영향력을 소홀히 하면서 이 지역을 일본군이 빠르게 함락할 수 있도록 만든 것을 본보기로 삼는데, 이런 조치는 미국은 이 지역을 자국의 군사력 내에 있게 하려는 것이라고 할 수 있다.

마이크로네시아 연방국과 마샬 제도는 2003년에 자유연합협정을 갱신하였다. 팔라우의 자유연합협정은 2009년도에 만료되었으나, 2년간의 협의를 통해서 향후 35년간의 갱신 협의가 이루어졌으며 2011년 1월에 미국

---

328) 압하지야 : 흑해의 남쪽 연안과 캅카스의 남서쪽에 위치한 미승인 국가로 압하지야인이 주로 거주한다. 독립국가임을 주장하고 있으며, 이는 러시아, 나카라과, 베네주엘라 및 미승인 국가인 남오세티야, 트라스니스토리아, 나고르노카라비흐 드에 의해 인정되었다
329) 남오세티야 : 조지아안에 있는 사실상의 독립상태로 통치되는 지역이지만 조지아 정부는 인정하지 않고 있다

국회에 상정되었다. 원조 프로그램을 어떻게 제공할 것인가에 대한 오바마 대통령과 국회 간의 충돌로 인해 채택이 지연되었는데, 이러한 지연은 미국의 범태평양 전략에 구멍을 낼 수 있을 것이다. 오바마 대통령은 지난 2011년 11월 호주 의회에서 연설 도중 이에 대해 다음과 같이 언급하였다.[330]

"우리가 미래를 위한 계획과 예산을 책정함에 따라 이 지역에 대한 강력한 군대 주둔을 지속적으로 하기 위해 필요한 재원을 배정할 것입니다. 우리는 평화를 위협하는 것들을 막고 영향력을 넓힐 수 있는, 우리의 독특한 능력을 보전할 것입니다. 우리는 우리의 이러한 헌신과 공략을 보전할 것입니다. 이 지역에 대한 우리의 지속적인 관심은 이 지역에서의 영원한 평화입니다. 미국은 태평양의 파워이며, 우리는 이곳에 계속 있을 것입니다."

오바마 대통령은 태평양에 대한 미국의 존재를 지속할 것을 약속했다. 하지만 그 지원방법에 대한 구체적인 내용들이 계속 정해지지 않는다면, 미국은 이 지역에서 행사할 수 있는 영향력이 감소할 것이다.

한편, 미국 국회에서 괌 대표는 팔라우와의 자유연합협정[331]에 대해 다음과 같이 언급했다.

"아시아-태평양 지역에 대한 우리의 전략적 재조명은 말로만 그칠 것이 아니라, 이에 걸맞은 행위가 뒤따라야 합니다. 팔라우와의 자유연합협정 갱신은 연방정부의 재정적 지원을 받는 것보다 더 많은 것이 수반되는 일입니다. 이는 아시아-태평양 지역 내에 미국의 안전과 안보를 뜻하는 것입니다."

만일 태평양 마이크로네시아 지역에 대한 미국의 결정이 확실해지지 않는다면, 이는 미국과 이 지역 국가들 간의 관계가 소홀해진 것으로 볼 수 있고, 마이크로네시아 지역의 국가들은 자국에 원조하길 바라는 다른 국가들로부터 경제적 원조뿐만 아니라 그 외에도 군사적 협력관계를 구축할 것이며, 그 협력자가 바로 중국이 될 가능성이 높다고 경고했다.

---

330) White House(The), Remarks by President Obama to the Australian Parliament(November 17, 2011), Office of the Press Secretary, https://www.whitehouse.gov/the-press-office/2011/11/17/remarks-president-obama-australian-parliament
331) United States Congresswoman Madeleine Z. Bordallo, Bordallo testifies at senate hearing on Omnibus Territories Act/Palau Compact Renewal, Representing the People of Guam, https://bordallo.house.gov/media-center/press-releases/bordallo-testifies-senate-hearing-omnibus-territories-act-palau-compact

미국의 팔라우와의 자유연맹협정에 대한 결정이 더뎌지자 팔라우의 불만도 점차 높아졌다.[332] 주미 팔라우 대사는 다음과 같은 내용의 편지를 미국 정부에 보내기도 했다.

"팔라우 국민들이 협정안을 체결한 후 22개월이 훨씬 지나서, 협정 규정 내에서 진행되어야 할 것들이 협정안 기간 2년이 지나서야 미국집행부는 협정안을 미국 국회를 통과시키기 위한 진실된 노력을 했습니다. 우리 지역의 어떤 중요한 회원들은 팔라우가 미국으로부터 더 많이 독립적이고, 중국과 아랍 국가들에게 그들이 원하는 것을 제공하면, 팔라우가 진정으로 필요로 하는 것들을 보다 확실하게 확보할 수 있을 것이라고 합니다. 미국 집행부가 국회 절차를 진행하는 것에 대한 항의를 하는 것 외에는 별로 한 것이 없는, 팔라우 대통령은 미국의 결정을 더 이상 기다릴 이유가 없습니다."

이는 미국이 주춤하는 사이에 팔라우는 미국으로부터 완전한 독립을 원하게 될 것이고, 중국과 중동 국가들과의 외교와 경제적 협력을 추구하고자 한다는 것이다.

만일 팔라우가 미국으로부터 돌아서고 중국이나 중동 국가들과의 관계를 형성한다면 태평양으로의 세력 팽창을 계획하고 있는 중국으로서는 좋은 기회일 것이다. 또한 중요한 해양 항로들이 마이크로네시아 지역의 배타적 경제수역을 통과하기 때문에, 미국은 마이크로네시아 지역 해역에 대한 지배권을 놓을 수도 없는 실정이다. 그뿐 아니라 팔라우 내부 여론에는 미국을 멀리하고 이번 협정을 통과시키지 못할 경우에는 중국과 중동의 아랍 국가들과 우호관계를 형성할 것이라고 협박성 외교론이 생성되기도 하였다.[333]

미국에서는 이 협정에 대한 반대 여론은 없었지만, 미국 백악관과 국회에서 자금 조달 방식에 대한 의견 합의가 되지 않아 갱신 절차가 늦어졌다. 결국 2012년 7월에 자유연합협정 갱신안이 미국 국회 관련 위원회에서 만장일치로

---

332) Senase, Jose Rodriguez T., 2015. Island Times: Palau Compact II with US still languishing in US Congress. Disagreement on how to pay for agreement hold up ratification. Micronesia Forum. http://www.micronesiaforum.org/index.php?p=/discussion/14035/island-times-palau-compact-ii-with-us-still-languishing-in-us-congress
333) Gerundio-Dizon, Aurea, 2012. US House Subcommittee Unanimously Approves Palau Compact Renewal, Pacific Islands Report, 16 July 2012 http://pidp.eastwestcenter.org/pireport/2012/July/07-23-15.htm

통과되었다. 이번에 통과된 협정은 팔라우에 2억 5천만 달러를 제공하게 되는데, 안보, 보건 복지, 교육, 인프라 구축 및 관리, 부채 상환, 신탁 자산 증가 등에 사용될 목적으로 지급하게 된다. 또한 미국 본토에서 시행되고 있는 보건 복지, 교육, 공항, 농림, 고용, 및 기타 프로그램도 팔라우에서 시행되며 협정기간은 2024년 9월 30일까지이다. 하지만 완전히 통과되기 위해서는 미국 본 국회의 통과가 필수적이나, 2015년 현재 아직까지 통과하지 못하고 있다. 따라서 미국의 재정적 지원은 다른 지원 통로를 통해 이루어지고 있다. 만일 통과된다면 자유연합협정에 따라 2016년도에는 4,080만 달러(약 408억 원)를 팔라우에 지원하게 된다.[334]

마이크로네시아 지역에 있는 도서 국가들에 대한 미국의 지원은 매년 10억 달러(약 1조 원)정도 이지만, 전략적 요새로서 이 지역의 가치는 그 이상이다. 또한 사소한 재정 지원 절차에 따른 불협화음으로 인해서 국회의 지원을 확보한 자유연합협정에 대한 최종 결정이 늦어진다면 미국은 큰 손실을 보게 될 것으로 예측된다.[335]

4. 일본과의 관계[336] [337] [338]

팔라우는 일본계 대통령 쿠니오 나카무라(Kunio Nakamura) 취임한 적도 있다 (1993~2001). 일본계 외의 팔라우 국민 중에서도 일본 이름을 지닌 사람들이 있을 정도로, 일본과의 관계는 아주 친밀하다. 일부 자치단체에서는 형식적인 부분이기도 하지만 일본어가 공용어로 채택되고 있다. 지난 2011년 2월에는 도카이 대학(Tokai University)의 연구훈련선박 보세이마루(Bosei Maru)를 타고 100여 명의 학생과 10명의 교수, 20명의 선원이 팔라우를 3일 동안 방문한 바 있다.

---

334) US Department of the Interior. Budget Justifications and Performance Information Fiscal Year 2016. https://www.doi.gov/sites/doi.gov/files/migrated/budget/appropriations/2016/upload/FY2016_OIA_Greenbook.pdf
335) Smietus, James. 2012. Why Micronesia Matters. Policy Interns. http://policyinterns.com/2012/10/19/why-micronesia-matters/
336) Wikipedia, Japan–Palau relations, https://en.wikipedia.org/wiki/Japan%E2%80%93Palau_relations
337) Embassy of Japan in the Republic of Palau, Bilateral Relations, http://www.palau.emb-japan.go.jp/En/bilateral/relations.htm
338) Ministry of Foreign Affairs of Japan, Japan–Palau Relations (Basic Data), http://www.mofa.go.jp/region/asia-paci/palau/data.html

현재 팔라우에는 약 370여명의 일본인이 거주하는 것으로 알려져있다. 2015년 4월 8일에는 제2차 세계대전 종전 70년을 맞아 아키히토 일본 천황 내외가 팔라우를 방문했으며, 정상회의도 개최하였다. 팔라우는 1914년 일본에게 점령당했고, 제2차 세계대전 이후 미국의 신탁통치를 받다가 독립하면서 1994년 12월에 일본과 외교관계를 구축하였다. 제2차 세계대전 당시 일본과 미국의 격전지인 이곳에서 일본군 약 1만여 명, 미군 약 1만 6천여 명이 사망한 것으로 알려졌다.

- 일본 대사관

주 팔라우 일본대사관

Palau Pacific Resort, Arakebesang, P.O. Box 6050, 96940 Koror, Republic of Palau
대사 : Kazuhiro Tajiri
Tel : (680) 488 6455 / Fax : (680) 488 6458
Office Hours : 8:30~17:15 (월~금, 공휴일 휴무)
Visa Hours : 8:30~12:00 / 13:00~16:30

- 팔라우와 일본에 각각의 팔라우 관광사무실이 있다(http://palau.or.jp/).

팔라우 관광청 일본 사무소

〒160-0001 東京都新宿区片町１−１ パレクリスタル２０１
(일본 도쿄도 신주쿠구 가타마치 1-1 파레 크리스탈 201)
Tel : (81) 03 3354 5353 / Fax : (81) 03 3354 5200
Email : tyopalau@maple.ocn.ne.jp

팔라우 관광청

P.O. Box 256, Koror, Republic of Palau 96940
Tel: (680) 488 2793/1930 / Fax: (680) 488 1453 / Email : pva@visit-palau.com
Web : http://pristineparadisepalau.com/
Office Hours : 8:00~17:00 (토 휴무)

팔라우 대표단 베트남 방문

5. 베트남과의 관계[339) 340) 341)

팔라우는 2011년 3월 공공 인프라 산업 및 상공 부처 장관(Minister of Public Infrastructure Industries and Commerce)을 중심으로 한 14명의 대표단을 구성하여 무역 활동의 활성화를 목적으로 베트남을 방문했다. 뿐만 아니라 양국의 관계 개선과 경제 활성화 및 문화 보전·공유 활동, 관광산업도 활성화하는 데 주력했다.

최근 2015년 6월에는 팔라우 해양보호구역에서 어획활동을 한 베트남 어선들을 불태워 버리기도 하였다 (팔라우는 2014년~2015년간 자국 해역에서 불법어업활동을 한 외국어선 15척을 파괴시켰다).

---

339) Carreon, Bernadette H., 2010. Vietnamese delegation visits Palau. Mariana Variety. http://www.mvariety.com/regional-news/28318-vietnamese-delegation-visits-palau
340) Associated Press. 2015. Moving to preserve fisheries, Palau burns Vietnamese boats caught fishing illegally. Fox News (published on June 11, 2015). http://www.foxnews.com/world/2015/06/11/moving-to-preserve-fisheries-palau-burns-vietnamese-boats-caught-fishing.html
341) 윤재준. 2015. 불법활동 외국어선 불태워버린 남태평양국의 소국 팔라우. 파이낸셜뉴스(2015.06.12. 게재). http://www.fnnews.com/news/201506121646028178

08 사회 구조 및 문화 [342] [343] [344] [345]

1. 종교 [346] [347] [348] [349] [350]

팔라우에 선교사들이 처음 들어온 것은 스페인 식민통치시대였다. 현재 팔라우 인구의 3/4이 기독교라고 할 수 있고, 천주교와 개신교가 주를 이루고 있다. 팔라우에는 모데케이(Modekngei)라는 종교가 있는데, 기독교, 토착종교 그리고 점치기(fortune telling) 등이 섞인 팔라우에서 유행하는 종교라고 할 수 있다. 이 외에도 다양한 토착종교가 있다.

2005년 인구조사에 의하면 팔라우 인구의 49.4%가 천주교라고 할 수 있는데 스페인의 식민시대적 영향을 엿볼 수 있다. 그 다음으로는 개신교가 21.3%, 모데케이가 8.7% 그리고 제7일 안식일 재림교가 5.7%를 차지하고 있다. 또한 이곳에는 소규모의 유태인 사회도 있으며 약 400여 명의 방글라데시와 인도 중간 지역인 벵골(Bengali) 무슬림들도 있다.

---

342) Wikipedia. Palau. https://en.wikipedia.org/wiki/Palau
343) Liston, J., Clark, G. and Alexander, D., 2011. Pacific island heritage : Archaeology, identity and community (Terra Australis Series 35). ANU E Press, The Australian National University. http://press-files.anu.edu.au/downloads/press/p147701/pdf/book.pdf?referer=336
344) International Business Publication. 2009. Palau Country : Strategic information and developments. International Business Publication. pp. 256. (Google book). https://books.google.co.kr/books?id=jjt6alRXoBkC&pg=PA16&dq=palau+tradition+community&hl=ko&source=gbs_toc_r&cad=4#v=onepage&q=palau%20tradition%20community&f=false
345) Palau—Portrait of Paradise (from the book by Mandy Etpison). http://www.underwatercolors.com/neco.html
346) Research Maniacs. Religion in Palau. http://researchmaniacs.com/Country/Religion-by-Country/What-Religion-Is-Palau.html
347) Safari the Globe – Cultural Information. Ethnicity, language & religion of Palau. http://www.safaritheglobe.com/palau/culture/ethnicity-language-religion/
348) Wikipedia. Religion in Palau. https://en.wikipedia.org/wiki/Religion_in_Palau
349) US Department of State. Diplomacy in Action. Palau (from International Religious Freedom Report 2007). Bureau of Democracy, Human Rights, and Labor. http://www.state.gov/j/drl/rls/irf/2007/90149.htm
350) StudyCountry(mini encyclopedia for students). Religious beliefs in Palau. http://www.studycountry.com/guide/PW-religion.htm

2. 전통 및 지역사회 구조 [351]

팔라우의 지역사회는 그들의 언어만큼이나 독특하다. 무엇보다 이들은 아주 엄격한 모계사회를 추종하고 있는데, 이런 모계사회의 전통은 팔라우 지역사회 대부분에 적용되고 있다. 그중에서도 특히 장례식, 결혼, 상속, 전통계급의 세습 등에서 매우 두드러진다.

팔라우는 지금도 그들만의 토착 전통을 많이 보존하고 있다. 이것은 전통적 정부 시스템이 국가의 여러 활동에 상당한 영향력을 미치는 것을 통해 알 수 있다. 이렇듯 전통적 정부의 영향력이 아주 강하기 때문에 중앙정부는 이런 전통적 정부의 영향력을 제한하려는 노력의 일환으로 헌법을 개정하여 추진하려 하고 있다. 특히, 사업 부문에서의 압력이 강한 이유는 전통적 정부 시스템의 영향력이 경제 구역으로까지 그 영향력을 미쳐서 사업 활동을 제한하려 하기 때문이다.

> 한 예로 2010년 남쪽 연합(Southern Federation)의 지배 부족(ruling clan)인 Idid Clan이 Bilung 추장과 연합하여 코로르 주립 공공토지공사(Koror State Public Lands Authority, KSPLA)를 상대로 민사소송을 진행했다. Idid Clan 추장은 민사소송에서 말라칼 섬에 대한 총괄적 소유권을 요구했다. 말라칼 섬은 주요 경제구역이며 팔라우의 가장 중요한 항구가 있는 곳이다. Idid clan 추장은 이런 주장의 근거로 그곳은 독일 식민시대 때부터 내려오는 것이라고 주장했다. 그러나 이 소송은 결국 KSPLA의 승리로 판결났다.

3. 전통적 정부 시스템 [352] [353] [354]

지금의 팔라우 정부는 팔라우의 전통정부가 지속되고 있는 것으로 보아도 무방하다. 수천 년 동안 전해지는 전통과 민속적 활동을 전통사회의 기반 곳곳에서 볼 수 있으며, 아직도 이행되고 있는 것을 볼 수 있다.

팔라우의 전통적 정부는 지리학적으로 다른 부류의 계급과 계층으로 나뉜다. 그 중 가장 작은 그룹은 마을/소마을(village 또는 hamlet)이고, 그 다음 그룹이

---

351) Countries and Their Culture, Forum - Palau, http://www.everyculture.com/No-Sa/Palau.html
352) Eureka, Republic of Palau, http://www.eurekaencyclopedia.com/index.php/Category:Palau
353) Service, E.R., 1962, Primitive social organization: An evolutionary perspective, New York, Random House, pp. 211
354) Wikipedia, loueldaob, https://en.wikipedia.org/wiki/loueldaob

부족 연맹체[chiefdom[355]]인데, 지금은 정치적으로 주(state)라고 한다]이며, 마지막으로는 부족 연맹체 간의 연합(federation) 또는 동맹(alliance)이다.

고대에는 다수의 연합체 또는 동맹체가 있었다. 그러나 17세기 영국에 의해 총기류가 유입되면서 권력의 불균형이 생겨났다. 팔라우는 이로 인해 북쪽 연합과 남쪽 연합으로 분리되었다. 그것이 Eoueldaob 또는 Ioueldaob(남쪽) 바벨다오브(북쪽, 바벨투아프-한 개의 큰 섬이 중심이 됨)이다.[356]

북쪽 바벨다오브의 최고 추장은 Reklai라고 한다. 멜레케오크의 추장이지만 의식상의 명칭은 Ngetelngal 이다. 북쪽 연합의 지배 부족인 멜레케오크 주의 Uudes의 최고 추장인 Reklai와 Ebilreklai가 전통적인 수장을 맡고 있다. 계급과 지위를 들어 이들은 일반적으로 북쪽 연합의 '왕과 왕비(king and queen of the Northern Federation)'로 통칭된다. 북쪽 연합에 속한 주는 총 11개 주가 있다 (Kayangel, Ngerchelong, Ngardmau, Ngiwal, Ngaraard, Ngatpang, Ngeremlengui, Melekok, Aimeliik, Ngchesar, Airai).

---

355) chiefdom(tribal) : 이에 대한 국문 번역은 여러 가지로서, 추장국/추장사회, 수장국/수장사회, 족장사회, 부족연맹체 등과 같이 다양하다. (Rule by a government based on small complex society of varying degrees of centralization that is led by an individual known as a chief). 미국 고고학자인 서비스(E. Service) 등에 의해 정의된 국가 이전 단계를 말한다. 즉, 서비스는 사회발전단계가 신진화론에 입각하여 군집사회(band) - 부족사회(tribe) - 족장사회(chief) - 국가(state) 등으로 발전한 것이라고 주장하고 있다. 군집사회(band)는 군집이 모여 있고 얼마간 정주(定住)하기도 하나 핵가족고 25~100명의 규모를 가진 것이 보통이다. 부족사회(tribe)는 단순히 군집을 모아 놓은 게 아니라 그보다도 좀 더 복잡한 체계로 이루어져 있고 군집과는 다른 형태로 환경에 적응한다. 족장사회는 부족사회와 본질적으로 다른 사회적 통합 수준을 보인다. 특히, 경제, 사회, 종교 활동을 조정하는 기관의 출현이 주된 특징이다. 족장사회의 발생은 주로 생산의 집문화와 통제기관에 의해 생산의 재분배를 야기하는 전체 환경적인 상황과 관련된다. 또한 족장사회는 기본적으로 계층적이며 경제적인 특성 면에서도 전문화되어 각기 구분된다. 일찍이 오베르그(Oberg)가 인디언 사회의 한 유형을 지칭하는 용어로 사용했던 족장사회가 서비스(Service, E.R)에 의해 진화론적 사회발전단계로 차용되었다. 그는 생산성을 확대시킨 높은 인구밀도와 경제적·사회적·종교적 행위를 통제하는 권위를 지닌 복잡하고 체계적인 사회조직의 등장이라는 측면에서 족장(chiefdom)단계를 부족(tribe)단계와 구별하고, 이를 보다 높은 단계의 사회통합을 유도한 정치·사회적 혁신으로 인식하였다. 그의 주장에 따르면, 족장사회는 특정한 기술적 혁신보다 그 사회조직의 형태에 의해 특징되며, 이는 고고학적 자료를 통해 확인할 수 있는 게 아니라, 오로지 추론 또는 추측에 의한 것일 수밖에 없다. 족장사회는 구성단위들 간의 기능 분화, 즉 전문화(specialization)를 통해 유도된 재분배 사회이기도 한데, 전문화는 거주 단위들의 공간적 특성에 따른 지역적 또는 생태적 전문화와 구성원들의 노동 및 기술의 집약을 통한 대규모 협동 작업으로 대별된다. 전문화를 통한 재분배 경제를 통해 지지되는 족장사회에는 혈연을 통해 세습되는 위계체계가 존재하며, 한정된 권력을 지닌 재분배 경제의 중재자인 우두머리(chief)는 종교적 사제로서의 역할을 겸하는 경우가 일반적이다. 그러나 족장사회는 국가와는 차이가 있다. 국가(state)는 독특한 통제 형태, 즉 무력을 사용하도록 정당하게 합법화된 집단에 의한 사회적인 무력의 위협이 존재한다. 또한 사회적인 측면에서 족장사회의 계층화는 사회적인 것이지 정치·경제적 계층분화에서 유래하는 것은 아니다. 그런데 서비스는 이러한 족장사회의 개념에 대하여 스스로 의문을 제기하기도 하였으나 여러 학자들은 여전히 그 개념을 규정하고 사용해 왔다. 한국에서도 족장의 개념을 이용해 고대문화의 사회 성격을 규정하려는 시도가 있었다. 그런데 족장사회가 고대문화의 사회발전과정을 설명하는 데 과연 적절한 개념인지에 대한 논의는 지금도 계속되지만 국가 이전단계에 해당하는 사회를 지칭하는 데는 가장 유용하게 쓰이는 용어이다. 『한국고대국가형성론』(최몽룡·최성락, 서울대출판부, 1997); 「전남지방에서 복합사회의 출현」(최성락, 『백제논총』 5, 1996); 「한국고고학에서 외국이론의 수용」 (홍형우, 한국상고사학보 15, 『한국상고사학회』, 1994); 「신진화론과 한국상고사 해설의 비판에 대한 재검토」(최정필, 『한국상고사학보』 16, 한국상고사학회, 1994), 『원시국가의 진화』(J.Hass 저, 최몽룡 역, 민음사, 1989); *Primitive Social Organization* (E.R.Service, Random House, 1962) 참조.
356) World Statesmen. Palau. http://www.worldstatesmen.org/Palau.htm

남쪽 Eoueldaob 지역의 최고 추장(또한 팔라우의 최고 추장이라고도 함)은 Ibedul로 부르는데, 오로르(코로르)의 추장이고 의식상의 명칭은 Ngerekldeu이다. 남쪽 연합도 코로르 주의 최고 지배부족 Idid clan의 최고 추장이 수장을 맡고 있다. 이들 역시 '왕과 왕비'로 통칭된다. 남쪽 연합에 소속된 주는 규모가 큰 3개의 주 (코로르, 펠렐리우, 앙가우르)로 되어 있다.

Ibedul 추장(남쪽)		Reklai 추장(북쪽)	
Mlad ra ulekadei "ibedul re kerel"	c.1710	Orakiruu [not the first Reklai]	.... ~ ....
Kemangel ibedul	17.. ~ 17..	Tereter	c.1784
Mlad reksom "mlad raksong"	17.. ~ 17..	Cheltuk	1800?
Bokelolom ngiragolival	17.. ~ 17..	Okerangel	1820? ~ 1860?
Ngiraidid Chorot "mlad er a burek"	1783? ~ 1792	Temol	1860? ~ 1883?
Kingsos "King George"	1792 ~ 18..	Ngirachermang (Gerabai)	1883? ~ 1906
Ngiratachadong	.... ~	Soilokel	1906 ~ 1910
Meang Merikl "meringel a kemedil"	.... ~	Rrull	1910 ~ 192.
Ngirachosarech "mlad er a soldau"	.... ~ 1867	Tellei	192. ~ 19..
Meresou	1867 ~ 1871	Lomisang	1973?
Ngirchokebai	1871 ~ 1911	Termeteet (acting)	1978?
Louch	1911 ~ 19..	Siangeldeb Basilius	1983?
Tem	19.. ~ 29 Jan 1939	John Ngiraked (acting)	1991?
Ngiraked	1939 ~ 19..	Raphael Bao Ngirmang	1998? ~
Ngoriakl	19.. ~ 1972		
Yutaka Miller Gibbons	1972 ~		
Gloria Salii (f) (acting for Gibbons)	1972 ~ 1974		

이러한 강력한 전통적 정부사회를 보유하고 있음에도 불구하고 연합에 대한 개념과 지식은 팔라우 사람들 사이에서 조금씩 잊혀지고 있는 실정이다. 연합체는 공통된 경제, 사회 그리고 정치적 관심사를 공유하고 있는 주와

소마을을 보호하기 위해 만들어진 것이다. 그러나 현대사회는 중앙 연방 정부가 들어서면서 이러한 보호는 필요 없게 되었기 때문에 연합체의 역할이 점차 축소되고 있다.

한편, 국제 관계적 관점에서 팔라우의 '왕'이라 함은 코로르의 Ibedul을 가리키는 것으로 인식되고 있다. 이는 코로르가 국가의 산업적 중심지 역할을 하고 있어서 이 구역의 족장이 멜레케오크의 Reklai보다 영향력이 많기 때문이다.[357]

가끔 오인되는 것이 있다. 왕과 왕비, 혹은 족장과 여자 족장은 부부로 인식되고 있으나 팔라우에서는 그렇지 않다. 전통적 수장들과 그들의 여성 대표자는 친척관계이며 결혼한 사이는 아니다. 팔라우에서는 친척 간의 결혼은 오랫동안 전통적으로 금지되어 왔다. 일반적으로 이들은 자매이거나 가까운 사촌들이며 각각 배우자는 따로 있다.

4. 전통 문화와 예술[358) 359) 360) 361)]

팔라우는 과거의 식민·신탁통치 시대를 통해 200년 동안 다양한 타국의 영향력을 받으면서 옛 전통과 현대 서양문화와 동양문화가 합해진 독특한 문화가 만들어졌다. 그러나 팔라우의 많은 전통문화들도 보전되고 있다.

팔라우의 현대문화는 일본, 마이크로네시아, 멜라네시아 요소가 복합적으로 혼합된 것이 독특하다. 이것은 주민들 대부분이 마이크로네시아인, 멜라네시아인, 오스트로네시아인(Austronesian)의 후손들이지만, 일본과 필리핀 식민 정착자들도 포함되어 있기 때문에 나타난 현상이다. 이런 영향으로 인해, 팔라우어와 영어가 공식 팔라우 언어이지만, 그 외에도 일본어,

---

357) Koror에서 가장 높은 여성 추장은 Bilung(the highest chiefly woman title in Koror)이라고 하며 Melekeok에서 가장 높은 여성추장은 Ebilreklai(the highest chiefly woman title in Melekeok)이라고 함. 팔라우는 전통적으로 2개의 정치시스템으로 나누어지고 있는데 Koror 지배권에 있는 지역과(eastern villages-남쪽연합), Melekeok 지배권에 속한 지역(western villages- 북쪽연합) 임(Temengil, 2014)
358) Cook, Ben, 2010. Federated States of Micronesia and Palau, Other Places Publishing. pp. 234. (Google book). Https://books.google.co.kr/books?id=ZjOX7ySEURYC&dq=palau+tradition+community&hl=ko&source=gbs_navlinks_s
359) Sam's Tours, Palau – History/Culture. http://www.samstours.com/palau/history-culture
360) Honorary Consulate – General of Palau in Belgium. Culture – Tradition, arts & crafts. http://www.palauconsulate.be/index.php/en/about-palau/culture
361) Palau-experience the wodners. http://www.visit-palau.com/aboutpalau/

손소로레어(Sonsorolese), 토바이어(Tobain) 등이 지역 방언으로 사용되고 있다.

또한 팔라우의 현대사회는 다른 사회와 마찬가지로 세대 차이가 크게 나타난다. 현 세대의 어른들은 일본 식민통치시대에서 자라고 살아온 주민들이어서 대부분 완벽한 일본어를 구사한다. 그러나 젊은 세대는 미국의 신탁통치 당시에 태어나서 자란 세대여서 영어를 구사한다. 그리고 대다수의 가족은 가능한 한 자식들을 미국 본토나 하와이로 보내서 고등학교부터 대학까지 유학시킨다. 팔라우 출신 유학생들은 졸업 후 대부분 미국에서 일자리를 구하고 팔라우로는 돌아오지 않는다. 이런 현상은 팔라우의 가용 노동력에 적지 않은 영향을 끼치고 있으며, 이로 인해 필리핀으로부터 많은 노동력을 들여오고 있으며, 그들은 주로 목수, 가정부, 비서 등에 종사한다.

흥미로운 사실은 팔라우 혹은 미국 내로부터 변호사가 과잉 공급되고 있는데, 이는 이곳에서의 토지, 부동산 관련 소유권 소송이 많이 발생하기 때문이다. 일본 식민통치 당시 다수의 토지가 몰수당했다가 지금 다시 원소유자나 파악 가능한 원소유자의 자손들에게 되돌려주고 있다. 토지 소유권은 한사람에게 주어지기도 하지만 부족 전체의 소유가 되기도 한다. 같은 토지 구역에 대해서 20여 명이 소유권 소송을 내기도 하는데 이러한 소송과 관련하여 법정에서 그 판결을 내린다.

전통행사 중에 출산을 기념하는 행사인 omersurch birth ceremony와 첫 집 행사인 ocheraol first-house ceremony, 장례행사인 kemeldiil funeral service 등이 아직도 팔라우에 전래되는 전통이며 많은 곳에서 지금도 행해지고 있다.

팔라우 전통춤(Lincy Lee Marino, 2013)

팔라우의 예술은 고대부터 일찍이 번영하였다. 여자들은 아주 능숙한 직조공이었는데, 바스켓, 카누에 달 수 있는 돛을 짜고 만드는 데 능숙했다. 남자들도 갖가지 분야에서 장인의 기술을 전수받았다. 그릇, 접시, 조개로 장식한 그릇 등의 제작기술에 뛰어나다. 또한 남성 최고의 장인들 가운데는 전쟁용으로 18m 이상 크기의 카누를 제작한 사람도 있다. 팔라우에서 건조한 카누는 마이크로네시아에서 가장 우수한 카누로 알려져 있다. 또한 Bai, 이른바 회의나 모임의 장소로 이용되는 건물도 팔라우의 역사를 대표하는 건축물 중 하나다.

코코넛 잎과 판나누스 잎을 사용하여 바스켓 직물을 짜내는 전통은 지금도 계속 이어지고 있다. 이런 직물 관련 활동은 대부분 여자들이 도맡고 있다. 집에서 사용하는 제품은 아직도 전통적인 방법으로 만들어지기도 한다. 전통적 침구 매트, 바스켓, 전통 돛 등이 여기에 포함된다.

전통적으로 제작되는 카누 중에는 일반 전쟁을 위한 빠른 카누(sleek war canoe)와 보다 더 많은 물건을 실을 수 있는 부피가 큰 카누(bulkier kaeb canoe)가 있었다. 그러나 지금은 아주 적은 수의 기술자만 남았다. 가끔 코로르에서 주관하는 경로원에서 고령의 기술자들이 만든 제품 모형을 볼 수 있다.

한편, 구비문학 예술로 주술이나 민담이 전래되고 있다. 여기에는 역사적인 일이나 의식행사와 관련된 이야기들이 담겨 있다. 팔라우 전통에 의하면, 다른 사람을 직접적으로 놀리거나 질타하는 것을 금지한다. 대신 노래나 주술을 통해 메시지를 전달하며, 때로는 교훈까지 담아낸다. 노래와 주술은 특별행사와 무도행사 등에서도 활용되는 전통예술 활동의 하나이다.

무도는 주술과 더불어 펼쳐지며, 주요 행사 때마다 행해진다. 무도의 춤사위는 물같이 흐르되 빠르지 않게 펼쳐진다. 팔라우에서는 서부에서 가져온 춤사위에서도 팔라우의 리듬을 섞어 새로운 춤사위를 재창조하기도 했다.

5. Bai(남자들의 회의 장소)[362) 363) 364) 365)]

옛날에는 팔라우의 모든 마을에 "Bai"라는 독특한 회의 장소가 있었다. 총 100개 이상이 존재했다고 한다.

Bai는 마을에서 가장 중요한 건물로 자리잡고 있으며, 주로 회의 장소로 사용되었다. 계급과 직급(rank & title)에 따라 참석자는 벽에 기대어 착석하도록 되어 있다. Bai에는 별도의 칸막이나 비품 가구 등은 없고, 목조 건물을 유지하는 차원에서 있는 두 개의 난로가 전부이다.

Bai에는 다양한 스타일이 있다. Bai는 어떻게 사용되고, 어떻게 설계되며, 어떤 재료를 사용하는지에 따라 기본적 스타일이 조금씩 달리 제작된다. 또한 Bai는 해체했다가 다시 조립할 수 있다.

Bai-er-a-Rubak(최고원로들의 회의 장소)는 마을 광장에 위치한다. 이 장소는 마을 센터 또는 'Bai-er-Beluu'로서의 기능도 수행했다. 이러한 스타일의 bai는 최상품의 견고한 목재로 건축되며, 전통적인 문양과 색상이 화려한 장식으로 치장된다.

Bai-er-a-Cbeldebechel은 또 다른 Bai로서, 남성들이 주도하는 클럽 하우스 같은 역할을 한다. 일반적으로 Bai-er-a-Cbeldebechel은 마을 입구에 위치하고, 외부 침입자들로부터 마을 보호하는 책임을 맡는다. 이런 이유 때문에 남자들로 구성된 조직체들을 활용하고 있다. 다만, Bai-er-a-Cbeldebechel의 건축재나

---

362) Underwater Colours, The Bais of Belau (Belau National Museum & Under Watercolours), http://www.underwatercolours.com/bai/bais.html
363) Traulblog, A bai, Palau, http://www.travelblog.org/Photos/3017517
364) Integration & Application Network, Bai in Palau, http://ian.umces.edu/imagelibrary/displayimage-1429.html
365) Pacific Worlds, Bairairrai, http://www.pacificworlds.com/palau/native/native3.cfm

치장하는 장신구들은 Bai-er-a-Rubak보다 대체로 품질이 떨어진다.

한 예로 아이라이 마을의 Bai(Bai-ra-Irrai)에 대해서 알아보면, Bai-ra-Irrai는 마을의 부족장 10명을 위한 회의 장소이며 마을의 부족장 위원회만을 위한 것이다. 또한 남자 부족장들만 위한 것으로 여자들의 출입이 금지되어 있는데, 일시적으로 이러한 규정을 정지할 수도 있기는 하다. Bai-ra-Irrai는 지난 300년 동안 그 모습을 유지하고 있으며 현재 남아 있는 원래의 Bai-ra-Irrai는 미국의 역사적 재산으로 등록되어 있다.

Bai의 들보에는 지역적인 역사와 전설, 각종 신화들이 그려져 있는데, 이는 과거의 이야기를 전해 주는 역할을 한다. 색상도 해당 지역의 동식물에서 추출한 것으로 칠해진다. 대체로 확보가 가능한 색상인데, 주로 황색, 홍색, 흑색 그리고 백색이다. 그림 자체도 다양한 상징적 형태를 삽입하고 있다.

10번 정도 수리되었으나 원래의 모습을 유지하고 있는 Bai. 입구는 위로 올라가 있다. 지붕은 10년에 한 번씩 바꾼다. 바닥 마루는 원래 마루다. 노란 옆 건물은 현대식 화장실이다.

거미 : 이 거미는 팔라우 전설에 의하면, 팔라우 여인들에게 자연분만에 대해 알려 준 거미인간이다. 전설에 따르면, 옛날에는 임신한 산모의 배를 제왕절개할 때 나무 칼을 사용했다고 한다.

박쥐 : 건물 출입구에 그려져 있다. 박쥐가 집에 들어가서는 거꾸로 매달려 있듯이 bai에 들어올 때는 존중의 의미로 머리를 숙이라는 뜻이다.

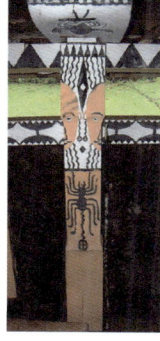

CHAD : 사람 'man'이라는 뜻이며 수많은 얼굴을 가졌다. 이 얼굴들은 일명 문지기라고 할 수 있다. 이 문지기가 bai를 지키기 때문에 족장들은 자신이 bai에 없어도 이들이 항상 bai를 지킨다고 여긴다.

수탉 : Bai의 외부 벽에 수탉 그림을 많이 볼 수 있다. 수탉은 새벽에 울기 시작하는데, 아침 일찍 일어나 일하라는 뜻이다. 만일 마을을 책임지는 자면 일찍 일어나야 하고 늦잠을 자지 말라는 뜻이다.

Money bird(화폐 조류) : 밖으로 이어지는 들보에 장식되어 있다. 여기서의 새는 whimbrel 종류로서, delerrok 또는 okak이라고도 명명한다. 이 새의 울음소리가 단어 okak과 유사하기 때문이다. 이 새는 팔라우의 옛날 돈인 udoud라고 하며, 팔라우에서 돈으로 사용되던 구슬을 낳았다는 전설을 지닌 것으로 전해진다.

Bai에서 회의나 토론이 이루어질 때에는 목소리를 크게 내지 않고 대변자들이 오고 가면서 메시지들을 전하게 된다. 이러한 이유 때문에 bai는 속삭이는 회의 장소(house of whispered conference meetings)라고도 하며, 족장들이 잘못된 말을 하게 되면 이를 악용하여 중계 대변자의 책임으로 돌리기도 한다.

6. 마을의 전통적 사회 [366) 367) 368) 369) 370) 371)]

남동아시아와 인도네시아 주변 해역에서 이주해 온 초기 팔라우 정착민들은 아주 뛰어난 항해사였다. 그들은 팔라우에 도착한 후 이곳에 거주하기 시작했다. 이곳의 땅에서 수확한 농산품과 환초 내에서도 충분한 식량을 공급받을 수

---

366) Pacific Worlds. Palau(Airai). Bairairrai. http://www.pacificworlds.com/palau/native/native3.cfm
367) Pacific Worlds. Palau(Airai). Welcome to Airai. http://www.pacificworlds.com/palau/index.cfm
368) NOAA. Coral Reef Information System. Republic of Palau. http://www.coris.noaa.gov/portals/palau.html
369) Pacific Worlds. Palau(Airai). Houses. http://www.pacificworlds.com/palau/native/native2.cfm
370) Wikipedia. Palau. https://en.wikipedia.org/wiki/Palau
371) Countries and Their Cultures. Palau. http://www.everyculture.com/No-Sa/Palau.html

있었기 때문에 환초 밖으로는 나가지 않았다. 그 결과 그들은 먼 바다에서의 항해기술은 점차 감퇴되었다. 대신 남자들은 우수한 어부가 되었고, 계절적 변화와 어류들의 생활사에 대해 어느 서부 과학자들 못지않게 많은 것을 알게 되었다. 바다는 팔라우 남자들의 활동 무대였다. 그들은 바다에서 물고기를 낚고, 바다에서 전쟁을 치렀다. 이를 위해 남자들은 남자들만의 회의장(bai)에 모여 모임을 자주 가졌고, 카누를 건조하고 무기를 제조하거나 사용하는 기술을 익히고 발전시키는 일을 했다.

땅을 일구는 일은 여자들이 우수했다. 일반적으로 재배한 것은 타로(토란)였다. 여자들의 활발한 농사 활동은 연중 충분한 식량을 확보했을 뿐만 아니라 촌장사회에서 정치적·사회적으로도 여자들이 최고의 위치를 차지하고 확고히 하는 모계사회 형성에 기여했다.

이러한 농업 활동에서 시간적·물리적으로 해방된 남자들은 시간이 많이 남게 되었다. 그러자 남자들은 자신들의 에너지를 기타 촌락 활동에 쏟았다. 대부분 공공 건축물이나 카누 보관 시설, 그리고 돌길, 항구, 목담길 등을 만들어 냈다. 정치 활동은 그들의 가장 중요한 활동 요소로 자리 잡았다. 특히, 촌락 부족 간의 전쟁 활동이 최고 우선 순위로 자리 잡았다. 경쟁적인 요소는 지금도 개인 간, 촌락 간, 마을 간, 부족 간, 구역 간에 매우 중요한 동기부여가 되고 있다. 팔라우는 역사적으로 남쪽 구역과 북쪽 구역 간의 권력 경쟁이 존재했으며, 이런 경쟁 구도는 지금도 계속 이어지고 있는 것으로 보인다.

팔라우의 전통적 사회조직 구조는 다른 어느 지역보다 복잡하고 고차원적 구조로 이루어져 있다. 그래서 지금도 인류학자들이 분간하기 어려워한다. 팔라우가 모계사회를 아직까지 유지하고 있는 것도 그 중 하나이다. 핵가족 단위와 그 외 가문(clan)을 유지하는 확대 가족은 모두 어머니의 혈통을 통해 연계된다. 어머니의 남자 형제는 자식을 보호하고 필요한 것을 제공하는 것에 혈육의 아버지와 견주어 같은 기능과 동등한 역할을 수행한다. 많은 자식들은 확대 가족 내부에서 입양된 자식들이다. 이런 제도를 통해 토지와 부, 인력을 관리 통제하는 방법을 적용하고 있다.

남자들은 추장으로서 마을을 지배한다고는 하지만 이런 추장을 간택하는

팔라우의 일반적인 옛집 형태[372]

것은 결국 여자들이었다. 추장의 자리를 폐지하는 것도 여자들이 보유한 권한이었다. 또한 여자들이 가문의 부와 돈도 통제했다. 즉, 모계 가문 시스템을 유지하면서 여자는 토지, 돈, 그리고 추장 선택에 대한 재량권을 보유하고 있다. 뿐만 아니라 가사 및 가족과 가문 관리, 그리고 가문과 마을의 지속적 보전을 위해 자녀들에게 팔라우의 전통과 문화를 교육하는 일, 그 외에 농경 활동과 얕은 물에서 갑각류와 해삼을 채집하는 일도 여자 몫이다.

　복잡한 물물 교환 등의 시스템에서 전통적으로 사용됐던 돈은 팔라우에서는 보기 힘든 색 구슬이나 고온에서 처리된 진흙으로 제작되었다. 돈마다 특이한 모양으로 만들어졌고 명칭도 붙여져 있다. 독자적인 족보가 있고 사람의 지문 같은 독특함을 지니고 있어 마을의 연장자들에게는 지난날의 추억을 회상하게 한다. 이런 형태의 돈이 전해지면서 돈과 관련된 기록들이 어떠한지를 알 수 있고, 과거의 역사까지 상기해 보게 한다. 현재는 이런 과거의 "돈"이 전통 결혼식이나 장례식 또는 갓난아이의 돌잔치에 사용되기도 한다. 이때 돈의 출처는 돈을 받는 당사자가 확인하는 것이 관례적 절차이다.

　물론, 수백 년 동안 서부 정복자들의 영향으로 인해 전통사회의 문화는 많이 바뀌었다. 미국 달러가 통용되고 타로 밭에는 더 이상 젊은 여자들이 농사를 짓지 않는다. 전통적 지도자들이 여전히 정치적 결정에 영향력을 미치지만,

---

372) Pacific Worlds. Palau(Airai). Houses. http://www.pacificworlds.com/palau/native/native2.cfm

서방국가처럼 민주적으로 선출된 지금의 정부 지도자들과 이들 간에는 갈등이 존재한다. 그러나 국민들에게는 아직도 많은 전통적 사상이 남아 있다. 예를 들어, 그들만의 부족과 촌락 그리고 가문과 관련된 복잡한 사회적 시스템에 대한 책임 등이 그것이다.

각각의 마을은 일반적으로 대략 10개의 부족(clan)으로 이루어지고, 각각의 부족은 2개 또는 4개의 혈통 계보를 갖고 있으며, 각각의 혈통 계보들은 다수의 가족으로 이루어진다.

팔라우는 외부 유럽인들의 영향이 행사되기 전부터 이미 부족과 족장 위주의 체계적이고 고차원적인 모계사회적 시스템이 정착되어 있었다. 대부분 남자로 이루어진 10개 계급의 부족 대표 모임을 통해 마을의 정치구조와 중요한 자문 역할을 해 왔고, 토지와 돈에 관한 통제는 여자들이 맡았다. 팔라우의 정치적 지위는 이처럼 2개의 그룹으로 구분되어 있었다.

각 부족의 대표는 bai에 한 자리를 차지할 수 있고, 자리에 따라 직급이 주어진다. 각각의 부족은 개별 명칭과 계급이 있다. 제1계급부터 제10계급까지 차등되어 있다. Bai에서는 양쪽으로 자리를 나누어 앉는다. 한쪽은 홀수, 다른 한쪽은 짝수 계급의 번호를 가진 자가 앉는다. 그리고 각각의 부족은 그들만의 역할이 주어진다.

하나의 예로, 아이라이에서 제1계급은 Medechiibelau clan에게 주어지는데, bai에서의 자리는 부족 중 Ngerekiklang라는 직급을 가진 부족의 대표에게 주어진다. 즉, Ngerekiklang가 Medechiibelau를 대표하는 셈이다. 그러나 Medechiibelau는 회의에 적극적으로 참여하거나 말을 많이 하지는 않는다. 오히려 Medechiibelau의 일부분을 함께한다는 데 의의를 두고 있다. 즉, 축제 때 돼지 머리를 먹거나 가장 좋은 음식을 가진다는 것과 같은 것이다. 제1계급인 Medechiibelau가 많은 역할을 하지 않는 관계로 홀수대로 앉은 자리 순어 따라 제3계급이 제1계급의 역할을 맡게 된다. 아이라이에서는 Medechiibelau의 제1계급을 아이라이 마을의 대추장으로 추대한다.

부족의 족장을 선정할 때에는 부족의 최고 원로 여자들이 모여 bai에서 부족의 족장으로 대표할 남자를 지명한다. 족장으로 지명되면 원로 여자

부족원들은 그를 데리고 마을 위원회로 가서 소개시킨다. 그렇게 하고 나면 위원회에서는 지명된 남자를 그들의 '친구'로 받아들일 수도 있고, 또 거절할 수도 있다. 만일 그들의 '친구'로 받아들일 때에는 지명된 자가 축제를 열고 음식을 나눠 준다. 이 축제는 모두가 모여 그를 받아들인다는 의미로 함께 음식을 먹는 것이다.

새로 지명된 족장은 bai에서 그의 자리를 산다는 의미와 bai와의 다리를 놓는다는 의미에서 위원회에 돈을 제출한다. 그것은 곧 bai를 건축할 때에는 족장들이 자신의 자리를 산다는 것을 뜻한다. 그런 자리의 계급이 높으면 높을수록 더 많은 돈을 지불해야 한다. 이러한 원칙 때문에 돈을 지불하지 못해 해당 자리에 오르지 못하는 족장들도 있다.

마을에서의 모든 결정은 합의로 이루어진다. 그런데 합의가 이루어지지 않을 경우, 가장 높은 4명의 족장이 회의장 밖으로 나가서, 암석들이 쌓인 okeuídbad(70개의 암석)에서 날씨가 좋든 나쁘든, 또 밤이든 낮이든 관계없이 해당 사안이 합의될 때까지 이곳에서 지내야 한다.

Bai 밖에 위치한 합의를 이루기 위해 사용되는 암석 플랫폼 'four corner chiefs'

7. 전설과 민담[373] [374]

팔라우의 전설과 민담들은 그들의 역사적 복잡성과 가족들 간에 이어진 끈끈한 연결고리를 설명해 준다. 대부분 주문 형식이나 이야기, 무용담이나 전설로 전래된다.

팔라우의 모든 마을은 저마다 신을 가지고 있고, 그 이름도 각기 다르다. 한 예로 아이라이의 어느 한 마을에서는 신의 이름이 Medechiibelau이다. 전설에 의하면 가끔 인간으로도 출현한다는 이 신이 이 마을을 책임진다고 한다. 지금은 아이라이의 최고 대추장에게 이런 Medechiibelau라는 신의 명칭이 주어지고 있다.

어떤 전설에 따르면, 팔라우는 우압이라는 소년의 몸에서 만들어졌다고 한다. 우압이 자라면서 식량을 죄다 먹어 버리자 섬 주민들 모두가 기아에 시달리게 되었다. 급기야 주민들은 우압을 죽이기로 결정하고 그의 몸에 불을 질렀는데, 불이 타오르자 우압은 앞으로 고꾸라지면서 맹렬하게 발길질을 했다. 그러자 그의 발은 펠레라우와 앙가우르가 되고, 다리는 코로르 섬, 그리고 거대한 몸집은 바벨다오브 섬으로 변신했다고 한다.

또 다른 전설에 의하면, 사람들이 살기 전에 하늘의 최고의 신 Uchelianged가 하루는 하늘 밑 공허한 공간을 보고 "땅이 있어라" 하고 말했다고 한다. 그러자 화산암석들이 바다에서 솟구치고 황망하던 땅에서는 대형 조개가 부풀어 커지고 크게 떨면서 무엇인가를 내뱉는 것 같았다. Uchelianged는 이것을 보고 "크고 강하게 일렁이는 바다가 있어라"라고 하였다. 그러자 바람이 불기 시작했고, 파도가 조개 주변에 몰아치기 시작하자 그 대형 조개가 입을 열었다. 거대 조개를 통해 첫 해양생물들이 태어난 뒤 팔라우를 향해 헤엄쳐 왔다. 이 생물체들이 번식하면서 공허하던 바다가 작은 바다지렁이부터 사람의 형상을 갖춘 생물까지 가득 차게 되었다. 바로 이것이 팔라우가 탄생한 전설이라는 것이다. 해양생물들이 창조된 후 신들은 이런

---

373) PBS, Palau – Paradise of the Pacific. http://www.pbs.org/edens/palau/index.htm
374) Pacific Worlds, Palau(Airai), Footprints Chapter Contents. http://www.pacificworlds.com/palau/stories/stories.cfm

생물체들을 애완용으로 길렀다. 남쪽 지역에 사는 반신반인(demigod)은 송어 떼를 기르고, 동쪽 지역에 사는 다른 반신반인은 강력한 해류를 애완물로 갖고 있었다. 하루는 이 두 반신반인이 서로의 애완물을 교환하기로 했는데, 그로 인해 송어의 산란철이 되면 많은 송어 떼가 동쪽 연안에 나타나고 강력한 해류와 큰 파도들은 남쪽 연안으로 몰려오는 것으로 알려졌다.

세 번째 전설은 거북이와 관련된다. Ngerchemai 마을의 한 사내가 하루는 낚시를 하러 바다로 나갔다. 마침 카누의 돛을 접으려고 할 때 그는 난생 처음으로 엄청 큰 매부리 바다거북(hawksbill turtle)을 보게 되었다. 당시 팔라우에서는 이 거북의 등껍질을 이용해 특별한 형태의 돈을 만들어 냈기 때문에 그는 곧장 바다로 뛰어들어 거북이를 잡으려 했다. 한동안 그는 바닷속에서 거북이와 사투를 벌였다. 그러다가 겨우 거북이와 동시에 수면으로 올라온 사내는 바다에 띄워 둔 카누에 올라타려 했으나 카누가 점점 멀어 졌다. 그는 계속 거북이를 자기 카누로 올리려고 했지만 그럴 때마다 카누는 더욱더 멀리 밀려갔다. 할 수 없이 그는 잡았던 거북이를 놓아 주고 말았다. 그러나 그때는 이미 자신의 카누가 너무 멀리 떠내려 간 뒤였다. 자존심이 상한 사내는 거북이도 카누도 잃은 채 헤엄을 쳐서 마을로 돌아올 수밖에 없었다는 전설이다. 결국, 이 전설은 거북이를 잡지 말라는 교훈으로 남아 있다.

또 다른 전설에 따르면, Mengidabrutkoel이라는 거미신이 거미줄을 뿜어 과일나무에 거미줄을 치고 있었다. 그러던 중 떨어진 과일을 찾고 있는 한 아름다운 처녀 Turangel를 보게 되었다. 거미신은 과일 나뭇가지를 흔들어 과일이 그 여자 앞에 떨어지게 했다. Turangel는 떨어진 과일을 줍다가 나무 위를 쳐다보았다. 거기에는 거미신이 있던 곳에 멋진 사내가 앉아 있었다. 둘은 서로를 쳐다보며 사랑에 빠졌고, 오래지 않아 결혼도 하고 아이도 갖게 되었다. 당시 팔라우에서는 아기를 어떻게 낳아야 하는지를 몰라서 사람들이 대나무로 만든 칼로 임신부의 배를 가른 후 아기는 꺼내고 여자는 죽게 만들었다. 출산 때가 되어 Turangel의 배를 갈라야 할 때가 되었다. 그러나 Mengidabrutkoel은 사람들이 여자에게 다가오는 것을 막았고, 그 중 2명을 Mengidabrutkoel의 집에 가둬 버렸다. 마을 여자들은 Mengidabrutkoel의 집으로 몰려왔고,

남자들은 돌을 던지며 Mengidabrutkoel을 죽이겠다고 하는 가운데 집 안에서는 Mengidabrutkoel이 아기를 받았다. 집 밖에 있던 마을 사람들이 아기의 울음소리를 들었고, 아기 엄마인 Turangel도 살아 있는 것을 목격했다. 이를 본 마을 사람들은 Mengidabrutkoel를 영웅으로 추대하여 축제를 열었다. 또한 마을 사람들은 Mengidabrutkoel를 통해 자연 분만에 대한 지식과 기술을 배웠다는 얘기다.

팔라우 사람들은 앙가우르 섬의 남서 연안 지역을 죽은 사람들의 혼이 저 세상으로 가기 전에 목욕을 하기 위해 가는 곳이라고 믿는다. 하루는 한 남자가 이 부근을 거닐다가 혼들이 성대한 잔치를 벌이는 것을 목격했다. 깜짝 놀란 혼들은 이 남자에게 아름다운 나무로 깎아 만든 사발에다 음식을 가득 채워 마을 사람들에게 주는 선물이라며 주었다. 그러나 이 남자는 집으로 돌아오는 길목에서 다시 그 혼들에게 음식을 빼앗겼고 나무사발까지 깨어지고 말았다. 이는 사람들이 죽은 혼들이 어떻게 살고 있는지를 알지 못하도록 하기 위한 것이었다. 그래서 팔라우 사람들은 죽는 것보다 사는 것을 더 좋아하게 되었다고 한다.

부인에게 많이 화가 난 남자가 있었다. 이 남자는 너무 화가 난 나머지 아내를 뗏목에 태워서 바다로 내보내고 싶었다. 그러나 신들은 이 남자의 계획을 미리 여자에게 알렸다. 여자는 신들로부터 전해 들은 것을 준비했다. 며칠 후 여자가 탔던 뗏목이 호초 밖으로 떠내려가게 되었다. 여자는 신들이 미리 알려준 대로 재를 바다에 뿌렸고, 히비스커스(hibiscus) 나뭇가지를 바다 밑바닥에 꽂고 코코넛 껍질로 씌웠다. 이를 통해 섬이 만들어졌고 여자도 살아남을 수 있었다. 바로 그 섬이 지금의 카양겔 섬이고, 그때의 성스러운 히비스커스 나무는 아직도 이곳에서 자라고 있다.

8. 현대 이야기

팔라우에 투영된 일본 제국주의 사상이나 일본을 향한 존경 등은 팔라우에서 쉽게 찾아볼 수 있다. 이와 관련된 기획 연재 하나를 소개할까 한다. 이는 일본의 영향력에 대해 잘 소개하고 있다. 반면 최근에는 중국의 영향력도 커지고 있다.

그리고 팔라우에서 행해지는 여러 스포츠 활동 중 가장 대중적인 것은 야구이다. 야구는 1920년도에 일본에 의해 소개되었다. 팔라우의 야구 국가대표팀은 1990년, 1998년, 2010년도 Micronesian Games 대회에서 금메달을 땄고, 2007년 Pacific Games에서도 금메달을 획득한 바 있다.

팔라우에는 국가 축구팀도 있는데, Palau Soccer Association에서 주관하고 있다. 정식 FIFA 회원은 아니지만 Palau Soccer Association은 Palau Soccer League도 구성하여 운영 중이다.

코로르-바벨다오브 교량 (© KIOST)

---

375) 주강현, 〈적도태평양 횡단기⑤ 팔라우〉 '아이고다리'의 전설을 아십니까,에서 발췌, http://legacy.h21.hani.co.kr/section-021046000/2007/12/021046000200712060688006.html

기획연재 적도태평양 횡단기 ⑤ 팔라우[375]
아이고다리의 전설을 아십니까
– 팔라우에 스며 있는 일본 제국주의, 군속으로 끌려와 버려지고 살해당한 한인들

일본 선생들과 함께 사진을 찍은 초등학생들. 첫째 줄 왼쪽에서 다섯 번째가 훗날 대통령이 된 에피슨

근엄하게 흰색 제복을 차려입고 칼을 찬 선생님들이 가운데 앉아 있다. 앞뒤로는 원주민 소년소녀들이 도열해 있는데 겉옷에 가타카나로 이름을 적었다. 1930년대에 찍힌 이 사진 첫 번째 줄의 어깨가 드러난 소년이 훗날 팔라우의 대통령이 되는 에피슨(Epison)이다. 이 사진은 많은 것을 이야기해 준다...

일본이 교육한 에피슨 대통령 : 군국주의 교육을 받은 신생국가의 대통령. 일본 군대가 팔라우를 떠났지만 일본의 입김은 지금도 강력하다. 이 나라를 지배해 온 그룹은 당연히 일제시대에 교육받은 사람들이고, 오늘날은 미국식 교육이 대체하고 있다. 한반도를 포함한 태평양의 일반적 현실이다...

일본 해군은 머리가 좋은 원주민 청년을 뽑아서 해군으로 차출했다. 똑똑한 젊은이들은 일본 배에 태워져 다른 식민제국으로 옮겨 훈련을 받게 했다. 그 때 배운 소년 중에 에피슨이 있었다. 그는 마카사르로 보내졌으며 거기서 선원 교육을 받고 일본 해군의 메커니즘을 배운다. 1944년, 19세에 그는 일본 전함 아키타마루를 타고 팔라우에 돌아온다. 항해 도중 미군 함정의 공격을 받아 앙가우르 섬 서쪽 5마일에서 배에 불이 붙었다. 팔라우 사람 17명이 타고 있었는데, 15명이 실종되고 두 사람만 헤엄쳐서 앙가우르에 도착했다. 에피슨은 후에 팔라우의 뛰어난 사업가로 변신하고, 일본식 관광을 받아들여 최초의 짜임새 있는 관광사업을 시작한다. 그 힘으로 대통령까지 된다. ··· 돌고래 센터다. 모든 길은 나무 판때기로 연결된다. 한 발자국만 움직여도 고래들은 용케 알고 따라다닌다. 조련사들은 영어와 일본어를 동시에 쓰고 있었는데 일본어를 구사하는 소녀의 지시를 돌고래들은 용케 알아듣고 반응한다. 일본어로 말을 하고 동물과 인간의 교감을 쌓는다. 태평양에서는 돌고래조차 일본어에 익숙하다...

직항로가 뜨면서 제법 한국 관광객들이 팔라우로 몰려들고 있다. 팔라우에서도 '천상의 바다정원'으로 소개되는 록 아일랜드로 보트를 타고 나가서 무인도 버진블루 홀에 배를 댄다. 록 아일랜드는 1783년 서양인에게 알려지기 전까지 금단의 섬이었다. 바다로 나간다. 물 반, 고기 반이다. 산호섬답게 산호가 아름답기 그지없다. 너무도 아름다워 '용궁'이 본디 이런 풍경을 상징하는 것인가 느껴진다. 이 아름다운 용궁도 아비규환의 살육터였다...

1944년 8월의 강력한 공중폭격에 이어 미군이 펠렐리우에 상륙한다. 섬 중앙의 석회암

동굴에서 1만여 명의 일본군이 저항한다. 미군은 처음에는 불과 이틀 정도면 전투가 끝날 것으로 생각했다. 오산임이 분명히 드러났으니 무려 두 달 보름여에 걸친 무모한 전투는 1,800명의 미군, 1만 명의 일본군이 죽고서야 끝났다…

주민들은 '식민지 근대'를 원했을까 : 첫 째, 환초로 둘러싸인 앙가우르에 가면 독일과 일본이 개발한 인광석 탄광이 있는데 지금은 새들과 악어들의 집이다. 거기에도 F-4 전투기와 B-29 폭격기 잔해가 있다. 미군 군함 몇 척도 일본군에 격추됐다. 대부분 지역에서 다이버와 미국 침몰선 전문가들은 재미 반, 사업 반으로 '보물선'을 찾아다닌다. 팔라우 사람들은 '전쟁의 추억'을 찾아내고 이를 다이버들을 위한 관광상품으로 내놓아 먹고살고 있다. 대부분의 한국인 관광객도 전쟁의 추억을 재미 삼아 낚을 뿐이다. 팔라우 어디에도 슬픈 죽음의 그림자는 없다…

1922년에 일본의 남양정부(Civilian South Seas Government)가 성립되고 팔라우의 옛 수도인 코로르가 그 중심지 구실을 맡았다. 이 지역은 육해공군을 관장하는 일본의 팔라우 집단사령부와 식민청인 남양청의 본청, 법원, 병원 등이 있던 가장 중요한 전략적 기지였다. 팔라우는 1994년에 독립했으나 2044년까지 재정난 때문에 미국과의 협약에 묶여 있다. 주 수입원은 미국과 계약된 돈, 그리고 관광과 무역이다. 350여 개의 섬이 있으나 12개 섬에만 주민이 산다…

북태평양의 20세기 근대사는 곧바로 남양군도의 역사이고, 남양군도의 역사는 우리 역사의 일부이기도 하다. 1930년대부터 일본인 이민이 급증했으며, 1937년에 설탕산업이 처음으로 시작된다. 팔라우 국립박물관에 수집된 사진들엔 번화했던 거리 풍경이 엿보인다. 이 머나먼 섬에 인력거와 자전거가 등장하고, 일본식 간판이 들어서고, 중절모를 쓴 일본인들이 오가는 그런 풍경이다. 개인 기업의 진출만으로는 식민지 이윤을 극대화할 수 없자 남양척식회사가 들어선다…

대로변에는 각종 관공서와 선물가게들이 즐비하다. 건물들은 바뀌었으나 일제시대에 마련된 도로를 그대로 이용하고 있다…

일제시대에 이민자들은 전력산업, 알루미늄 광산, 진주 양식 같은 일에 종사했다. 일본 정부의 지원 속에 1935년까지 5만여 일본인들이 섬에 흩어져 살았다. 1940년에 일본 이민자는 7만 7천여 명에 이르렀으며 2년 뒤에는 9만 6천여 명을 헤아렸다. 미국과 전쟁이 터지면서 군인·군속 등이 속속 집결해 인구는 거의 2배로 불었다. 식민지 건설이 본격화되면서 도로가 포장되고 전기·수도·하수시설, 상가들이 들어선다. 이러한 인프라를 '식민지 근대'의 결과물이라고 할 수 있을까. 두 가지 문제가 있다. 첫째, 주민들이 이러한 것을 원했을까. 아름답고 평화로울뿐더러 해양자원이 무진장으로 흩어진, 그야말로 낙토에 살던 이들에게 이방인들이 문명개화란 이름으로 강요하는 '근대'가 무슨 의미가 있을까…

식량 훔치다가 죽어간 사람들 : 둘째, 일제가 투자한 이유는 위임통치를 하는 대가로 국제연맹의 규정을 따라야 했기 때문이다. 국제연맹은 위임 통치국에 학교·병원시설 등을 설치하도록 의무화했다. 병원은 일본인 전용 병원과 팔라우인의 병원이 분리 운영됐다. 일본이 빼앗아간 물적·인적 약탈의 총량까지 계산한다면 '식민지 근대'라는 말이 나올 수 있을까. 일본은 항구적인 수탈을 위해 농업·어업·광업을 위한 연구센터를 만들었다. 바닷새 똥으로 운영되는 인광, 코코야자를 말린 코프라, 지방의 파인애플 농장 같은 플랜테이션이 번성하고, 벼 재배법이 처음으로 소개된다. 이런 일을 하기 위해 한국·중국·일본 노무자들을 불러들인다…

일본식민청은 이른바 토지개혁이라는 것을 섬마다 실시했다. 한반도에서 1910년대에 하던 방식과 똑같은 것이었으니 원주민의 개인 토지는 인정하되, 바닷가나 산의 공유지는 모두 식민청 소유로 돌렸다. 한마디로 '털도 벗기지 않고' 대부분의 땅을 먹어치웠다. 전쟁이 벌어지자 그 땅은 방어를 위한 군사기지로 징발된다. 일제 통치 기간에 팔라우인에게 제한적인 교육이 행해지고 일본인 학교가 속속 들어섰다. 1926년에는 코로르에 목공학교가 개설됐다. 나무를 베어 내고 가공하기 위해서였다. 고급 기술의 습득이나 식민 관료는 허락되지 않았고 오로지 나무나 베고 다듬는 일이 주어졌다. 교육이 일본어로 실시되었기 때문에 팔라우의 노인들 중에는 아직도 일본어를 하는 사람들이 있다. 권위에 대한 절대복종, 그리고 최소한의 기회, 그것이 식민 교육이 가져다준 선물이었다…

한국인들의 집단 이주는 언제부터일까. 조사결과에 의하면, 1936년에 15세의 어린 나이로 군위안부 100여 명이 처음으로 팔라우에 끌려온다. 그 뒤 코로르 섬 토목공사를 위해 경상도·전라도에서 노무자 200여 명이 온다. 코로르 시 동쪽 끝에 위치한 아이고브리지는 한인들이 다리를 놓으면서 혹독하게 시달린 탓에 '아이고 아이고'를 연발해 원주민들이 '아이고다리'라 작명했다. 한인 노무자와 더불어 조선총독부는 농업이민도 보낸다. 총 13회에 걸쳐 1,266명이 들어온다. 일본의 중부태평양의 중심기지인 축이 궤멸되자 1944년 2월25일 관동군과 조선군에서 선발된 정예의 현역부대인 29사단이 팔라우로 온다. 중국 관동에서 1만2천여 명이 오는데 대부분 한인 병사들이 들어있다는 설도 있다. 팔라우의 한인들은 대부분 군속이었다. 말이 군속이지 해군에서 토목작업을 시키기 위해 끌고 온 노무자였다. 처음에는 일본 본토와 남양의 수송관련 노동을 했다. 미군 공습이 심해지자 진지 구축에 투입된다…

1944년 8월. 연합군이 중부태평양의 마지막 전쟁터인 팔라우로 들이친다. 미 제1전대가 공격해 일본 육군 7212명 가운데 6766명이 전사하고 466명만 생존한다. 해군도 3400명 중에서 단지 10명만이 살아남았다. 물론 그 일본군 안에는 징병으로 끌려온 한인들이 다수 포함돼 있었다. 미군 폭격이 거칠어지자 일제는 팔라우의 일반 일본인 1만7800여 명을 본국으로 강제 소환한다. 그렇지만 강제 징용된 한인들은 송환 대상에서 제외된 채 오도 가도 못할 처지에 놓인다. 식량이 줄어들자 한인들에게는 식량도 주지 않았다. 식량을 훔치다가 총을 맞고 숱한 한인들이 죽어 나간다. 군위안부로 끌려온 조선의 딸들도 곳곳에서 죽어 나갔다. 창고에서 건빵을 훔치려다 걸린 한인을 나무에 매달고 귀를 베거나 코를 아래서 위로 깎았다는 믿지 못할 증언도 전해진다…

다시 모여든 팔라우의 한·중·일 : 팔라우 주둔 일본군이 미군에 항복문서를 공식 조인한 시점은 1945년 9월2일. 총알받이로 끌고 와서 정작 자신들만 빠져나가고 한인들은 나몰라라 팽개쳤다. 간신히 남양군도에서 귀환한 한인이 2만 5,773명. 팔라우에서만 3천여 명이 귀환했다. 사실 이보다 더 많은 이들이 죽어 갔으리라. 끌고 가는 것으로 그치지 않고 내팽개치는 악행을 저질렀으며, 군위안부로 동원된 소녀들을 막판에 동굴 등에서 죽창으로 찔러 죽이는 만행까지 저질렀다. 아름다운 태평양은 이렇듯 핏빛으로 물들어 갔다…

일본의 흔적은 시내 곳곳에 남아 있다. 팔라우의 위아래 섬을 연결하는 코로르-바벨다오브 다리가 그만 1996년에 붕괴한다. 일본 정부는 선뜻 돈을 내놓는다. 5년여의 공사 끝에 멋진 현수교가 '일본–팔라우 친선교'로 명명되어 2001년에 기부된다. 무려 1,350피트(422.5m)에 달하는 다리 위에서 두 섬 사이를 거세게 흘러가는 태평양의 물줄기를 굽어보며 식민의 흔적을 '원조'란 형식으로 되살리고 있음을 느낀다…

이곳에서 '스시' 간판이나 '벤또' 같은 표현을 자주 마주친다. 팔라우에서는 런치박스보다 벤또란 말이 지금껏 쓰이고 있다. 중국말도 흔하게 눈에 띈다. 관광객 없이는 먹고살기 힘든 이 나라에 일본뿐 아니라 중국 자본도 많이 들어와 있다. 타이베이 자본이 호텔을 짓고 가게도 열었다. 일본과 중국 단체관광객 그리고 한국인들이 눈에 들어온다. 미국의 텃밭에 한·중·일이 또다시 모여살고 있으니 머나먼 태평양에 동북아 패권전쟁이 옮겨진 느낌이다.

글. 사진 주강현 제주대 초빙교수. 해양문화재단 이사.

별첨 1
팔라우의 주요 경제지표

표 1. 팔라우 주요 경제지표[376] [377] [378] [379] [380]   ( )는 마이너스를 뜻함.

항목	2009	2010	2011	2012	2013	2014
생산 및 가격(Output and Prices, annual % change)						
실질 GDP	(10.7)	1.8	8.3	4.6	(2.0)	8.0
소비자 가격(Consumer prices)	0.3	0.6	2.4	0.4	0.9	1.0
디플레이터(GDP deflator)	1.2	1.1	1.1	1.2	1.2	1.3
중앙정부재정(Central government finance, % of GDP)						
총수입(Revenue)	41.8	47.5	44.3	44.9	41.1	43.6
세금(Taxes)	15.7	16.9	17.6	17.9	18.1	18.9
국내 수입(Domestic revenues)	19.3	20.4	21.4	22.5	22.7	24.6
보조금(Grants)	22.6	27.1	22.9	22.4	18.4	19.0
경상지출(Current expenditure)	32.4	31.6	32.8	33.1	34.3	34.9
자본지출(Capital expenditure)	0.6	0.7	0.6	0.6	0.6	0.5
종합수지(Overall balance)	(1.6)	(1.8)	2.5	2.2	1.7	8.8
자유연합협정 신탁기금 (COFA Trust Fund, millions of $)	144.0	151.1	146.5	171.8	189.6	199.2
국제수지(Balance of Payments, millions of $)						
무역수지(Trade balance, % of GDP)	(18.7)	(23.2)	(23.2)	(29.1)	(20.9)	(24.6)
경상수지(Current account balance)	(13.7)	(14.3)	(21.1)	(36.7)	(23.5)	(31.6)
수출(Exports)	93.8	96.4	115.6	119	140.1	161.5
수입(Imports)	130.2	139.4	161.9	181.3	187.5	220.9
자본수지(Capital account balance)	14.5	26.1	16.8	22.9	19.5	32.6
종합수지(Overall balance)	1.7	0.6	5.3	12.0	(0.7)	2.7
해외 투자 현황(International investment position, millions of $)						
총 주식(Total stocks, net)	(21.6)	(15.3)	(12.1)	14.6	25.9	42.7
직접 투자(Direct investment, net)	(130.2)	(133.0)	(136.8)	(140.4)	(144.3)	(154.6)
간접 투자(Portfolio investment, net)	111.5	111.2	104.4	116.2	125.3	124.0
다른 투자(Other investment, net)	(2.9)	6.5	20.2	38.7	45.0	73.3

---

376) TrendEconomy. Real GDP growth (annual %) – Palau(1992~2014). http://data.trendeconomy.com/indicators/Real_GDP_growth/Palau
377) Republic of Palau. Palau CPI. http://palaugov.pw/wp-content/uploads/2015/01/Palau-CPI-Publication-Q4-2014.pdf
378) TrendEconomy. GDP deflator – Palau(1991~2014). http://data.trendeconomy.com/indicators/GDP_deflator/Palau

184

팔라우 공화국

표 2. 팔라우 산업부문별 GDP(2009~2014)[381]

항목	2009	2010	2011	2012	2013	2014
현행가격 GDP(Current price GDP), millions of $						
농업, 임업 (Agriculture, forestry)	2.6	2.5	2.4	2.4	2.4	2.3
수산업 (Fishing)	4.4	4.2	4.9	5.0	4.4	4.4
광업, 채석 (Mining, quarrying)	0.7	0.5	0.5	0.6	0.4	0.5
제조업 (Manufacturing)	1.4	1.3	1.5	1.7	1.9	1.9
전기, 가스 (Electricity, gas)	0.9	0.9	0.9	0.9	0.9	0.9
수자원 공급 (Water supply)	1.2	1.1	1.0	1.0	1.4	0.9
건설업 (Construction)	8.3	9.1	9.7	8.8	6.4	6.9
도소매 및 수리업 (Wholesale and retail trade, repairs)	18.8	21.7	22.1	23.1	23.9	25.1
교통, 저장 (Transportation, storage)	10.0	10.6	12.5	13.4	12.6	14.0
숙박, 요식업 (Accommodation, food service activities)	14.7	16.1	20.0	22.2	21.5	24.3
정보, 통신 (Information and communication)	7.9	8.4	8.8	9.7	10.1	10.4
금융 중개 (Financial intermediation)	6.2	6.0	5.4	5.2	5.2	5.2
부동산 (Real estate activities)	17.6	17.0	17.5	17.0	17.4	17.9
전문 과학기술분야 (Professional, scientific and technical activities)	2.0	2.4	2.0	1.9	1.9	2.8
행정 (Public administration)	28.8	28.6	27.8	27.6	27.7	28.5
교육 (Education)	8.9	8.9	8.7	8.5	8.1	8.0
보건 및 사회사업 (Health and social work)	5.6	5.8	5.8	5.8	6.0	6.2
예술, 오락 (Arts, entertainment and recreation)	1.9	2.0	2.3	2.6	2.3	2.4
명목 GDP (Nominal GDP)	185.8	183.6	200.8	215.5	228.3	249.1

---

379) Republic of Palau. Government finances (GFS 2001 format, summary) FY2000~FY2014. http://palaugov.pw/wp-content/uploads/2015/08/GFS-FY2014_FINAL_ AUG2015.pdf
380) GlobalEconomy.Com(The). Palau Trade Balance, percent of GDP. http://www.theglobaleconomy.com/Palau/Trade_balance/
381) Republic of Palau. Income measures in current prices and real terms. FY2000~FY2014. http://palaugov.pw/wp-content/uploads/2015/08/National-Accounts.pdf

불변가격 GDP(Constant price GDP), millions of $						
농업, 임업 (Agriculture, forestry)	2.6	2.5	2.4	2.4	2.4	2.3
수산업 (Fishing)	4.4	4.2	4.9	5.0	4.4	4.4
광업, 채석 (Mining, quarrying)	0.7	0.5	0.5	0.6	0.4	0.5
제조업 (Manufacturing)	1.4	1.3	1.5	1.7	1.9	1.9
전기, 가스 (Electricity, gas)	0.9	0.9	0.9	0.9	0.9	0.9
수자원 공급 (Water supply)	1.2	1.1	1.0	1.0	1.4	0.9
건설업 (Construction)	8.3	9.1	9.7	8.8	6.4	6.9
도소매 및 수리업 (Wholesale and retail trade, repairs)	18.8	21.7	22.1	23.1	23.9	25.1
교통, 저장 (Transportation, storage)	10.0	10.6	12.5	13.4	12.6	14.0
숙박, 요식업 (Accommodation, food service activities)	14.7	16.1	20.0	22.2	21.5	24.3
정보, 통신 (Information and communication)	7.9	8.4	8.8	9.7	10.1	10.4
금융 중개 (Financial intermediation)	6.2	6.0	5.4	5.2	5.2	5.2
부동산 (Real estate activities)	17.6	17.0	17.5	17.0	17.4	17.9
전문 과학기술분야 (Professional, scientific and technical activities)	2.0	2.4	2.0	1.9	1.9	2.8
행정 (Public administration)	28.8	28.6	27.8	27.6	27.7	28.5
교육 (Education)	8.9	8.9	8.7	8.5	8.1	8.0
보건 및 사회사업 (Health and social work)	5.6	5.8	5.8	5.8	6.0	6.2
예술, 오락 (Arts, entertainment and recreation)	1.9	2.0	2.3	2.6	2.3	2.4
실질 GDP (Real GDP)	160.6	166.6	174.5	180.1	176.9	185.6

표 3. 팔라우 산업부문별 GDP 성장(2009~2014, % annual change)[382]

산업(Sector)	2009	2010	2011	2012	2013	2014
1차 산업 (Primary Sector)	(19.1)	(29.7)	14.5	1.5	(12.6)	(3.4)
농업, 임업, 수산업 (Agriculture, forestry and fishing)	(19.1)	(29.7)	14.5	1.5	(12.6)	(3.4)
2차 산업 (Secondary Sector)	(94.0)	(28.1)	1.8	12.8	(3.9)	5.4
광업 및 채석 (Mining, quarrying)	(26.6)	(27.1)	(7.5)	13.7	(27.5)	29.1
제조업 (Manufacturing)	(12.3)	(7.4)	9.9	17.9	7.2	1.4
전기 및 식수 (Electricity, water)	(18.7)	(3.3)	(8.2)	(8.6)	43.8	(33.2)
건설업 (Construction)	(36.4)	9.7	7.6	(10.2)	(27.4)	8.1
3차 산업 (Tertiary Sector)	(53.9)	36.1	80.7	42.0	(10.8)	55.5
호텔, 요식업 (Accommodation, food service activities)	(9.5)	9.8	24.0	11.3	(3.4)	13.3
교통, 저장 (Transportation and storage)	(8.5)	6.0	17.6	7.1	(5.6)	11.0
정보통신 (information, communication)	6.3	6.9	4.6	10.3	4.2	3.2
금융 중개 (Financial intermediation)	(12.0)	(3.4)	(10.8)	(2.8)	(0.9)	0.0
부동산 (Real estate activities)	(1.2)	(3.5)	2.7	(2.6)	2.2	3.0
정부행정, 기타 서비스 (Public administration and support sevice activities)	(23.2)	13.3	25.1	12.0	5.6	20.3
보건 및 사회 활동 (Human health and social work activities)	(4.2)	3.8	1.1	(0.3)	3.5	2.5
예술, 오락 (Arts, entertainment and recreation)	0.3	3.2	18.4	10.0	(11.9)	3.9
교육 (Education)	(1.9)	0.0	(2.0)	(3.0)	(4.5)	(1.7)
실질 GDP (Real GDP)	(10.5)	3.7	4.7	3.2	(1.8)	4.9

382) Ibid.

표 4. 팔라우 소비자 물가지수(2008~2013)[383]

항목	2008	2009	2010	2011	2012	2013
총 항목 (All groups)	100.8	102.3	103.7	108.6	112.5	116.0
식료품 (Food & beverages)	104.2	113.8	115.9	121.5	126.9	130.8
알콜, 담배, 빈낭 (Alcohol, tobacco, betel nut)	98.8	98.3	97.4	105.2	108.7	111.1
의류 및 신발 (Clothing & footwear)	100.3	103.8	102.6	101.9	103.1	103.9
주택 (Housing)	100.3	103.5	103.1	104.6	107.9	114.4
가사운영 (Household operations)	101.0	99.3	102.5	109.5	114.4	120.2
교통 (Transportation)	99.4	92.8	95.7	100.2	104.7	107.8
보건 및 교육 (Health, personal care, education & services)	99.7	101.0	101.3	100.2	99.6	100.1
여가 및 레크리에이션 (Leisure & entertainment)	100.5	100.3	100.9	101.3	101.8	102.0

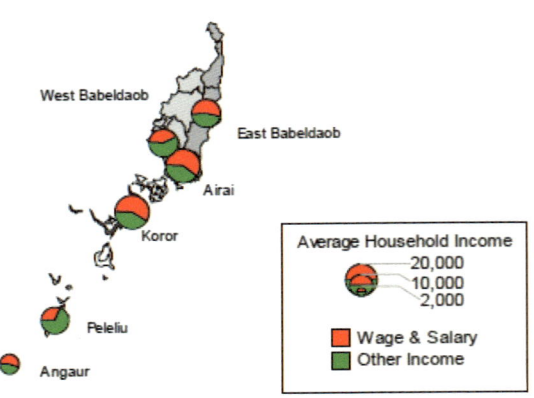

지역별 평균 가정 수입(2006)[384]

---

383) Republic of Palau, CPI 3rd Quarter 2013, Palau Consumer Price Indexes by Major Group, http://palaugov.pw/wp-content/uploads/2013/10/Palau-CPI-Publication_Q3_2013.pdf
384) Republic of Palau, 2006 Republic of Palau HIES (Household Income and Expenditure Survey) (prepared by Visia Alonz), http://palaugov.pw/wp-content/uploads/2013/10/2006-Household-Income-Expenditure-Survey-Report.pdff

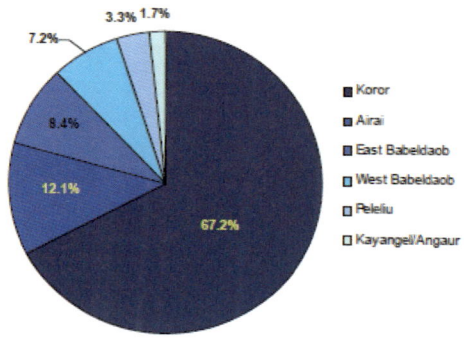

지역별 지출 비율(2006)[385]

지역별 평균 가정 지출(2006)[386]

Region	Total
Koror	$ 20,829
Airai	$ 17,001
East Babeldaob	$ 18,981
West Babeldaob	$ 18,045
Peleliu	$ 16,875
Kayangel / Angaur	$ 8,902
TOTAL	$ 19,330

---

385) Republic of Palau, 2006 Republic of Palau HIES (prepared by Visia Alonz), Percent Distribution of Expenditure by Region. http://palaugov.pw/wp-content/uploads/2013/10/2006-Household-Income-Expenditure-Survey-Report.pdf
386) Ibid.

별첨 2
기타 경제 현황[387]
(한국해양과학기술원 내부과제보고서 중 경제분석분야자료(2013) 인용. 관련 추가참고자료는 해당보고서 참조)

1. 주요 경제 현황 및 구조

2012년 기준 팔라우의 총 GDP는 2.3억 달러(US$)이며 1993~2012년까지 연간 6.4%의 높은 GDP 성장률을 기록하였다. 이 중 정부, 관광산업, 건설업 등을 포함한 서비스 산업의 비중이 총 GDP에 차지하는 비중이 가장 높았으며, 국민 1인당 GNI(Gross National Income, 국민 총소득)는 2011년 기준 3,720달러로, 1984년 이후 연평균 3.33%의 증가율을 나타내며 지속적으로 상승하고 있다. 팔라우의 2013~2014년 팔라우의 GDP 성장률은 약 3.5~4% 대를 유지하고 있고, 안정적으로 성장할 것으로 전망되지만, 인플레이션 비율은 주변 국가에 비해 다소 높은 5~6%를 기록할 것으로 전망되며, 경제발전에 걸림돌로 작용할 것으로 예상된다.

팔라우 시장의 특징은 ① 소규모 시장, ② 대규모 시장과 멀리 떨어진 위치, ③ 비교적 한정적인 자원 등으로 구분할 수 있다. 그러나 팔라우 시장 규모의 주요 척도인 총인구는 1960년도 이후 지속적인 증가추세를 나타냈으며, 2012년 기준 전체 인구는 약 2만 1천 명이다. 인구 밀도는 $1km^2$당 45.5명으로 상대적으로 낮은 편이나 대부분의 인구가 도회지 지역에 거주하고 있어 상업적인 차원에서 볼 때 크게 나쁘지 않다. 인구 증가에 다소 한계를 지니고 있는 반면 1인당 GNI는 연간 4.1%의 빠른 속도로 증가하고 있어 시장의 질적 측면에서는 긍정적인 면이 있다.

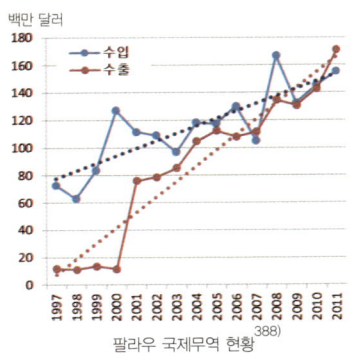
팔라우 국제무역 현황[388]

팔라우 무역 규모는 1990년대 후반부터 빠르게 증가하고 있다. 특히 수출량이 수입량에 비해 더 빠른 속도로 증가했다는 점은 주목할 만하다.

---

387) 아틀란틱 연구 및 컨설팅사(Atlantic Research & Consulting, ARC). 2013. 피지, 사모아, 팔라우, 쿡제도, 나우루 사업 현황조사 및 진출방안(보고서). 적도태평양연구인프라구축사업(PE98962), 한국해양과학기술원 보고서
388) 그림에서 점선은 트렌드 라인 분석 결과를 나타낸다

팔라우의 주요 수입 대상국은 호주, 뉴질랜드, 미국, 일본, 중국, 홍콩 등이다. 수입은 1997년 7,200만 달러에서 2012년 1억 5천만 달러로 크게 증가했으며, 2001년 이후 최근 10년간 연평균 10.2%의 비율로 주변 국가에 비해 빠르게 증가하였다.

아시아개발은행의 보고서에 의하면 향후 3~4년간 팔라우의 경제는 주변 도서 국가들에 비해 빠른 속도로 발전할 것으로 예측되며, 이로 인해 수입규모도 지속적으로 증가할 것으로 예측된다.

팔라우가 주변 태평양도서국들에 비해 크게 차별화된 현상 중 하나는 최근 수출량이 수입량을 초과했다는 점이다. 이는 팔라우의 경제적 발전 가능성을 시사한다. 2011년 팔라우는 무역사상 최초로 수출량 1억7천만 달러, 수입량은 1억 6천만 달러를 기록했는데 비해, 수출은 1997년 천백만 달러에서 2012년 1억7천만 달러로 크게 증가했다. 2001년 이후 최근 10년간 연평균 32.0%의 비율로 급속한 증가 추세를 보이고 있으며, 향후 지속적으로 증가할 것으로 예측된다. 주요 수출 품목은 조개 공예품, 참치, 코프라, 의류 품목 등이며, 주요 수출 대상국은 미국, 싱가포르, 일본, 한국 등이다.

외국인 직접투자 현황을 살펴보면, 대 팔라우 FDI(Foreign Direct Investment)는 1997년 약 8천만 달러 규모의 대규모 FDI를 제외하고는 약 1,500만 달러 미만의 소규모 FDI가 지속적으로 이루어지고 있다.[389] 2000년대 이후부터 크게 감소하여 11년간 평균 FDI의 규모는 약 3백만 달러 수준이다. FDI 순유입 규모는 점차 감소 중인 것으로 나타나는데, 이는 소규모의 지원 의존적 경제 구조(관광)[390] 인해 팔라우의 투자 매력도가 호전되지 못하고 있음을 시사한다. 인구수와 경제 규모의 한계로 인해 투자 매력도가 다소 낮다. 이로 인해 갑작스런 FDI의 증가는 발생하지 않을 것으로 예상된다.

팔라우 외국인직접투자(FDI) 현황

---

389) The World Bank. Foreign Direct Investment Net Inflows(BOP, current US$) - Palau. http://data.worldbank.org/indicator/BX.KLT.DINV.CD.WD?locations=PW
390) Republic of Palau National Government, Immigration/Tourism Statistics, Visitor by Country of Nationality and Purpose of Entry(2015). http://palaugov.pw/executive-branch/ministries/finance/budgetandplanning/immigraton-tourism-statistics/

2. 팔라우의 산업 인프라[391)392)]

팔라우의 인적 자원을 살펴보면, 2005년 기준 팔라우의 전체 노동 가용인구는 1만 3천여 명이며, 이 가운데 95%에 해당하는 인력은 공공부문 약 67.5%, 민간부문 30.6%, 그 외 1.9%가 종사하고 있다. 총고용 인력의 53.7%는 외국인 인력이며, 대부분의 인력들은 필리핀으로부터의 이주민이고, 대부분 민간 산업에서 근무하고 있다. 그리고 총 고용인구 중 약 35%의 인력이 정부에서, 65%는 민간 산업에서 근무한다. 성인 식자율(Literacy rate)은 99.9%에 달하며, 초등학교부터 영어교육을 실시하고 있다.

한편 공공기관 및 외국계 기업 기준 최저 급여는 시간당 3달러(2012년 기준)이며, 외국인을 채용하는 외국계 기업은 연 500달러의 요금을 지불해야 한다. 외국계 기업의 경우 종업원의 20%를 팔라우 자국민을 고용해야 하는 조건으로 기업 활동이 허가된다. 팔라우는 50시간 이상 근무 및 주 7일 근무가 허용되며, 야간 근무수당은 주간 근무수당과 같은 비율로 지급한다. 법적으로 규정된 유급 휴가는 없으며, 종업원 고용 및 해고에 대해 신고할 필요가 없기 때문에 종업원 관리가 비교적 용이한 편이다. 해고 시에도 퇴직금(Severance Pay)에 대한 의무가 없으며, 사전 통보의 의무도 없다. 최저 임금은 월 529.5달러이며, 1인당 부가가치 생산기준 최저 임금의 비율은(Ratio of minimum wage to value added per work)은 0.55달러이다.

기업 활동에 필요한 전력 인프라 분야를 살펴보면, 팔라우의 전력 공급은 민간 업체인 Public Utility Corporation(PUC)가 담당하고 있다. 행정상 절차로 새로운 건물에 전력 신청 시 전력 공급 설비가 완료되기까지 평균 125일의 시간이 소요되며, 전력 사용 비용 역시 높은 편이다. 일본 정부로 부터 1,200만 달러 규모의 재정을 지원받아 현재 운영 중인 발전소의 보강사업을 진행한 바 있다.

도로의 경우 아시아 국가들과의 지리적 근접성으로 인해 이들 국가의 시장 접근성은 양호한 편이며, 팔라우의 주요 교통수단으로는 도로, 항공, 선박, 항만 등이 있다.

---

391) Oceania TV News, 2015, PRC Visitors Continue to Dominate Palau's Tourism Arrivals, http://www.oceaniatv.net/2015/04/18/prc-visitors-continue-to-dominate-palaus-tourism-arrivals/
392) Wikipedia, Economy of Palau, https://en.wikipedia.org/wiki/Economy_of_Palau

팔라우 운송-교통 인프라 현황

운송 교통	특징
도로	- 전체 도로의 길이는 약 61km이며, 그 중 포장도로의 길이는 약 36km임 - 팔라우의 주요 도로는 일본 집정 당시 만들어진 도로로, 매우 낙후되어 있고, 팔라우 컴팩트 로드 프로젝트(Palau Compact Road Project)를 통해 바벨다오브 주변의 폭 5.5m, 길이 85.3km의 도로 재정비 프로젝트를 수행함 - 팔라우 정부는 미국 정부에 도로 건설 및 확충을 위한 지원을 요청한 바 있으며, 미국 내무부의 승인 아래 미 육군 공병대가 1억 2,400만 달러의 예산을 들여 도로 정비 건설 프로젝트를 수행함
항공	- 3개의 공항을 보유하고 있으며, 이 중 1개의 공항만 포장된 활주로를 보유함 - 팔라우 국제공항은 아이라이 주에 위치하고, 길이 2.2km, 폭 45.7m 규모의 포장된 활주로를 보유함 - 아시아의 5개 항공사와 유럽, 미국 항공사가 팔라우로 운항 중임
항만/선박	- 가장 큰 도시인 코로르에 항구를 보유함 - 주요 무역항인 말라칼 항구는 제1차 세계대전 이전에 건립되어 설비가 낙후되었고, 최대 길이 160.9m, 폭 152.4m 규모의 선박이 입항 가능함 - 주요 상업용 항구는 말라칼 섬에 위치한 말라칼 항구이며, 민간 산업에 의해 운영되고, 통상부(Ministry of Commerce and Trade)가 관리하고 있음
철도	없음

 토지는 팔라우 법에 의거하여 자국 국민만이 팔라우 내 토지와 수자원을 소유할 수 있고, 외국인은 정부 또는 민간 소유자로부터 땅을 임대(Lease)할 수 있으며, 99년까지 임대 기간을 설정할 수 있다.

 정보통신 분야를 살펴보면, 일반전화의 가입자 수는 2002년 약 6,700명의 가입자에서 2005년 8천여 명의 가입자로 증가했으나, 이후 무선전화의 보급으로 인해 가입자 수가 점차 감소하고 있고, 인터넷 보급과 함께 갈수록 감소할 전망이다. 무선전화 가입자 수는 2012년 기준 전체 인구의 82.6%에 해당하는 1만 7천여 명의 가입자가 사용 중이며 향후 증가할 것으로 예측된다. 그러나 제한적인 인구수로 인해 증가 폭은 점차 둔화될 것으로 예상된다. 대부분의 국민들이 구형 단말기를 사용하고 있으나, 스마트폰 보급 시 주변 도서국과 연계하여 한국의 무선전화 및 콘텐츠 관련 산업의 진출 기회가 발생할 수 있다. 2013년 World Bank는 마이크로네시아와 팔라우에 전화 및 인터넷 서비스 인프라 구축을 위해 110만 달러를 투자하는 Telecommunications and ICT Technical Assistance Project를 시작했으며, 프로젝트가 완료되는 시점에서 인터넷 사용자의 수는 크게 증가할 것으로 예상된다.[393]

---

[393] World Bank(The). 2013. New Project Towards Improving Phone, Internet Assess in North Pacific. (2013.09.07). http://www.worldbank.org/en/news/press-release/2013/06/09/new-project-towards-improving-phone-internet-access-in-north-pacific

팔라우 정부는 경제성장에 대한 강한 의지를 가지고 산업발전 및 투자유치를 위해 다양한 제도 개혁을 진행 중이다. 무엇보다 경제구조 다양화와 수출 장려를 위한 정책을 추진하고 있으며, 외국인 투자법 개혁 및 미국과의 자유연합협정(The Compact of Free Association), 금융법 개혁(Financial Reform), 농업 장려책 및 세법 개혁(Tax Incentives for Agri-Business Development and Tax Reform), 지역연합제도(Regional Integration), 가르드마우(Ngardmau) 자유무역지역(Free Trade Zone) 신설 등 다양한 산업 지원법이 시행 중이다. 또 주변 태평양 도서국들에 비해 기업세율이 낮으며 다양한 사업과 투자에 대한 세금 인센티브를 지원하는 등 팔라우 정부는 기업 경영을 하기에 좋은 환경을 만들어 가고 있다.

3. 팔라우의 주요 산업[394) 395) 396)]

팔라우의 주요산업은 관광, 공예품 (조개껍질, 나무, 진주 등), 건설 그리고 의류산업 등이다. 가장 높은 고용율은 정부로서 노동력의 약 35%를 담당하고 있다. 그러나 팔라우는 다른 지역과는 다르게 주변 지역들에 비해 가장 높은 1인당 GDP를 가지고 있는 국가이다. GDP추적시 포함되는 기타 다른 주요분야는 무역교류(21%), 호텔/식당(10%), 운송/통신(9%) 그리고 건설(8%) 등이다.

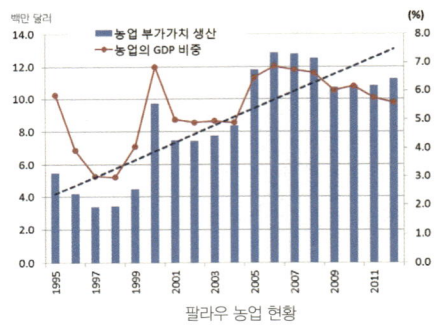

팔라우 농업 현황

농업[397) 398)]

농업은 국가 경제의 주요 부분을 차지하나, 대부분의 생산량은 식량 자급자족을 위한 내수 시장으로 공급된다. 농업이 팔라우 전체 GDP에서 차지하는 비중은 2014년을 기준으로

---

394) Index Mundi, Palau Industries. http://www.indexmundi.com/palau/industries.html, Pacific Business Center Program, Republic of Palau, University of Hawaii. http://www.hawaii.edu/pbcp/node/15
395) Index Mundi, Palau Economy Profile 2014. http://www.indexmundi.com/palau/economy_profile.html
396) Wikipedia, Economy of Palau. https://en.wikipedia.org/wiki/Economy_of_Palau
397) Nations Encyclopedia, Palau - Agriculture. http://www.nationsencyclopedia.com/economies/Asia-and-the-Pacific/Palau-AGRICULTURE.html
398) Aregheore, E.M., 2009. Country Pasture/Forage Resource Profiles - Palau, Food and Agriculture Organization of the United Nations(FAO). pp. 10. http://www.fao.org/ag/agp/agpc/doc/counprof/PDF%20files/Palau.pdf

하여 약 3.2~4% 정도이며, 2000년도 기준으로 전체 노동력의 약 20%가 농업에 종사하는 것으로 밝혀졌다. 하지만 농산물 재배를 위한 비용이 높아 자급자족할 만큼 충분한 양은 생산하지 못하고 있는 실정이다.

농업 부가가치 생산량은 점차 증가하는 추세인데, 이는 농업의 기계화 등을 통한 효율성 증대로 인한 것으로 보인다. 하지만 팔라우의 농업은 '규모의 경제'의 한계로 기업화가 어려운 실정이고, 이로 인해 효율성 증대에 어려움이 있어 향후 농업발전은 크게 기대하기 어렵다.

수산업[399) 400) 401) 402) 403) 404)]

수산업의 경우, 많은 수산물이 팔라우 내수시장에 공급되는 자족형 수산산업 형태로 조성되어 있다. 수산업은 팔라우 전체 GDP 규모 중 약 3%의 비중을 차지하고 갈수록 감소하고 있다. 그러나 해상에서 외국선박에게 판매하는 불법조업의 비중이 높아 정확한 통계는 구하기 어려운 상태이다.

현재 팔라우 해역에서는 일본, 중국, 미국, 타이완 국적의 어선들이 모여 활발한 수산업 활동을 하고 있다. 팔라우는 이 국가들의 참치잡이 어선 등이 자국의 EEZ에서 조업할 수 있도록 허가하는 라이선스 판매를 통해 연간 약 20만 달러의 수입을 올리고 있다. 하지만 최근 들어 팔라우 정부가 의욕적으로 '해상보호구역' 지정 등을 통해 기존의 상업적 어업을 금지할 것으로 예상되는 등 수산업의 전망은 밝지 않다. 토미 레멩게사우 팔라우 대통령은 '지속가능한 발전을 위해서는 팔라우가 수산업이 아닌 해상환경보호를 통한 관광산업을 개발해야 한다'라는 의사를 밝힌 바 있다. 정부의 이러한 기조에 따라, 팔라우에서는 향후 수산업의 비중이 줄고, 대신 관광산업의 비중이 증가할 것으로 예측된다.

---

399) Food and Agriculture Organization of the United Nations(FAO). Fishery and Aquaculture Country Profiles – The Republic of Palau. http://www.fao.org/fishery/facp/PLW/en
400) Food and Agriculture Organization of the United Nations(FAO). 2002. Fisheries Country Profile. http://www.fao.org/fi/oldsite/FCP/en/PLW/profile.htm
401) Wikipedia. Fishing industry in Palau. https://en.wikipedia.org/wiki/Fishing_industry_in_Palau
402) Wikipedia. Economy of Palau. https://en.wikipedia.org/wiki/Economy_of_Palau
403) Sisior, Kathy. 2006. Tuna fisheries in the waters of the Republic of Palau. Country Report by Palau. National Fishery Report (Report No. WCPFC-SC2-2006). Scientific Committee Second Regular Session. Western and Central Pacific Fisheries Commission(WCPFC). https://ishare.scotch.wa.edu.au/sandbox/groups/geography-ib/wiki/27be6/attachments/de2b8/Palau%20Tuna%20Fishing%20Article2.pdf?sessionID=dfacbd990772595f96fac2783ba0eda570ea3e8a
404) Lingard, S., Harper, S., Ota, Y. and Zeller, D., 2011. Marine Fisheries of lau, 1950~2008 : Total reconstructed catch. pp. 73-84. In, Harper, S. and Zeller, D.(eds.). Fisheries catch reconstructions : Islands, Part II. Fisheries Centre Research Reports 19(4). Fisheries Centre, University of British Columbia

관광레저산업[405) 406) 407) 408)]

팔라우의 관광산업은 농업, 수산업과 함께 팔라우의 경제적 근간이 되는 주요 산업이며, 정부의 투자 지원이 가장 활발한 산업 분야이다.

아름다운 자연, 주변 도서국들에 비해 팔라우는 편리한 교통과 함께 정부가 관광업 진흥과 다양화를 위해 노력하고 있어 외국인 투자자들에게는 건축 및 관광상품 개발의 사업 기회와 투자 기회를 제공하고 있는데, 특히 자연, 문화 중심의 생태관광(Ecotourism) 개발 사업 투자가 적합해 보인다.

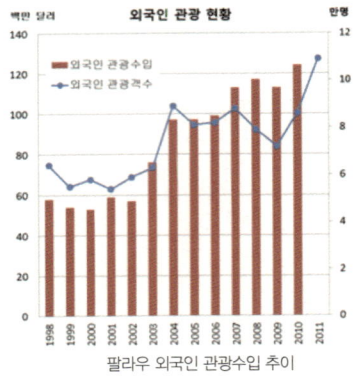

팔라우 외국인 관광수입 추이

팔라우는 세계 최고의 자연미와 갖가지 해양생물이 선풍적으로 인기를 끄는 스쿠버 다이빙과 이상적인 유람선 코스를 제공하여 일본, 대만, 한국, 미국, 캐나다, 괌, 필리핀 등에서 많은 관광객이 찾고 있는데, 특히 2006년부터는 한국인 관광객의 수가 급증하였고 최근에는 중국 관광객들이 급증하고 있으며 주요 관광객으로 자리 잡았다.

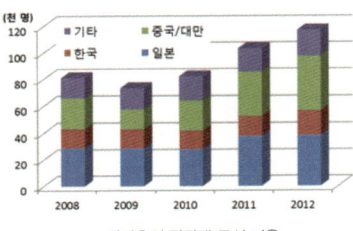

팔라우의 관광객 구성 비율

주요 관광 프로그램으로는 보초벽(육지에서 멀지 않은 바다속까지 길게 연결된 산호초 벽)과 제2차 세계대전 당시 버려진 난파선에서의 스쿠버 다이빙 및 스노클링, 그리고 세계적으로 유명한 수중언더월드가 있다.

팔라우는 미국과의 자유연합협정(The Compact of Free Association)을 통해 얻은 재정을 활용해 바벨다오브(Babeldaob)로 연결되는 도로를 건설했다. 이로 인해 더 많은 관광자원이 개발될 것으로 보인다. 그 외에도 미국 및 아시아 주요 국가를 상대로 다양한 관광상품을 개발하는데 정부 차원의 투자를 아끼지 않고 있다.

---

405) Bureau of Budget & Planning, Immigration/Tourism Statistics. http://palaugov.pw/executive-branch/ministries/finance/budgetandplanning/immigration-tourism-statistics/
406) International Monetary Fund(IMF), 2014. Republic of Palau(Selected Issues). https://www.imf.org/external/pubs/ft/scr/2014/cr14111.pdf
407) Carlile, L., 2000. Niche or mass market? The regional context of tourism in Palau. The Contemporary Pacific, 12(2): 415-436

팔라우의 관광산업은 2000년도 이후 빠른 속도로 발전하고 있다. 그 중 외국인을 대상으로 한 관광수입은 2000년에는 약 5,300만 달러였던 추세가 10년 뒤인 2011년에는 약 1억 2,400만 달러로, 무려 134%나 증가했다. 팔라우를 방문하는 외국인 관광객 수 역시 빠르게 증가하고 있는데, 2000년 5만 8천 명에서 2011년 10만 9천 명으로 88% 증가했다. 이렇게 볼 때, 팔라우 관광산업의 장기적인 발전은 넓게 보면 태평양 연안을 연결하는 항공 라인의 확대와 동아시아의 경제발전, 그리고 해외 투자자들의 적극적인 인프라 건설 투자에 기인하는 것으로 분석된다.[408]

2008~2012년까지 팔라우를 찾은 주요 관광객을 분석하면, 중국/대만(40.7%), 일본(38.0%), 한국(18.4%) 등의 순이다. 특히 최근 들어 중국의 관광객 수가 크게 증가하고 있다. 일반적으로 관광객의 평균 방문기간은 약 3~9일 정도이고, 연중 1/4분기와 4/4분기가 성수기에 속한다.

관광객이 증가하자 팔라우에서는 호텔, 교통, 통신망 등 관광산업에 필요한 인프라 건설에 지속적인 투자가 행해지고 있다. 현재 100여 개의 여행산업 관련 사업체가 영업 중이다. 그 뒤에는 700여 개의 객실을 갖춘 20여개의 호텔, 10여 개의 렌탈회사, 그리고 40여 개의 여행사가 있다.

팔라우 관광 관련 산업의 수요 통계 및 예측 수치

(단위: 백만달러)

연도	레저 관련 교육	오락/레크리에이션	비지니스 호텔	카지노	기타 도박 산업	고급 호텔	크루즈
2007	78.87	16.26	9.77	8.18	3.07	1.94	0.84
2008	82.01	16.91	10.29	8.65	3.24	2.04	0.89
2009	85.27	17.58	10.83	9.15	3.43	2.14	0.94
2010	88.65	18.28	11.40	9.68	3.63	2.24	1.00
2011	92.07	18.99	11.98	10.23	3.84	2.35	1.06
2012	95.62	19.72	12.59	10.81	4.05	2.46	1.12
2013	99.30	20.48	13.24	11.42	4.28	2.58	1.18
2014	103.12	21.27	13.92	12.06	4.52	2.71	1.25
2015	107.09	22.09	14.63	12.74	4.78	2.84	1.32
2016	111.22	22.94	15.38	13.46	5.05	2.97	1.40
2017	115.50	23.82	16.16	14.22	5.33	3.12	1.48

---

408) International Business Publications, 2013, Palau Economic & Development Strategy Handbook pp.280 IBP, Washington D.C.

제조업[409]

관광업에 편중된 산업구조의 다각화를 목표로 수출 중심의 산업을 육성하기 위해 팔라우 정부는 가르드마우(Ngardmau) 자유무역 지역법(Free Trade Zone Act)을 입법화하고, 세제 혜택과 다양한 산업 인프라 구축을 통해 무역을 활성화하면서 다양한 산업 유치를 위해 노력 중이다.

환경에 영향을 적게 미치는 경공업을 중심으로 제조업의 활성화가 크게 예상되는데, 이런 경공업 산물의 특성은 제품이 근접 지역 소비자의 성향에 맞춰 생산되기 때문에 주변 국가 및 인접 아시아 지역 시장의 특성을 고려한 것이어서 이들 시장에 수요가 있는 제품 생산을 위한 경공업 발전이 예상된다.

팔라우의 주요 제조업은 의류, 수공업 제품 생산이고, 생산량의 상당 제품이 내수시장이나 관광객에게 판매된다. 또한 팔라우의 제조업 인프라는 경제 규모나 주변 도서국가에 비해 상대적으로 잘 발달되어 있는 편이다.

수도인 코로르(Koror)와 팔라우의 가장 큰 섬인 바벨투아프(Babelthuap)를 연결하는 도로도 비교적 잘 정비되어 있고, 주요 도시를 연결하는 도로 건설을 위한 프로젝트가 한창 진행 중이다.

그런데 제조업이 차지하는 비중은 팔라우 전체 GDP의 0.8~2.2% 정도여서 낮은 성장속도를 보인다. 2000년대 초반까지만 하더라도 2.2%대의 성장속도를 보였지만, 2003년 이후 1%대 미만으로 크게 감소했다. 팔라우의 제조업 가운데서 향후 수요가 높을 것으로 전망되는 산업은 음식료 및 주류산업이다. 주변 태평양도서국들과 마찬가지로 팔라우는 주류의 소비량이 많고, 식량의 자급자족이 어려워 대체로 수입에 의존한다. 다만, 소규모 해산물 가공업은 장차 높은 부가가치를 창출할 수 있는 산업으로 평가되고 있다.

4. 팔라우 산업 진출 전략[410]

팔라우 정부가 산업에 제공하고 있는 주요 장점은 다음과 같다. 이러한 장점을 활용하면 의미 있는 산업 진출 전략을 수립할 수 있다.

---

[409] United States Department of the Interior. 2004. Republic of Palau Business Opportunities Report(Sharon Sakuma, updated 2007). http://pacificsbdc.com/docs/palau-business-opportunities-report-2007.pdf
[410] Planespooters.net, Palau Pacific Airways Fleet Details and History. https://www.planespotters.net/airline/Palau-Pacific-Airways

팔라우에 대한 산업 전략적 장점[411]

장점	세부 내용
지역적 장점	- 아시아 국가들과의 지리적으로 근접한 위치에 있어 이들 국가의 시장 접근성은 양호한 편임
정부	- 정치·국방·경제적 측면에서 미국에 의존도가 매우 높으며, 이로 인해 비교적 정치적으로 안정되어 있음 - 해외 기업 투자 활성화를 위한 제도 개혁과 인센티브를 제공함 - 미국 시장에 무관세 교역이 가능함
세제	- 기업관련 세금이 비교적 낮은 편이며, 다양한 세금 인센티브를 제공함
인프라	- 주변 국가에 비해 비교적 산업 관련 인프라가 양호한 편이고, 근대화가 이루어짐
자연환경	- 풍부한 참치어장과 다양한 어족자원을 보유하고 있으며, 저가의 노동력이 가용해서 저비용 고부가 가치의 수산업이 가능 - 천연 그대로의 해양환경 보존
항공 교통	- 주변 태평양 도서국에 비해 항공기 운항편이 많은 편이고, 특히 아시아 국가들을 연결하는 항공편이 많아 운송·교통이 편리함 - 5개의 아시아 항공사와 유럽, 미국의 항공사가 팔라우로 운항 중임

한편, 2011~2024년까지 미국과의 자유연합협정(The Compact of Free Association)의 갱신을 통해 2억 1,500만 달러 이상의 자금이 팔라우에 유입되고, 건설, 교통, 통신 등 기초 인프라 건설 부문에 많은 자금이 투입될 전망이다. 이와 관련된 산업의 발전 가능성도 예상된다. 그 밖에도 1차 자유연합협정의 주요 투자-지원 분야였던, 정부 행정·교육·보건 분야에도 지속적인 자금 투자가 예상되며, 지금의 경제적 여건 및 주변 시장 상황을 고려할 때, 팔라우는 다음 산업에 유망한 투자를 할 것으로 분석된다.

팔라우의 유망 산업

산업	평가
수산 양식업	- 관상용 어족, 해삼물 및 바다 생선 무역의 활성화가 전망됨 - 수족관 관련 어종 및 제품은 90% 이상이 미국으로 수출되며, 이 외에도 EU, 홍콩, 일본 등을 비롯한 선진국에서 수족관 애호가의 수가 증가하고 있어, 수족관 관련 무역이 더욱 발전할 전망임
관광업	- 팔라우 해양 자연환경을 활용한 관광업 및 리조트 산업, 콘도 미니엄(Timeshare)의 수요가 증가하는 추세임 - 미국 재정 지원으로 진행된 바벨다오브로 연결되는 도로사업이 완성될 경우 더 많은 관광자원 개발이 예상됨 - 호텔, 마리나 투자 개발 산업 발전이 예상됨
영화 및 TV 프로그램 제작	- 적도 태평양을 소재로 한 영화와 TV 프로그램 제작이 증가 추세임 - 국제적으로 해저자원 및 개발에 대한 관심의 증가로, 최근 해저를 배경으로 한 프로그램 수요가 증가하는 추세이며, 다수의 프로덕션이 팔라우에서 제작을 진행/계획 중임
제조업	- 가르드마우 지역의 자유무역지대(Free Trade Zone)로 인해 환경에 영향을 적게 미치는 경공업을 중심으로 한 제조업이 새로운 경제적 활성화를 위한 기회를 제공하고 있음 - 소규모 해산물 가공업이 진입할 경우 부가가치가 높은 사업을 창출할 수 있는 기회라고 평가됨

---

411) United States Departmet of the Interior, 2004. Republic of Palau Business Opportunities Report(Sharon Sakuma, updated 2007). http://pacificsbdc.com/docs/palau-business-opportunities-report-2007/pdf

별첨 3
일본과의 외교 관계 [412] [413] [414] [415]

1. 개요

- 1994년 12월, 일본과 팔라우 수교 체결
- 2015년 10월 기준, 팔라우에 370명의 일본인들이 거주하고 있음
- 2014년 기준, 일본에서 팔라우로의 수출액은 1,900만 달러(어류), 팔라우로부터의 수입액은 1억 4,900만 달러(기계, 연료, 금속, 식료품)임
- 일본과 팔라우 공화국은 지난 수년간 상호 협력적이고 우호적인 관계 유지 (일본은 팔라우에 미국 다음으로 많은 원조를 제공하는 국가이며, 양 국가 간의 관계자들과 정상급 정치가들 간의 상호교환 방문도 자주 이루어짐. 그 뿐만 아니라 지역 및 풀뿌리 지역 간의 관계도 우호적으로 행해지고 있음. 또한 팔라우는 일본의 효고현, 미에현과 자매결혼도 맺었으며, 이와테현의 다카다시 초등학생들 간의 교환학생 프로그램도 진행하고 있음
- 역사관계 개요 : 일본과 팔라우의 관계는 1920년도 들어 일본이 독일 식민지(팔라우, 마이크로네시아 연방국, 마샬 제도, 북마리아나 제도 등)에 대한 지배권을 확보함으로써 시작됨. 이들 지역은 국제연맹(1919~1946, 제1차 세계대전 후 국제평화의 유지와 협력의 촉진을 목적으로 세워진 국제기구)의 태평양 위임 통치령(Pacific Mandatory Territory)에 의해 제2차 세계대전이 끝나기 전까지 관리·지배했던 곳임. 이러한 일본 통치권 아래 팔라우의 수도

코로르-바벨다오브 다리

---

412) Ministry of Foreign Affairs of Japan. 2012. Bilateral Leaders' Meetings between Prime Minister Yoshihiko Noda and the Leaders of Micronesia, Palau and Samoa (2012.05.22). http://www.mofa.go.jp/region/asia-paci/palm/palm6/bimeeting/mic_pal_sam_pm.html
413) Embassy of Japan in the Republic of Palau. http://www.palau.emb-japan.go.jp/En/index.htm
414) Ministry of Foreign Affairs of Japan. Japan-Palau Relations. http://www.mofa.go.jp/region/asia-paci/palau/index.html
415) 在パラオ日本国大使館 - 政治・経済. パラオ情勢 2011年5月~2015年10月. http://www.palau.emb-japan.go.jp/politics_economy/jyousei_j.htm

코로르가 행정 중심지로서의 역할을 함. 일본의 관점에서 볼 때, 팔라우는 일본의 통치 하에서 수산업, 농업 그리고 광업 부문에서 경제적으로 발전했다고 함. Asahi Field, Belau Supreme Court, Old OEK 건물 등 팔라우 곳곳에는 일본의 영향력과 유적들이 존재하고 있는 것을 볼 수 있음

제2차 세계대전 후 일본은 팔라우와의 문화적 교류를 지속적으로 이어갔는데, 가장 큰 이유는 팔라우에 정착한 일본 커뮤니티 때문이라고 할 수 있다. 일본은 팔라우가 미국으로부터 독립을 선언한 1994년 10월 1일 바로 그날 팔라우를 공식 인정했고, 그 해 11월 2일에 외교관계를 수립했다. 이어 1999년에는 팔라우에 일본 대사관을 둔 뒤, 2010년 2월부터는 일본 대사를 파견했다. 일본은 팔라우를 일본의 가장 우호적인 국가로 간주한다. 일본과 팔라우는 서로 경제적으로도 가까운 국가로서 일본은 항만과 수산업 시설 개발 등에 대한 지원을 1980년부터 제공했다. 일본은 Japan-Palau Friendship Bridge 건설 등 주요 인프라 사업에 기여했으며, 이를 통해 민간 부분에서의 경제적 활동에도 기여하고 있다. Palau Pacific Resort 개장 및 Japan Airlines 항로 개척 등과 같은 부분도 팔라우 경제에 많이 기여하고 있다.

또한 인적 교류도 활발하다. 일본에서 공부한 팔라우 사람들은 팔라우 경제에 참여하여 많은 도움을 주고 있으며, 일본의 젊은이들도 교사, 공학자, 다이빙 가이드 등의 활동을 통해 팔라우의 가치를 드높이고 있다. 특히 일본은 두 가지 방면에서 팔라우를 전격적으로 지원하고 있다. 하나는 기후변화에 대한 대응(태양광 에너지 개발 등)이고, 다른 하나는 일본어 교육 등에 많은 노력을 기울이는 것이다.

일본과 팔라우는 같은 섬나라로서의 역사를 공유하고 공통된 도전에 직면하고 있다는 것과 두 나라가 서로 이웃이라는 점을 강조하면서 양국 관계를 형성해 나가고 있다.

2. 주 팔라우 일본대사관

- 주소 및 연락처

    Palau Pacific Resort, Arakebesang
    P.O. Box 6050, 96940 Koror, Republic of Palau
    Tel/Fax: (680) 488-6455 / (680) 488-6458
    Office Hours : 8:30~17:15 (월~금, 공휴일 휴무)
    Visa Hours : 8:30~12:00 / 13:00~16:30
    - 대사 : Kazuhiro Tajiri(2015년 9월 임명)

- 대사관 휴일 및 위치 (2015년 기준)

2015년 휴관일	
Thursday, January 1	New Year's Day
Friday, January 2	New Year's Holiday*
Wednesday, February 11	National Foundation Day*
Monday, March 16	Youth Day (Celebrated on March 15)
Tuesday, May 5	Senior Citizens' Day
Monday, June 1	President's Day
Thursday, July 9	Constitution Day
Monday, July 20	Marine Day*
Monday, September 7	Labor Day
Monday, September 21	Respect for the Aged Day*
Thursday, October 1	Independence Day
Friday, October 23	United Nation's Day (Celebrated on October 24)
Tuesday, November 3	Culture Day*
Thursday, November 26	Thanksgiving Day
Wednesday, December 23	The Emperor's Birthday*
Friday, December 25	Christmas Day
Tuesday, December 29	End of the Year Holiday*
Wednesday, December 30	End of the Year Holiday*
Thursday, December 31	End of the Year Holiday*

* 일본 공휴일

3. 1990년 이후 정부 간 상호 방문 현황

일본에서 팔라우 방문		
연도	월	방문자 이름
1994	10	Member of the Diet, Mr. Seishiro Etou (National Day's Ceremony)
1995	1	Member of the Diet, Mr. Hiroshi Mistuzuka (The President of Japan-Palau Parliamentarian League)
1996	6	Ambassador of Japan to Australia, Mr. Kazutoshi Hasegawa (Political Dialogue)
1997	1	Member of the Diet, Mr. Yatarou Mitsubayashi (Special Envoy to the Presidential Inauguration Ceremony)
1998	8	Ambassador of Japan to Australia, Mr. Kazutoshi Hasegawa (Political Dialogue)
1999	10	Member of the Diet, Mr. Hiroshi Mistuzuka (The President of Japan-Palau Parliamentarian League)
1999	10	Senior State Secretary for Foreign Affairs, Mr. Shozo Azuma (Post-forum Dialogue)
2001	1	Senior Vice-Minister for Foreign Affairs, Mr. Seishiro Etou (Presidential Inauguration Ceremony)
2002	1	Special Envoy of the Prime Minister, Mr. Taimei Yamaguchi (Inauguration for Japan-Palau Friendship Bridge)
2004	1	Former Prime Minister, Mr. Ryutarou Hashimoto (APFED Specialist Meeting)
2006	8	Minister of State for Disaster Management, Mr. Tetsuo Kutsukake (Special Envoy of the Prime Minister)
2007	1	Parliamentary Secretary of the Environment, Mr. Tomokatsu Kitagawa (International Conference held by International Coral Reef Initiative (ICRI))
2007	8	Member of the Diet, Mr. Ryotarou Tanose
		Member of the Diet, Mr. Junzo Yamamoto (APPU Meeting)
2009	1	Former Prime Minister, Mr. Yoshiro Mori (Presidential Inauguration Ceremony)

팔라우에서 일본 방문		
연도	월	방문자 이름
1994	10	President, Mr. Nakamura
		Minister of State, Mr. Ucherbelau
		Speaker of the House of Delegates, Mr. Whipps
1996	4	President, Mr. Nakamura
		President of the Senate, Mr. Sugiyama
		Speaker of the House of Delegates, Mr. Whipps
1997	10	President, Mr. Nakamura (Japan-SPF Summit Meeting)
1998	3	President, Mr. Nakamura
1998	9	President, Mr. Nakamura (Courtesy Call to Prime Minister, Mr. Obuchi and Minister for Foreign Affairs, Mr. Komura)

1998	11	President, Mr. Nakamura (Visitation to Atomic Facilities)
1999	2	President, Mr. Nakamura (Opening Reception for the Embassy of the Republic of Palau in Japan)
1999	6	President, Mr. Nakamura
1999	12	President, Mr. Nakamura (SPF Chairman)
2000	3	President, Mr. Nakamura
2000	4	President, Mr. Nakamura (2nd Pacific Islands Leaders Meeting)
2000	6	President, Mr. Nakamura (Funeral of Former Prime Minister, Mr. Obuchi)
2000	11	President, Mr. Nakamura (Official Working Visit)
2003	3	President, Mr. Remengesau (3rd World Water Forum)
2003	5	President, Mr. Remengesau (3rd Pacific Islands Leaders Meeting)
2005	3	Vice President, Mr. Chin (International Thanksgiving Get-together for the Recovery of Hanshin-Awaji Earthquake)
2005	7	President, Mr. Remengesau (Official Visit to World Expo)
		Minister of State, Mr. Shmull
		Minister of Community and Cultural Affairs, Mr. Merep
		Minister of Administration and Finance, Mr. Sadang
2006	3	Former President, Mr. Nakamura
2006	5	President, Mr. Remengesau (4th Pacific Islands Leaders Meeting)
		Minister of State, Mr. Shmull
		Member of the Senate, Mr. Seid
		Member of the House of Delegates, Mr. Gulibert
2006	8	President, Mr. Remengesau (Funeral for Former Prime Minister, Mr. Hashimoto)
2007	8	Minister of Resource and Development, Mr. Koshiba (ODA Project Bidding)
2007	8	Minister of State, Mr. Shmull and Mrs. Shmull (Funeral for Former Prime Minister, Mr. Miyazawa)
2007	12	President, Mr. Remengesau (1st Asia-Pacific Water Forum)
2008	3	Former President, Mr. Nakamura
2008	12	President, Mr. Remengesau
2009	4	President, Mr. Toribiong
2009	5	President, Mr. Toribiong (5th Pacific Islands Leaders Meeting)
		Senate President, Mr. Tmetuchl
		Member of the Senate, Mr. Diaz
2009	6	Former President, Mr. Remengesau
2010	10	Minister of State, Mr. Yano (Pacific Islands Leaders Meeting Mid-term Ministerial Conference)

4. 최근 현황

2012년 10월 일본은 팔라우의 Belau Modekngei School(BMS)에 30인용 버스를 기부했다. 이 버스는 일본의 Japan's Grant Assistance for Grassroots Human Security Project(GGP)에서 주는 기금으로 구입한 버스로서, 약 8만 7,900달러(약 1억 원)이다. Belau Modekngei School은 Ibobang, Ngatpang에 위치해 있는데, GGP는 2005년 학교를 위한 시설 장비로도 사용되었다. GGP의 최우선 순위는 교육 부문으로서 학교 지원을 적극적으로 하는 원조기금이다.

2012년 9월에는 GGP를 통해 일본은 Emmaus High School에 새로운 30인용 버스 구입비 9만 5,685달러를 제공했다. 또한 1999년에는 펠렐리우, 2010년에는 아이멜리크(Aimeliik), 2012년에는 Melekeok Elementary School에도 각각 버스 구입비를 제공했다.

한편, Bethania High School에 체육관 건설도 약속했으며, 새로 건축될 체육관은 12만 459달러 정도가 투자될 것으로 전망된다. 이것 역시 일본의 GGP를 통해 지원된다. 이러한 체육시설은 해당 학교 학생들 외 마을 주민들의 활동 공간으로도 널리 활용될 예정인데, 그 혜택은 Ngaraard 지역의 400여 명의 주민에게 돌아갈 것으로 기대된다. GGP를 통해 Koror Elementary School의 다목적 건물이 건축되었으며, 최근에는 Palau Mission Academy의 체육관 건립도 추진되었다.

또한 2012년 2월에는 앞서 2011년 11월 5일에 발생한 화재로 50%로 감소한 팔라우의 전력난을 해소하려는 차원에서 일본 정부가 발전기 등 약 42억 원을 지원한 바 있다.

일본의 노다 요시히코 총리와 팔라우 토리비옹 대통령이 사모아의 투일라에파 총리와 마이크로네시아 연방국의 모리 대통령과 함께 개별적으로 정상회의를 개최했다. 이들 정상은 제6차 태평양 도서국 정상회의(PALM 6)에 참석하기 위해 일본을 방문했다.

노다 총리는 토리비옹 대통령을 환영하면서 일본이 기부한 4개의 발전기가 최근 발생한 전력난 해소에 도움이 되길 바라는 뜻을 전하자 토리비옹 대통령은 이에 대해 감사를 표시했고, 팔라우를 지속적으로 도와주고 있는 일본에 감사 표시도 한 바 있다. 또한 일본인들이 팔라우를 많이 방문하고 있고, 2011년 10만 번째 방문자도 일본인이었다는 것이 참으로 뜻 깊은 일이라며 언급한 바 있다. 팔라우와 지리학적으로도 가장 가까운

토리비옹 대통령과 노다 총리

이웃인 일본이 팔라우를 자국의 동맹국으로 간주하기를 바란다는 뜻도 전했다. 이에 대해 노다 총리는 오키나와에서 더욱 많은 대화가 있기를 바란다고 했으며, 토리비옹 대통령은 일본의 Islands Summit Initiative는 아주 많은 칭찬을 받고 있다고 언급했다.

2014년 10월 1일에 열린 팔라우 독립기념 20주년 행사에서 팔라우의 해양개발과 불법조업으로부터 해양자원을 보호하기 위해 일본재단(Nippon Foundation)은 팔라우에 순찰선 한 척을 양도한 바 있다. 일본재단은 비영리 단체로서, 1962년 자선 활동을 목표로 설립되었다. 설립자인 사사카와 료이치는 조정 경주 사업으로 벌어들인 이윤을 기본 자산으로 '일본경정협회'를 창설했고, 일본재단은 이 경정협회를 모태로 창설된 것이다. 일본재단의 목표는 인도주의적인 활동과 세계 해양 발전을 위한 노력을 지원한다는 데 있다. 하지만 일본재단을 세운 사사카와 료이치는 제2차 세계대전 말기 1인 1기 1함 격멸을 제안하여 가미카제 특공대를 창안자로 알려졌다. 국내 언론매체는 일본재단과 연계되어 사사카와 료이치에 의해 설립된 많은 재단이 사사카와의 전범 행적과 일본의 전쟁 범죄를 미화하는 역사왜곡에 조직적으로 관여하고 있다는 의혹을 제기한 바 있다[Island Times에서 발췌, 작성(2014.10)].

5. Palm 7 회의 개요(The 7th Pacific Islands Leaders Meeting)[416]

- 일정 : 2015년 5월 22~23일
- 장소 : 후쿠시마현 이와키시(福島県いわき市)
- 참가국 : 일본, 쿡 제도(일본과 공동위원장), 마이크로네시아 연방국, 피지, 키리바시, 마샬 제도, 나우루, 니우에, 팔라우, 파푸아뉴기니, 사모아, 솔로몬 제도, 통가, 투발루, 바누아투, 호주, 뉴질랜드 등 총 17개국
- 회의 소개 : PALM은 1997년부터 매 3년마다 개최되는 태평양 도서국의 정상회의로서 각국의 정상들이 태평양 도서국들의 다양한 이슈에 대해서 토의하면서 더욱 강력한 협력관계를 형성하고, 일본과 태평양 도서국 간의 우호적인 관계를 더욱

---

416) 일본 외무성, PALM7(The 7th Pacific Islands Leaders Meeting), http://www.mofa.go.jp/mofaj/a_o/ocn/page22_001669.html

돈독히 하기 위한 이슈들에 대한 토의 진행
- 이번 회의에서는 태평양 도서국의 우선과제에 대응하기 위한 지속적이고 일관된 정책이 필요하며, 앞으로 3년간 ① 재해방지, ② 기후변화, ③ 환경, ④ 인적교류, ⑤ 지속가능한 개발, ⑥ 해양·수산, ⑦ 무역·투자·관광 등 7개 분야에 초점을 맞춰 협력을 진행하기로 결정함. 또한 아베 총리는 태평양 도서국의 자립적 발전을 촉진하기 위한 협력의 일환으로 앞으로 3년간 550억 엔 이상 지원하는 것과 동시에 4천 명의 인재양성, 교류 지원도 할 것임을 표명함. 태평양 도서국의 기후변화 대책능력 강화와 일본과의 비즈니스 교류를 한층 더 강화할 의사 밝힘. 태평양 도서국의 수뇌 등으로부터는 일본의 광범위한 지원에 감사해 하면서 지속적인 지원을 해줄 것도 기대한다는 뜻을 표명함

① 재해 방지 : 일본은 태평양 도서국이 재해에 강한 사회를 구축하도록 태평양 조기재해경보 시스템 강화 및 태평양 자연재해 위험보험 확충을 위한 지원 약속. 후쿠시마 제1원자력 발전소와 관련해서는 앞으로도 국제사회에 정보를 제공하는데 힘쓸 것이며 근거 없는 소문에 휘말리지 않고 일본의 대응에 꾸준한 지지 부탁. 또한 아베 총리는 쓰나미의 위협과 대책에 관한 이해와 관심을 높이기 위해 11월 5일을 '세계 쓰나미의 날'로 지정 제안
② 환경·기후변화
  - '적응 이니셔티브' 착상에 기초한 태평양 도서국과 같은 약소국가의 대처능력 향상 지원
  - GCF(Green Climate Fund)에 15억 달러 지출
  - 태평양지역환경계획(SPREP) 기후변동센터의 정비, 인재육성 등
  - 에너지 안전보장 향상을 위한 재생가능 에너지 도입이나 디젤 발전효율화 지원
③ 해양·수산 : 아베 총리는 태평양을 공유하는 해양 국가로서 해양 분야에서의 협력을 추진해야 하는 중요성을 강조했고, 불법 어업 대책을 포함하여 수산자원의 적절한 보존관리 등 해양자원의 지속가능한 이용을 위해 협력할 것을 확인. 그리고 태평양 지역의 일본 어선의 안정적인 조업 배려 요청. 또한 아베 총리는 해양국가로서 '열린 안정된 해양'을 확보하기 위해 UN 해양법 협약 등과 같은 국제법의 원칙을 기초로 삼아 해양질서 유지의 중요성을 재확인하고 다른 정상들도 이를 지지. 각국이

긴장을 고조시키는 일방적인 행동은 삼가하고 '법의 지배'를 원칙으로 행동하는 것이 중요하다고 강조

④ 인적 교류 : 아베 총리는 인재의 중요성을 강조하면서 인적 교류·인재양성을 추진하는 계획을 밝힘에 따라 태평양 도서국은 청소년 교류, 비즈니스 교류 등 폭넓은 인적교류를 하고 싶다는 뜻을 표명

⑤ 무역·투자 촉진 : 아베 총리는 정보교환과 비즈니스·매칭 등의 비즈니스 교류를 촉진하고 싶다는 의사도 밝혔으며, 앞으로 연 1회 정도로 태평양 도서국의 무역촉진 워크숍의 개최와 경제 미션의 파견을 겸한 프로그램을 진행하려는 의도 표명. 또한 관광교류의 촉진은 상호 이해를 증진하고 우호관계를 강화하는 것이라며 일본과 태평양 도서국의 관광촉진을 지원하고자 2015년 일본에서 열릴 태평양 도서국 관광장관회의 개최 소개

⑥ 지속 가능한 개발 : 아베 총리는 인프라 정비, 사회서비스의 향상, 여성과 청소년에 대한 지원과 같은 인간 중심의 지원을 행하고 태평양 도서국의 장래를 맡은 젊은 세대를 대상으로 장기 인재육성 프로그램(Pacific-LEADS) 수립 계획 발표

- 이번 회의에서 팔라우 대통령 토미 레멩게사우 주니어는 2015년 5월 22일 오후 4시 55분부터 약 20분간 아베 신조 내각 총리대신과 수뇌회담을 가졌다. 당시 수뇌들 간에 나눈 주요 내용은 다음과 같다.
- 아베 총리는 공동회장인 팔라우 대통령과 함께 PALM 7을 성공적으로 인도하고 태평양 도서국과의 새로운 파트너십을 구축하고 싶다는 의사를 표했다. 또한 지난달 일본 천황 내외의 팔라우 방문 때 팔라우 국민들이 보여 준 환대에 감사를 표하면서 팔라우 대통령의 '양국에는 전후 70년을 넘어서는 긴 우호적인 역사가 있다'라는 메시지가 일본 국민에게 강한 인상을 주었다고 했으며, 팔라우 대통령의 일본인 참전자의 유골 회수에 보여 준 열의에도 깊은 감사를 표했다.
- 이에 대하여 레멩게사우 대통령은 2015년 5월 23일부터 시작되는 PALM 7이 쓰나미 재해 지역인 후쿠시마현에서 개최되는 것을 매우 뜻 깊은 일로 생각했고, 정상회담을 성공적으로 함께 진행하고 싶다는 결의를 표했다. 또한 일본 천황 내외의 팔라우 방문은 팔라우 정부는 물론 팔라우 국민에게 영광이며 양국 간의 우호친선이 더욱 깊어지는 계기가 되었다고 했다.
- 한편, 아베 총리는 5월 20일 서명식을 가진 팔라우 상수도 개선에 관한 무상자금협력(약 18억 엔) 등을 통해 일본이 팔라우의 국가 건설을 꾸준히 강력하게

지원하고 있다고 언급했다.
- 레멩게사우 대통령은 태평양 지역의 평화를 위한 일본의 공헌을 높이 평가하며 어업 분야에서의 협력을 확대하고 싶다고 했다. 아베 총리는 국제연합 차원에서 제안하는 '세계 쓰나미의 날'에 대한 협력을 구하는 한편, 레멩게사우 대통령으로부터의 지지를 받았다. 양국 정상들은 기후변화, 국제연합안보리 개혁 등 국제사회의 과제 및 협력에 대해 서로 의견을 교환했다.

- 일본의 태평양 도서국에 대한 원조 자료[417]

Fact Sheet by Japan on Assistance Measures to the Pacific Island Countries

This Fact Sheet is an illustrative list of assistance measures being considered by the Government of Japan and its affiliated agencies and is released on 26 May 2012. Measures enumerated in this sheet will be implemented in consultation with each Pacific Island Country (PIC) through such occasions as bilateral aid policy dialogues as well as with other partners and organizations including the PIF Secretariat, if necessary. The sheet is compiled and released solely on the responsibility of the Government of Japan, and is not a part of the Leaders' Declaration of PALM6. The structure of the Fact Sheet is based on the goals and objectives established in the PIF's Pacific Plan.

지원 목적	시행 내용	지원 조치
1. 경제 성장		
무역과 투자		
• Improve investment environment	GoJ (MOFA/METI)/JICA/ Japan Oil, Gas and Metals National Corporation (JOGMEC)	— GoJ (MOFA)/JICA : Cooperation for the improvement of investment environment — GoJ (MOFA/METI) : Consultations with PICs at a working-level for the improvement of investment environment — GoJ (METI)/JOGMEC : Support exploration of natural resources in PICs (투자환경개선, 자원개발지원)
• Enhance functions of the Pacific Islands Center (PIC)	GoJ (MOFA)/ PIF/ PIC	— GoJ (MOFA)/PIF Secretariat/PIC : Contribute to PICs' activities amd seek to utilise external fund, etc. (외부재원확보 지원)
• Promote products of Pacific island countries	GoJ (METI)/ JETRO/PIC	— GoJ(METI)/JETRO/PIC : Hold the Pacific Islands Festa (태평양 도서국 제품 홍보)

---

417) Government of Japan, Fact sheet by Japan on assistance measures to the Pacific Island countries, http://www.mofa.go.jp/region/asia-paci/palm/palm6/pdts/palm6_120515_FactSheet.pdf

• Promote the cooperation between the public and private sectors or create business opportunities	GoJ(MOFA/ MOF/METI)/JE TRO/PIC	— PIC : Dispatch trade and investment promotion mission — JETRO : Promote products of Pacific Island countries by holding an exhibition — JETRO : Co-host investment seminar with Pacific Island countries to create business opportunities — GoJ(MOFA/MOF/METI) : Promote cooperation between the public and private sectors for sustainable development, including effective use of ODA — GoJ(MOFA)/PIF Secretariat : Provide opportunity of investment and business development in PICs (비즈니스 기획 개발 추진)

인프라 개발

• Increase energy supply	GoJ(MOFA/ MOF)/JICA/Asi an Development Bank (ADB)/	— GoJ(MOFA)/JICA/ADB : Cooperation in the electric power sector for stable supply of energy — GoJ(MOFA)/JICA : Cooperation for the improvement of maintenance and management capability of energy infrastructure (전력 공급 강화)
• Improve transport infrastructure	GoJ(MOFA/ MLIT)/JICA/Oc ean Policy Research Foundation (OPRF) GoJ(MLIT)	— GoJ(MOFA)/JICA : (i) Financial cooperation on transport infrastructure, (ii) technical cooperation for the improvement of maintenance capability of infrastructure — GoJ(MLIT)/OPRF : Invitation programs for maritime transport and ship-building sectors — GoJ(MLIT/JICA : JICA group training course on the total planning of airport construction management and maintenance (이동수단 인프라 구축)
• Assistance in the area of ICT (Information Communication Technology)	J(MIC)/Asia Pacific Telecommunity (APT)	— GoJ(MIC)/ APT : Human resource development programs in the ICT field, pilot projects for eliminating digital divide and Pacific workshop with Japan's Extra Budgetary Contributions (ICT 분야 인적역량강화)

어업

• Promote sustainable fisheries	GoJ(MOFA/ MAFF)/JICA/ Western and Central Pacific Fisheries Commission (WCPFC)	— GoJ(MOFA)/JICA : Cooperation in aquaculture, sustainable fishing method, etc. — GoJ(MAFF)/WCPFC : Improve management capability for tuna resources through WCPFC (지속가능한 수산자원)
• Assistance for improvement of fishery-related infrastructure	GoJ(MOFA)/ JICA	— GoJ(MOFA)/JICA : Cooperation for the improvement of fishery-related infrastructure (수산관련 인프라 향상)

• Promote regional fisheries and capacity building	GoJ(MAFF)/ OFCF(Overseas Fishery Cooperation Foundation of Japan)	– GoJ(MAFF) : Support holding training courses, dispatch experts and provision of equipments, etc. – OFCF: Implement training courses, dispatch experts and provide equipments, etc. (수산관련 훈련)
농업		
• Promote sustainable agriculture	GoJ (MOFA)/ JICA	– GoJ (MOFA)/JICA : Cooperation for sustainable development of agriculture (지속가능한 농업)
• Develop technology for conservation of ground water resources	JIRCAS(Japan International Research Center for Agricultural Sciences)	– JIRCAS : Implement research project on "Development of Environment-friendly Agricultural Production Technology in Islands" (친환경 농업활동 촉진)
• Prevent and control major transboundary animal diseases	GoJ(MAFF)/ OIE(World Organisation for Animal Health)	– GoJ (MAFF)/OIE : Support the SPC member countries to prevent and control major transboundary animal diseases through the OIE (가축질병 전염예방)
• Support animal health activities in Asia and the Pacific	GoJ (MAFF)/ OIE (World Organisation for Animal Health)	– GoJ (MAFF)/OIE : Support OIE Regional Representation for Asia and the Pacific to collect, analyse and provide disease information as well as to hold meetings, workshops and training courses for technical support and advice. (가축건강 촉진)
관광		
• Support human resources development in the area of tourism	GoJ (MOFA)/ JICA	– GoJ (MOFA) / JICA : Human resources development through regional training programmes and dispatch of volunteers (관광 인적재원 개발)
• Promote Pacific island countries as tourism destination in Japan	PICs	– PICs : Implement tourism promotion projects (Participation in travel fairs, development of publicity tools, etc.) (일본 관광 촉진)

2. 지속 개발 사업

기후 변화

• Hold a policy dialogue on climate change with small island nations	GoJ(MOFA)	– Hold a policy dialogue on climate change with experts of Pacific and Caribbean small island nations in Tokyo in July 2012 (기후변화관련 정책담화)
• Enhance community resilience and cope with climate change and disasters	United Nations Trust Fund for Human Security (GoJ (MOFA))	– Implementing Organization : UNICEF, UNHABITAT, UNFPA Enhance community resilience and response mechanism to adverse effects of climate change such as frequent occurrence of natural disaster, with special focus on the vulnerable (기후변화 및 재해에 따른 지역적 역량 강화)
• Enhance capacity to deal with sea – level rise	GoJ (MOFA/MEXT)/ JICA/ Japan Science and Technology Agency (JST)	– GoJ (MOFA/MEXT)/JICA/JST : Support adaptation measures against sea–level rise (해수면상승 대응 및 적응)
• Promote the Global Mapping Project	GoJ (MLIT/GSI(Geospatial Information Authority of Japan))	– GoJ (MLIT/GSI) : Provide technical support for the development and utilization of Global Map (세계지도 개발 촉진)
• Build climate resilience in the Asia – Pacific Region	Asia–Pacific Adaptation Network(APAN)/ GoJ(MOE) /ADB/UNEP/ROAP/AIT	– APAN/GoJ/(MOE)/ADB/UNEP/ROAP/AIT : Cooperate to improve regional capacity and knowledge sharing of climate change adaptation (기후변화적응 정보교환)

지속 가능한 에너지

• Promote the introduction of renewable energy	GoJ (MOFA/METI)/JICA/ PIF Secretariat/ Japan Electric Power Information Center (JEPIC)	– GoJ (MOFA)/ PIF Secretariat : Provide solar power generation for PICs through Japan's contribution – GoJ (MOFA)/JICA : Assistance for introduction of renewable energy in relation to environment and climate change – GoJ(METI)/ JEPIC : Provide opportunities for technical cooperation on renewable energy including solar power (재생가능에너지 개발 촉진)

• Support transition to low carbon economies through development and deployment of renewable energy (RE) resources and promotion of greater energy efficiency (EE)	GoJ (MOF) /WB / UNDP/ Alliance of Small Island States(AOSIS)	− GoJ (MOF) : Make financial contribution to the Trust Fund established by the WB − WB : Invest RE and EE projects in SIDS by utilizing the Trust Fund based on the coordination with AOSIS, GoJ, UNDP and other donors (저탄소 경제 개발)

물과 하수 처리

• Build water supply and sewage systems and capacity building for management and maintenance of these infrastructures	GoJ (MOFA)/ JICA/ PIF Secretariat	− GoJ (MOFA)/ JICA : Comprehensive cooperation for the improvement of access to water resources by using the knowledge of Okinawa − GoJ (MOFA)/ PIF Secretariat : Provide sea water desalination plants through Japan's contribution to the PICs (하수처리 시스템 역량 강화, 탈염시설 개발)

오수 관리

• Support PICs' efforts to implement the regional master plan for waste management in the Pacific • Promote effective utilization of resources through 3Rs(Reduce, Reuse, Recycle) "initiatives and development of venous physical distribution business	GoJ (MOFA)/ JICA	− GoJ (MOFA)/JICA : Cooperation for the implementation of the regional master plan for waste management in the Pacific (Improvement of landfill system through the "Fukuoka Method", promotion of 3Rs initiatives, etc.) − GoJ (MOFA)/JICA : Cooperation for development of venous physical distribution business in cooperation with private sectors and NGOs (쓰레기 처리)

		환경 보호	
• Support sustainable use of forestry resources	GoJ (MOFA)/ JICA	— GoJ (MOFA)/ JICA : Cooperation for forest conservation (삼림 보전)	
• Support research on forest tree breeding	Forestry and Forest Products Research Institute(FFPRI)– Forest Tree Breeding Center/JICA	— FFPRI–Forest Tree Breeding Center/JICA : Support research on forest tree breeding in collaboration with Secretariat of Pacific Community (삼림 연구)	
		건강/보건/위생	
• Support improvement of healthcare infrastructure and human resource development of healthcare workers for the enhancement of health system in the Pacific region • Assist the improvement of access to health service	GoJ (MOFA)/ JICA	— GoJ (MOFA)/JICA : Cooperation for the training of regional nursery leaders — GoJ (MOFA)/ JICA : Cooperation for the improvement of hospitals, clinics, etc. — GoJ (MOFA)/JICA : Cooperation for the enhancement of health systems including noncommunicable diseases prevention and control (보건 시설, 인적역량강화, 예방 활동 등)	
• Enhance measures for infectious diseases in the Pacific region, including PacELF (the Pacific Program to Eliminate Lymphatic Filariasis)	GoJ (MOFA)/ JICA	— GoJ (MOFA)/ JICA : Cooperation for the promotion of vaccination, malaria control, eradication of filaria (전염병 예방)	

		교육
• Capacity building of teachers and support the creation of educational opportunities in isolated islands and rural areas	GoJ (MOFA)/ JICA GoJ (MOF)/ ADB	— GoJ (MOFA)/JICA : Cooperation for distance learning program at University of the South Pacific (USP) — GoJ (MOFA)/JICA : Cooperation for the improvement of educational infrastructure — GoJ (MOFA)/JICA : Cooperation for elementary and secondary education focused on science and mathematics — GoJ(MOF)/ADB: Assistance for education sector through the Japan Fund for Poverty Reduction(JFPR) (외곽섬 교육 강화)
		지역 사회 개발
• "Tensions" reduction, reconciliation and rehabilitation	United Nations Trust Fund for Human Security (GoJ (MOFA))	— GOJ(MOFA)/UNDP/UNICEF/ILO : Empower local government; improve livelihood of ex-combatants, community reintegration, water and sanitation, vocational training (지역 발전)
		문화
• Safeguard intangible cultural heritage	GoJ(MOFA/ MEXT)/ UNESCO	— GoJ (MOFA) : Assistance through UNESCO/Japan Funds-in-Trust for the Safeguarding of Intangible Cultural Heritage (workshops, intangible cultural heritage preservation projects, etc.) — GoJ (MEXT) : Research for the protection of intangible cultural heritage, etc. (무형 문화재 보호)
• Preserve of cultural heritage	GoJ(MOFA)/ UNESCO	— GoJ (MOFA) : Assistance through UNESCO/Japan Funds-in-Trust for the Preservation of Cultural Heritage (workshops, assistance of preservation of cultural heritage, etc.) (문화재 보전)
		3. 양호 통치
• Support enhancement of policy-making capacities	GoJ (MOFA)/ JICA GoJ (MOF)/ ADB	— GoJ (MOFA)/JICA: Dispatch advisors for strengthening policy-making capacities — GoJ(MOF)/ADB: Assistance for capacity building for statistics through the Japan Fund for Poverty Reduction(JFPR) (정책결정 역량 강화)
• Assistance for strengthening institutions and administrative capacities	GoJ (MOFA)/ JICA	— GoJ (MOFA)/ JICA : Support for strengthening institutions and administrative capacities (통계 역량)
• Assistance for the improvement of governance and elimination of corruption	GoJ (MOF)/ ADB	— GoJ(MOF)/ ADB : Support the implementation of Pacific Regional Audit Initiative (PRAI) through the Japan Fund for Poverty Reduction (JFPR) (감사 업무)
• Facilitate cross-border procedures	GoJ (MOF)	— GoJ (MOF) : Technical cooperation in the area of customs (Dispatch of experts, training, etc.) (세관 협력)

4. 안보

자연 재해 예방 능력 강화

• Improve disaster risk management capabilities	GoJ (MOFA/ MLIT)/JICA	— GoJ (MOFA)/JICA : Cooperation for capacity building in community-level — GoJ (MOFA)/JICA : Cooperation for the improvement of the regional network of comprehensive disaster forecasting and warning systems — GoJ (MOFA)/JICA : Cooperation for earthquake observation — GoJ (MOFA)/JICA : Cooperation for capacity development on regional meteorology, seismic and tsunami observation — GoJ (MLIT): Provision of Tsunami related information through Northwest Pacific Tsunami Advisory Center (NWPTAC) (재해 위험관리 역량 제고)
• Provide meteorological information by geostationary meteorological satellite	GoJ (MLIT)	— GoJ(MLIT):Provide meteorological information by geostationary meteorological satellite "MTSAT" (기상위성 정보 제공)
• Use satellite technologies to enhance measures for natural disaster management	GoJ (MIC/ MEXT)/ Japan Aerospace Exploration Agency (JAXA)	— GoJ (MIC/MEXT)/ JAXA : Provide disaster management support through the Sentinel Asia project. Its implementation is led by Japan following the proposal and enables to share disaster-related information, including satellite images, as well as through the use of satellites such as the Wideband Internet Networkig engineering test and Demonstration Satellite (WINDS), or "KIZUNA" including outside the project (재해관련 정보 공유)
• Emergency assistance	GoJ (MOFA)/ JICA	— GoJ (MOFA)/JICA : Provide emergency assistance to PICs, where appropriate, in case of natural disasters, and coordinate with neighbouring countries (Australia, New Zealand, etc.) if necessary (자연재해 응급조치 지원)
• Pacific Natural Catastrophe Risk Insurance	GoJ(MOF)/ World Bank	— GoJ(MOF)/ World Bank : Create a new insurance mechanism which enables the disasteraffected country to receive quick liquidity support through index-based payment scheme. Launch pilot project for Pacific Catastrophe Risk Insurance Mechanism (재해위험 보험제도)
• Monitor crustal movement in the Asia–Pacific region	GoJ (MLIT/ GSI(Geospatial Information Authority of Japan))	— GoJ (MLIT/GSI(Geospatial Information Authority of Japan)) : Establish and operate observation networks of Global Navigation Satellite System in the Asia–Pacific region in cooperation with PICs. Monitor crustal movements and clarify seismogenic mechanism in order to contribute disaster prevention (세계적 항해위성시스템 구축 및 운용)

• Capacity building for military forces or relevant organisations	GoJ (MOD)	— GoJ (MOD) : Capacity building for military forces or relevant organisations in the area of humanitarian assistance and disaster relief (Dispatching specialists, accepting trainees, etc.) (인도적 군사 지원)
• Support human resources development in the area of maritime safety	GoJ (MLIT)/ JICA	— GoJ(MLIT)/JICA: Provide training courses for the improvement of maritime safety (해상 안전)
5. 인적 자원 교류		
• Increase youth exchanges	GoJ (Cabinet Office /MOFA/ MEXT)/JICA	— GoJ (Cabinet Office/ MOFA / MEXT)/ JICA : Multi-layered exchanges, with a particular focus on young generation, including oversea students, pupils and youth exchange, invitation programs, etc. (ex. "World Youth Ship Program," Japan Overseas Cooperation Volunteers (JOCV), 30th Asia-Pacific Regional Scout Jamboree(16th Nippon Jamboree)(2013), the 23rd World Scout Jamboree(2015), the Children Exchange Programme with Micronesian Islands) (학생 잼보리)
• Creation of a new exchange scheme and expansion of existing schemes	GoJ (Cabinet Office/MIC/ MOFA/ MEXT)Local Government/ The University of South Pacific (USP)	— GoJ (MOFA)/The University of South Pacific (USP) : Implement a new youth exchange program between Japan and PICs (over 300 people) — GoJ (Cabinet Office) : Explore new participating countries and calling ports for the "Ship for World Youth Program" in the Pacific region. Conduct programs focusing on Pacific island countries — GoJ (MIC/MOFA/MEXT)/Local Governments : Implementation of JET Programme, in which Local Governments invite youth from PICs for promoting international exchange and supporting foreign language teaching (승선 교류 등)
• Promote defence cooperation with Japan	GoJ(MOD)	— GoJ(MOD) : JMOD Opinion Leader Programme: provide opportunity to personnel of the Asia-Pacific countries to deepen their understanding of the defence policies and activities of Japan through programmes including visit to high-ranking officials of JMOD and to JSDF bases (방위 정책)

〈Notes〉
JICA : Japan International Cooperation Agency
MAFF : Ministry of Agriculture, Forestry and Fishery
METI : Ministry of Economy, Trade and Industry
MEXT : Ministry of Education, Culture, Sports, Science and Technology
MIC : Ministry of Internal Affairs and Communications
MLIT : Ministry of Land, Infrastructure, Transport and Tourism
MOE : Ministry of Environment
MOF : Ministry of Finance
MOFA : Ministry of Foreign Affairs
MOD : Ministry of Defense
PIC : Pacific Islands Center

6. Grassroots Human Security Projects(GGP)에 대한 일본의 지원

개발도상국의 개발 프로젝트를 지원하기 위한 일본 정부의 원조 프로젝트로서, 특히 비정부기구가 제안하는 프로젝트나 지방정부에서 신청하는 프로젝트들을 지원한다. 무엇보다 풀뿌리 차원에서의 프로젝트 등을 위한 유연하고 시기적절한 지원을 한다는 것을 원칙으로 하고 있다.

팔라우에서는 주팔라우 일본 대사관을 통해 1999년부터 GGP 사업을 지원하고 있으며, 지금까지 20개가 넘는 프로젝트에 지원되었다.

팔라우에서의 우선순위 지원과제들은 보건, 교육, 환경이다. 초중등학교 지원과 주정부 그리고 비정부기관들의 활동도 활발히 지원하고 있다.

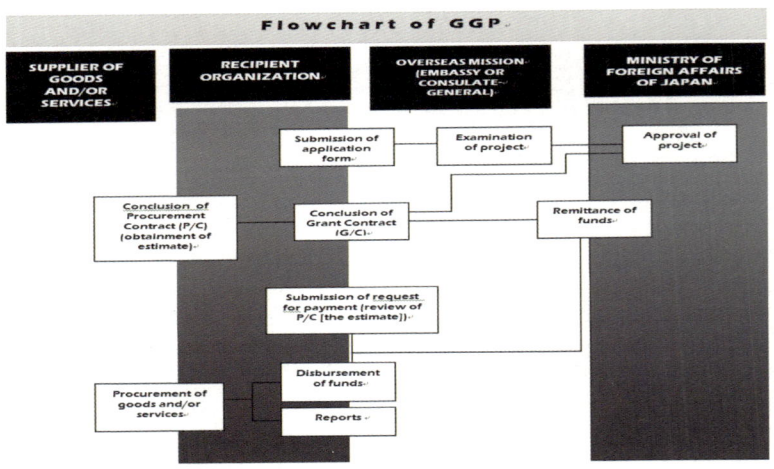

- 수행된 프로젝트

연도	번호	프로젝트 / 수혜자
2012	1	The Project for Improving the Learning Environment of Emmaus High School / Emmaus High School
	2	The Project for Construction of Gymnasium for Bethania High School / Bethania High School
2011	1	The Project for Service Improvement of Senior Citizens Center / Senior Citizens Center
	2	The Project for Improving Educational Environment of Koror Elementary School / Koror Elementary School
	3	The Project for Improving the Learning Environment of Belau Modekngei School / Belau Modekngei School
	4	The Project for School Bus Procurement for Melekeok Elementary School / Melekeok Elementary School
	5	The Project for Construction of Gymnasium for Airai Elementary School / Airai Elementary School

Year	#	Project
2010	1	Project for School Bus Provision to Aimeliik Elementary School / Aimeliik Elementary School
	2	The Project for Improving Laboratory Equipments of Belau National Hospital / Belau National Hospital
	3	The Project for Ridge to Reef Environmental Education Program / Palau Conservation Society
	4	The Project for Acquisition of Waste Management Vehicles for Koror State / Koror State Government
	5	The Project for Acquisition of Waste Management Vehicles for Ngardmau State / Ngardmau State Government
	6	The Project for Provision of Educational Equipments to Elementary Schools in Palau / Rotary Club of Palau
	7	The Project for Reconstruction of Gymnasium for Palau Mission Academy / Palau Mission Academy
2009	1	Project for Peleliu Elementary School Restroom Facilities / Peleliu Elementary School
	2	Project for Koror State Government- Waste Segregation Station Phase 2 / Koror State Government
	3	Project for Strengthening Swimming Education and Training in the Republic of Palau / Palau Swimming Association
2008	1	Project for Upgrading Science Laboratory / Mindszenty High School
	2	Project for Upgrading the Women's Program of the Agriculture Training Center / OISCA INTERNATIONAL-PALAU CHAPTER)
	3	Project for Strengthening Animal Quarantine System in Residential Area / Palau Animal Welfare Society
2007	1	Project for Koror State Government Compost Facility and Recycling Center / Koror State Government
2006	1	Project for Construction of Multipurpose Roofed-Gymnasium / Koror Elementary School
2005	1	Project for Construction of School Fence / Meyuns Elementary School
	2	Project for Improvement in Vocational/Technical Programs / Belau Modekngei School
2004	1	Project for Emergency Boat Equipment Supply / Peleliu State
	2	Project for Nutrition Improvement / Ngaremlengui State
2003	1	Project for conservation and management of Marine and Terrestrial Resources in Palau / The Nature Conservancy
2001	1	Project for producing educational TV programs and broadcasting for the public / Belau Cares, Inc.
2000	1	Project for Awareness Building for the Communities of Babeldaob / Palau Conservation Society
	2	Community Improvement Program / Ngchesar State
	3	Student Furnishings for additional new Catholic Mission School / Catholic Mission
	4	Project for the Laboratory Apparatus and Equipment / Palau Mission Academy
	5	Project for Renovation of the Bai / Belau National Museum
	6	School Computerization Project / Bethania High School
1999	1	Project for Peleliu Elementary School Transportation System / Peleliu Elementary School
	2	Health Care Outreach Program to the Rural Areas of Palau / Belau National Hospital
	3	Project for Fishing Development / Ngchesar State

7. Japan International Cooperation Agency(JICA, 일본 국제 협력단) 활동

팔라우는 지난 10여년 동안 많은 JICA의 협력 활동을 지원받고 있는 국가로서, 1997년부터 지금까지 149명의 JICA 자원봉사자들(Japan Overseas Cooperation Volunteers, JOCV)과 48명의 선임 자원봉사자가 이곳에서 봉사 활동을 한 바 있다.

2012년 10월 1일, 12명의 JICA 자원봉사자들이 팔라우에서 봉사 활동을 하고 있는데, 8명의 JOCV 봉사자와 4명의 선임 봉사자가 일을 맡고 있다. 이들은 팔라우 중앙정부의 요청에 따라, 필요한 영역에서 돕고 있는 자원봉사자들로서 특별한 기술적 전문성을 갖추고 있는 전문가들이다.

팔라우의 유망 협력 영역

JOCV		Senior Volunteers	
Primary Education	3	Water Quality Management of Sewerage	1
Medical Equipment	1	Water Quality Management of Sewerage	1
Nurse	1	Mathematics	1
Environmental Education	1	Town Planning	2
Ecological Research	1		
Science / Math Teacher	1		
Total	8	Total	4

8. 일본 정부 장학제도[418) 419)]

- 일본 정부는 팔라우 국민들에게 매년 네 종류의 장학제도를 제공하고 있다.
    - 특별훈련대학생(Specialized Training College Students)
    - 대학학생(Undergraduate Students)
    - 연구생(Research Students)
    - 교사훈련장학금(Teacher Training Scholarship)
- 이 장학제도에는 학교 등록금 및 기타 비용, 생활지원금, 항공료 등이 포함된다. 이 장학제도가 시작된 1982년부터 지금까지 53명의 팔라우 학생이 일본에서 공부할 수 있는 기회를 가졌다. 일본은 지속적인 장학제도 지원을 통해 팔라우의 인적 자원 개발을 지원하고 있다.

---

418) Embassy of Japan in the Republic of Palau, Culture & Education – Scholarship Program, http://www.palau.emb-japan.go.jp/En/culture/Culture.htm
419) Ministry of Education, Culture, Sports, Science and Technology – Japan, Japanese Government Scholarship for 2015, http://www.mext.go.jp/a_menu/koutou/ryugaku/boshu/1346643.htm

별첨 4
중국과 대만과의 외교 관계 [420] [421] [422]

팔라우는 대만과는 외교적 관계를 맺고 있지만, 중국과는 아직 공식적인 외교관계를 체결하지 못한 상태이다. 그러나 중국의 영향력 증가로 팔라우 정부의 외교정책을 다시 고려해야 하는 입장에 놓여 있다.

주 팔라우 대만 대사관

대사 : Mr. Tseng, Harry H. J.
3F, WCTC Building, P.O. Box 9087, Koror, 96940, Palau
Tel : (680) 488 8150 / (680) 775 8028
Emergency call : (680) 775 6688
Fax : (680) 488 8151
Email : roc.palau@gmail.com / roc@palautelecoms.com

주 대만 팔라우 대사관

대사 : Ms. Dilmei Louisa Olkeriil
5F, No. 9, Lane 62, Tianmu W. Rd., Taipei 11157, Taiwan
(11157 臺北市天母西路62巷9號5樓)
Tel : (886) 2 2876 5415/5460/
Fax : (886) 2 2876 0316
Email : palau.embassy@msa.hinet.net / rodch@palaunet.com
Office Hours : 9:00~17:00 (월~금)

날짜(2015)	공휴일	일수
1월 1일	Founding Day of the Republic of China (Taiwan)	1
2월 19일	Chinese Lunar New Year	6
3월 5일	Lantern Festival	1
4월 4일	Children Day	1
5월 1일	Labor Day	1
5월 10일	Mother's Day	1
6월 20일	Dragon Boat Festival	1
8월 8일	Father's Day	1
9월 28일	Mid Autumn Festival	1
10월 10일	National Day of the Republic of China (Taiwan)	1
10월 21일	Double Ninth Day	1

---

[420] Rideb, Marilyn. Palau's China Dilemma. June 13, 2012. Palau 2012. http://palau2012.com/2012/06/13/palaus-china-dilemma/
[421] Happiness in Micronesia – Republic of Belau. http://www.dankainmicronesia.com/palau.html
[422] Vltchek, Andre. Wooing the Islands: China and Taiwan High Stakes Bid for Pacific Island Support. The Asia-Pacific Journal-Japan Focus. http://www.japanfocus.org/-Andre-Vltchek/2727

팔라우의 새로운 수도 멜레케오크에 건립된 정부 청사

팔라우는 대만을 중국으로 인정하는 23개 국가 중 하나(중국은 170개국)이며, 팔라우에 대만 대사관을 설치 운영하고 있다. 태평양 도서국 포럼(Pacific Island Forum)은 공식적으로 중국과의 관계를 형성하고 있지만, 16개 국가 중 6개 국가(팔라우, 마샬 제도, 키리바시, 솔로몬 제도, 나우루, 투발루)는 대만을 중국으로 인정하고 있는 실정이다.

팔라우는 대만으로부터 상당한 원조를 받고 있다. 팔라우의 수도에 세워진 정부청사는 대만이 지원해 준 5억 달러로 지었으며, 미국의 백악관을 축소한 것과 같은 느낌을 주는 건물이다. 심지어 'Washington Jr.'라는 별명도 따라다닌다. 한편, 대외적으로는 이렇게 투자된 비용이 태평양 역사상 가장 낭비적인 건설사업 비용이라는 인식도 없지 않다.

또한 현재의 팔라우 대통령도 대만 대사로 파견 경험이 있는 대통령이다. 당시 중국의 영향력이 미미했을 때, 팔라우는 대만의 지원을 추구한 것이라고 할 수 있다.

대만에서 지원한 금액에 대한 공식적 자료는 없지만 도로, 다리, 박물관, 태양광 전력 시설, 쓰레기 소각로, 농업생산 개선 등 상당한 원조가 이루어진 것으로 알려져 있다. 그러나 1999년 외교관계가 성립된 후로 최소 10억 달러(약 1,100억 원)을 원조한 것으로 파악되고 있다. 이것은 1인당 소득 5천 달러 수준이며, 이 가운데 300만 달러는 conference center 건설에 지원되었고, 1,500만 달러는 공항 확장, 200만 달러는 국립박물관 건설 등에 투자되었다.

대만의 지원 아래 팔라우에 건축된 국립박물관 한 구역은 대만의 원주민과 마이크로네시아 사람들과 유전학적 연계성의 본보기로 건설되었다.

팔라우 국회는 최근 상하원의원 공동결의안을 통해 팔라우 대통령에게 중화인민공화국과의 공식적인 외교관계 체결을 요청했다. 중국은 세계 제2의 경제대국으로서 중국과의 수교는 곧 팔라우의 경제발전에 기여할 수 있을 것이라 보고 있으며, 또한 중국은 공식적인 수교가 없음에도 불구하고 팔라우에 대한 지원을 해 왔고, 민간부문에서의 투자에 대한 관심을 지속적으로 보여 주고 있다고 했다.

중국과 팔라우는 무역과 상업부문에서 지속적으로 관계를 가져왔기 때문에 공식적인 수교를 통해 훨씬 더 돈독한 관계를 만드는 것이 중요하다고 보고 있다. 특히 중국으로부터의 관광객 유치는 팔라우의 관광산업에 크게 기여할 것으로 내다보고 있다.

중국은 또한 팔라우가 유엔회원국이 되는 것에도 지지했으며, 최근에는 중국과 팔라우 각각에 상공회의소를 설치하여 양국 간의 비즈니스 활동과 경제협력을 촉진하고 있다.

한국, 일본, 필리핀, 파푸아뉴기니, 마이크로네시아 연방국 등은 중국과의 외교 및 경제관계 교류를 통해 상당한 이익을 보고 있는 것을 명시했고, 이처럼 팔라우도 경제적 효과 외에도 교육, 문화, 의료, 등 다양한 부문에서 이러한 효과를 볼 수 있을 것으로 전망했다.

그러나 팔라우 정부는 지금의 팔라우가 추구하는 중국 정책을 바꾸는 것이 팔라우의 국제적 이미지와 신뢰도에 악영향을 미칠 것으로 전망하며, 향후 변경 가능한 동기가 주어지면 그때 가서 다시 고려하겠다고 했다.

2012년에는 대만과 중국에서 많은 관광객이 팔라우를 방문하고 있고, 팔라우에는 대만과 중국 본토에서 투자한 호텔들이 운영 중이다. 최근 중국이 투자한 호텔 건축이 중단되었는데 그 이유는 팔라우가 미국 관타나모 감옥소에 수감되었던 중국의 무슬림 소수민족들을 중국의 반대에도 불구하고 받아들이면서 중국이 투자계획을 철회했기 때문이다. 이러한 이유로 팔라우의 국회의장은 중국과 팔라우의 긴밀한 관계가 시기상조라고 보고, 대만과 팔라우는 공통된 입장을 가지고 있지만 팔라우와 중국은

팔라우 코로르에 위치한 일시적 수감소

그렇지 않다고 보았다. 또한 팔라우 국회의장은 만일 자국이 중국과 손을 잡는다면 인권, 환경, 민주주의 방면 등에서 중국의 영향력이 강하게 작용할 수 있을 것으로 예상했다. 그러나 일반 시민들은 팔라우 정부의 중국 정책에 대한 견해가 점차 중국 쪽으로 기울어지고 있어 중국과의 외교관계 수립이 그리 멀지 않았다고 예측했다.

대만의 지원도 만만치 않다. 2006년부터 2007년에는 대만이 팔라우 정부의 공립학교 인프라 개선 사업에 100만 달러(약 10억 원)를 지원하였고 굉장히 후한 장학제도를 제공하고 있다. 또한 100개의 컴퓨터와 Windows XP를 제공했으며, 컴퓨터 기술자 훈련도 진행하였다.

중국과 대만은 팔라우의 외교 활동상의 주요 국가이다. 이 두 국가는 그들과 협력할 수 있는 협력자를 구하고 있으며, 어떠한 국가일지라도 개의치 않고 많은 원조와 선물을 통해 그들의 지원과 협력을 얻으려 하고 있다.

> **중국 어선 사고**
>
> 2012년 3월 팔라우 경찰은 불법으로 어업 활동을 하는 중국 어선을 통제했다. 이 과정에서 중국 어부 1명이 숨졌고, 나머지 25명은 검거되었다. 팔라우 정부는 중국 어부의 사망이 고의가 아닌 사고였음을 강조하면서 법정 판결을 떠나 조정을 통해 검거한 어부들을 중국으로 압송하기로 함으로써 문제를 해결했다. 대신 중국은 팔라우에 보상금을 지급했다. 팔라우 해역에 불법으로 침입하면, 2년간의 투옥과 5만 달러의 벌금형이 주어진다.(China Daily. Chinese crewman shot dead in waters off Palau. 2012. 04. 05. http://www.chinadaily.com.cn/world/2012-04/05/content_14978143.htm)

바이(Bai) 안에 있는 스토리보드

별첨 5
팔라우의 최근 주요 기사

팔라우, 〈제 9회 팔라우 역사보존 심포지엄〉 개최

2013년 8월 25일, 팔라우의 각 주 대표들과 공무원, 역사학자, 지방 커뮤니티 대표들이 코로르 주 의회에 모여 제9회 역사보존 심포지엄을 개최했다. 이 행사는 "팔라우의 문화, 역사적 유산 보존"이란 주제로 거행되었으며, 심포지엄을 통해 팔라우가 보존해 온 역사적 유적에 대한 대중인식 개선 방안을 집중 논의했는데, 팔라우 주민들이 문화재에 대한 인식이 거의 없어 역사적 유물이나 유적을 종종 훼손하고 있기 때문이다.

* 출처: Island Times에서 발췌, 작성 (2013.8)

팔라우, 2014년 최고의 윤리적 여행지 TOP 10, 2관왕

팔라우가 2013년에 이어 2014년에도 최고의 윤리적 여행지 TOP 10에 재선정되었다. 미국의 시민운동 단체인 '윤리적 여행자(Ethical Traveler)'는 매년 환경보전, 인권, 복지수준 등 다양한 측면을 고려해 10개 국가를 윤리적 여행지로 선정하고 있다. 윤리적 여행지 선정은 여행을 통해 세상을 바꾸자는, 환경보전 프로젝트의 일환으로 시작되었다. 2014년에 최고의 윤리적 여행지로 선정된 10개 국가는 바하마, 바베이도스*, 카보베르데*, 칠레, 도미니카 공화국, 라트비아*, 리투아니아*, 모리셔스*, 팔라우*, 우루과이* (2013년에도 선정된 국가들)이다. 이 가운데 2013년에 이어 연속으로 선정된 나라는 7개국(*)이었다. 하지만 올해는 코스타리카와 가나, 사모아가 다음과 같은 이유로 선정되지 못했다. 가나는 동성애를 금지하는 엄격한 법률 때문이고, 사모아는 가정폭력 및 성폭력 증가, 무분별한 삼림벌채 때문에 기회를 놓쳤다. 그리고 코스타리카는 샥스핀 밀수와 바다거북 불법 포획을 반대하던 운동가들이 공격 및 살해당한 사건으로 2014년 리스트에 오르지 못했다.

* 출처: Ethical Traveler Website에서 발췌, 작성 (2013.12)

싱가포르 석유 기업, 팔라우에서의 석유탐사 추진

싱가포르의 세푸삭티 에너지사(Cepu Sakti Energy PTE Ltd)가 팔라우 카양겔(Kayangel) 주에 있는 벨라스코 해역(Velasco Bank)에서 석유탐사 추진 문제로 팔라우 정부 관계자들을 만났다. 2008년 H. J. Gruy(그루이) 등은 최소 약 10억에서 최대 18억

배럴가량의 석유가 매장되었을 것이라며 시추 계획 등의 매우 구체적인 수치가 담긴 보고서를 발표했다. 이 시추 계획은 벨라스코 해역에 매장된 석유가 상업성이 있는지의 여부를 확인하기 위한 것이다. 세푸삭티 에너지사는 지난 2002년에 창립된 싱가포르 석유기업으로서, 현재 인도네시아 자바에 있는 유정들의 석유 채굴권 및 판매권을 보유 중이다. 만약 이 프로젝트가 성사되면, 세푸삭티 에너지사는 팔라우 영해 내에서 최초로 석유시추 작업을 하게 된다.

* 출처: Island Times에서 발췌, 작성(2014.2)

팔라우 산호초, 해양산성화 극복의 열쇠 쥐고 있나?

미국 공영 라디오 방송국인 Public Radio International은 미국의 우즈홀 해양연구소(Woods Hole Oceanographic Institution,WHOI)가 전 세계 어디에서도 볼 수 없는 독특한 산호초 생태계를 팔라우 니코만(Nikko Bay)에서 발견했는데, 이 지역의 산호초 연구가 해양 산성화로부터 산호초들을 보호할 수 있을 거라는 연구진들의 기대감도 전했다. 우즈홀 해양연구소 연구진 앤 코헨(Anne Cohen) 박사는 보고서에서 산성수는 산호초들의 골격 형성을 방해하기 때문에 산호초가 산성화된 환경에서는 자라기 힘든 것으로 알려졌지만 팔라우 지역의 산호초의 경우는 산성도가 높을수록 오히려 더 다양한 산호초 생태계가 형성되어 있다는 데 매우 놀랐다. 또한 니코만 지역의 독특한 산호초 생태계에 대해서도 언급했다. 해양 산성화는 바다가 대기 중에 머무는 이산화탄소를 과잉으로 흡수하는 바람에 빚어진 폐해이다. 과학자들은 해양의 높은 산성도가 산호초의 골격 형성을 둔화시키는 현상을 마치 사람의 '골다공증(osteoporosis)'에 비유하기도 한다. 1930년 설립된 우즈홀 해양연구소는 사설 비영리 사립기관이면서도 미국에서는 가장 큰 독립적인 해양연구 시설이다.

* 출처: Island Times에서 발췌, 작성(2014.2)

EU, 태평양 10개국에 무비자 입국 허용

EU 태평양 지역대사 앤드류 제이콥스(Andrew Jacobs)는 EU가 태평양 10개국을 포함하여 19개국 국민들의 무비자 입국을 추진하고 있다고 전했다. 제이콥스 대사는 이 정책이 EU와 태평양 10개국을 포함해 각각의 국가들 간의 '비자 면제'에 대한 상호 협정이 체결되어야 효력을 발휘한다고 밝혔다. 아직 협상 단계가 남았지만, 각 국가 간의 논의가 순조롭게 이루어져서 EU의 제안이 성공적으로 시행되면, 키리바시, 마샬 제도, 마이크로네시아 연방국(FSM), 나우루, 팔라우, 사모아, 솔로몬 제도, 통가, 투발루, 바누아투의 국민들이 EU의 셍

겐존(Schengen zone)을 비자 없이 자유롭게 여행할 수 있다. 한편, 제이콥스 대사는 피지와 파푸아뉴기니가 이번 무비자정책 대상국에서 제외된 것에 대해 질문하자, EU가 작은 도서국들을 통해 시범적으로 정책을 시행해본 다음 점진적으로 비교적 큰 도서 국가들을 상대로 무비자정책을 확장할 예정임을 밝혔다.

* 출처: Radio New Zealand International에서 발췌, 작성(2014.5)

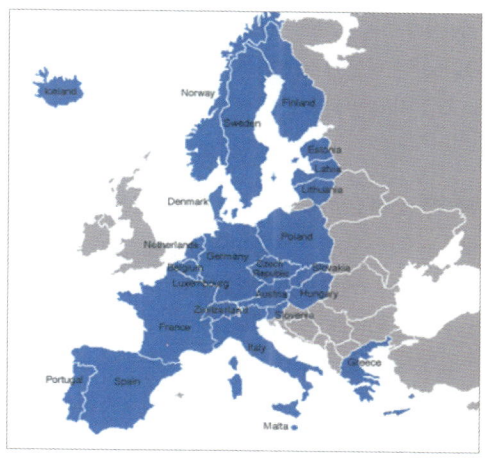

솅겐존(Schengen Zone)

아시아개발은행(ADB), 팔라우 전담 사무소 설립

2014년 8월 5일 아시아개발은행(Asian Development Bank)의 부총재 브루스 데이비스(Bruce Davis)는 팔라우 재정부 장관과 엘부셀 사당(Elbuchel Sadang) 아시아개발은행 팔라우 지사장과 함께 팔라우 아시아개발은행 협력사무소의 개소식에 참석했다. 아시아개발은행 팔라우 협력사무소는 아시아개발은행이 태평양 지역에서 수립하고 있는 전략들과 팔라우 정부가 계획하고 있는 중장기 개발목표와 계획을 관리·시행하는 데 적극적인 도움을 줄 것으로 기대하고 있다. 현재 아시아개발은행이 팔라우에 진행 중인 프로젝트는 코로르-아이라이(Airai) 위생 프로젝트이다. 이를 통해 팔라우 국민들은 위생적인 환경과 서비스를 누릴 수 있을 것으로 기대된다. 또한 아시아개발은행은 태평양 민간 부문 개발구상(Pacific Private Sector Development Initiative)을 통해 팔라우에 안전한 전자거래등록 시스템을 구축하고, 팔라우 내에서 사업을 쉽고 효율적으로 할 수 있도록 하는, 친비즈니스 환경을 조성하는 등 팔라우의 경제발전을 위해 노력하고 있다. 또 아시아개발은행은 세계은행(World Bank)과 손을 맞잡고 팔라우와 괌 간의 해저 케이블을 매설하는 계획도 추진하고 있는데, 이를 통해 팔라우 국민들이 보다 더 원활하게 브로드밴드 네트워크와 무선통신에 접속하게 함으로써 사회 및 경제적 네트워크를 형성하고, 사회경제를 발전시킬 수 있을 것으로 기대한다. 아시아개발은행의 팔라우 협력사무소는 쿡 제도, 키리바시, 마샬 제도, 솔로몬 제도, 통가, 바누아투에 이어 일곱번째로 개설된 협력사무소이다. 열거한 여러 협력사무소는 호주

시드니와 피지, 파푸아뉴기니, 동티모르에 설립된 아시아개발은행 국가 사무소(Country Office)와 더불어 태평양 네트워크를 구축하여 개별 국가는 물론 태평양 지역에 효율적인 원조를 지원할 것으로 예견된다.

* 출처: Island Times에서 발췌, 작성(2014.8)

팔라우 국제 산호초 센터, 마이크로네시아 산호초 보고서 발간

팔라우 국제 산호초 센터(Palau International Coral Reef Center)는 2014년 8월 18일, 마이크로네시아의 산호초 생태계 복원력 평가에 대한 보고서를 출간했다. 팔라우 국제 산호초 센터의 연구진들과 협동연구팀이 작성한 이 보고서에는 마이크로네시아의 얍(Yap), 코스레(Kosrae), 폰페이(Pohnpei) 주에서 진행된 측량 결과가 포함되어 있다. 팔라우 국제 산호초 센터의 연구진들은 앞서 언급한 3개의 주에서 산호초, 어류 및 조개나 해삼과 같은 척추동물의 생태계를 조사하기 위해 총 161개의 지점에서 측량을 진행한 바 있다. 그리고 연구진들은 이런 측량 결과에 근거하여 산호초가 복원되고 있는 지점, 태풍이나 산호초 생태계를 훼손하는 사건이나 행위 등으로부터 산호초가 받는 영향 등이 표기된 산호초 복원력 지도를 작성했다.

* 출처: Island Times 에서 발췌, 작성(2014.8)

이탈리아, 팔라우 해양보호구역 프로젝트 지원

이탈리아의 실비아 벨로(Silvia Velo) 환경국토해양부(Environment, Land and Sea) 장관은 레멩게사우(Remengesau) 팔라우 대통령을 만나 팔라우가 세계 최초로 국가 전체를 해양보호구역으로 설정하는 것에 대해 지지의 뜻을 밝히면서, 팔라우의 해양보호구역 프로젝트를 지원하기 위해 이탈리아 정부가 30만 달러(한화 약 3억 원)를 지원할 것이라고 전했다. 이번 해양보호구역 프로젝트는 전적으로 팔라우 측에 의해 총괄적으로 관리되며, 해양보호구역과 관련하여 설정된 모든 이해당사자와 지역사회가 함께 참여할 수 있다는 점에서 매우 개방적인 특성을 갖는다. 최근 유엔이 팔라우 등의 소도서국에 대한 지속가능한 개발의 필요성을 역설하면서 이들 국가의 해역 및 자원의 보호, 보존 및 관리에 대한 중요도가 높아졌다. 이탈리아 역시 팔라우 외 기타 태평양 도서국의 환경 보존 및 관리 인프라 구축사업을 지원 중이다. 특히 이탈리아가 앞장서서 태평양 지역에서 주로 투자 및 지원하고 있는 분야는 재생가능 에너지 분야이다.

* 출처: Island Times에서 발췌, 작성(2014.10)

팔라우, 최초로 여성소방관 임명

팔라우에서 최초 여성소방관이 탄생했다. 3월 11일 공공안전국(Bureau of Public Safety)의 이스마엘 아구온(Ismael Aguon) 국장이 주관한 신임대원 선서식에서 메알리 응기라이바이(Mealley Ngiraibai)는 팔라우 최초의 여성소방관으로 임명되었다. 팔라우의 여성계는 '여자들도 남자들이 담당해 왔던 일을 할 수 있다'라는 자신감을 갖게 되었다며 이번 일을 기념비적인 사건으로 받아들였다.

* 출처: Island Times 에서 발췌, 작성(2015.2)

팔라우, 중국 관광객 증가 추세

최근에 팔라우를 찾는 외국인 관광객들 중 중국 본토에서 온 관광객들이 차지하는 비율이 가장 높은 것으로 전해졌다. 팔라우 현지 언론인 아일랜드 타임즈(Island Times)는 팔라우 관광청의 자료를 근거로 이와 같은 사실을 알렸다. 중국 관광객은 팔라우행 항공편의 감소에도 불구하고 5개월 연속 팔라우를 찾은 외국인 관광객 중 가장 많은 숫자를 차지한다. 팔라우 관광청이 제공한 자료에 의하면, 2015년 5월 현재 팔라우를 찾은 중국 관광객 수는 총 5,545명이었다. 이는 전년 대비 428.19% 상승한 수치이다. 또한 일본과 더불어 대만 관광객은 갈수록 감소 추세를 보이고 있으며, 한국 역시 소폭의 감소를 보이고 있다. 최근 몇 년 사이 중국인들의 해외관광 수요가 증가하면서 태평양을 찾는 중국인 관광객 수 역시 꾸준히 증가하는 추세이다. 이에 따라 태평양 도서국들은 중국인 관광객을 유치하기 위해 호텔, 도로, 공항시설 등의 편의시설을 개선하는가 하면, 중국어 서비스를 증가하고, 중국인들의 입맛에 맞는 메뉴를 개발하기로 했다.

* 출처: Island Times에서 발췌, 작성(2015.6)

팔라우 관광청, 한국 국제관광전 참가

팔라우 관광시장 중 상위 5위 내에 속한 한국시장의 공략을 위해, 팔라우 관광청은 대한민국에서 열리는 제 30회 한국국제관광전에 참가했다. 6월 11일부터 14일까지 서울 COEX에서 열린 박람회에는 팔라우 관광청의 마케팅 및 연구부 대표 수잔 클로울레차드(Susan Kloulechad)를 비롯한 여러 직원이 참석하여 한국인들에게 팔라우 관광의 매력을 소개하는 데 주력했다.

* 출처: Island Times에서 발췌, 작성(2015.7)

별첨 6
팔라우를 방문 및 목격한 외국선박들에 대한 역사적 기록[423) 424)]

1522	— 스페인의 마젤란 선단 중 TRINIDAD[선장 (Gomez de Espinosa)]가 태평양을 횡단하고자 하였다. 5월 6일 2개의 작은 섬을 목격한 후 "San Juan"으로 명명했다. 이것은 지금의 손소롤이다. (Sharp 1960: 9~10)
1543	— 스페인 탐험가 (Ruiy Lopez de Vilalobos)에 의해 팔라우 섬들이 발견되었다.
1579	— 영국 선박 GOLDEN HIND[선장 (Francis Drake)]가 몰루카스(인도네시아의 말레이 해협에 위치한 제도)로 가던 중, 9월 30일에 다수의 섬을 목격했으며, 카누 몇 척이 다가와서 물물교환을 원했다. 그러나 섬 원주민들이 물건을 훔치기 시작하면서 작은 다툼이 발생하여 20명의 원주민이 죽었다. 바로 이 섬들은 도둑의 섬 "Islands of Thieves"라고 이름 붙여졌고, 지금의 팔라우였을 것으로 추측된다. (Lessa 1975a : 54~58, 250~255)
1710	— 영국의 사략선(私掠船 : 전시에 적의 상선을 나포할 수 있는 허가를 받은 민간 무장선, privateer)인 DUKE OF BRISTOL[선장 (Woodes Rogers)]가 괌에서 Ternate(인도네시아 동부의 말루쿠 제도의 섬이자 그 수도의 이름이다)로 가던 중 4월10일 낮은 섬들을 목격했는데, 그것이 지금의 토비(Tobi)였을 것이다.(Rogers 1928 : 273; Sharp 1960 : 93~94) — 스페인 선박 SANTISSIMA TRINIDAD[선장 (Francisco Padilla)]가 마닐라에서 Palaos를 찾아서 항해하던 중 11월 30일에 손소롤을 목격한 후 "San Andreas."라고 명명했다. 원주민들과 평화롭게 물물교환했고, 그들을 육지로 초청하여 축제를 열기도 했다. 2명의 신부와 다수의 군인들이 육지로 갔으나 해류로 배가 밀려나가면서 그들을 다시 배에 태울 수 없었다. 12월11일에는 팔라우를 목격하고 2일 동안 머물렀다. 무장한 원주민들이 여러 척의 카누를 타고 와서 물물교환을 요구했다. 몇 명의 원주민들이 배에 있는 철들을 떼어내려 하자 선원들은 그 원주민들을 카누로부터 끌어내리려 했으나 원주민들이 카누에서 창을 던졌다. 다음날 더 많은 카누들이 다가왔다. 한편 Padilla는 원주민의 요청대로 육지로는 따라가지 않았다. 이때 만났던 원주민에 관한 설명을 자세히 기록했다.(Barras de Aragon 1949 : 1076~1089; Kramer 1917 : I, 36~67; Eilers 1936 : I, 1~14)
1712	— 스페인 선박 SANTO DOMINGO[선장 (Bernardo de Egui)]가 괌을 떠나 손소롤을 찾아 떠났다. 손소롤에 남겨진 2명의 신부를 찾기 위한 것이었다. 2월15일 팔라우를 목격했다. 12척의 카누가 배로 다가왔으나 그 중 한 척만 배 가까이 올 수 있었다. 2명의 원주민이 승선하여 갑판에 올라왔고, 다른 카누들은 음식과 조개로 만든 허리띠 등을 배로 던졌다. 2명의 원주민을 붙잡았으나 1명은 곧 도망쳤다. 2월 17일에 팔라우를 떠나 2월 19일에 손소롤을 목격했다. 그러나 사람들은 찾을 수 없었다. 다음날 강한 해류에 배가 떠밀린 바람에 마닐라로 결국 돌아왔다. (Barras de Aragon 1949 1089~1093 : Kramer 1917 : I, 88~100)
1761	— 영국 상선 CARNARVON[선장 (Norton Hutchinson)]과 WARWICK[선장 (James Dewar)] 그리고 PRINCESS AUGUSTA[선장 (Thomas Baddison)]가 광동에서 돌아오다가 9월에 섬들을 목격했다. 지금의 풀로안나이며, CARNARVON은 메리르(Merir)도 목격했다. (Stevens 1808 : 636~6)

---

423) MICSEM.ORG. Foreign ships in Micronesia — Palau. http://www.micsem.org/pubs/articles/historical/forships/palau.htm
424) NOAA. Coral Reef Information System(CORIS). The Republic of Palau(Belau) — History. http://coris.noaa.gov/about/eco_essays/palau/history.html

1767	- 영국의 HMS SWALLOW(선장 Philip Cartaret)가 월리스(Wallis) 섬에 대한 탐사를 위해 항해하던 중 팔라우의 남서쪽에 위치한 섬을 목격했다. 9월8일 아주 위험한 곳을 목격했다고 기록되어 있다. 지금의 Helen's Reef였다. 또 다른 섬도 목격했는데, 그 당시에는 "Hummock"이라고 불렸고, 지금은 Tobi로 명명된다. 10월 12일 "Bird Island"로 명명되는 섬을 발견했는데, 지금의 풀로안나(Pulo Anna)이다. 10월 13일 목격한 2개의 작은 섬은 "Currnet Islands"로 불리다가 나중에 "St. Andrew Is.", 즉 지금의 손소롤이다. (Wallis 1965 : 1, 200~203; Eilers 1936: 1, 19~20)
1769	- 영국 인도무역선(indiaman)인 PONSBORNE(선장 John Payne)이 중국으로 항해 도중 2월에 풀로안나(Pulo Anna)와 메리르(Merir)를 목격했다. (Stevens 1808 : 635~636)
1773	- 스페인 선박 NUESTRA SENORA DE CONSOLACION(선장 Felipe Tompson)이 Helen's Reef를 목격했는데, 지도상에는 Helen's Reef의 아래로 통과하는 것으로 그렸다. (Sharp 1960 : 127~128)
1781	- 영국 선박 LORD NORTH(선장 William Hambly)가 광둥으로 다시 항해하다가 강한 바람과 해류로 인해서 배가 밀려 항로를 벗어났다. 1월 토비(Tobi)를 목격했고 그 당시 "Lord North's Is"로 불렸다. (Stevens 1808 : 639; Purdy 1814 : 15)
1783[425]	- 영국 동인도 회사의 인도무역선(indiaman)인 FOX가 팔라우 섬들을 목격했다(Palaos). 지금의 토비와 남서 도서그룹이었을 것으로 추정된다. (Dalrymple 1783 :14) - 영국 인도무역선인 ANTELOPE(선장 Henry Wilson)가 마카오로 돌아가면서 8월 10일 태풍을 맞아 팔라우 서부 산호초(Aulong Island)에 좌초되었다. 선원들은 3개월 동안 팔라우에 머물다가 섬 주민들로부터 도움을 받았다. 대화는 양쪽의 말레이시아 통역사를 통해 이루어졌다. Wilson 선장과 그의 선원들은 Ibedul을 도와서 Ibedul의 전통적 적군들을 대상으로 네 번의 전쟁을 치렀다. 영국인들은 작은 선박 Oroolong을 건조하여 11월 12일에 섬을 떠났으나 그들 중 한 명을 남겨 놓았다. 이때 최고 추장의 아들을 한명 데리고 같이 떠났다. 이 이야기는 Keate의 소설에도 잘 기술되어 있다. (Keate 1789) 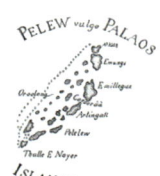 - 영국은 이때부터 1885년까지 이 섬에 대한 소유권을 주장하면서 이 지역과 주변 지역을 중심으로 활발한 무역을 펼쳤다.  1783년 팔라우의 여러 섬들 중 어느 한 섬에 난파된 Henry Wilson 선장의 ANTELOPE 배

---

425) BBC News. Asia-Pacific. Palau Profile. http://www.bbc.co.uk/news/world-middle-east-15446663

1784	- 영국 인도무역선인 LONDON(선장 Easterbrook)이 중국으로 항해하던 중 손소롤을 목격했다. (Robertson 1791 : 105)
1785	- 영국 인도무역선인 TRUE BRITON(선장 Henry Farrer)이 중국 광동으로 항해하던 중 풀로안나를 목격했다. (Stevens 1808 : 635)
1786	- 영국 상선 NOOTKA(선장 William Douglas)가 미국 서북 연안으로 항해하던 중 토비(Tobi)를 목격했다. (Stevens 1808 : 639)
1787	- 영국 인도무역선인 WARREN HASTINGS(선장 J. P. Larkins)가 중국 광동으로 항해하던 중 12월 23일 풀로안나와 메리르를 목격했다. (East India Co 1761~1828 : Log of Warren Hastings) - 영국 인도무역선인 LONDON(선장 Easterbrook)이 중국으로 항해하던 중 팔라우의 북쪽 섬을 목격했다. (Robertson 1791 : 108~109)
1788	- 영국 선박 PHIGENIA NUBIANA(선장 William Douglas)가 북미 북서부 연안 탐험을 위해 원정을 떠나면서 3월 9일 토비에 도착하였다. 원주민들은 배에 올라와서 물물교환 거래를 원했다. 원주민들은 철로 만든 자귀와 총기류 등을 보고 놀랐고, 이틀 후 떠나면서 이 섬을 존스톤(Johnstone)이라고 하였다. 4월 3일에는 팔라우에 도착하였으며, 목재와 신선한 식량자재 및 코코넛을 얻고자 하였다. 하지만 원주민들은 너무나 보잘것없는 음식을 가지고 화기/총기류의 교환을 원했다. 그러자 선장은 갑판에서 사람들을 철수시키고 다음날 팔라우를 떠났다. (Meares 1790 : 291~299) - 영국운송선 FRIENDSHIP과 ALEXANDER(선장, 해군중위 lieutenant Shortland)가 포트잭슨(Port Jackson)에서 바타비아(Batavia)로 항해하면서 9월 10일 팔라우에 도착하여 괴혈병(scurvy) 사건 이후 식량을 새롭게 공급받고자 하였다. 원주민들은 물을 가지고 거래를 원했다. 보트가 해안으로 항해하였지만 소량의 코코넛만 구할 수밖에 없었다. 영국 선원들은 철로 만든 유럽제의 까뀌(adz)와 원주민들이 스페인어를 구사하는 것을 목격하였다. 선박은 다음날 이곳을 떠났다. (Phillip 1789 : 208~212)
1789	- 유럽 인도무역선인 DUKE OF MONTROSE(선장 Joseph Dorin)는 동반선들과 같이 중국으로 항해 하던 중 1월 1일 토비(Tobi)를 목격했고, 이 섬을 "Neville Island"로 명명하였다. 카누가 섬으로부터 나왔으나 무역선들까지는 다가오지 못하였다. (Stevens 1808 : 639; Eilers 1936 : 11, 4) - 영국 상선 ASIA(선장 John Foulkes)가 다른 선박 DUKE OF MONTROSE와 RAYMOND와 함께 중국으로부터 돌아가던 중 6월 4일에 메리르를 목격하였다. 원주민들이 보급품을 요청하였다. 기록에 의하면, 이들은 아주 가난하였고 가진 것이라고는 낚싯줄과 낚싯 바늘뿐인 것으로 기록되어 있다. (Stevens 1808 : 636~637)
1791	- 영국의 동인도회사 우편선(정기선) PANTHER(선장 John McCluer)와 ENDEAVOUR(선장 Thomas Haswell)가 인도 뭄바이에서 돌아오다가 1월 19일 팔라우를 방문하였으며, 추장인 Ibedul에게 영국에 있었던 그의 아들의 사망소식도 전하였다. 또한 영국으로부터 Ibedul의 Wilson 선장과 ANTELOPE 선박의 선원들에게 베푼 친절함에 보답하고자 그들이 주는 선물도 가지고 왔다. 또한 Wilson 선장이 남겨 둔 영국 선원의 사망 소식을 알았다. PANTHER 선은 2월 17일에 팔라우를 떠나 2월 17일에 중국에 도착하였으며, 6월 10일 팔라우에 다시 왔다. 이들은 Ibedul이 주도한 적군퇴치 전쟁을 지원하였으며, 6월 27일에는 뉴기니 연안을 조사하고자 4명의 팔라우 주민과 함께 떠났다. (Hockin 1803 : 1~43; Delano 1817 : 58~77; McCluer 1792)
1792	- 스페인의 포가 있는 범선(sloop)인 OTRO VIDA와 DESCUBIERTA(선장 Alessandro Malaspina)가 12월 24일 메리르를 지나치며 항해하였다. (Eilers 1936 : I, 301)

1793	- 영국 동인도 우편선(정기선)인 PANTHER와 ENDEAVOUR(선장 John McCluer 및 Procter)가 뉴기니 연안 조사를 끝내고 원주민들을 위해 씨앗, 곡물, 소(가축)들을 가지고 1월 20일에 다시 팔라우를 방문하였다. 이때는 18개월 전에 방문했을 때보다 사회 분위기와 환경이 매우 우울했다. ENDEAVOUR은 재차 중국으로 항해하였지만, 선장은 팔라우에 남아 향후 15개월간 팔라우에 거주하였다. 이 때 팔라우의 사회적 환경, 식량현황 등에 대한 것을 기록으로 남겼다. (Delano 1817 : 186~195; Hockin 1803 : 48~521)
1794	- 영국의 런던 기반 군수물자 수송선(storeship) BRITANNIA(선장 William Raven)는 1월 9일에 손소롤을 목격하였다. 다수의 카누가 다가왔으며. 이때 기록된 자료에 의하면, 원주민들은 허리띠 모양의 짜여진 옷을 입고 있었다고 한다("girdles of woven cloth.")(Murray, 1796). - 영국 선박 HELEN(선장 George Seton)은 4월 5일에 토비를 목격하였다. 이곳에 불빛이 있는 걸로 보아 사람이 살고 있다고 생각하였다. 또한 큰 호초를 발견하자 이곳을 "Helen's Reef"라고 불렀다. (Stevens 1808 : 600, 620) - 영국 인도무역선인 CARNATIC(선장 James Jackson)은 중국으로 항해하던 중 12월 25일에 풀로 안나 섬을 목격하였다. (Stevens 1808 : 635~637) - 영국 인도무역선인 DUKE OF BUCCLEUGH(선장 Capt Wall)는 동반선인 BODDAM과 MACARTNEY와 함께 중국으로 항해하던 중 풀로안나와 메리르를 목격하였다. (Stevens 1808 : 635, 637)
1795	- 영국 선박 VENUS(소유주/선장 McCluer)가 팔라우로 들어와서 팔라우에 있던 그의 가족들과 개인용품 그리고 6~8명의 하인들을 데리고 팔라우를 떠나 인도의 뭄바이와 벵갈에 갔다. 그러나 떠난 지 얼마 되지 않아 8월에 바다에서 사라졌다. (Hockin 1803 : 54~55)
1796	- 영국의 런던 기반 군수물자 수송선인 BRITISH(선장 William Raven)가 3월 23일 아주 낮은 섬을 발견하였다고 기록했는데, 아마도 풀로안나였을 것이다. (Murray 1796) - Providence의 선박 ABIGAIL(선장 Christopher Thornton)이가 중국의 광동에서부터 잭슨항으로 항해하던 중 4월 27일에 팔라우에 들렀다. 4척의 카누가 바벨다오브 섬으로부터 왔으며 철과 낚싯바늘과 물건을 교환하였다. 이곳에서 영국 선박이 두고 간 Lucona가 고향인 필리핀인 한 명을 만났다. 펠렐리우 섬에도 갔는데 이곳에서도 원주민들이 와서 John McCluer가 두고 간 코로르 섬 쪽으로 가는 항해 방향을 적은 편지를 보여 주었다. 더 많은 카누들이 물물교환을 원했다. 4월 28일까지 이곳에 머물렀다. (Thornton 1796)
1797	- 영국 인도무역선인 THAMES(선장 Robert Williams)가 동반선 CARNATIC과 함께 8월3일에 풀로 안나를 목격하였다. (Stevens 1808 : 634) - 런던기반 선교선 DUFF(선장 James Wilson)가 11월5일 팔라우에 도착하였다. 다수의 카누가 나왔다. 원주민들에게 선물로 칼, 거울, 물품 등을 주었으며 원주민들은 소량의 코코넛을 주었다. 영국인들은 팔라우어를 구사하는 원주민들과 대화를 할 수 없었으며, Henry Wilson이 남긴 단어들을 사용해서 대화했다. 선박은 이틀 후에 중국으로 떠났다. 이 때 원주민의 형태를 설명하는 기록이 남아 있다. (Wilson 1799 : 305~308) - 영국 상선 CERES(선장 T. Hedley)가 잭슨항(Port Jackson)에서 중국으로 가던 중 손소롤을 11월 21일에 목격하였다. (Journal of Ceres, Naval Records Group No 45, Washington, US National Archives)
1798	- 영국 인도무역선인 DIAMANTE(선장 영국 해군중위 Lt. Samuel Snook, Panther의 이전 선원)가 7월 14일 팔라우에 도착하였다. 1795년 마카우로부터 McCluer가 인도 뭄바이로 데리고 간 여자 중 살아 있는 3명의 팔라우 여자를 데리고 왔다. 그리고 소와 다른 선물을 원주민을 위해 두고 갔다. (Hockin 1803 : 57~58; Delano 1817 : 74~76; East India Co 1798)

1800	- 스페인 해상 호위함(선장 해군중위 Lt. Juan Ibargoitia)이 필리핀 마닐라로부터 11월 21일에 팔라우에 도착했다. 4일을 머물렀고, 원주민들과의 물물교환은 우호적이었다. 선원들을 육지로 보내어 식수도 확보하였다. (Kramer 1917 : I, 128-129; Dumont d'Urville 1825 : II, 527)
1801	- 영국 인도무역선인 NEPTUNE과 영국선박 HMS BELLIQUEUX, 인도무역선 BOMBAY CASTLE, COUTTS, DORSETSHIRE 및 EXETER 등이 1월 21일 메리르에 도착하였다. 4명의 문신을 한 원주민이 카누를 타고 물물교환을 하러 왔다. 그러나 배 위로는 올라오지 않았다 (Stevens 1808: 638)
1802	- 영국 인도무역선(선장 Nathaniel Tucker)이 인도 뭄바이에서 중국으로 가면서 팔라우에 2월경에 들렀다. 카누를 타고 원주민이 왔다. 그 중 영국인도 있었는데 그가 말하기를 3명이 더 이곳에 있으며 해삼과 조개를 수집하여 중국으로 무역을 하고 있다고 하였다. (Hockin 1803 : 58~59 : Kramer 1917 : I, 130)
1804	- 프로비던스(Providence)에서 온 선박 ASIA(선장 Nathaniel Pearce)가 무역항해를 위해 중국 광동으로 가던 중 11월 17일 메리르를 목격하였고 11월 19일에는 팔라우를 목격하였다. (Pearce 1805) - 스웨덴 선박 WASA(선장 Hanson)가 중국으로 항해하던 중 Helen Reef를 목격하였다. (Stevens 1808 : 600)
1805	- 영국 인도무역선 ASIA가 손소롤을 목격하였다. (Purdy 1814 : 151)
1806	- 영국 인도무역선 MANGLES와 ANNA는 팔라우의 앙가우르의 남서쪽을 끼고 항해하였다. (Horsburgh 1817 : II, 498)
1809	- 스페인 선박인 마닐라 기반의 MODESTO(선장 Jose Maria Fernandez)가 파이스(Fais)를 방문한 후 팔라우를 방문하였는데 해삼(trepang)을 구하기 위해서였다. 마리아나(Marianas)의 주지사인 Governor Medinilla y Pinedo가 승선해 있었다. (Kotzebue 1830 : III, 117)
1810	- 선박 MARTHA가 연안에서 길을 잃어 자일로로(Gilolo) 섬의 북쪽과 동쪽에서 방황했다고 기록되어 있다. Helen's Reef였을 것으로 짐작된다. (Ward 1967 : III, 197) - 선박 AMETHYST(선장 Seth Smith)가 1월 26일 해삼(beche-de-mer)을 수집하고자 팔라우에 도착하였다. 여자아이들이 승선하여 선박이 있을 동안 배 위에 있었다. 섬사람과 전통문화 등에 대해 기록하였다. 황소 한 마리를 배에 태웠다. 4명의 선원이 탈주하였으며 3명이 죽었다. 최고 추장 Ibedul과 그의 부족장들도 방문하였는데, 200척의 전투 카누를 타고 함께 방문하였으며, 선박을 습격하고자 하였다. 선박은 6월 3일에 다시 출항하였다. (Smith 1810)
1823	- 런던 기반의 포경선 SYREN(선장 Frederich Coffin)이 3월 31일에 팔라우에 도착하였다. 100여 명을 태운 30척의 규모가 큰 카누가 갑자기 습격하였으나 치열한 싸움 끝에 도망갔다. 싸움 중에 37명이 다쳤으며 2명의 장교가 죽었다. (Ward 1967 : I, 144, 146~149; Kramer 1917 : , 130)
1825	- 뉴욕 기반 선박 CITIZEN(선장 E. L. Keen)이 무역을 위해 중국 광동으로 항해하면서 팔라우를 방문하였다. 카누가 다가왔으며 과일, 조개, 고구마 등을 옷가지 등과 교환하였다. (Hunter 1938 : 6~7)

1827	– Nantucket 기반 포경선 HARVEST(선장 Richard Macy)가 손소롤을 목격하였다. (Reynolds 1828 : 20)
1828	– 미국 선박 GLOBE(선장 Thomas Dixey)가 중국 광동으로 무역을 위해 항해하던 중 2월 11일에 메리르섬을 방문하였다. (Harrold 1828) – 프랑스 해상호위함(trigate) ASTROLABE(선장 Dumont d'Urville)가 태평양 첫 탐사를 위해 항해하던 중 6월 7일에 팔라우를 목격하였으며 호초를 따라 이동하였다. 그러나 계류하지는 못했다. 그 이유는 선박의 상태가 좋지 않고 선원들의 건강도 좋지 않았기 때문이다. 결국 몰루카스로 항해하였다. (Dumont d'Urville 1833 : V, 290; Dumont d'Urville 1835 : II, 527)
1830	– 선박 한 척이 댐피어(Dampier) 해협을 이동하고 있었으며 2월8일에 팔라우를 통과하게 되었다. 6명의 남자와 여자가 카누를 타고 왔으나 바람이 불어 가는 쪽으로 쫓아오지 못하였다. 기록에 의하면 이전에는 순하고 호의적이었던 순박했던 원주민들이 난폭해지면서 이러한 회의적인 특성을 잃어버린 것으로 적혀 있다. (Abeel 1834 : 39~41) – 마닐라에서 온 스페인 선박이 팔라우의 북쪽 끝을 방문하였다. (Kramer 1917 : I, 133)
1832	– 포경선 MENTOR(선장 Edward Barnard)가 5월 21일에 팔라우 근처의 산호초에 좌초되었다. 22명 중 11명의 선원이 Babeldaob에서 5개월 동안 거주하였다. 10월 27일에는 임시 선박을 만들어서 선장과 선원 중 8명이 항해를 시도하였는데 토비로 흘러 들어갔다가 생포되어 노예가 되었다. 이 중 3명은 어려운 환경에서도 생존하였고, 토비에서 2년간 살았으며 Britannia에 의해서 구출되었다. 선장 Barnard와 다른 한 명은 토비에 도착한 지 2달 후에 SABINA 선박에 의해서 구출되었으며 남은 3명은 팔라우에 인질로 남겨지고 미국 선박 USS VINCENNES에 의해 구출되었다. 토비와 팔라우의 원주민에 대한 상세한 설명은 Holden의 기록에 남아 있다. (Holden 1836; Lyman 1902; Ward 1967 : V, 406~444)
1833	– 스페인 상선 SABINA(선장 Soames)는 마카오로 항해하던 중 2월 3일에 토비를 방문하였으며 좌초된 Mentor의 선장 Barnard와 Bartlett Rollins을 구출하였다. 그들을 풀어 주는 값으로 원주민들에게 쇠 굴렁쇠를 지불하였다. (Ward 1967 : V, 420) – 미국 무역선 가로돛의 쌍돛대 범선(Brig) DASH(선장 Keating)가 태평양 무역항해를 하면서 팔라우를 방문하였다. 거북이 등껍질과 다른 조달품을 확보한 후 값을 지불하지도 않고 섬을 급히 빠져나갔다. (Browning 1836 : 219~220). 2개 이상의 마스트를 가진 세로돛의 범선 DASH에서 생존한 사람들이 보트에 가득 태우고 은굴루(Ngulu)에서 좌초하였다가 팔라우에 도착하였다. 이들 중 몇 명은 작은 보트를 사용하여 사마르(Samar)로 항해하였다. 선장 Keating과 그 외 사람들은 스페인 선박에 의해서 2달 후에 팔라우를 떠났다. 다른 선원들도 선박 CABOT을 타고 1835년에 떠났다. 선원 중 한 명인 John Davy가 팔라우에 남았다. (Ward 1967 : V, 152, 156~158; Browning 1836 : 220~224; Shineberg 1971 : 233)
1834	– Salem에서 온 포경선 가로돛의 쌍돛대 범선 CHARLES DOGGETT(선장 Batchelder)가 팔라우의 아프로(Apr)에 도착하였다. 선박은 수백 명의 원주민에게 습격당했고, 한 명의 남자아이가 죽었다. (Ward 1967 : V, 154; Putnam 1930 : 44) – 영국의 세대박이 돛배(bark)인 BRITANNIA(선장 Henry Short)가 중국 광동으로 항해하던 중 11월 27일에 토비를 방문하였다. Horace Holden과 Benjamin Nute는 섬에 들어온 지 2년 후에 섬에서 나갈 수 있었다. (Holden 1836 : 113~117)
1835	– 영국 선박 CABOT(선장 Low)이 2월 10일에 팔라우를 방문하였다. DASH 선박에서 살아남은 생존자 한 명을 데리고 갔다. 그러나 Mentor 선박의 생존자들은 데려가지 못하였다. (Ward 1967 : V, 445~447)

1835	– 보스턴에서 온 선박 MONSOON(선장 Thomas Remmonds)은 Batavia를 향해서 무역항해를 하면서 3월 4일에 메리르를 통과하였다. 메리르를 지나갈 때 5척의 카누가 다가와 코코넛, 낚싯줄, 장식띠를 빵과 옷으로 교환하였다. (Remmonds 1835) – 미국 해군의 돛대가 하나인 범선(sloop) VINCENNES(선장 함장 Cmdr John H. Aulick)가 미국 선원들을 구출하고자 항해하였다. 11월 26일에 팔라우에 도착하였으며 코로르에 돛을 내렸다. 물물교환이 이루어지면서 팔라우 사람들에 대한 설명, 역사, 전통 등을 기록하였다. 12월 9일에는 토비에 도착한 후 원주민들과 철을 대상으로 물물교환을 하였다. 80명의 무장한 사람을 데리고 육지에 들어가서 MENTOR 생존자들을 찾아다녔으나 팔라우 부족장만 찾아냈고, 그를 데리고 승선하였다. 배는 다시 팔라우로 돌아왔고, Ngerchelang으로 다시 사람들을 보내서 그들이 붙잡고 있던 2명의 미국인을 풀어주게 하였다. 12월 20일 팔라우를 떠났다. (Browning 1836 : 209~306; Paullin 1971 : 69~71)
1838	– 영국 선장이 이끄는, 2개 이상의 작은 마스트와 세로돛의 범선 한 척이 2월에 팔라우를 방문하였다. 선장과 한 명의 선원이 팔라우인들 손에 숨겼다. 6명의 다른 선원은 말레이시아인들이었는데 나중에 모두 노예가 된 뒤 섬의 다른 지역으로 보내졌다. 그중 2명의 말레이시아인은 11개월 후 Dumont d'Urville에 의해 구조되었다. (Dumont d'Urville 1841~1846 : V, 208~211)
1839	– 미국 선박이 팔라우에 도착했다가 1월 11일에 싱가포르로 떠났다. (Dumont d'Urville 1841~1846 : V, 210~211) – 프랑스 코르벳함[옛날의 평갑판·1단 포장(一段砲裝)의 목조형 범장(帆裝) 전함; 오늘날 대공·대잠수함 무기를 장착한 소형 쾌속 호위함] ASTROLABE와 ZELEE(선장 Dumont d'Urville)]가 두 번째 탐험을 시작했다가 1월 15일 팔라우에 도착한 후 동부 연안 모두를 탐험하였다. 펠렐리우 주변에 몇 척의 카누가 출몰하였다. 원주민들과 선박에서 물물거래를 하였다. 몇 달 전 좌초한 배에서 온, 또 팔라우인들의 노예가 되었던 2명의 말레이시아인은 이 배에 승선하고 탈출했다. (Dumont d'Urville 1841~1846 : V, 207~211 and 340~345)
1843	– 영국 무역선이자 가로돛의 쌍돛대 범선(brig)의 NAIAD(선장 Andrew Cheyne)가 해삼(beche-de-mer)을 채집하고자 팔라우를 처음 방문한 것은 7월 18일이다. 코로르에 해삼을 말리는 장소를 설치하였다. 그러나 멜레케오크인들은 해삼 한 상자를 줄 테니 대신 총기류를 달라고 하였다. 8월 13일에 팔라우를 떠났으며, 포수와 13명의 인도출생 포병(lascar)을 남겨두었다. 그리고 다수의 팔라우인을 얍으로 데려갔다. (Shineberg 1971 : 231~241) – 스페인의 가로돛 쌍돛대 범선(brig) MAGALLANES(선장 Soames)가 7월에 코로르를 방문하였다. 해삼(beche-de-mer)을 채집하기 위해 몇 달간 머물렀다. (Shineberg 1971 : 233, 241)
1844	– 2개 이상의 마스트를 가진 세로돛의 범선 ANITA가 4월 해삼 확보를 위해 팔라우를 방문하였다. 이 채집은 Cheyne's의 여러 감독자(overseers)가 수집한 것이다. (Shineberg 1971 : 322) – 영국의 가로돛의 쌍돛대 무역범선(brig) NAIAD(선장 Andrew Cheyne)가 5월 6일 팔라우를 두 번째로 방문해서 두고 간 13명이 채집한 해삼과 그들을 승선시켰다. 그리고 팔라우인들로부터 말라칼 섬을 구매하였다. 5월 10일 중국으로 항해했다. (Shineberg 1971 : 321~324) – 스페인의 가로돛의 쌍돛대 범선(brig) MAGALLANES(선장 Soames)가 5월에 해삼 확보차 재차 팔라우를 찾았다. (Shineberg 1971 : 323~324) – 2개 이상의 마스트를 갖춘 세로돛의 범선 WILL O'THE WISP를 Cheyne 선장이 임차를 해서 해삼을 확보하기 위해 7월 팔라우를 방문하였다. 팔라우에서 몇 달간 머물렀다. (Shineberg 1871 : 334) – 영국의 가로돛의 쌍돛대 무역 범선(brig) NAIAD(선장 Andrew Cheyne)가 8월 9일 팔라우를 방문하였다. Cheyne은 또다시 해삼 건조 근거지를 설치하고 9월 7일 떠났다. (Shineberg 1971 : 333~338)

연도	내용
1846	- 2개 이상의 마스트를 가진 세로돛의 범선 STARLING가 Andrew Cheyne를 싣고 5월 21일 팔라우에 도착하였다. 그런 후 5월 30일에 얍 섬 주변의 외곽섬을 방문하기 위해 떠났다. 호주국립대학의 Dorothy Shineberg가 소유한 'Log of the Schooner Starling'에 기록되어 있다. - 시드니의 무역선인 OROTAVA(선장 Nail)가 10월 2일 팔라우를 방문하였다. 여기서 해삼을 수집하던 다수의 영국인을 만났다. OROTAVA의 선원들도 같은 곳에 해삼 건조 근거지를 마련했고, 1847년 1월 13일에 홍콩을 향해 떠났다. 이 선박항해 기록에는 코로르 마을에 대한 내용이 상세히 적혀 있고, 원주민들에 대한 그의 의견도 기술해 놓았다. (Meeking 1847)
1849	- 호바트의 세대박이 돛배(bark) 무역선인 ELEANOR(선장 Edward Woodin)가 11월 30일에 손소롤를 방문하였다. 항해 도중 표류하던 카누에서 구출한 원주민을 내려주었다. (Woodin 1849)
1851	- 미국 증기선인 USS SARATOGA(함장선장 Cmdr W.S. Walker)가 동인도를 향하다가 3월 25일에 풀로안나를 통과하였다. 다수의 원주민의 배가 보였으며, 그중 한 척은 배 가까이 다가왔다. 3월 26일에는 손소롤 근처를 항해하였다. 기록에 의하면, 상당한 수의 카누를 통과하면서 항해하였다고 적혀 있다. (Walker 1851)
1852	- 세대박이 돛배(bark) ARCO IRIS(선장 George Coffin)가 2월 9일에 메리르 근처에 머물렀다. 3척의 카누가 다가왔으며, 원주민들은 코코넛과 멍석을 갖고 와서 철과 교환하기를 원했다. 그들에게 빵과 돌고래 지방층도 주었는데 받는 즉시 빠르게 먹어치웠다. (Coffin 1853 : 151~152) - 세대박이 돛배 무역선 ELEANOR(선장 Edward Woodin)가 해삼 획득을 위해 항해하였다. 4월 14일 팔라우에 왔으며, 4월 23일에는 손소롤에 이틀간 머물렀다. 5월 7일에는 다시 팔라우로 와서 해삼을 수집하였다. 이때 2명의 선원이 탈주하였다. 선박은 중국을 향해 9월 2일에 출항했다. (Woodin 1852)
c. 1853 ~ 1854	- 선장 Eastway의 무역선이 광동으로 항해하다가 태풍에 의해서 팔라우에 좌초하였다. 선원들은 이곳에서 16개월 동안 머물렀다가 다시 떠날 수 있었다. (Nautical Magazine, XXV (Jan 1856), 50)
1854	- 페어헤븐(Fairhaven)에서 온 포경선 MARTHA(선장 Meader)가 1월 28일 하루 동안 팔라우에 머물렀다가 2월 2일에 토비를 통과하였다. 3월 12일는 메리르 근처에 하루 동안 지체했으며, 카누 한 척이 방문하기도 하였다. (Meader 1857) - 포경선 YOUNG HECTOR(선장 Peter G. Smith)가 토비 근방에 3월 25일 도착하였으며, 8척의 카누가 옆으로 다가와서 서로 물물교환을 했다. (Smith 1857) - 선박 SYREN(선장 Charles H. Allen)이 샌프란시스코에서 인도 캘커타로 무역항해를 하던 중 5월 23일 풀로안나를 목격하였다. 또한 다음날 손소롤과 메리르도 목격하였다. (Allen 1855) - 호바트의 가로돛의 쌍돛대 범선(brig)인 BETAH(선장 Edward Woodin)가 2월 6일에 팔라우에 왔으며, 8톤의 해삼, 코코넛 기름, 조개 등을 확보하였다. 2명의 남자를 이곳에 남겨두고 2월19일 홍콩으로 떠났다. (Woodin 1854)
1855	- 선박 CHRYSOLITE(선장 A. McClellan)가 4월 6일에 앙가우르를 목격하였다. 이 선박이 이곳을 실제로 방문하였는지는 잘 알려져 있지 않다. 그러나 선장 McClellan의 항해 노트에는 태풍에 의해 침몰한 선박에서 탈출하여 16개월 동안 이 섬에 거주하던 선장 Eastway가 남긴 노트를 확보하였다고 기술되어 있다. 7월 14일에 메리르를 목격하였다. (Nautical Magazine, XXV (Jan 1856), 50)
1856	- 낸터컷(Nantucket)의 포경선 PERUVIAN(선장 Edward B. Hussey)이 3월 24일에 손소롤을 방문하였다. 그리고 카누를 타고 코코넛 등을 들고 온 원주민들과 물물교환을 하였다. (Hussey 1856)

1857	– 낸터컷(Nantucket)에서 온 포경선 OCEAN ROVER(선장 Charles A. Veeder)가 1월 12일에 팔라우를 방문하여 3일 동안 머물렀다. (Veeder 1858) – 낸터컷(Nantucket) 온 포경선 NORMAN(선장 Charles C. Ray)이 3월 22일 풀로안나 근방을 방문하였다. 카누들이 코코넛을 가지고 근처로 다가왔다. (Ray 1860)
1858	– 선박 LADY RAGLAN가 7월에 Helen's Reef에 좌초하였다. 3개월 후 CORDELIA BERAN에 의해 발견되었다. (Annales Hydrograhiques, XVIII (1860), 293~294) – 벨기에 선박 CONSTANT로부터 선원들을 태운 범선 적재의 대형 선박이 Oroluk 주변에서 좌초하였다가 8월 27일 팔라우를 목격하였다. 팔라우를 직접 방문하지는 않았고, 나중에 뉴기니에 도착하였다. (Seymour 1862) – 세대박이 돛배 CORDELIA BERAN(선장 M. J. Pederson)이 Helen's Reef에 10월 4일 잠시 들렀다. 이 선박은 3개월 전 Helen's Reef에서 좌초된 LADY RAGLAN을 구조하고자 싱가포르를 떠났던 배다. CORDE BERAN가 11월 11일까지 머물렀고, 좌초된 선박으로부터 차(tea)을 꺼냈다. (Annales Hydrographigues, XVIII (1860) 293~294)
1859	– 2개 이상의 마스트를 가진 세로돛의 범선인 BLACK RIVER PACKET(선장 Andrew Cheyne)이 10월 24일 팔라우로 왔다. 여기에서 Woodin을 만났으며 이 자와 협력관계가 되었다. 1860년까지 3월 30일까지 있었으며 그 후 마닐라로 떠났다. (Kramer 1917 : I, 136)
1860	– 호바트의 2개 이상의 마스트를 가진 세로돛의 범선 LADY LEIGH(선장 Edward Woodin)가 3월에 팔라우에 도착하였다. 여기서 선장 Cheyne를 만난 뒤 단기간 협력자가 되었다. 6월에 마닐라로 떠나기 전에 해삼을 채집하였고 9월 중순에 팔라우로 다시 왔다. Woodin은 Cheyne와의 협력관계를 취소하였고 Ngabuked 원주민과 힘을 합쳐 그들을 도와서 코로르의 침입을 물리쳤다. (Kramer 1917 : I, 136-7; Stevens 1867 : Enc #3 in Letter of Prcoeedings, 7 May 1861)
1861	– 2개 이상의 마스트를 가진 세로돛의 범선 LADY LEIGH(선장 Edward Woodin)가 4월 23일에 팔라우에 도착하였다. 해삼 수집을 위해 이곳에서 8월까지 머물렀다. Woodin은 Northern Babeldaop의 주민들을 코로르의 침입으로부터 방어하였다. 회전포(swivel guns)를 그들에게 주었다. 8월 14일 마닐라로 항해하였다. (Woodin 1863; Stevens 1867 : Enc#3 in Letter of Proceedings, 7 May 1861) – 선장 Andrew Cheyne가 소유한 범선은 쌍돛대 범선의 일종으로서, 앞 돛대는 가로돛이고 뒷 돛대는 세로돛(Brigantine)을 단 ACIS와 2개 이상의 마스트를 가진 세로돛의 범선 BLACK RIVER PACKET이다. 이 범선들로 4월 해삼을 확보하기 위해 코로르에 도착하였다. BLACK RIVER PACKET은 6월 2일에 싱가포르로 항해했고, ACIS는 이곳에 정박시켰다. (Woodin 1863 : entry for 13 May 1861)
1862	– 영국 군함 HMS SPHINX(선장 중위 Ralph Brown)가 좌초된 NORNA의 선원들을 구하고자 출항했다. 1월 3일 코로르에 도착하였고, Ibedul이 스페인 해군 유니폼을 입고 승선하였다. 며칠 후 영국 군인들은 코로르의 원주민과 협력하여 Ngabuked를 대적하기 위해 떠났다. 마을에 불을 지르고 대부분의 재산을 파괴하였다. 1월 21일에 팔라우를 떠났다. 이곳 사람들에 대한 설명이나 그들의 전통, 해삼 낚시 등에 대해서도 자세히 기록하였다. (Seymour 1862; Stevens 1867 : Subencl. # 2 to Enc #2, 9 Sept 1862; Seymour 1911 : 101~105; Brown 1862b) – 2개 이상의 마스트를 가진 세로돛의 범선 LADY LEIGH의 선장 Edward Woodin이 3월 27일 팔라우에 왔다. 이때 Karl Semper라는 독일 동물학자를 데리고 왔다. Woodin은 영국군함인 HMS SPHINX에 의해 해삼 건조 시설들이 파괴된 것을 발견했다. Cheyne과 Woodin 간의 긴장감이 계속되었다. 선박은 1963년 1월 26일 마닐라를 항해 떠났다. [Woodin 1863] – 스페인의 2개 이상의 마스트를 가진 세로돛의 범선이 7월 14일에 마닐라로부터 팔라우에 왔는데, 해삼을 채집하기 위해서였을 것이다. (Woodin 1863)

1862	− Andrew Cheyne이 소유한 쌍돛대 범선의 일종으로 앞 돛대는 가로돛이고 뒷 돛대는 세로돛(Brigantine)인 ACIS가 다시 해삼을 확보하기 위해 10월에 팔라우를 방문하였다. Alfred Tetens도 Cheyne리 함께 승선하고 있었다. Tetens는 말라칸에 정착하여 ACIS가 떠난 뒤 1863년 초반 동안 Cheyne'의 무역 활동을 수행하였다. Tetens는 그의 화려한 팔라우에서의 경험을 잘 기록하였다. (Tetens 1958 : 3~10, 37~46; Semper 1873 : 244~247) − 스페인 2개 이상의 마스트를 가진 세로돛의 범선인 PELAYO가 팔라우에 도착하였고 선장이 코로르의 최고추장 Ibedul을 방문하였다. (Kramer 1917 : I, 139)
1863	− 선박 N. B. PALMER(선장 Charles P. Low)는 중국과 무역하기 위해 항해 중이었다. 2월 5일 손소롤 주변에서 바람이 없어 정지해 있었다. 15~20척 가량의 카누가 1500여 명을 태우고 다가와 고무 마와 과일을 대상으로 물물교환을 원했다. 원주민들에게는 그들이 원하는 대로 담배를 주었고 추가로 옷가지도 주었다. (Low 1905 : 163~164) − Andrew Cheyne이 소유한 ACIS가 12월 16일 마닐라에서 다시 팔라우를 찾았다. Cheyne는 그의 커피와 설탕농장이 망한 것을 목격하였고, 그의 재산들이 약탈당한 것도 보았다. 그는 자신의 커피나무를 다시 심었고, 해삼을 수집하였다. 그리고 1894년 2월 11일 얍을 향해 출항했다. (Cheyne 1866)
1864	− Andrew Cheyne이 소유한 ACIS가 4월 10일 팔라우에 도착하였다. 선원 중 한 명을 이곳에 남겨 두었다. 원주민들과 총기류와 화약을 거래하였다. − Cheyne은 주민들 사이에 음모가 있음을 의심하였다. 8월 17일에 멜라네시아로 떠났다. (Cheyne 1866)
1865	− ACIS(선장 Andrew Cheyne)가 3월 7일 마카오와 마닐라에서 다시 팔라우로 찾아왔다. Cheyne는 환대한 환영을 받았는데, 그를 죽이려는 음모를 엿들었다. 소수의 선원이 팔라우에 남겨졌고 선박은 3월 23일 얍으로 향했다. 6월 15일에 ACIS는 다시 팔라우로 향했다. Cheyne는 바벨다오브의 비거주지 땅을 구매하였다. 그리고 원주민들은 그를 위해 해삼을 수집하였다. Cheyne는 그들에게 구식 소총으로 값을 치렀다. 이러한 대우에 대해 화가 난 코로르의 부족장들은 그를 죽이려 하였다. 10월 24일에 팔라우에서 마닐라로 출항하였다. (Cheyne 1866)
c. 1865	− 포경선 세대박이 돛배(bark)인 JAVA III(선장 Nathan S. Smith)는 토비에 도착하였다. 그리고 기록하기를 여기서는 가질 것이 아무것도 없다고 하였다. (Smith 1867)
1866	− ACIS(선장 Andrew Cheyne)는 2월 1일 마닐라에서 팔라우로 왔다. 5일 후에 Cheyne은 코로르 주민들에 의해 살해당했다. ACIS는 한 달 후에 다시 마닐라로 돌아왔다. (Cheyne 1866; Stevens 1867) − Godeffroy Co. 소유의 독일 증기선인 VESTA(선장 Alfred Tetens)는 유럽으로부터 다시 돌아왔다. 1월에 손소롤을 방문하였고, 이곳 원주민들이 1~2일 정도 Tetens를 환영해 주었다. 그리고 해삼을 확보하기 위해 팔라우로 갔으나 충분히 확보하지는 못하였다. 그리고 코로르에서 다수의 선원을 데리고 얍으로 항해했다. VESTA는 그해 후반기에 다시 돌아와서 1~2일 정도 머물렀다. 그러나 Tetens는 원주민들이 Cheyne를 살인한 것에 대해 위협을 느끼고 있었다. (Tetens 1958 : 58~62, 74~75; Stevens 1867) − 보스턴의 SOOLOO(선장 Charles Beadle)는 3월 5일에 메리를 통과하였다. 3척의 카누가 코코넛을 가지고 왔으며 담배와 맞바꾸었다. (Beadle 1867)

1867	- 독일의 증기선 VESTA(선장 Alfred Tetens)는 멜라네시아, 울레아이(Woleai), 그리고 얍으로부터 돌아올 때 팔라우를 다시 방문하였다. Idedul을 도와 멜레케오크를 상대로 전투를 치렀다. (Tetens 1958 : 80~87) - 독일 증기선 VESTA(선장 Alfred Tetens)는 또다시 팔라우를 방문하였고, 말라칼의 땅을 구매하려 했으나 합병 문제로 인해 부족장들이 이를 거부하였다. Tetens는 다른 땅을 구매하였고 50명의 중국인을 이곳으로 이주시켰으며 목화 농장을 시작하였다. 그런 후 섬을 떠나 다른 곳으로 항해하였다. (Tetens 1958 : 88~89) - 독일 증기선 VESTA(선장 Alfred Tetens)는 최고 족장인 Idedul의 요청으로 중국인들을 다시 데리고 가기 위해서 팔라우를 방문하였다. (Tetens 1958 : 100~1) - 영국 군함 HMS PERSEUS(선장 부함장 Cmdr. Charles E. Stevens)는 Andrew Cheyne의 죽음에 대해 조사하기 위해 4월 6일 팔라우에 도착하였다. 다수의 부족장을 대상으로 Cheyne의 죽음에 대해서 인터뷰를 실시하였다. Stevens는 Idedul을 지목하고 다른 팔라우인에 의해 처형되도록 하였다. 선박은 4월 13일에 코로르를 떠났다. (Stevens 1867) - 미국의 2개 이상의 마스트를 가진 세로돛 범선인 EAGLE(선장 Bird)이 4월 6일 코로르에 도착하였다. 선박에서는 해삼을 수집하고 거래 중이었다. 그러나 얼마 가지 않아 Hermit의 원주민들로부터 습격받았다. 선장과 다수의 얍 선원들이 살해당했다. (Stevens 1867)
1868	- 세대박이 돛배인 ORLANDO(선장 James M. Clark)가 3월15일 토비를 방문하였다. 다수의 카누가 거래를 위해 다가왔다. 4일 후 폼페이를 향해 떠났다. (Clark 1870)
1869	- 세대박이 돛배 포경선인 JAVA III(선장 Charles H.S. Kempton)가 4월 20일 토비에 도착하였다. 기록에 의하면 원주민 10명과 소량의 코코넛을 확보하였다. 9월 10일에 다시 토비에 왔으며 원주민들을 내려주었고 육지로 가서 담배를 주고 돗자리를 구매해 가져왔다. (Kempton 1872)
1870	- 영국의 세대박이 돛배 RENOWN(선장 G.E. Adams)이 2월 9일 팔라우에서 좌초하였다. 선원들은 2달 동안 팔라우에 있었으며 HMS RINALDO에 의해 구출되었다. 기록에 의하면 선원들은 원주민들로부터 상당한 호의와 대접을 받았다고 한다. (Robinson 1870; Nautical Magazine, XXXIX (1870), 386~387; Kramer 1917 : I, 143) - 영국 군함 HMS RINALDO(선장 부함장 Cmdr. F. C. B. Robinson)는 4월 2일 팔라우에 도착하여 좌초한 세대박이 돛배 RENOWN의 선원들을 구출하였다. 기록에 의하면, 원주민들은 물고기와 다른 물품을 제공하는 것에 환대하였다고 하였다. 코로르의 부족장에게 이러한 친절에 대해 감사를 표시하였다. 그리고 4월3일에 팔라우를 떠났다. (Robinson 1870 : Nautical Magazine XXXIX (1870), 386~387; Kramer 1917 : I, 143) - 프랑스 선박 BUSHRO가 팔라우를 방문하였다. (Kramer 1917 : I, 143)
1871	- 세대박이 돛배 EOLE가 4월에 팔라우를 두 번 째로 방문하였다. (Kubary 1873 : 183) - 함부르크의 2개 이상의 마스트를 가진 세로돛의 범선 무역선 AUGUSTITE이 9월 초 팔라우를 방문하였다. (Kramer 1917 : I, 146; Kubary 1873 : 184) - Godeffroy Co. 회사가 소유한 2개 이상의 마스트를 가진 세로돛 범선인 무역선 ISERBROOK(선장 Heinsohn)가 10월 1일 팔라우에 도착하였다. (Kubary 1873 : 185)

1872	- 독일의 가로돛의 쌍돛대 범선인 SUSANNE(선장 John Peters)이 1월 23~28일간 팔라우를 방문하였다. (Kramer 1917 : I, 147) - Godeffroy Co. 소유의 2개 이상의 마스트를 가진 세로돛 범선인 ISERBROOK(선장 Heinsohn)가 4월 팔라우에 도착하였다. (Kramer 1917 : I, 146) - 싱가포르의 쌍돛 범선 무역선 KATE(선장 Benjamin E. Gall)가 1872년 말과 1873년 초 해삼을 수집하기 위해 팔라우를 방문하였다. 최고 족장 Ibedul은 영국 해군 장교에게 Gall 선장에 대해 호소하면서 Gall 선장이 자기들을 속였을 뿐 아니라 3명의 원주민 여자도 납치했다고 하였다. (Le Hunte 1883 : Enc #5, Judicial Proceedings; Kramer 1917 : I, 152)
1873	- 2개 이상의 마스트를 가진 세로돛 범선인 SCOTLAND(선장 C. P. Holcomb)가 뉴기니로 항해하면서 4~5월경 팔라우를 방문하였다. (Holcomb 1887: C. P. Holcomb to sister, 27 Jan 1874)
1874	- Hernsheim Co. 회사의 2개 이상의 마스트를 가진 세로돛 범선인 COERAN(선장 Edward Hernsheim)은 5월에 팔라우에 도착하였다. 말라칼의 땅을 구매하여 무역 근거지를 마련하고 해삼을 채취하였다. 7월에 팔라우를 떠나서 얍으로 항해하였다. 9월 22일 팔라우를 다시 찾았다가 11월에 떠났다. (Kramer 1917 : I, 150~151; Hernsheim 1983 : 14~17) - 세대박이 돛배(bark) HELENE(선장 Levisohn)이 팔라우를 방문하였고, 9월 22일 팔라우를 떠났다. (Hernsheim 1983 : 16) - 영국의 2개 이상의 마스트를 가진 세로돛의 범선인 RUPAK(선장 Benjamin F. Gall)이 2월 15일 팔라우를 방문하였다. 이곳 원주민들은 거칠고 시비 걸기를 좋아하며, 3명의 유럽 무역상들이 강탈당했다고 기록되어 있다. 이곳 사람과 수공예품 전통, 동물과 무역에 대해 자세히 기록되어 있다. (Robertson 1876 : 41~48) - 2개 이상의 마스트를 가진 세로돛 범선인 COERAN(선장 Edward Hernsheim)이 Franz Hernsheim을 태우고 4월에 팔라우에 도착하였다. (Hernsheim 1983 : 28) - 2개 이상의 마스트를 가진 세로돛 범선인 ARABIA(이전에 Bully Hayes가 선장으로 있었음)가 5월 5일에 팔라우에 도착하였다. 이 선박은 국외 추방자들 몇 명을 데리고 곰에서 도망오다시피 왔다. 팔라우에서는 Holcomb가 선장 역할을 하였고 얍으로 이동하였다. (Holcomb 1887 : O'Keefe to US Consul in Manila, 24 June 1887; Clune 1970 : 138~139) - 2개 이상의 마스트를 가진 세로돛 범선인 SCOTLAND(선장 C.P. Holcomb)가 5월 6일 팔라우에 도착하였다. Holcomb는 좌초된 ARABIA를 탈취하여 육지로 이동시켰다. (Holcomb 1887 : O'Keefe to US Consul in Manila, 24 June 1887)
1876	- 독일 군함 SMS HERTHE(선장 Knorr)가 2월 5일 팔라우에 도착하였는데, 주된 목적은 3명의 무역인이 원주민들의 강탈을 고소한 내용에 대한 수사였다. 2월 22일 팔라우를 떠났다. 팔라우에 대한 수로학적 설명, 물질적 문화 전통과 부족 간의 구조 등에 대한 관찰 기록이 있다. (Robertson 1876 : 49; Annales Hydrograhigues, XXX IX (1876, 548~556) - O'keefe 소유인 영국의 2개 이상의 마스트를 가진 세로돛 범선인 SEABIRD(소장 Davis)가 3월경 팔라우를 방문하였다. (Kramer 1917 : I, 152) - 프랑스 선박 JEW(선장 Cohen)가 팔라우를 방문하였다. (Kramer 1917 : I, 152) - 독일 무역선 가로돛의 쌍돛대 범선(brig)인 SUSANNE(선장 Levisohn)이 팔라우를 방문하였다. (Kramer 1917 : I, 152) - 무역선 GOODLUCK(선장 Edward Hernsheim)이 팔라우를 방문하였다. (Kramer 1917 : I, 152)

연도	내용
1876	- 스페인의 2개 이상의 마스트를 가진 세로돛 범선인 ROSARIO가 팔라우를 방문하였다. 이 선박은 최고 족장 Ibedul의 용선용이었고, 카양겔을 파괴한 배였다. (Krtimer 1917 : I, 150) - 선장 Clark가 항해하는 선박이 진주를 채취하기 위해서 팔라우를 방문하였다. 축에서 여자아이를 데리고 와서 이곳에 있으면서 Gibbons와 결혼하여 거주하였다. (Le Hunte 1883 : Enc #5, Judicial Proceedings)
1878	- 가로돛의 쌍돛대 범선(brig)인 QUEEN(선장 O'Keefe)이 4월 1일에 코프라를 수집하기 위해 팔라우를 방문하였다. O'Keefe는 마피아와 다른 섬들로부터 노동자들을 확보하려는 목적을 갖고 있었다. (McGuinness 1882 : Hongkong Telegraph, 17 Apr 1885)
1880	- 선장 O'Keefe 소유의 서양식 선체의 중국 선박 형태의 WRECKER가 팔라우의 Mar로 가서 좌초된 LILLA를 다시 살리고자 하는 목적을 가지고 있었다. 팔라우에 3개월 동안 머물렀다. (Hongkong Telegraph, 17 Apr 1885) - O'Keefe 소유의 2개 이상의 마스트를 가진 세로돛 범선인 LILLA(선장 Keats)가 7월 28일 멜레케오크 연안에서 좌초되었다. 뒷날 원주민들에 의해 이 선박은 강탈당했다. (McGuinness 1882)
1881	- 영국 군함 HMS LILY(선장 부함장 Cmdr. Stanhope Groove)가 1월 13일에 팔라우를 방문하였는데 좌초된 LILLA에 대한 강탈을 조사하는 것이 주된 목적이었다. 코로르의 부족장들과 회의를 개최하였고 영국인들은 멜레케오크로 항해해서 그쪽의 부족장들을 인터뷰하였다. Reklai가 급히 선박에 승선하여 Cmdr. Groove가 제시한 것들을 받아들이기로 하였다. - 4명의 곤경에 처한 백인들을 찾았다. 최고 족장 Ibedul에게 선물을 제공하고 1월 27일에 영국인들이 항해를 떠났다. (Kramer 1917 : I, 152; Groove 1881)
1882	- 영국 군함 HMS COMUS(선장 James N. East)와 HMS LILY(선장 부함장 Richard Evans)가 팔라우로 항해하였다. 1880년 좌초된 LILLA에서 강탈한 물건에 대한 보상을 Reklai에게서 받으려는 목적이었다. 4월 5일 코로르에 도착하였고 통역가로서 James Gibbons를 활용하였다. 영국인들은 돈을 받지 못할 것을 알고 멜레케오크로 가서 Reklai에게 갔다. 그에게서 거북 등껍질, 진주 조개 그리고 해삼 등을 확보할 수 있었다. 그러나 그 외에 남은 것들은 기다렸다가 영국인들이 14척의 회의장 바이(bai)를 불태웠다. 그리고 4월 23일 선박이 떠나면서 내년에 다시 올 것임을 약속하였다. (East 1882) - 상하이의 2개 이상의 마스트를 가진 세로돛 범선인 BEATRICE(선장 H.T. Williams)가 11월에 팔라우에 왔다. 선박이 62명의 얍 주민을 태우고 암석 화폐(stone money)를 채취하고자 팔라우에 왔다. 400명의 얍 주민이 이미 팔라우에 거주하고 있었다. 이 선박에 Kubary가 승선하고 있었다. (Kubary 1889 : I, 4~5) - 독일의 세대박이 돛배(bark) KARL(선장 E. Kraft)이 12월 13일 토비를 지나갔다. 3척의 카누가 다가왔으며 방향타의 체인을 묶어 움직이지 못하게 한 뒤 선원들이 방향타 밧줄을 끊어 버릴 때까지 배를 끌고 가려 하였다. 원주민들은 또한 배를 겨냥하여 구식 소총(muskets)을 발사하였으나 배에는 피해가 없었다. (Eilers 1936 : II, 24~25; Kraft 1885)
1883	- 러시아 전함(man-of-war)인 SKOBELOFF(선장 함장 N. de Kopitoff)가 5월에 팔라우를 방문하였다. (Le Hunte 1883) - 영국 군함 HMS ESPIEGLE(선장 Cyprian Bridge)이 O'Keefe의 LILLA에 대한 피해보상을 위한 목적으로 8월 7일에 팔라우를 방문하였다. Bridge는 Reklai의 부채를 탕감시켰고 Ibedul과 Reklai 간의 평화협정을 체결하였다. 그리고 8월 12에 얍으로 항해하였다. Bridge가 인류학적 및 인구학적인 설명을 수록하였다. (Le Hunte 1883; Bridge 1883)

1885	- O'Keefe 소유의 가로돛의 쌍돛대 범선(brig)인 SWAN(선장 Henderson)은 얍과 팔라우 외곽섬으로 항해하였고, 1월 16일 손소롤에 도착하였다. 1월 17일과 18일에는 메리르 주변에 도착하였으며, 이곳을 방문하던 얍 주민들을 데리고 다시 떠났다. John Kubary가 승선해 있었다. (Kubary 1889 : I, 79) - 호주 뉴캐슬(Newcastle)의 보스웰 캐슬(Bothwell Castle)에서 온 4명을 실은 선박이 1월에 팔라우에 도착하였다. 선장 Boyer와 그 외 3명은 그들의 배가 침몰한 후 괌으로 가고자 하였다. 구조되기까지 팔라우에 2달 동안 머물렀다. (Boyer 1885) - 스페인 순양함(cruiser) VELASCO(선장 Don Emilio Butron y de la Serna)가 3월에 13일 동안 팔라우를 방문하였다. 이 방문의 목적은 스페인이 이 지역을 스페인 영토로 공포하기 전에 서 캐롤라이나 제도에 대한 정보를 확보하기 위해서였다. 보고서에 따르면, 이 지역의 섬들에 대한 인종학적 설명도 포함되어 있을 뿐만 아니라 무역 현황에 대한 정보도 수록되어 있다. (Kramer 1917 : I, 154; Butron 1885 : 144~162) - 2개 이상의 마스트를 가진 세로돛 범선인 BARTOLA(선장 Crayton P. Holcomb)는 애드미럴티 섬(Admiralty Islands)으로 항해하면서 4월에 팔라우를 방문하게 되었다. 그리고 암석 화폐를 채굴하고자 몇 명의 노동자를 두고 갔다. Holcomb는 그 후 오래지 않아 애드미럴티 섬에서 살해당했다. (Holcomb 1887 : Cmdr John McLindsay, USN, to Manuel Gutierrez, 14 Sept 1886) - 독일의 전함(man-of-war) SMS ALBATROS(선장 Max Pluddemann)가 9월 조사를 위해 팔라우를 방문하였다. 선박은 바벨다오브에서부터 멜레케오크까지 수심 측량을 하였다. Kubary가 통역자로 승선하고 있었다. (Kramer 1917 : I, 154) - 이때까지 영국은 이 지역에 대한 소유권을 주장하였으며, 이곳에서의 무역 활동을 활발하게 펼쳤다.
1899	- 스페인이 1885년 후부터 팔라우에 대한 소유권을 1899년까지 주장하였다. - 1899년 스페인은 스페인-미국전쟁(Spanish-American War)에서 패배했다. 스페인 팔라우와 그 외 캐롤라이나와 북마리아나 제도의 섬들을 독일에 매각하였다. - 독일이 1899년부터 1914년까지 팔라우를 통치하였으며, 이곳에서 코코넛 농사와 광물의 하나인 인(phosphate)을 개발한 뒤 널리 소개하였다. 인 광물을 채취하고 있는 팔라우 주민(Pacific Worlds, Colony, http://www.pacificworlds.com/yap/Visitors/colony.cfn)

별첨 7
팔라우 지도

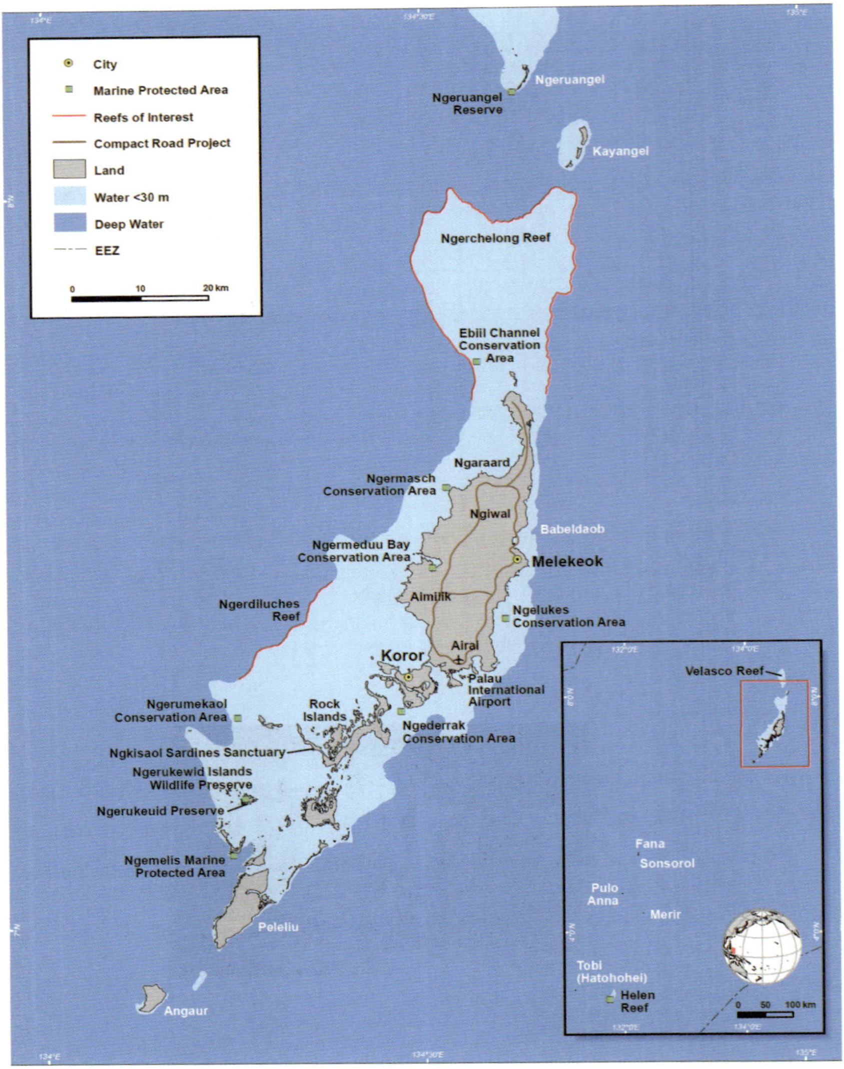

팔라우의 중심, 바벨다오브 섬 주변 지도
출처: 미국 국립과학재단(NSF) (http://nsf.gov/news/mmg/media/images/palau_map_NOAA.jpg)

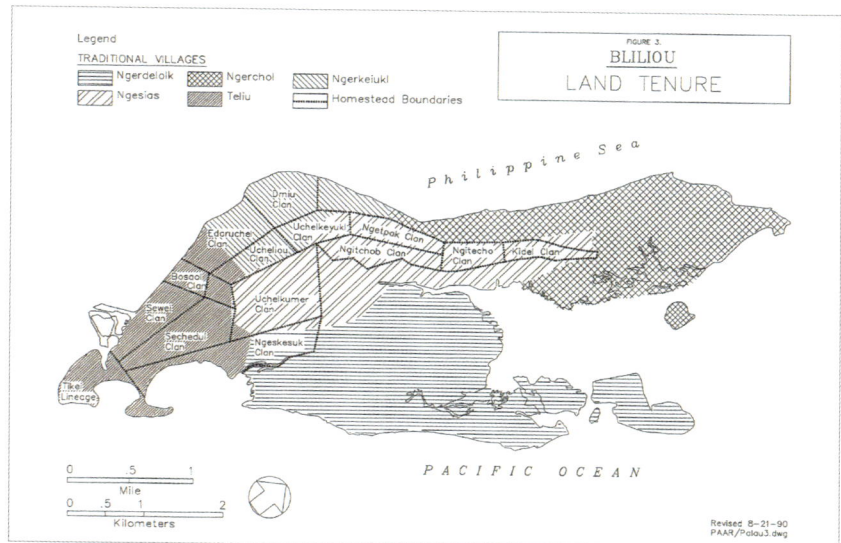

펠렐리우(Peleliu) 섬의 토지소유 현황 (Government of Palau and National Park Service, 1991, Biliou Historical Park Study(Preliminary draft), Land Tenure - Peleliu, https://www.nps.gov/pwro/piso/peleliu/figure4.htm#figure4)

팔라우 코로르 다운타운 안내지도 (야나트립, 팔라우 여행정보, http://Yanakorea.blogspot.com)

팔라우 전체지도 (임페리얼팔라우임팩코퍼레이션(Imperial Palau Corporation(IMPAC), 팔라우 안내 – 팔라우 지도, http://www.impackorea.co.kr/Palau_Map.aspx)

팔라우 록아일랜드 지도
(임페리얼팔라우임팩코퍼레이션(Imperial Palau Corporation(IMPAC), 팔라우 안내 – 팔라우 지도)

별첨 8
팔라우 숙박시설[426]

코로르 지구 호텔 안내

(출처: 임페리얼팔라우임팩코퍼레이션(Imperial Palau Corporation(IMPAC).
호텔 안내. http://www.impackorea.co.kr/Hotel_Main.aspx)

1. Airai View Hotel
2. Papago Resort
3. Carolines Resort
4. Cocoro Hotel
5. Hotel Nikko Palau
6. Malakal Central Hotel
7. New Koror Hotel
8. Palasia Hotel
9. Palau Hotel
10. Palau Marina Hotel
11. Palau Marine Club
12. Palau Pacific Resort
13. Palau Visitor Authority
14. The Penthouse
15. Sunrise Villa Hotel
16. VIP Guest Hotel
17. Waterfront Villa
18. West Plaza Coral Reef Hotel
19. West Plaza Desekel Hotel
20. West Plaza Downtown Hotel
21. West Plaza Hotel, By the Sea
22. West Plaza Hotel, Malakal

MOTELS:
23. DW Motel
24. The Guest Lodge
25. HK Motel
26. L & K Motel
27. Lehn's Motel & Apartments
28. Tree-D Motel & Apartments
29. Yuhi Motel

MUSEUMS
30. Belau National Museum
31. Etpison Museum

ATTRACTIONS
32. Palau International Coral Reef Center
33. Dolphins Pacific

---

426) 팔라우관광청. http://pristineparadisepalau.com/accommodation/view.php?type=Resorts#

- 팔래시아 호텔(Palasia Hotel)

  팔라우 최고층 시티호텔. 최고층 라운지는 16~18시 석양관람 시간으로 개방. 사우나와 마사지 룸이 있는 피트니스 센터 및 수영장 시설 겸비
  - 주요 시설 : 165개의 객실, 레스토랑, 바, 수영장, 사우나, 휘트니스 센터, 마사지 서비스, 면세점(Galleria) 무선 랜(무료), 인터넷 룸(유료) 등
  - 레스토랑/바 : 디소멜(Desomel), 밍(Ming's), 웰츠바(Weltz Bar) 등
  - 기타 : 포트, TV, 전화, 헤어 드라이기, 공항 픽업(유료), 세탁 서비스(유료) 등
  - Tel : 680-488-8888 / Fax : 680-488-8800
  - Web : http://www.palasia-hotel.com/
  - Email : res.palasia@palaunet.com
  - 주소 : P.O.Box 10021, Koror, Palau 96940

- 그린베이 호텔(Greenbay Hotel)

  코로르 중심부 쇼핑 등에 편리. 경관 우수
  - 주요 시설 : 28개의 객실, 레스토랑, 미용실
  - 레스토랑/바 : 레스토랑
  - 기타 : 인터넷(유료)
  - Tel : 680-488-5584 / Fax : 680-488-2776/5455
  - Email : greenbay_hotel@palaunet.com / greenbayhotel@gmail.com
  - 주소 : P.O.Box 16, Koror, Palau. 96940

- 팔라우 플랜테이션 리조트(Palau Plantation Resort)

  코로르의 중심 도로로부터 차로 약 5분. 주변에는 정글, 눈앞에는 타로 밭과 맹그로브 군생지가 있음. 수영장과 자쿠지가 있음
  - 주요 시설 : 레스토랑, 바, 스파, 수영장, 자쿠지, 사우나, 기프트 숍, 시내 중심지까지 셔틀버스 서비스
  - 레스토랑/바 : 월화정, 포레스트가든, 정글바, 더 테라스 등
  - 기타 : 욕조, 노천탕(일부), 냉장고, 커피포트, TV, 전화, 헤어 드라이기 등
  - Tel : 680-488-3631/7488 / Fax: 680-488-7425
  - Web : http://www.palauplantationresort.com/
  - Email : info@palauplantation.sort.com
  - 주소 : P.O.Box 1722, Koror, Palau, 96940

- 웨스트 플라자 호텔 바이 더 시(West Plaza Hotel by the sea)
  T도크로 가는 도중에 위치한 4층 건물의 해안가 호텔. 전체 36실이 오션뷰로 4층의 펜트하우스가 인기. 공항에서 20분 거리
  - 주요 시설 : 커피 셀프 서비스, 렌터카 등
  - 레스토랑/바 : 식당 및 바
  - 기타 : 욕조, 키친(일부), 냉장고, 포트, TV, 전화, 헤어 드라이기 등
  - Tel : 680-488-2133/2135 / Fax : 680-488-2136
  - Web : http://www.bythesea.wphpalau.com / http://www.wphpalau.com
  - Email : west.plazal@wctc-palau.com
  - 주소 : P.O.Box 280, Koror, Palau, 96940

- 랜드마크 마리나 호텔(Landmark Marina Hotel)
  국제 산호초 센터와 수족관에 인접한 해변의 호텔
  - 주요 시설 : 26개의 객실, 레스토랑, 부티크, 개인 요트 등
  - 레스토랑/바 : 독 사이드 레스토랑(Dock Side)
  - 기타 : 냉장고, 미니바, 포트, TV, 전화, 헤어 드라이기, 욕조(스위트룸) 등
  - Tel : 680-488-1069/1786 / Fax : 680-488-1070
  - Web : http://www.landmarkmarina.com
  - Email : landmarkmarinareservation@gmail.com
  - 주소 : P.O. Box 7047, Medalaii Hamlet, Koror, Palau, 96740

- 웨스트 플라자 호텔 데세켈(West Plaza Hotel Desekel)
  코로르 중심지에 위치. 건물 2층에 프론트, 1층에 편의점이 있음. 발코니가 딸린 방(15), 부엌을 갖춘 방(2) 등
  - 주요 시설 : 30개의 객실, 커피 셀프 서비스, 라운지, 편의점, 렌터카 서비스 등
  - 레스토랑/바 : 없음
  - 기타 : 욕조, 키친(일부), 냉장고, 포트, TV, 전화, 헤어 드라이기 등
  - Tel : 680-488-2521/2529 / Fax : 680-488-6043
  - Web : http://www.desekel.wphpalau.com / http://www.wphpalau.com
  - Email : west.plaza@wctc-palau.com
  - 주소 : P.O.Box 280, Koror, Palau, 96940

- **VIP 게스트 하우스 호텔(VIP Guest Hotel)**
  코로르 중심지에 위치. 3층 건물의 비즈니스 호텔. 주변에 WCTC 쇼핑센터와 레스토랑, 기프트 숍 등. 건물 2층에 한국 음식점 아리랑이 위치. 공항픽업서비스(유료) 등
  - 주요 시설 : 22개의 객실, 유료 세탁기, 인터넷 가능(유료) 등
  - 레스토랑/바 : 없음
  - 기타 : 냉장고, 케이블 TV, 전화, 헤어 드라이기, 욕조 등
  - Tel : 680-488-1502/4618 / Fax : 680-488-6264
  - Email : viphotel@palaunet.com
  - 주소 : P.O.Box 18, Koror, Palau, 96940

- **펜트하우스(The Penthouse)**
  1층에 미용실 위치. 공항픽업서비스(유료), 비즈니스 센터
  - 주요 시설 : 레스토랑, 회의실, 뷰티숍(마사지), 유료 세탁기, 무선 랜(무료), 인터넷 코너, 에어컨 등
  - 레스토랑/바 : 우아브(Uab's) 레스토랑
  - 기타 : 냉장고, 케이블 TV, 전화, 헤어 드라이기, 욕조, 다리미 등
  - Tel : 680-488-1941/1943 / Fax : 680-488-1442
  - Web : http://www.penthousepalau.com/
  - Email : the-penthouse@palaunet.com
  - 주소 : P.O.Box 6013, Koror, Palau, 96940

- **웨스트 플라자 다운타운(West Plaza Hotel Downtown)**
  코로르 중심부에 위치. 공항에서 20분 거리. 쇼핑센터와 레스토랑이 가까운 거리에 위치
  - 주요 시설 : 20개의 객실, 케이블 TV, WiFi(선불카드), 에어컨, 냉장고, 헤어 드라이기 등
  - Tel : 680-488-2133/2135 / Fax : 680-488-2136
  - Web : http://www.downtown.wphpalau.com / http://www.wphpalau.com
  - Email : west.plaza@wctc-palau.com
  - 주소 : P.O.Box 280 Koror, Palau, 96940

- **팔라우 호텔**
  코로르 중심부에 위치. 오래된 비즈니스 호텔. 객실은 자주 개조되어 심플하면서도 청결. 1층에는 슈퍼마켓 '아사누마 스토어' 입점
  - 주요 시설 : 인터넷 코너와 무선 랜(무료) 등. 1층에는 슈퍼마켓, 반지하에는 레스토랑
  - 레스토랑/바 : 식당 및 바, Red Rooster Cafe
  - 기타 : 냉장고, TV, 전화, 샤워, WiFi(선불카드), 에어컨, 렌트카 등
  - Tel : 680-488-5678/1116 / Fax : 680-488-4883
  - Web : http://www.fnbpalauhotel.com / www.facebook.com/FB-Palau-Hotel
  - Email : fnbpalauhotel@palaunet.com
  - 주소 : P.O.Box 457, Ikelau Hamlet, Koror, Palau, 96940

- **웨스트 플라자 코럴리프(West Plaza Hotel Coral Reef)**
  T도크에 인접한 4층 건물(단, 엘레베이터 없음), 리조트 타입의 시티호텔
  - 주요 시설 : 14개의 객실, 커피 셀프 서비스 등
  - 레스토랑/바 : 없음(도보로 갈 수 있는 거리에 여러 식당)
  - 기타 : 욕조, 키친(일부), 냉장고, 포트, TV, 전화, 헤어 드라이기 등
  - Tel : 680-488-5333 / Fax : 680-488-5332
  - Web : http://www.wphpalau.com
  - Email : west.plaza@palaunet.com
  - 주소 : P.O.Box 280, Koror, Palau, 96940

- **코코로 호텔(Cocoro Hotel)**
  비즈니스 타입 호텔. 4층에 프론트와 레스토랑, 객실은 3층에 집중
  - 주요 시설 : 레스토랑, 인터넷과 무선 랜(유료) 등
  - 레스토랑/바 : 코코로 레스토랑
  - 기타 : 냉장고, 포트, TV, 전화, 욕조(디럭스) 등
  - Tel : 680-488-5852 / Fax : 680-488-5855
  - Email : cocoro@palaunet.com
  - 주소 : P.O. Box 1669, Koror, Palau, 96940

말라칼 지구 호텔 안내

- **팔라우 로열 리조트(Palau Royal Resort)**

  말라칼 섬의 해변 JAL 호텔계의 리조트(Okura Nikko Hotel Management). 지상 6층 건물. 전실 오션 뷰. 프라이빗 비치 등
  - 주요 시설 : 레스토랑, 바, 스파, 스포츠 센터, 다이빙 서비스, 마린 스포츠, 수영장, 테니스 코트, 키즈 룸, 무료 세탁실, 기프트 숍, 랜(유료), 미니골프, 공항픽업서비스(유료) 등
  - 레스토랑/바 : 웨이브 레스토랑, 브리즈 비치 바 스낵 &그릴
  - 기타 : 욕조, 냉장고, 포트, 커피와 차 세트, TV, 전화, 헤어 드라이기 등
  - Tel : 680-488-2000/8877 / Fax : 680-488-6688
  - Web : http://www.palau-royal-resort.com/
  - Email : info@palau-royal-resort.com
  - 주소 : P.O.Box 10108, Koror, Palau, 96940

- **씨 패션 호텔(Sea Passion Hotel)**

  말라칼 섬 입구 바로 오른쪽 해변에 접한 5층 건물의 호텔. 백사장을 갖춘 프라이빗 비치, 해변 레스토랑, 오픈 바
  - 주요 시설 : 74개의 객실, 레스토랑, 바, 수영장, 기프트 숍, 인터넷 코너와 무선 랜(유료), 해양스포츠 등
  - 기타 : 냉장고, TV, 전화, 헤어 드라이기 등
  - Tel : 680-488-0066/0033 / Fax : 680-488-0077
  - Web : http://www.seapassionhotel.com/
  - Email : reservations@seapassionhotel.com / fom@seapassionhotel.com
  - 주소 : P.O.Box 10068, Koror, Palau, 96940

- **웨스트 플라자 호텔 말라칼(West Plaza Hotel Malakal)**

  말라칼 섬에 위치. 공항에서 25분 거리. 부엌이 딸린 스위트 객실 보유
  - 주요 시설 : 34개의 객실, 커피 셀프 서비스, 레스토랑, 스타피쉬 마용실, 기프트 숍, 렌트카, 공항픽업서비스(유료)
  - 레스토랑/바 : 팜베이비스트로(건물에 인접)
  - 기타 : 샤워, 키친(일부), 냉장고, 커피포트, 케이블 TV, 전화 등
  - Tel : 680-488-2133/2135 / Fax : 680-488-2136

- Web : http://www.wphpalau.com
- Email : west.plaza@wctc-palau.com
- 주소 : P.O.Box 280, Koror, Palau, 96940

아라카베 산 지구 호텔 안내
- **캐롤라인 리조트(Aliiibamou Resorts Carolines)**

  아라카베산(영어: Ngerekebesang / 팔라우어: Arakabesan) 섬 고지대에 있는 넓은 오두막 타입의 리조트. 다운타운까지 10분
  - 주요 시설 : 8개의 객실, 공항픽업서비스(무료), 판매점 등(제휴의 팔라우 퍼시픽 리조트의 비치와 수영장, 테니스 코트 등을 픽업 포함하여 이용 가능)
  - 기타 : 미니바, 냉장고, TV, 전화, 샤워, 인터넷 등
  - Tel : 680-488-2754/3755 / Fax : 680-488-3756
  - Web : www.carolines-palau.com / carolines@palaunet.com
  - Email : reservation@carolines-palau.com
  - 주소 : P.O.Box 10148, Koror, Palau, 96940

- **클리프 사이드 호텔(CliffSide View Hotel)**

  바닷가 언덕 경사면에 있는 작은 호텔. 4층 건물. 길을 가로질러 산 쪽에 수영장 위치
  - 주요 시설 : 30개의 객실, 레스토랑, 바, 수영장, 자쿠지, 기프트 숍, 인터넷 코너, 에어컨 등
  - 레스토랑/바 : 더 터틀코브 레스토랑
  - 기타 : 냉장고, 커피세트, 케이블 TV, 전화, 욕조(일부), 자쿠지(일부) 등
  - Tel : 680-488-4590/4592 / Fax : 680-488-4593
  - Web : http://cliffsidehotelpalau.com
  - Email : cliffsideviewreservation@gmail.com
  - 주소 : P.O.Box 4068, Koror, Palau, 96940

- **팔라우 퍼시픽 리조트(Palau Pacific Resort)**

  최고급 5성급 호텔. 공항에서 30분 거리
  - 주요 시설 : 160개의 객실, 레스토랑, 바, 스파, 피트니스 센터, 자쿠지, 다이빙 서비스, 수영장, 테니스 코트, 비치 발렛 코트, 면세점, 뷰티 살롱, 인터넷 센터(유료), 공항픽업서비스(유료) 등

- 레스토랑/바 : 코코넛 테라스, 킹 & 퀸 디너 등
- 기타 : 욕조, 마사지 샤워기(스위트), 미니바, 비데, 냉장고, TV, 전화, 헤어 드라이기 등
- Tel : 680-488-2600 / Fax : 680-488-1606
- Web : http://www.palauppr.com/en
- Email : guest@ppr-palau.com / info@ppr-palau.com
- 주소 : P.O.Box 308, Ngerekebesang, Palau, 96940

- **로즈 가든 리조트(Rose Garden Resort)**
아라카베산 섬 언덕의 최고 전망. 오두막 타입의 자연 리조트. 객실까지 긴 계단 있음. 공항에서 20분 거리
  - 주요 시설 : 20개의 객실, 레스토랑(£10 햄버거로 유명) 등
  - 레스토랑/바 : 레인보우 뷰 레스토랑, 로즈가든 바 · 그릴
  - 기타 : 냉장고, 커피포트, TV, 전화, 헤어 드라이기, 샤워, 에어컨, 세탁 서비스(유료), 공항픽업서비스 등
  - Tel : 680-488-7671/7672/7673 / Fax : 680-488-0838
  - Web : http://www.palaurosegarden.com/
  - Email : info@palaurosegarden,com
  - 주소 : P.O.Box 4038, Koror, Palau, 96940

그 외 지구 호텔 안내

- **카프 아일랜드 리조트(Carp Island Resort and Palau Diving Center)**
블루 코너까지 약 10분. 만타 스포트(저먼 채널)는 5분. 섬 안쪽은 대부분 정글
  - 주요 시설 : 레스토랑, 다이빙 서비스(유료), 카약, 탁구, 정글 탐험, 인터넷(유료), 국제전화, 낚시 등
  - 레스토랑/바 : 식당 안에 작은 매점이 있음
  - 기타 : 샤워 룸(다이브 하우스는 공용), 천장에 있는 선풍기(에어컨 없음) 등
  - Tel : 680-488-2978/2277 / Fax : 680-488-3155
  - 블로그 : http://www.carpislandpalau.com / http://www.carpislandresort.com
  - Email : carp@palaunet.com
  - 주소 : P.O.Box 5, Malakai, Koror, Palau, 96940

아이라이 지구 호텔 안내

- 아이라이 뷰 호텔 앤드 스파(Airai View Hotel & Spa Palau / Airai Water Paradise Hotel & Spa)

  공항에서 차로 5분 거리. 바벨다오브 섬 남부 고지대에 위치. 워터 슬라이드와 자쿠지까지 갖춘 워터 파라다이스. 코로르에서 픽업 서비스도 있음
  - 주요 시설 : 레스토랑, 바, 스파, 수영장, 워터 슬라이드 수영장, 유료 세탁기, 무선 랜(무료), 기프트 숍 등
  - 레스토랑/바 : 베라우스(Berrous) 레스토랑, Casa Cafe, Pool Bar
  - 기타 : 냉장고, 포트와 티 세트(스탠다드 제외), TV, 전화, 헤어 드라이기, 욕조(스탠다드), 자쿠지 (허니문 스위트), 샤워, 생수 등
  - Tel : 680-587-3530/3531 / Fax : 680-587-3533
  - Web : http://www.airaiwaterparadise.com
  - Email : services@airaiwaterparadise.com
  - 주소 : P.O.Box 8067, Koror, Palau, 96940

- 파파고 인터내셔널 호텔(Papago International Resort Palau)

  공항에서 차로 5분 거리. 수영장과 골프 연습장. 편도 10분 정도 거리의 맹그로브 트레일이 있음. 도보 10분 거리의 팔라우 쇼핑센터 WCTC의 지점 아이라이 모빌 마트 위치
  - 주요 시설 : 100개의 객실, 레스토랑, 바, 노래방, 스파, 수영장, 자쿠지, 스포츠 센터, 당구장, 골프 연습장(250피트), 미용실, 교통 서비스(유료), 양궁장, 오락실, 탁구, 배드민턴 시설 등
  - 레스토랑/바 : Day Light Lounge, Greenery 식당, Poolside Bar
  - 기타 : 냉장고, TV, 전화, 샤워, 헤어 드라이기 등
  - Tel : 680-587-6670/6675 / Fax : 680-587-6868
  - Web : http://palau.papago-resort.com/en/
  - Email : papago@palaunet.com / papago@palaunet.com
  - 주소 : P.O.Box 8026, Koror, Palau, 96940

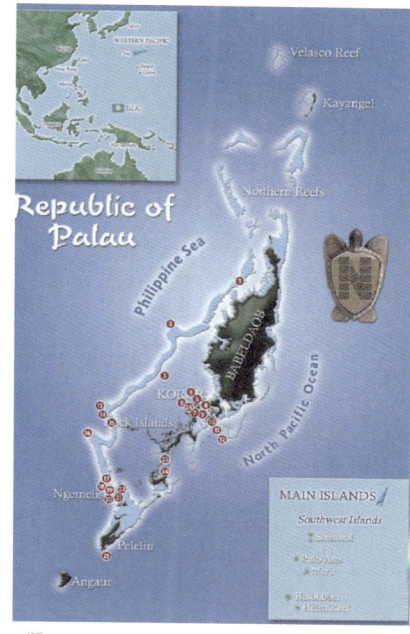

팔라우의 바벨다오브 섬 주변의 주요 관광 장소(좌) 및 다이빙 장소(우)[427]

1. Stone Monoliths
2. Grandma Waterfalls
3. Sunken City – Ngibtal
4. Bai Melekeok
5. Stone Faces
6. Airai Bai
7. Palau International Airport
8. Yapese Stone Money Cave
9. Japan-Palau Friendship Bridge
10. Chandelier Cave Dive Site
11. Japanese Zero Plane
12. Soft Coral Garden/Natural Arch
13. Clam City Dive Site
14. Jellyfish Lake
15. German Channel Dive Site
16. Traditional Village Ruins
17. Siaes Tunnel Dive Site
18. Shark City Dive Site
19. Blue Hole Dive Site
20. Blue Corner Dive Site
21. Turtle Cove Dive Site
22. Peleliu Corner Dive Site

1. Devilfish City
2. Satan's Corner
3. Teshio Maru
4. Jake Seaplane
5. Ryuku Maru
6. Amatsu Maru
7. Chuyo Maru
8. Chandelier Cave
9. Helmet Wreck (Depth Charge)
10. Mandarinfish Lake
11. Zeke Fighter (Upside down)
12. Short Drop-Off
13. Siaes Corner
14. Siaes Tunnel
15. Ulong Channel
16. Shark City
17. Blue Hole
18. Blue Corner
19. Ngemelis Coral Garden
20. New Drop-Off
21. Big Drop-Off
22. German Wall/German Channel
23. Clam City
24. Jellyfish Lake (snorkel)
25. Peleliu Corner
26. Iro Maru

427) Palau Visitors Authority, Experience the wonders of Palau – Rainbow's end (2004~2005), http://visit–palau.com/admin/newsletter/images/PVA%20PRESS%20Kits.pdf

별첨 9
팔라우 주요 식당

주요 음식점[428]
코로르 지역(25개)

- **자이브 카페 & 레스토랑(JIVE Cafe & Restaurant)**
  오픈 테라스. 선술집 풍 식당
  - 운영시간 : 아침 07:00 ~ 10:00, 저녁 16:30 ~ 23:00
  - 휴일 : 일요일
  - 서비스 : 코로르 시내 무료 픽업
  - 결제수단 : 각종 신용 카드
  - 한국어 대응 : 가능 / - 한국어 메뉴 : 있음
  - Tel : 680-488-5343
  - Web : http://www.palau-impac.com/JIVE/
  - BBI 버스 정류장 ⑮

- **디소멜 레스토랑(Desomel Restaurant)**
  중국 요리, 파스타, 가벼운 식사 가능. 팔레시아 호텔 안에 위치
  - 운영시간 : 07:00 ~ 23:00
  - 결제수단 : 각종 신용 카드. T/C(여행자 수표)
  - Tel : 680-488-8888
  - Web : http://www.palasia-hotel.com
  - BBI버스정류장 ⑨

- **웰츠 바(Weltz Bar)**
  팔레시아 호텔 로비 옆에 위치
  - 운영시간 : 16:00 ~ 24:00
  - 결제수단 : 각종 신용 카드. T/C

---

428) 임페리얼팔라우임팩코퍼레이션(Imperial Palau Corporation(IMPAC). 식당 안내. http://www.impackorea.co.kr/Restaurant_Main.aspx / 팔라우 관광청. 식당 소개(Restaurants). http://pristineparadisepalau.com/thingstodo/view.php?type=Restaurant

- Tel : 680-488-8888
- Web : http://www.palasia-hotel.com
- BBI 버스정류장 ⑨

- **정글 바(Jungle Bar)**
  일본 술과 소주, 팔라우 산 현지 과일로 만든 오리지널 칵테일
  - 운영시간 : 18:00 ~ 02:00
  - 휴일 : 무휴
  - 결제수단 : 각종 신용 카드, T/C
  - Tel : 680-488-7488
  - Web : http://www.palauplantationresort.com/
  - 교통수단 : 택시 이용 추천

- **독 사이드 레스토랑(Dock Side Restaurant)**
  코로르 섬에 위치. 브라질 요리, 맹그로브게, 야자수게 같은 해산물 요리
  - 운영시간 : 아침 07:00 ~ 10:30, 점심 12:00 ~ 15:00, 저녁 8:00 ~ 23:00
  - 휴일 : 무휴
  - 위치 : 랜드마크 마리나 호텔 내
  - 결제수단 : 각종 신용 카드, T/C
  - Tel : 680-488-1069
  - Web : http://www.landmarkmarina.com
  - BBI 버스정류장 ③에서 도보 10분 *산호초 리프 리서치 센터 방향

- **시버드 바(Seabird Bar)**
  시버드 크루즈 종료 직후 개방. 총 평균 5달러 정도 가격의 안주가 있으며, 와인이나 칵테일이 메인
  - 운영시간 : 21:00 ~ 24:00
  - 결제수단 : 각종 신용 카드, T/C
  - Tel : 680-775-1717
  - 교통수단 : 택시 이용 추천

- 미토 스시(Mitto Sushi)

  스시 식당. 팔라우의 식재료 사용. 불에 구운 맹그로브게, 생선회, 정식
  - 운영시간 : 점심 10:30 ~ 13:00, 저녁 17:00 ~ 22:30
  - 휴일 : 화요일, 일요일 오전
  - 결제수단 : 각종 신용 카드, T/C
  - Tel : 680-488-1950
  - BBI 버스정류장 ⑦

- 더 타지(The Taj)

  인도 식당. 전용 솥으로 구운 난(naan)과 카레, 탄두리 치킨, 라씨(lassi)
  - 운영시간 : 점심 11:00 ~ 14:00, 저녁 17:00 ~ 22:30
  - 휴일 : 무휴
  - 결제수단 : 각종 신용 카드, T/C
  - Tel : 680-488-2227
  - Web : http://tajpalau.com/cmsweb/
  - BBI 버스정류장 ⑦

- 킹스 팰리스 코리안 레스토랑(Kings Palace Korean Restaurant)

  한국 식당. 불고기 및 삼계탕, 조식 갈비탕
  - 운영시간 : 아침 07:00 ~ 09:00, 점심 11:00 ~ 14:00, 저녁 17:00 ~ 23:00
  - 휴일 : 연중무휴
  - 결제수단 : T/C
  - Tel : 680-488-1866
  - BBI 버스정류장 ⑦

- 수리요타이 레스토랑(Suriyotai Restaurant)

  태국 식당. 똠양꿍, 그린 커리, 팟타이
  - 운영시간 : 점심 11:00 ~ 14:00, 저녁 17:00 ~ 22:00
  - 휴일 : 일요일 점심은 불가
  - 결제수단 : 각종 신용 카드, T/C
  - Tel : 680-488-8160
  - BBI 버스정류장 ⑥

- 아리랑 레스토랑(Arirang Restaurant)
  한국 식당. 불고기 등
  - 운영시간 : 점심 11:00 ~ 14:00, 저녁 17:00 ~ 22:00
  - 결제수단 : 각종 신용 카드, T/C
  - Tel : 680-488-2799
  - BBI 버스정류장 ⑧ VIP 호텔 2층

- 뱀 에르미 햄버거집(Bem Erimie)
  햄버거 가게
  - 운영시간 : 24시간
  - 휴일 : 무휴
  - 결제수단 : 카드 불가
  - Tel : 680-488-4254
  - BBI 버스정류장 ③에서 도보 2분, 팔라우 고등학교 정면

- 후지 레스토랑(Fuji Restaurant)
  초밥 등 해산물 요리 전문 레스토랑
  - 운영시간 : 점심 11:00 ~ 14:00, 저녁 17:00 ~ 21:30
  - 결제수단 : 각종 신용 카드, T/C
  - Tel : 680-488-2774
  - BBI 버스정류장 ⑨, 우체국 방면

- 큐슈 이자카야(Kyu-Syu Izakaya)
  중국 식당.
  - 운영시간 : 18:00 ~ 23:00
  - 휴일 : 무휴
  - 결제수단 : T/C
  - Tel : 680-488-8164
  - BBI 버스정류장 ⑧ ※ 팔라우 호텔 1층

- **이자카야 토토토(Izakaya-Tototo)**
  쇼핑 센터의 맞은편에 있는 일식당
  - 운영시간 : 15:00 ~ 23:00
  - 결제수단 : 각종 신용 카드, T/C
  - BBI 버스정류장 ⑩ ※ 쇼핑 센터 정면

- **7 Eat Restaurant**
  중화요리 전문식당
  - 운영시간 : 점심 10:00 ~ 14:00, 저녁 18:00 ~ 22:00
  - 결제수단 : 각종 신용 카드, T/C
  - BBI 버스정류장 ⑮

- **후루사토 레스토랑(Furusato Restaurant)**
  푸짐한 정식
  - 운영시간 : 점심 10:00 ~ 14:00, 저녁 18:00 ~ 22:00
  - 결제수단 : 각종 신용 카드, T/C
  - BBI 버스정류장 ④ 도보 3분

- **록아일랜드 카페(Rock Island Cafe)**
  햄버거, 피자, 파스타, 스테이크
  - 운영시간 : 07:00 ~ 22:00(금요일은 18:00까지, 토요일은 18:00부터)
  - 휴일 : 무휴
  - 결제수단 : 각종 신용 카드, T/C
  - Tel : 680-488-1010
  - BBI 버스정류장 ③

- **베스트 카페 & 도너츠 하우스(Best Cafe & Doughnut House)**
  팔레시아 호텔 뒤쪽에 자리한 도너츠 가게. 크림차우다 등
  - 운영시간 : 06:00 ~ 22:00
  - 결제수단 : 각종 신용 카드, T/C
  - BBI 버스정류장 ⑪에서 도보 3분. ※ 팔레시아 호텔 뒤쪽

- 아일랜드 야키니쿠(Island Yakiniku)
  한국인이 운영하는 가게로 불고기 외에 비빔밥, 냉면, 맹그로브게 해물 전골
  - 운영시간 : 점심 11:30 ~ 14:00, 저녁 17:00 ~ 22:00
  - 휴일 : 무휴
  - 결제수단 : T/C
  - 한국어 응대 가능
  - Tel : 680-488-4699
  - BBI 버스정류장 ⑩ ※ EPSON 박물관 쪽

- 킴스 레스토랑(Kim's Restaurant)
  한국 식당
  - 운영시간 : 17:00 ~ 22:00
  - 결제수단 : T/C
  - Tel : 680-488-2266

- 이자카야 유메(Izakaya Yume)
  선술집. 코로르 중심에 있는 일본인 식당. 야키토리 등 여러 일식 요리. 식당 주인이 낚시를 즐겨서 가끔 바로 잡은 생선 요리도 제공
  - 운영시간 : 17:00 ~ 23:00
  - 휴일 : 무휴
  - 결제수단 : 각종 신용 카드, T/C
  - Tel : 680-488-7221
  - BBI 버스정류장 ⑤

- 코코로 레스토랑
  코코로 호텔 4층에 위치. 일본 정식 등
  - 운영시간 : 아침 07:00 ~ 10:00, 점심 11:00 ~ 14:00, 저녁 18:00 ~ 22:00
  - 휴일 : 무휴
  - 결제수단 : 각종 신용 카드, T/C
  - Tel : 680-488-5852
  - BBI 버스정류장 ⑬

- 드래곤 타이(Dragon Tei)
  오키나와 요리, 과일 박쥐 스프 등
  - 운영시간 : 17:00 ~ 22:30
  - 휴일 : 무휴
  - 결제수단 : 각종 신용 카드, T/C
  - Tel : 680-488-5429
  - BBI 버스정류장 ⑭

- 이자카야 모그모그(Izakaya Mogumogu)
  선술집. 계절적 맹그로브게나 맹그로브조개 요리 등
  - 운영시간 : 11:30 ~ 13:30(일요일 휴무), 17:00 ~ 23:00
  - 휴일 : 기본 무휴
  - 결제수단 : 각종 신용 카드, T/C
  - Tel : 680-488-4454
  - BBI 버스정류장 ④

말라칼 지역(8개)

- 브리즈 비치 바 스넥 & 그릴(Breeze Beach Bar Snack & Grill)
  팔라우 로열 리조트 내에 위치. 비치 사이드의 바. 식사 가능
  - 운영시간 : 06:30 ~ 11:00
  - 휴일 : 무휴
  - 결제수단 : 각종 신용 카드, T/C
  - Tel : 680-488-2000
  - Web : http://www.palau-royal-resort.com/en/restaurant/restaurant01.html#c
  - BBI 버스정류장 ⑰

- 카프 레스토랑(Carp Resturant)
  팔라우 현지 요리
  - 운영시간 : 09:00 ~ 21:00
  - 휴일 : 무휴

- 카드 : 각종 신용 카드, T/C
- Tel : 680-488-4431
- BBI 버스정류장 ⑰에서 도보 5분

• 드롭오프 바 그릴(Drop-Off Bar Grill)
  말라칼 섬 해변 위치. 오픈 에어 바 & 그릴. 시푸드 피자, 가벼운 식사, 안주 등
  - 운영시간 : 10:00 ~ 22:00(바는 24:00)
  - 휴일 : 무휴
  - 카드 : 각종 신용 카드, T/C
  - Tel : 680-488-7505
  - BBI 버스정류장 ⑰에서 도보 5분. ※ 돌핀 퍼시픽 티켓 센터측에 위치

• 쿠레마주 카페(Kuremazu Cafe)
  독일 맥주 등. 오픈 테라스
  - 운영시간 : 점심 11:00 ~ 14:00, 저녁 17:00 ~ 22:00
  - 휴일 : 토요일 밤, 일요일 정기 휴일
  - 카드 : 각종 신용 카드, T/C
  - Tel : 680-488-8448
  - BBI 버스정류장 ⑮에서 도보 5분

• 리틀 베이징(Little Beijing)
  말라칼 비치 위치. 중식당. 샤브샤브 타입의 사천요리 등
  - 운영시간 : 10:00 ~ 22:00
  - 휴일 : 무휴
  - 결제수단 : 카드 불가
  - Tel : 680-488-8886/8899
  - BBI 버스정류장 ⑰에서 도보 10분

• 립타이드 바 & 그릴(Riptide Bar & Grill)
  바닷가에 위치한 레스토랑이자 바. 스테이크, 파스타, 해산물 요리 등
  - 운영시간 : 08:00 ~ 22:00

- 휴일 : 무휴
- 결제수단 : 각종 신용 카드, T/C
- Tel : 680-488-4454
- BBI 버스정류장 ⑰에서 도보 10분

• 팜 베이 비스트로(Palm Bay Bistro)
팔라우 현지 맥주(Red Rooster)를 제조하는 양조소 보유
- 운영시간 : 아침 06:30 ~ 10:30, 점심 11:30 ~ 14:00, 저녁 17:00 ~ 22:00
- 휴일 : 무휴
- 결제수단 : 각종 신용 카드, T/C
- Tel : 680-488-3476
- BBI 버스정류장 ⑮에서 도보 5분 ※ 웨스트 플라자 호텔 마라칼 옆에 위치

• 웨이브 레스토랑(Wave Restaurant)
팔라우 로열 리조트 내에 위치. 일본, 서양, 중국의 일품요리 및 뷔페, 이탈리아 요리 등
- 운영시간 : 06:30 ~ 11:00
- 휴일 : 무휴
- 결제수단 : 각종 신용 카드, T/C
- Tel : 680-488-2000
- Web : http://www.palau-royal-resort.com/en/restaurant/restaurant01.html#a
- BBI 버스정류장 ⑰

아라카베산(Ngerekebesang) 지역(5개)

• 코코넛 테라스(Coconut Terrace)
팔라우 퍼시픽 리조트 내 위치. 알라카르트(A La Carte) 디너 및 뷔페 등. 뷔페는 매일 저녁마다 테마가 정해져 있으며, 토·일요일에는 댄스 쇼가 열림(현지 사정에 따라 변경되는 경우도 있음)
- 운영시간 : 06:30 ~ 23:00
- 휴일 : 무휴

- 결제수단 : 각종 신용 카드, T/C, ¥
- Tel : 680-488-2600
- Web : http://www.palauppr.com
- BBI 버스정류장 ①

• 에릴라이 아시안 그릴 다이닝 & 바(Elilai Asian Grill Dining & Bar)
세련된 공간. 신선한 해산물과 고기구이(grilled meat) 등. 점심 식사 유명
- 운영시간 : 점심 11:00 ~ 14:00, 저녁 17:30 ~ 22:30
- 결제수단 : 각종 신용 카드, T/C
- Tel : 680-488-8866
- Web : http://www.elilaipalau.com
- BBI 버스정류장 ②

• 메세키우 바(Mesekiu Bar)
풀 사이드 바. 칵테일(Shark Attack) 등
- 운영시간 : 11:00 ~ 23:00
- 휴일 : 무휴
- 결제수단 : 각종 신용 카드, T/C, ¥
- Tel : 680-488-2600
- Web : http://www.palauppr.com
- BBI 버스정류장 ①

• 퀸 킹 & 디너(Queen King & Dinner)
석양과 밤하늘을 볼 수 있는 곳
- 운영시간 : 06:30 ~ 23:00
- 휴일 : 무휴
- 결제수단 : 각종 신용 카드, T/C, ¥
- Tel : 680-488-2600
- Web : http://www.palauppr.com
- BBI 버스정류장 ①

- 레인보우 뷰 레스토랑(Rainbow View Restaurant)
  로즈 가든 리조트 내에 위치. 아시아 요리, 샌드위치 등 가벼운 식사 가능
  - 운영시간 : 아침 06:30 ~ 11:30, 점심 11:30 ~ 14:00, 저녁 16:00 ~ 24:00
  - 휴일 : 무휴
  - 결제수단 : 각종 신용 카드, T/C
  - Tel : 680-488-7671
  - Web : http://www.palaurosegarden.com/
  - BBI 버스정류장 ②에서 도보 3분

* BBI 버스 : 팔라우의 교통수단 중 하나로 호텔과 식당을 오고 가는 버스이며 2개(A, B)의 노선으로 오후에만 운행함. 요금은 일인당 7불이며, 일주일 간 사용이 가능함. 평균 1시간 30분 가량의 배차 간격이 있음.

팔라우 국립박물관에 있는 다양한 조개껍질 (ⓒ 이미진)

바이(Bai)에 있는 닭 문양

참고문헌

Alternative Airlines. 2014. Palau Pacific Airways launches new services. https://www.alternativeairlines.com/palau-pacific-airways-launches-new-services.

America.gov. Republic of Palau – Compact of Free Association. http://photos.state.gov/libraries/palau/5/home/rop_cofa.pdf.

America.gov. Subsidary Agreements of the Compact of Free Association, Political Education Committee. Republic of Palau 1989. http://photos.state.gov/libraries/palau/5/home/rop_cofa_sub.pdf.

Applebaum, Herbert A., 1987. Perspectives in cultural anthropology. State University of New York Press. Albany. 620pp. http://books.google.co.kr/.

Aregheore, E.M., 2009. Country Pasture/Forage Resource Profiles – Palau. Food and Agriculture Organization of the United Nations(FAO). pp. 10. http://www.fao.org/ag/agp/agpc/doc/counprof/PDF%20files/Palau.pdf.

Associated Press. Melekeok. http://blogs.state.gov/stories/2016/03/03/strengthening-relations-large-ocean-nations).

Associate Press. 1988. Second President of Palau is Found Shot to Death. The New York Times. http://www.nytimes.com/1988/08/21/us/second-president-of-palau-is-found-shot-to-death.html.

Associated Press. 2015. Moving to preserve fisheries, Palau burns Vietnamese boats caught fishing illegally. Fox News (published on June 11, 2015). http://www.foxnews.com/world/2015/06/11/moving-to-preserve-fisheries-palau-burns-vietnamese-boats-caught-fishing.html.

Astaiza, Randy. 2012. 11 Islands that will vanish when sea levels rise. Business Insider. http://www.businessinsider.com/islands-threatened-by-climate-change-2012-10?op=1.

Australian Government. Palau. Department of Foreign Affairs and Trade. http://dfat.gov.au/geo/palau/pages/palau.aspx.

Australian National Audit Office. Defence Cooperation Program – Department of Defence. Audit Report No. 322000-2001. Performance Audit. Commonwealth of Australia 2001. http://www.anao.gov.au/~/media/Uploads/Documents/2000%2001_audit_report_32.pdf.

Battlefield Historian Ltd. 2012. Mariana and Palau Islands Campaign 1944. https://www.battlefieldhistorian.com/mariana_and_palau_islands_campaign_1944.asp.

BBC News. Asia-Pacific. Palau Profile. http://www.bbc.co.uk/news/world-middle-east-15446663.

BBC News. Asia-Pacific. Palau Profile – Leaders. http://www.bbc.co.uk/news/world-middle-east-1544666.

Bedford, Stuart and Sand, Christophe. 2007. Lapita and Western Pacific Settlement: Progress, prospects and persistent problems. Terra Australis 26. http://press.anu.edu.au/wp-content/uploads/2011/05/ch0126.pdf.

Belau Air. http://www.underwatercolours.com/belauair/about.html.

Belau Blog. Government Salaries in Palau. http://belaublog.worldpress.com/2009/97/22/government-salaries-in-palau/.

Belau National Museum & Under Watercolours. The Bais of Belau. http://www.underwatercolours.com/bai/bais.html.

Blaylock, Nate. The Austronesian Language Family. Department of Linguistics and English Language. Brigham Young University. http://linguistics.byu.edu/classes/ling450ch/reports/austronesian.html.

Bliliou Historical Park Study. Preliminary draft 1/91. http://www.nps.gov/pwro/piso/peleliu/title.htm.

Bullerman, Mathias. 2010. Hawaiian Language Tutorial. SAIVUS(Society to advance indigenous vernaculars of the United States). SAIVUS Press. http://hawaiian.saivus.org/hawaiianpreface.pdf.

Bureau of Budget and Planning. Immigration/Tourism Statistics. http://palaugov.pw/executive-branch/ministries/finance/budgetandplanning/ immigration-tourism-statistics/.

Bureau of Budget and Planning. Office of Planning and Statistics. http://www.palaugov.net/stats/.

Carlile, L., 2000. Niche or mass market? The regional context of tourism in Palau. The Contemporary Pacific, 12(2): 415 – 436.

Carreon, Bernadette H., 2010. Vietnamese delegation visits Palau. Mariana Variety. http://www.mvariety.com/regional-news/28318-vietnamese-delegation-visits-palau.

Cartoon Contest. Climate change in Asia-Pacific. http://www.cartooncontestasiapacific.com/?p=824.

CEDAM(Conservation, Education, Diving, Awareness and Marine Research) International. http://cedaminternational.wordpress.com/about/.

Cederstrand, Sara, 2001. The Pacific Region. http://maps.unomaha.edu/Peterson/geog1000/Notes/Notes_Exam3/Pacific.html.

Central Intelligence Agency(CIA). Palau – Economy. https://www.cia.gov/library/publications/the-world-factbook/geos/ps.html.

Central Intelligence Agency(CIA). Palau leaders. https://www.cia.gov/library/publications/world-leaders-1/world-leaders-p/palau.html.

Central Intelligence Agency(CIA). The World Factbook – Palau. https://www.cia.gov/library/publications/the-world-factbook/geos/ps.html.

Chapman, William. 1978. In Palau, Even God is Said to Oppose Micronesian Unity. The Washington Post. https://www.washingtonpost.com/archive/politics/1978/07/17/in-palau-even-god-is-said-to-oppose-micronesian-unity/f85347c8-d7cc-4680-bfe4-7371975bd349/.

China Daily. 2012. Chinese crewman shot dead in waters off Palau. http://www.chinadaily.com.cn/world/2012-04/05/content_14978143.htm.

Chiu, Scarlett. 2012. The Way of Doing Things: What Lapita Pottery can tell us about the Stories of Austronesian Expansion. Journal of Austronesian Studies 3(1): 1–25.

Chugen, Arlynne. 2011. Chinese investors propose huge tourism development plans for Yap.Kaselehlie Press. http://sidneymori.files.wordpress.com/2011/10/k-press-vol11-iss-22-03-october-11.pdf.

Citizendium. Palau. http://en.citizendium.org/wiki/Palau.

Compact of Free Association. Republic of Palau. http://photos.state.gov/libraries/palau/5/home/rop_cofa.pdf.

Constitution of the Republic of Palau. http://www.paclii.org/pw/constitution.pdf.

Cook, Ben. 2010. Federated States of Micronesia and Palau. Other Places Publishing. pp. 234. (Google book). https://books.google.co.kr/books?id=ZjOX7ySEURYC&dq=palau+tradition+community&hl=ko&source=gbs_navlinks_s.

Coral Reef Initiative. Micronesian Challenge. http://cnmicoralreef.com/our-work/education-outreach-2/micronesia-challenge.htm.

Corry, John. 1987. 20/20 Examines Trouble in Palau. The New York Times. http://www.nytimes.com/1987/07/02/movies/20-20-examines-toruble-in-palau.html.

Countries and their Cultures. Federated States of Micronesia. http://www.everyculture.com/Ma-Ni/Federated-States-of-Micronesia.html.

Countries and their Cultures. Forum – Palau. http://www.everyculture.com/No-Sa/Palau.html.

Countries and their Cultures. Palau. http://www.everyculture.com/No-Sa/Palau.html.

Creative lunatics. Long Beach, Koror Island, Palau. http://creativelunatics.com/long-beach-palau/.

Dolphines Pacific. The world's largest marine mammal interaction, educational, and research facility. http://www.dolphinspacific.com/top-e.html.

Earth Guide. Pacific Trade Winds Map. Virtual Museum – General Circulations. http://earthguide.ucsd.edu/virtualmuseum/Glossary_Climate/gencircocean.html.

Embassy of Japan in the Republic of Palau. http://www.palau.emb-japan.go.jp/En/index.htm.

Embassy of Japan in the Republic of Palau. Bilateral Relations. http://www.palau.emb-japan.go.jp/En/bilateral/relations.html.

Embassy of Japan in the Republic of Palau. Culture & Education - Scholarship Program. http://www.palau.emb-japan.go.jp/En/culture/Culture.htm.

Embassy of the United States - Koror, Palau. http://palau.usembassy.gov/.

Encyclopedia Britannica. Lapita Culture. http://www.britannica.com/topic/Lapita-culture.

Encyclopedia Britannica. Micronesian Culture - Cultural region, Pacific Ocean. Written by Kiste, Robert C. http://www.britannica.com/place/Micro nesia-cultural-region-Pacific-Ocean.

Encyclopedia Britannica. Pacific Islands(Written by Sophie Faster). http://www.britannica.com/place/Pacific-Islands.

Encyclopedia Britannica. Palau(Written by Donal Raymond Shuster). http://www.britannica.com/place/Palau.

Encyclopedia Britannica Online. "Lapita culture area". Map. https://www.britannica.com/topic/Lapita-culture/images-videos/Lapita-culture-area/136200.

Encyclopedia Britannica Online. Micronesian culture. http://www.britannica.com/print/article/380461.

Encyclopedia Britannica Online. Micronesian culture - cultural region, Pacific Ocean. http://www.britannica.com/place/Micronesia-cultural-region-Pacific-Ocean.

Encyclopedia Britannica Online for kids. Lapita: Lapita Culture. http://kids.britannica.com/comptons/art-149870/Lapita-culture-area.

Encyclopedia.com. Palau. http://www.encyclopedia.com/topic/Palau.aspx#1-1G2:2586700225-full.

Encyclopedia.com. Palau. Worldmark Encyclopedia of Nations. http://www.encyclopedia.com/topic/Palau.aspx.

Encyclopedia of the Nations. Palau - Foreign Policy. http://www.nationsencyclopedia.com/World-Leaders-2003/Palau-FOREIGN-POLICY.html.

Etpison, Mandy. 1994. Palau - Portrait of Paradise. Neco Marine Corp. http://www.underwatercolors.com/neco.html.

Eureka. Republic of Palau. http://www.eurekaencyclopedia.com/index.php/Category:Palau.

Europa. EU relations with Palau. http://eeas.europa.eu/palau/index_en.htm.

Five Star Flags. Ngeremlengui. Palau. http://fotw.fivestarflags.com/pw-ngere.html.

Flags on Stamps of Palau. http://fotw.fivestarflags.com/b(-pw.html.

Flags of the World. Palau. https://flagspot.net/flags/pw.html.

Flinn, Juliana, 1990. We Still Have Our Customs: Being Pulapese in Truk. In, Linnekin, Jocelyn and Poyer, Lin(ed). Cultural Identity and Ethnicity in the Pacific. University of Hawaii Press. http://books.google.co.kr.

Flinn, Juliana, 1991 "Who Defines Custom? The Case of Pulap Women's Dances". Paper presented at Association for Social Anthropology in Oceania Symposium, "Custom Today", Victoria, B.C., March.

Flinn, Juliana, 1992. Pulapese Dance – Asserting identity and tradition in modern contexts. Pacific Studies 15(4): 57-66. http://ojs.lib.byu.edu/ spc/index.php/PacificStudies/article/viewFile/9813/9462.

Flinn, Juliana, 1992. Transmitting Traditional Values in New Schools – Elementary Education of Pulap Atoll. Anthropology and Education Quarterly 23(1): 44-58.

Food and Agriculture Organization of the United Nations(FAO). 2002. Fisheries Country Profile. http://www.fao.org/fi/oldsite/FCP/en/PLW/profile. htm.

Food and Agriculture Organization of the United Nations(FAO). Fishery and Aquaculture Country Profiles – The Republic of Palau. http://www.fao. org/fishery/facp/PLW/en.

Geoff. Irwin. 'Pacific migrations – Ancient Voyaging in Near Oceania', Te Ara – the Encyclopedia of New Zealand. http://www.TeAra.govt.nz/ en/pacific-migrations/page-2.

Geoff Irwin. 'Pacific migrations'. Te Ara – the Encyclopedia of New Zealand, updated 7-Sep-15 URL: http://www.TeAra.govt.nz/en/pacific-migrations.

GeoHack. Palau. http://toolserver.org/~geohack/geohack.php?pagename=Palau&params=7_21_N_13 4_28_E_type:country.

Gerundio-Dizon, Aurea. 2012. US House Subcommittee Unanimously Approves Palau Compact Renewal. Pacific Islands Report. http://pidp. eastwestcenter.org/pireport/2012/July/07-23-15.htm.

Gibbons, A., 2001. The peopling of the Pacific. Science 2891: 1735-1737.

Glenn, Amy. Oceania, Asia and the Pacific. http://www.amyglenn.com/GEOG/geog1303asiapacific.htm.

GlobalEconomy.Com(The). Palau Trade Balance, percent of GDP. http://www.theglobaleconomy.com/Palau/Trade_balance/.

Goldstein, Michael, King, Gail and Wright, Meghan. Diffusionism and Acculturation. Department of Anthropology. The University of Alabama. http://anthropology.ua.edu/cultures/cultures.php?culture=Diffusionism%20and%20Acculturation.

Government of Japan. Fact sheet by Japan on assistance measures to the Pacific Island countries. http://www.mofa.go.jp/region/asia-paci/palm/ palm6/pdfs/palm6_120515_FactSheet.pdf.

Government of Palau and the National Park Service. 1991. Bliliou(Peleliu) Historical Park Study(preliminary draft). National Park Service. http:// www.nps.gov/pwro/piso/peleliu/title.htm#contents.

Government of Palau and the National Park Service. 1991. Biliou(Peleliu) Historical Park Study(preliminary draft). Land Tenure. National Park Service. http://www.botany.hawaii.edu/basch/uhnpscesu/htms/peleliu/figure4.htm#figure4.

Government of Republic of Palau. Embassies and Consulates. http://palaugov.pw/executive-branch/ministries/state/embasies-consulates/.

Government of the Republic of the Marshall Islands. 2003. Republic of the Marshall Islands – A Situation Analysis of Children, Youth and Women. http://www.unicef.org/pacificislands/RMI_SITAN(1).pdf.

Green, Roger Curtis. 2000. An Introduction to Investigations on Watom Island, Papua New Guinea. New Zealand Journal of Archaeology 20 (1998): 5-27. http://nzarchaeology.org/cms/NZJA/Vol%2020%20 1998/NZJA20.5-27Green.pdf.

Green, Roger Curtis. 2003. The Lapita Horizon and Traditions – Signature for One Set of Oceanic Migrations. pp. 95-120. In, Pacific Archaeology: Assessments and Prospects: Proceedings of the International Conference for the 50th Anniversary of the First Lapita Excavation. Koné-Nouméa 2002, edited by C. Sand. Les Cahiers de l'Archéologie en Nouvelle-Calédonie 15. Nouméa, New Caledonia: Département Archéologie, Service des Musées et du Patrimoine de Nouvelle-Calédonie.

Green, V.J. and Green, R.C., 2007. An accent on atolls and approaches to population histories of remote Oceania. In, The Growth and Collapse of Pacific Island Societies: Archaeological and Demographic Perspectives, edited by P.V. Kirch and J.-L. Rallu. Honolulu: University of Hawaii Press.

Happiness in Micronesia – Republic of Belau. http://www.dankainmicronesia.com/palau.html.

Hayes, Steven. 2011. Palau and Sea Level Rise. ICE Case Studies Number 242. http://www1.american.edu/ted/ice/palau.htm.

Heilprin, John. 2009. Palau creates world's first shark haven. U.S. News. Associated Press. http://www.usnews.com/science/articles/2009/09/25/ palau-creates-worlds-first-shark-sanctuary.

Henry, Rosita, Jeffery, William and Pam, Christine. 2010. A Report on a Pilot Study Conducted on Moch Island, Mortlock Islands, Chuuk, Federated States of Micronesia. January, 2008. Department of Anthropology, James Cook University. http://www.pacificdisaster.net/pdnadmin/ data/original/ FSM_2008_JCU_henryetal2008.pdf.

Hezel, Francis X., 2001. The New Shape of Old Island Cultures: A Half Century of Social Change in Micronesia. University of Hawaii Press, Honolulu. pp. 204. http://books.google.co.kr.

Hezel, Francis X., Edwin, S.J., Patteys, Q.P. and Chang, Deborah L., 1997. Sustainable Human Development in the FSM. http://www.micsem. org/pubs/articles/economic/shd/index.htm.

Hinck, Jon. 1990. The Republic of Palau and the United States: Self-Determination becomes the Price of Free Association. 78 Cal. L. Rev. 915. http://dx.doi.org/doi:10.15779/Z38P443.

Hinz, Earl R., 1999. Landfalls of Paradise: Cruising Guide to the Pacific Islands. Fourth Edition. University of Hawaii Press. Honolulu. pp. 311-319. http://books.google.co.kr.

Honorary Consulate — General of Palau in Belgium. Culture — Tradition, arts & crafts. http://www.palauconsulate.be/index.php/en/about-palau/ culture.

Huntsman, Judith and Geoff, Irwin. 'Pacific migrations', Te Ara — the Encyclopedia of New Zealand. http://www.TeAra.govt.nz/en/pacific-migrations.

Huntsman, Judith and McLean, Mervyn. 1976. Special Issue — Incest prohibitions in Micronesia and Polynesia. The Journal of Polynesian Society 85(2): 149-297.

Hurles, M.E., Matisoo-Smith, E., Gray, R.D. and Penny, D., 2003. Untangling Oceanic Settlement: The edge of the knowable. Trends in Ecology and Evolution 18: 531-540.

Ian UMCES. Bai in Palau. http://ian.umces.edu/imagelibrary/displayimage-1429.html.

ICMSpring12. 2012. Chamorros. http://icmspring12.wikispaces.com/chamorros.

Iechad, Mechlins Kora, 2012. Nuclear activity and human kind: The history of nuclear activity in the Pacific and women's struggle for its end. https://www.academia.edu/5025854/Nuclear_Activity_and_Humankind_History_of_nuclear_activity_in_the_Pacific_and_women%CA%BBs_struggle_for_it_end.

Index Mundi. Palau Economy Profile 2014. http://www.indexmundi.com/palau/economy_profile.html.

Index Mundi. Palau Industries. http://www.indexmundi.com/palau/industries.html.

Infoplease. Palau — Chiefs of State and Cabinet Members of Foreign Governments. http://www.infoplease.com/world/leaders/palau.html.

Integration & Application Network(IAN). Image and Video Library. Bai in Palau-Culture/Archaeology-Photo. http://ian.umces.edu/imagelibrary/ displayimage-84-1428.html.

International Business Publication. 2009. Palau Country: Strategic Information and Developments. International Business Publication. pp. 256. (Google book). https://books.google.co.kr/.

International Business Publication. 2011. Palau Country Study Guide. Volume 1. Strategic Information and Developments. Global Investment Center, USA. (Google book). http://books.google.co.kr/.

International Business Publications. 2013. Palau Economic & Development Strategy Handbook. p.280. IBP Washington DC. (Google book). https://books.google. co.kr/.

International Monetary Fund. 2008. Republic of Palau(Selected Issues and Statistical Appendix). IMF Country Report No. 08/162. May 2008. http://www.imf.org/external/pubs/ft/scr/2008/cr08162.pdf.

International Monetary Fund. 2012. Republic of Palau 2012 Article IV Consultation. IMF Country Report No. 12/54. http://www.imf.org/external/ pubs/ft/scr/2012/cr1254.pdf.

International Monetary Fund. 2014. Republic of Palau(Selected Issues). IMF Country Report No. 14/111. May 2014. https://www.imf.org/ external/pubs/ft/scr/2014/cr14111.pdf.

IslandStudies.Ca. Belau(Palau). Jurisdiction Project. Institute of Island Studies. University of Prince Edward Island, Charlottetown, Canada. http://www.islandstudies.ca/sites/islandstudies.ca/files/jurisdiction/Belau%20(Palau).pdf.

Israeli Honorary Consulate in Koror, Palau. http://www.embassypages.com/missions/embassy12322/.

Jewis Virtual Library. http://www.jewishvirtuallibrary.org/jsource/vjw/palau.html.

Jones, Terry L. and Klar, Kathryn A., 2005. Diffusionism Reconsidered: Linguistic and Archaeological Evidence for Prehistoric Polynesian Contact with Southern California. American Antiquity 70(3): 457–484.

Karolle, Bruce G., 1997. Atlas of Micronesia. Bess Pr Inc; 2nd edition. Honolulu. pp. 112.

Kaselehlie Press. Opinions Split in Yap over Massive ETG Tourism Project. (30 August 2012). http://www.kpress.info/index.php/site-map/203-opinions-split-in-yap-over-massive-etg-tourism-project.

Kertzer, David and Fricke, Tom. 1997. Anthropological Demography – Toward a New Synthesis. The University of Chicago Press. Chicago. pp. 298. (Google book). http://books.google.co.kr.

Kironska, Kristina, 2013. Taiwan and Palau – How to maintain this diplomatic alliance? Net Journal of Social Sciences 1(1): 11-23. http://www. netjournals.org/pdf/NJSS/2013/1/13-017.pdf.

Kiste, Robert C. and Marshall, Mac(eds.), 1999. Partial Connections: Kinship and Social Organization in Micronesia. In, American Anthropology in Micronesia: An Assessment pp. 107 - 143. University of Hawaii Press. https://books.google.co.kr.

Kiste, Robert C. and Rynkiewich, Michael A., 1976. Incest and Exogamy – A Comprehensive Study of Two Marshall Island Populations. Journal of the Polynesian Society 85(2): 209–226.

Knowledge Encyclopedia. Chamorro people. http://www.everyculture.com/knowledge/Chamorro_people.html.

Koror State Government. http://www.kororstategov.com//message.html.

Koror State Government Announcement. (4 January 2012). http://visit-palau.com/admin/newsletter/images/Rock%20Island-Use%20and%20Jelly fish%20Lake%20Permits.pdf.

Kuartei, S., 2005. Incest in Palau: "Delemumuu undressed". Pacific Health Dialog 12(1): 84–91. http://www.ncbi.nlm.nih.gov/pubmed/18181469.

Kuhnlein, Harriet V., Erasmus, Bill, Spigelski, Dina and Burlingame, Barbara. 2013. Indigenous Peoples' food systems and well-being. Food and Agriculture Organization of the United Nations(FAO/UN), Center for Indigenous Peoples' Nutrition and Environment. Rome. pp. 437. http://www.fao.org/docrep/018/i3144e/i3144e.pdf.

Lal, Brij V. and Fortune, Kate. 2000. The Pacific Islands – An Encylopedia. University of Hawaii Press. Honolulu. https://books.google.co.kr.

Lawrence, Bailee. Oceania. http://exploreoceania.weebly.com/1-analysis-polynesia.html.

Ledgerwood, Danka. Happiness in Micronesia. Republic of Belau (Palau). http://www.dankainmicronesia.com/palau.html.

Lingard, S., Harper, S., Ota, Y. and Zeller, D., 2011. Marine Fisheries of Iau, 1950~2008 : Total reconstructed catch. pp. 73–84. In, Harper, S. and Zeller, D.(eds.). Fisheries catch reconstructions : Islands, Part II. Fisheries Centre Research Reports 19(4). Fisheries Centre, University of British Columbia.

Liston, J., Clark, G. and Alexander, D., 2011. Pacific island heritage: Archaeology, identity and community(Terra Australis Series 35). ANU E Press. The Australian National University. http://press-files.anu.edu.au/downloads/press/p147701/pdf/book.pdf?referer=336.

Liuk. The Rock Islands of Palau (Micronesia) – heavenly colors. Bidtotrip. http://blog.bidtotrip.com/en/2015/10/rock-islands-palau-micronesia-isole-roccia/.

MacDonald, Ian. Palau. FOTW 'Flags of the World'. http://flagspot.net/flags/pw.html.

Madrigal, Alexis, 2010. Bizarre Sea Sponge Compound Finally synthesized by Humans. Wired Science. http://www.wired.com/wiredscience/2010/01/palauamine-synthesized/.

Maps.Com. Palau Physical Map by Maps.Com Free Stuff. http://games.maps.com/ref_map.aspx?pid=12264#.

Marino, Lincy Lee. 2013. Palauan Men's Traditional Dance. http://static.wixstatic.com/media.

Marino, Lincy Lee. 2013. Palau-USA Compact of Free Association. http://climate-change2014.wix.com/palau-usa-cofa2013.

Marino, Sebastian, Bauman, Andrew, Miles, Joel, Kitalong, Ann, Bukurou, Asap, Mersai, Charlene, Verheij, Eric, Olkeriil, Ilebrang, Basilius, Kliu, Colin, Patrick, Sharon, Patris, Victor, Steven, Andrew, Wayne, Miles, Joel and Golbuu, Yimnang. 2008. The State of Coral Reef Ecosystems of Palau. pp. 511–540. In, Waddell, J.E. and A.M. Clarke(eds.). The State of Coral Reef Ecosystems of the United States and Pacific Freely Associated States. The Memorandum NOS NCCOS 73. NOAA/NCCOS Center for Coastal Monitoring and Assessment's Biogeography Team. Silver Spring, MD. 569 pp. https://coastalscience.noaa.gov/research/docs/CoralReport2008.pdf.

Marshall, Yvonne. 1985. Who made the Lapita Pots? A case study in gender archaeology. The Journal of the Polynesian Society 94(3): 205 – 233. http://www.jstor.org/stable/20705934.

Martinsson-Wallin, H. and Thomas, T., 2014. Studies in Global Archaeology No. 20. – Monuments and People in the Pacific. Uppsala University. https://uu.diva-portal.org/smash/get/diva2:769726/FULLTEXT01.pdf.

Matisoo-Smith, E. and Robins, J.H., 2004. Origins and dispersals of Pacific peoples: Evidence from mtDNA phylogenies of the Pacific rat. Proceedings of the National Academy of Sciences of the United States of America(PNAS) 101(24): 9167-9172.

Micronesia Challenge. http://www.micronesiachallenge.org/.

Micronesia Forum. Government Salaries in Palau. http://www.micronesiaforum.org/discussion/5481/government-salaries-in-palau/p1.

Micronesia Forum. Incest in the Pacific Islands. http://www.micronesiaforum.org/index.php?p=/discussion/12445/incest-in-the-pacific-islands/p2.

Micsem.Org. Foreign ships in Micronesia: Palau. http://www.micsem.org/pubs/articles/historical/forships/palau.htm.

Mietus, James. Why Micronesia Matters. (19 October 2012). Policy Interns. http://policyinterns.com/2012/10/19/why-micronesia-matters/.

Ministry of Education, Culture, Sports, Science and Technology – Japan. Japanese Government Scholarship for 2015. http://www.mext.go.jp/ a_menu/koutou/ryugaku/boshu/1346643.htm.

Ministry of Foreign Affairs of Japan. Japan-Palau Relations. http://www.mofa.go.jp/region/asia-paci/palau/index.html.

Ministry of Foreign Affairs of Japan. Japan-Palau Relations(Basic Data). http://www.mofa.go.jp/region/asia-paci/palau/data.html.

Ministry of Foreign Affairs of Japan. 2012. Bilateral Leaders' Meetings between Prime Minister Yoshihiko Noda and the Leaders of Micronesia, Palau and Samoa. http://www.mofa.go.jp/region/asia-paci/palm/palm6/bimeeting/mic_pal_sam_pm.html.

Monaco, M.E., Anderson, S.M., Battista, T.A., Kendall, M.S., Rohmann, S.O., Wedding, L.M. and Clarke, A.M., 2012. National Summary of NOAA's Shallow-Water Benthic Habitat Mapping of U.S. Coral Reef Ecosystems. NOAA Technical Memorandum NOS NCCOS 122. Prepared by the NCCOS Center for Coastal Monitoring and Assessment Biogeography Branch. Silver Spring, MD. pp. 83. https://coastalscience.noaa.gov/ research/docs/MappingReport_December_6_2012.pdf.

Murphy, Raymond E., 1949. High and Low Islands in the Eastern Carolines. Geographical Review 39(3): 425-439. http://www.jstor.org/stable/ 210643. (On-line reading only).

Musee Du Quai Branly. 2010. Lapita - Oceanic Ancestors. http://www.quaibranly.fr/uploads/tx_gayafeespacepresse/MQB_DP_LAPITA_en.pdf.

National Anthems. Palau. Belau rekid. http://www.nationalanthems.me/palau-belau-rekid/.

National Geographic. The Mariana Trench. http://www.deepseachallenge.com/the-expedition/mariana-trench/.

National Geospatial Intelligence Agency. 2011. Sailing Direction - Pacific Ocean and Southeast Asia. 2011. Eighth Edition. The United States Government. http://permanent.access.gpo.gov/websites/pollux/pollux.nss.nima.mil/NAV_PUBS/SD/pub126/126sec10.pdf.

National Geospatial Intelligence Agency. 2014. Sailing Direction - Pacific Islands. 11th Edition. The United States Government. http://msi.nga.mil/ MSISiteContent/StaticFiles/NAV_PUBS/SD/Pub126/Pub126bk.pdf.

National Geospatial Intelligence Agency. 2015. Sailing Direction - Pacific Ocean and Southeast Asia. Publication No. 120. 12th Edition. The United States Government. http://msi.nga.mil/MSISiteContent/StaticFiles/NAV_PUBS/SD/Pub120/Pub120bk.pdf.

Nations Encyclopedia. Palau - Agriculture. http://www.nationsencyclopedia.com/economies/Asia-and-the-Pacific/Palau- AGRICULTURE.html.

Nations Encyclopedia. Palau - Foreign Policy. http://www.nationsencyclopedia.com/World-Leaders-2003/Palau-FOREIGN-POLICY.html.

Nero, Karen. 2010. (Review) Traditional Micronesian Societies - Adaptation, Integration & Political Organization. Pacific Asia Inquiry 1(1). http://www.uog.edu/sites/default/files/reviews.pdf.

News.com. 2015. Palau islands have been inundated with Chinese tourists. http://www.news.com.au/travel/world-travel/pacific/palau-islands-have-been-inundated-with-chinese-tourists/news-story/75a4d19601a930e431298983a2b28937.

Ngardmau State Government. http://www.ngardmau.com/.

Ngedebuu, Lanny. 2012. Visitor Arrival Statistics. Palau Visitors Authority. January 2012 Visitor Arrival Report. http://visit-palau.com/admin/ newsletter/images/012012_January%20Visitor%20Arrival%20Statistics%20Report7.pdf.

Ngeremlengui, Palau. http://fotw.fivestarflags.com/pw-ngere.html.

Niamh, Sheridan, Patrizia, Tumbarrelo and Yiqun, Wu. 2012. Global and Regional Spillovers to Pacific Island Countries. IMF Working Paper WP/12/154/. International Monetary Fund. (20 June 2012). http://www.imf.org/external/pubs/ft/wp/2012/wp12154.pdf.

NOAA. Coral Reef Information System(CoRIS)-About Coral Reefs. http://www.coris.noaa.gov/retired/CoRIS_About_Coral_Reefs_archive_2014. pdf.

NOAA. Coral Reef Information System(CoRIS). Marine Environment and Coral Reefs. http://coris.noaa.gov/about/eco_essays/palau/marine_ environment.html.

NOAA. Coral Reef Information System(CoRIS). Republic of Palau. http://www.coris.noaa.gov/portals/palau.html.

NOAA. Coral Reef Information System(CoRIS). Republic of Palau(Belau) - History. http://coris.noaa.gov/about/eco_essays/palau/history.html.

NOAA. Coral Reef Information System(CoRIS). Republic of Palau(Belau) - People. http://coris.noaa.gov/about/eco_essays/palau/people.html.

NOAA. National Centers for Coastal Ocean Science(NCCOS/NOAA). Shallow-water Benthic Habitats of the Republic of Palau. http://ccma.nos. noaa.gov/products/biogeography/palau/htm/overview.aspx.

NSF. Where is Palau? https://nsf.gov/news/mmg/mmg_disp.jsp?med_id=75520&from=https://nsf.gov/news/mmg/media/images/palau_map_ NOAA.jpg.

Oceania Television Network. 2012. General Election Results. http://www.oceaniatv.net/republic-of-palau-2012-elections-candidates/.

Oceania TV News. 2015. PRC Visitors Continue to Dominate Palau's Tourism Arrivals. http://www.oceaniatv.net/2015/04/18/prc-visitors-continue-to-dominate-palaus-tourism-arrivals/.

OECD/ADB. 2001. Palau - Money Laundering and Proceeds of Crime Act of 2001. Sixth Olbill Era Kelulau Rppl (Introduced as Senate Sixth Special Session, June 2001 Bill No. 6-116, SD2). http://www.oecd.org/site/adboecdanti-corruptioninitiative/39851559.pdf.

Office of the Historian. A guide to the United States' history of recognition, diplomatic, and consular relations by country since 1776 - Palau. Department of State/USA. https://history.state.gov/countries/palau.

Offshore Odysseys - Global Ocean Expeditions. Wonderland. http://www.offshoreodysseys.com/wp/2009/05/wonderland/.

Oppenheimer, S., 2004. The 'Express Train from Taiwan to Polynesia': On the congruence of proxy lines of evidence. World Archaeology 36: 591-600.

Pacific Business Center Program. Republic of Palau. University of Hawaii. http://www.hawaii.edu/pbcp/node/15.

Pacific Digital Library. Palau. http://pacificdigitallibrary.org/cgi-bin/pdl?a=q&r=1&hs=1&e=q-000off-pdl--00-2---0---010----4---------0-1l--10en-50----20-about----00-3-1-00bySR-0-0-000utfZz-800-%010&fqf=TE&t=0&q=palau&sf=bySR.

Pacific Digital Library. Palau State Flags. http://pacificdigitallibrary.org/cgi-bin/pdl?e=q-000off-pdl--00-2---0---010-TE---4---------0-1l--10en-50----20-about-palau---00-3-1-00bySR-0-0-

000utfZz-800-ꠑ0&a=d&c=pdl&srp=0&srn=0&cl=search&d=HASH34a3ced9d834625fd28687.

Pacific Islands Forum Fisheries Agency(FFA). Operation Kurukuru: Factsheet - Pacific Patrol Boats. http://www.ffa.int/system/files/Fact sheets%20for%20Operation%20Kurukuru%202009.pdf.

Pacific Worlds & Associates. Bairairrai. http://www.pacificworlds.com/palau/native/native3.cfm.

Pacific Worlds & Associates. Palau. http://www.pacificworlds.com/palau/home/location.cfm.

Pacific Worlds & Associates. Palau Airai. Language. http://www.pacificworlds.com/palau/native/lang2.cfm.

Pacific Worlds. Colony. http://www.pacificworlds.com/yap/Visitors/colony.cfn.

Pacific Worlds. Palau(Airai). Footprints Chapter Contents. http://www.pacificworlds.com/palau/stories/stories.cfm.

Pacific Worlds. Palau(Airai). Houses. http://www.pacificworlds.com/palau/native/native2.cfm.

Pacific Worlds. Palau(Airai). Welcome to Airai. http://www.pacificworlds.com/palau/index.cfm.

PADI. Teach your child to conserve our oceans. http://www.padi.com/blog/2011/05/02/teach-your-child-to-conserve-our-oceans/hawaii-map/.

Palau Beach Bungalows. http://palauparadise.com/cn.htm.

Palau Field Office. 2010. Ngatpang Conservation Action Plan. Ngatpang State. Republic of Palau. Prepared by the Nature Conservancy. http://www.palauconservation.org/cms/images/stories/resources/pdfs/Ngatpang%20CAP%20report.pdf.

Palau. Republic of Palau. Beu u era Belau. http://flagspot.net/flags/pw.html.

Palau's Constitution of 1981 with Amendments through 1992. https://www.constituteproject.org/constitution/Palau_1992.pdf?lang=en.

Palau Visitors Authority. Experience the Wonders of Palau - Rainbow's end(2004~2005). http://visit-palau.com/admin/newsletter/images/ PVA%20PRESS%20Kits.pdf.

Palau Visitors Authority. Palau - Experience the Wonders. http://visit-palau.com/aboutpalau/art.html.

PBS Indies. Palau Paradise of the Pacific - Legends of Palau. http://www.pbs.org/edens/palau/p_legends.htm.

PBS. Palau - Paradise of the Pacific. http://www.pbs.org/edens/palau/index.htm.

Petersen, Glenn. 2009. Traditional Micronesian Societies - Adaptation, Integration and Political Organization. University of Hawaii Press. Honolulu. pp. 228. http://books.google.co.kr.

Pietrusewsky, Michael. 2010. Lect_11 Models for Origins of the Polynesians_new. Anthropology 455 – Human biology of the Pacific. http://www.anthropology.hawaii.edu/people/faculty/pietrusewsky/anth455/lecture11.pdf.

Planespotters.Net. Palau Pacific Airways Fleet Details and History. https://www.planespotters.net/airline/Palau-Pacific-Airways.

Pristine Paradise Palau. Tour our 16 States. http://pristineparadisepalau.com/destinations/16-states.html.

Radio New Zealand International. Former President Posed to lead new Palau government. http://www.rnzi.com/pages/news.php?op=read&id= 72103.

Radio New Zealand International. 2008. Marshall's call to UN for funding to tackle climate change. http://www.radionz.co. nz/international/pacific-news/179538/marshall's-call-to-un-for-funding-to-tackle-climate-change.

Radio New Zealand International. 2014. Kiribati completes Fiji land purchase. http://www.radionz.co.nz/international/pacific-news/245690/kiribati-completes-fiji-land-purchase.

Regional Assistance Mission to Solomon Islands(RAMSI). http://www.ramsi.org/media/photo-exhibition.html.

Republic of Palau. CPI 3rd Quarter 2013. Palau Consumer Price Indexes by Major Group. http://palaugov.pw/wp-content/uploads/2013/10/Palau-CPI-Publication_Q3_2013.pdf.

Republic of Palau. Government finances(GFS 2001 format, summary) FY2000~FY2014. http://palaugov.pw/wp-content/uploads/2015/08/GFS-FY2014_FINAL_ AUG2015.pdf.

Republic of Palau. Income measures in current prices and real terms. FY2000~FY2014. http://palaugov.pw/wp-content/uploads/2015/08/National-Accounts.pdf.

Republic of Palau. National Government. http://www.palaugov.pw/.

Republic of Palau. National Government. Immigration/Tourism Statistics. Visitor by Country of Nationality and Purpose of Entry(2015). http://palau gov.pw/executive-branch/ministries/finance/budgetandplanning/immigration-tourism-statistics/.

Republic of Palau. National Government. Meet the President's Staff. http://palaugov.pw/executive-branch/president/staff/.

Republic of Palau. National Government. States. http://palaugov.pw/states/.

Republic of Palau. Palau CPI. http://palaugov.pw/wp-content/uploads/2015/01/Palau-CPI-Publication-Q4-2014.pdf.

Republic of Palau. 2006 Republic of Palau HIES (Household Income and Expenditure Survey) (prepared by Visia Alonz). http://palaugov.pw/wp-content/uploads/2013/10/2006-Household-Income-

Expenditure-Survey-Report.pdf.

Research Maniacs. Religion in Palau. http://researchmaniacs.com/Country/Religion-by-Country/What-Religion-In-Palau.html.

Rideb, Marilyn. 2012. Palau's China Dilemma. Palau(13 June 2012). http://palau2012.com/2012/06/13/palaus-china-dilemma/.

Roach, John. 2008. Ancient Bones of Small Humans Discovered in Palau. National Geographic. (10 March 2008). http://news.nationalgeographic.com/news/2008/03/080310-palau-bones.html.

Rosenberg, Erica. 1996. Who's local here? Politics of Participation in Development - Palau. Cultural Survival. Vol. 20.3 (Fall, 1996). https://www.culturalsurvival.org/ourpublications/csq/article/the-politics-progress-palau.

Runner, Jennifer. 1995. "Thank you" in more than 465 languages. http://users.elite.net/runner/jennifers/thankyou.htm.

Rynkiewich, Michael. 2012. Soul, Self and Society - A postmodern anthropology for Mission in a postcolonial world. Wipf & Stock Publishers. pp. 256. http://books.google.co.kr.

Safari the Globe - Cultural Information. Ethnicity, Language & Religion of Palau. http://www.safaritheglobe.com/palau/culture/ethnicity-language-religion/.

Sakuma, Belhaim. 2004. Status of the Environment in the Republic of Palau. Palau Conservation Society. http://www.palauconservation.org/cms/images/stories/resources/pdfs/rptAPFED.pdf.

Sam's Tours. Palau - History/Culture. http://www.samstours.com/palau/history-culture.

Sand, Christophe. 2011. Looking at the big motifs: A typology of the central band decorations of the Lapita ceramic tradition of New Caledonia (Southern Melanesia) and preliminary regional comparisons. Department of Archaeology of New Caledonia, Noumea, New Caledonia. pp. 265-287. http://press.anu.edu.au/wp-content/uploads/2011/05/ch166.pdf.

Saunders, Tory. The Top Scuba dives in the World. Palau - Micronesia. 2009. http://students.cis.uab.edu/torysaun/Fourthlink.html.

Senase, Jose Rodriguez T., 2015. Island Times: Palau Compact II with US still languishing in US Congress. Disagreement on how to pay for agreement hold up ratification. Micronesia Forum. http://www.micronesiaforum.org/index.php?p=/discussion/14035/island-times-palau-compact-ii-with-us-still-languishing-in-us-congress.

Service, E.R., 1962. Primitive social organization: An evolutionary perspective. New York. Random House. pp. 211.

SevenWonders.Org. Underwater Wonders. http://www.7wonders.org/wonders/underwater-wonders.aspx.

Shuster, Donald R. 2004. Republic of Palau 2004. National Integrity Systems – Transparency International Country Study Report. The Australian National University. Transparency International Australia. Canberra. http://transparency.org.au/wp-content/uploads/2012/08/palau.pdf.

Shutter, Jr. Richard, 2005. The relationship of red-slipped and lime-impressed pottery of the Southern Philippines to that of Micronesia and the Lapita of Oceania. pp. 521–529. http://horizon.documentation.ird.fr/exl-doc/pleins_textes/pleins_textes_7/divers2/010020769.pdf.

Sisior, Kathy. 2006. Tuna fisheries in the waters of the Republic of Palau. Country Report by Palau. National Fishery Report (Report No. WCPFC-SC2-2006). Scientific Committee Second Regular Session. Western and Central Pacific Fisheries Commission(WCPFC). https://ishare.scotch.wa.edu.au/sandbox/groups/geographyib/wiki/27be6/attachments/de2b8/Palau%20Tuna%20Fishing%20Article2.pdf?sessionID=dfacbd990772595f96fa0278 3ba0eda570ea3e8a.

Smietus, James. 2012. Why Micronesia Matters. Policy Interns. (19 October, 2012). http://policyinterns.com/2012/10/19/why-micronesia-matters/.

Smith, William James and Perkins, Reed. 2009. Islands, Small. Queens University of Charlott. http://www.sageapps.com/SRT/SageAppsDocs/ Drafts/Project_125/Islands_Small-5.doc.

Soares, P., Rito, T., Trejaut, J., Mormina, M., Hill, C., Tinkler-Hundal, E., Braid, M., Clarke, D.J., Loo, J.H., Thomson, N., Denham, T., Donohue, M., Macaulay, V., Lin, M., Oppenheimer and Richards, M.B., 2011. Ancient Voyaging and Polynesian Origins. The American Journal of Human Genetics(AJHG). 88(11): 239–247.

SPREP(Secretariat of the Pacific Regional Environment Programme). Palau. PEIN Palau Country Profile and Virtual Environment Library. https:// www.sprep.org/Palau/pein-palau.

Spriggs, Matthew. 2004. Is There Life After Lapita, and Do You Remember the 60s? The Post – Lapita Sequences of the Western Pacific. Records of the Australian Museum, Supplement 29: 139–144.

Statoids. State of Palau. http://www.statoids.com/upw.html.

Stevens, J. Nicoles. 1999. The Austronesian Language Family. Department of Linguistics and English Language. Brigham Young University. http://linguistics.byu.edu/classes/ling450ch/reports/austronesian2.html.

StudyCountry(mini encyclopedia for students). Religious beliefs in Palau. http://www.studycountry.com/guide/PW-religion.html.

Subsidiary Agreements of the Compact of Free Association. http://photos.state.gov/libraries/palau/5/home/rop_cofa_sub.pdf.

Summerhayes, Glenn R., 2007. The rise and transformations of Lapita in the Bismarck Archipelago. Department of Anthropology. University of Otago. Dunedin, New Zealand. pp. 141–169.

Temengil, B., 2014. The Republic of Palau National Review Implementation of the Beijing Declaration and

Platform for Action(1995). The Outcomes of the 23rd Special Session of the General Assembly(2000) in the context of the 20th Anniversary of the 4th World Conference on Women; and the Adoption of the Beijing Declaration and Platform for Action 2015. Minister of Community and Cultural Affairs. The Environment, Inc., pp. 48. http://www.unwomen.org/~/media/Headquarters/Attachments/Sections/CSW/59/National_reviews/Palau_review_Beijing20.doc.

TravelBlog.Org & Bloggers. A Bai, Palau. http://www.travelblog.org/Photos/3017317.

TrendEconomy. GDP deflator – Palau(1991~2014). http://data.trendeconomy.com/indicators/GDP_deflator/Palau.

TrendEconomy. Real GDP growth(annual %) – Palau(1992~2014). http://data.trendeconomy.com/indicators/Real_GDP_growth/Palau.

TripAdvisor. Rock Islands. https://www.tripadvisor.com/Attraction_Review-g294135-d312509-Reviews-Rock_Islands-Palau.html.

UltraTwins's Blog. Rock Islands of Palau. http://ultratwins.tistory.com/21.

Underwatercolours. The Bais of Belau. http://www.underwatercolours.com/bai/bais.html.

Unisys Weather. Hurricane/Tropical data. http://weather.unisys.com/hurricane/.

United States Congresswoman Madeleine Z. Bordallo. Bardallo testifies at senate hearing on Omnibus Territories Act/Palau Compact Renewal. Representing the People of Guam. https://bordallo.house.gov/media-center/press-releases/bordallo-testifies-senate-hearing-omnibus-territories-act-palau-compact.

United States Navyband (The). Palau National Anthem. http://www.navyband.navy.mil/anthems/ANTHEMS/Belau.mp3.

US Department of the Interior. 2004. Republic of Palau Business Opportunities Report(Sharon Sakuma, Updated 2007). http://pacificsbdc.com/docs/palau-business-opportunities-report-2007.pdf.

US Department of State. Ambassador to Palau – Amy J. Hyatt. Diplomacy in action. http://www.state.gov/r/pa/ei/biog/239887.html.

US Department of State. Diplomacy in Action. Palau (from International Religious Freedom Report 2007). Bureau of Democracy, Human Rights, and Labor. http://www.state.gov/j/drl/rls/irf/2007/90149.html.

US Department of State. Offical Blog(DipNote-Palau). http://blogs.state.gov/countries/palau.

US Department of State. Remarks, Press Releases, and Fact Sheets Pertaining to Palau. Diplomacy in action. http://www.state.gov/p/eap/ci/ps/ c39340.html.

US Department of State. US relations with Palau. Diplomacy in action. http://www.state.gov/r/pa/ei/bgn/1840.html.

USGS. M6.4 – Palau Region. Earthquake Hazards Program. http://earthquake.usgs.gov/earthquakes/eventpage/iscgem833516#general.

Vanderklippe, Nathan. 2015. After Guantanamo, life on Pacific island was difficult. (28 June 2015). The Globe and Mail. http://www.theglobeand mail.com/news/world/after-guantanamo-life-on-pacific-island-was-difficult/article25172787/.

Vitchek, Andre. 2011. Wooing the Islands: China and Taiwan High Stakes Bid for Pacific Island Support. The Asia-Pacific Journal – Japan Focus. (15 January 2011). http://www.japanfocus.org/-Andre-VItchek/2727.

Vogelmann, Connie. 2014. Palau tiny country, big problem. Yale School of Forestry & Environmental Studies – F&ES Blog. 29 January 2014 article. https://environment.yale.edu/blog/2014/01/palau-tiny-country-big-problems-2/.

Ward, Martha C.. 2005. Nest in the Wind – Adventures in Anthropology on a Tropical Island, 2nd Edition. Waveland press. Long Grove, Illinois. pp. 178. http://books.google.co.kr/.

Watts, Jonathan and MacAskill, Ewen. 2009. Palau agrees to take in Uighur Muslims from Guantanamo. The Guardian. (11 June 2009). http:// www.theguardian.com/world/2009/jun/10/palau-uighurs-guantanamo.

Weatherbase. Palau. http://www.weatherbase.com/weather/city.php3?c=PW&refer=&name=Palau.

Weng, Kevin and Guilbeaux, Michael. Marine Resources of Helen Reef in the Year 2000. A Summary Report of the Helen Reef Baseline Monitoring Expeditions sponsored by the Hatohobei Natural Resource Management Program. Hatohobei State, Republic of Palau. The Community Conservation Network, Honolulu, Hawaii. 2000. pp.10. http://www.friendsoftobi.org/thisisnow/HelenReef2000MonitoringExpeditio n.pdf.

White House(The). Remarks by President Obama to the Australian Parliament(17 November 2011). Office of the Press Secretary. https://www. whitehouse.gov/the-press-office/2011/11/17/remarks-president-obama-australian-parliament.

Wikipedia. Aimeliik. http://en.wikipedia.org/wiki/Aimeliik.

Wikipedia. Airai. https://en.wikipedia.org/wiki/Airai.

Wikipedia. Angaur. https://en.wikipedia.org/wiki/Angaur.

Wikipedia. Antelope. https://en.wikipedia.org/wiki/Antelope_(1781_EIC_packet_ship)).

Wikipedia. Battle of Peleliu. https://en.wikipedia.org/wiki/Battle_of_Peleliu).

Wikipedia. Bauxite. http://en.wikipedia.org/wiki/Bauxite.

Wikipedia. Belau rekid. http://en.wikipedia.org/wiki/Belau_rekid.

Wikipedia. Calamondin. http://en.wikipedia.org/wiki/Calamansi.

Wikimedia Commons. Palau(png). https://commons.wikimedia.org/wiki/File:Un-palau.png.

Wikipedia. Compact of Free Association. https://en.wikipedia.org/wiki/Compact_of_Free_Association.

Wikipedia. Economy of Palau. https://en.wikipedia.org/wiki/Economy_of_Palau.

Wikipedia. Environment of Palau. https://en.wikipedia.org/wiki/Environment_of_Palau.

Wikipedia. Fishing industry in Palau. https://en.wikipedia.org/wiki/Fishing_industry_in_Palau.

Wikipedia. Foreign relations of Palau. https://en.wikipedia.org/wiki/Foreign_relations_of_Palau.

Wikipedia. German-Spanish Treaty(1899). http://en.wikipedia.org/wiki/German%E2%80%93Spanish_Treaty_(1899).

Wikipedia. Governor of Nanyo. https://en.wikipedia.org/wiki/Governor_of_Nanyo.

Wikipedia. Governor of the South Pacific Mandate. http://en.wikipedia.org/wiki/Governor_of_the_South_Pacific_Mandate.

Wikipedia. Hatohobei. https://en.wikipedia.org/wiki/Hatohobei.

Wikipedia. High Commissioner of the Trust Territory of the Pacific Islands. http://en.wikipedia.org/wiki/High_Commissioner_of_the_Trust_Territory_of_the_Pacific_Islands.

Wikipedia. High Island. https://en.wikipedia.org/wiki/High_island.

Wikipedia. History of Palau. https://en.wikipedia.org/wiki/History_of_Palau.

Wikipedia. loueldaob. https://en.wikipedia.org/wiki/loueldaob.

Wikipedia. Israel-Palau Relations. http://en.wikipedia.org/wiki/Israel%E2%80%93Palau_relations.

Wikipedia. Japan-Palau relations. https://en.wikipedia.org/wiki/Japan%E2%80%93Palau_relations.

Wikipedia, Jellyfish Lake. https://en.wikipedia.org/wiki/Jellyfish_Lake.

Wikipedia. Johnson Toribiong. http://en.wikipedia.org/wiki/Johnson_Toribiong.

Wikipedia. Kanaka(Pacific Island worker). https://en.wikipedia.org/wiki/Kanaka_(Pacific_Island_worker).

Wikipedia. Kayangel. https://en.wikipedia.org/wiki/Kayangel.

Wikipedia. Koror. http://en.wikipedia.org/wiki/Koror.

Wikipedia. Kuniwo Nakamura. http://en.wikipedia.org/wiki/Kuniwo_Nakamura.

Wikipedia. Lapita culture. https://en.wikipedia.org/wiki/Lapita_culture.

Wikipedia. Law enforcement in Palau. http://en.wikipedia.org/wiki/Law_enforcement_in_Palau.

Wikipedia. Lazarus Salii. http://en.wikipedia.org/wiki/Lazarus_Salii.

Wikipedia. List of diplomatic missions in Palau. https://en.wikipedia.org/wiki/List_of_diplomatic_missions_in_Palau.

Wikipedia. List of political parties in Palau. https://en.wikipedia.org/wiki/List_of_political_parties_in_Palau.

Wikipedia. List of rivers of Palau. https://en.wikipedia.org/wiki/List_of_rivers_of_Palau.

Wikipedia. Low island. https://en.wikipedia.org/wiki/Low_island.

Wikipedia. Maderangebuked. http://en.wikipedia.org/wiki/Maderangebuked.

Wikipedia. Mariana and Palau islands campaign. https://en.wikipedia.org/wiki/Mariana_and_Palau_Islands_campaign.

Wikipedia. Melekeok. https://en.wikipedia.org/wiki/Melekeok.

Wikipedia. Ngaraard. https://en.wikipedia.org/wiki/Ngaraard.

Wikipedia. Ngarchelong. https://en.wikipedia.org/wiki/Ngarchelong.

Wikipedia. Ngardmau. https://en.wikipedia.org/wiki/Ngardmau.

Wikipedia. Ngardmau. Cultural History(Ngerchokl water well). http://en.wikipedia.org/wiki/Ngardmau.

Wikipedia. Ngatpang. https://en.wikipedia.org/wiki/Ngatpang.

Wikipedia. Ngchesar. https://en.wikipedia.org/wiki/Ngchesar.

Wikipedia. Ngeremlengui. https://en.wikipedia.org/wiki/Ngeremlengui.

Wikipedia. Ngiratkel Etpison. http://en.wikipedia.org/wiki/Ngiratkel_Etpison.

Wikipedia. Ngiwal. https://en.wikipedia.org/wiki/Ngiwal.

Wikipedia. Pacific class patrol boat. http://en.wikipedia.org/wiki/Pacific-class_patrol_boat.

Wikipedia. PacificFlier. http://en.wikipedia.org/wiki/Pacific_Flier.

Wikipedia. Palau. http://en.wikipedia.org/wiki/Palau.

Wikipedia. Palau-Foreign Relations. http://en.wikipedia.org/wiki/Palau#Foreign_relations.

Wikipedia. Palau Micronesia Air. http://en.wikipedia.org/wiki/Palau_Micronesia_Air.

Wikipedia. Palau Pacific Airways. https://en.wikipedia.org/wiki/Palau_Pacific_Airways.

Wikipedia. Palau-United States relations. https://en.wikipedia.org/wiki/Palau%E2%80%93United_States_relations.

Wikipedia. Peleliu. https://en.wikipedia.org/wiki/Peleliu.

Wikipedia. President of Palau. http://en.wikipedia.org/wiki/President_of_Palau.

Wikipedia. Religion in Palau. https://en.wikipedia.org/wiki/Religion_in_Palau.

Wikipedia. Roger Curtis Green. https://en.wikipedia.org/wiki/Roger_Curtis_Green.

Wikipedia. Sonsorol. http://en.wikipedia.org/wiki/Sonsorol.

Wikipedia. Sonsorolese language. http://en.wikipedia.org/wiki/Sonsorolese_language.

Wikipedia. Sunda islands. http://en.wikipedia.org/wiki/Sunda_Islands.

Wikipedia. Thomas Remengesau, Sr. http://en.wikipedia.org/wiki/Thomas_Remengesau,_Sr.

Wikipedia. Tommy Remengesau. http://en.wikipedia.org/wiki/Tommy_Remengesau.

Wikipedia. Totem. http://en.wikipedia.org/wiki/Totem.

Wikipedia. Uyghur detainees at Guiantanamo Bay. https://en.wikipedia.org/wiki/Uyghur_detainees_at_Guantanamo_Bay.

Wikipedia. Uyghur people. http://en.wikipedia.org/wiki/Uyghur_people.

Wikipedia for Schools. Palau. http://schools-wikipedia.org/wp/p/Palau.html.

Wired Jester(The). 2008. Thousand Yard Stares: Ruins and Ghosts of the Battle of Peleliu 1944. http://thewiredjester.co.uk/2009/04/11/thousand-yard-stares-ruins-and-ghosts-of-the-battle-of-peleliu-1944-2008/.

Wolf, Arthur. 2014. In, Incest avoidance and the incest taboos - Two aspects of human natures. Standford University Press. Standford. https://books.google.co.kr/.

Wollstein, Andreas. Lao, Oscar. Bocker, Christian. Brauer, Silke. Trent, Ronald J.. Numberg, Peter. Stoneking, Mark and Kayser, Manfred. 2010. Demographic History of Oceania Inferred from Genome-wide Data. Current Biology 20(22): 1983-1992.

Wonder Mondo. Palau-Main attractions. http://www.wondermondo.com/Palau.html.

World Bank(The). Foreign Direct Investment Net Inflows(BOP, current) - Palau. http://data.worldbank.org/indicator/BX.KLT.DINV.CD.WD?locations=PW.

World Bank(The). 2013. New Project Towards Improving Phone, Internet Access in North Pacific. http://www.worldbank.org/en/news/press-release/2013/06/09/new-project-towards-improving-phone-internet-access-in-north-pacific.

World Bank Group. Doing Business - Palau. http://www.doingbusiness.org/data/exploreeconomies/palau/paying-taxes/.

World Heritage Encyclopedia. History of Palau(WHEBN0014952301). http://www.worldlibrary.org/articles/History_of_Palau.

World Statesmen. Palau. http://www.worldstatesmen.org/Palau.htm.

WWII - Mariana & Palau Islands Campaign. http://kpresnell.wix.com/wwii#!mariana-and-palau-islands-campaign.

국가멜로디. 벨라우. http://www.nationalanthems.me/palau-belau-rekid/.

국가멜로디. 팔라우. http://www.navyband.navy.mil/national_anthems.html.

기상청. 탁월풍. 기상백과. http://web.kma.go.kr/communication/encyclopedia/list.jsp?schText=%C5%B9%BF%F9%C7%B3.

김창원. 2015. 필리핀해전 - 유용원의 군사세계. 조선일보.
(1화) http://bemil.chosun.com/site/data/html_dir/2015/07/03/2015070301985.html.
(2화) http://bemil.chosun.com/site/data/html_dir/2015/07/03/2015070301998.html.
(3화) http://bemil.chosun.com/site/data/html_dir/2015/07/03/2015070302126.html.

다음백과. 보크사이트. http://100.daum.net/encyclopedia/view/b09b3825a.

두산백과. 보크사이트. http://terms.naver.com/entry.nhn?docId=1102819&cid=40942&categoryId=32305.

두산세계대백과. 팔라우. http://pro.gjue.ac.kr/~kang/nation/palau/palau.htm.

미국 국립과학재단(NSF). http://nsf.gov/news/mmg/media/images/palau_map_NOAA.jpg.

아틀란틱 연구 및 컨설팅사(Atlantic Research & Consulting(ARC)). 2013. 피지, 사모아, 팔라우, 쿡제도, 나우루 사업현황조사 및 진출방안. 적도태평양연구인프라구축사업 (PE98962), 한국해양과학기술원 보고서.

야나드림. 팔라우여행정보. http://Yanakorea.blogspot.kr/.

에밀리의 괌 일상. 팔라우 공항. http://blog.naver.com/PostView.nhn?blogId=shynabisky&log

No=220124095656.

외교부. 팔라우. 주 필리핀 대한민국 대사관. http://embassy_philippines.mofat.go.kr/korean/as/embassy_philippines/legation/adjunct/palau/ index.jsp.

외교부. 팔라우 개황 2011. 주 필리핀 대한민국 대사관. http://embassy_philippines.mofa.go.kr/webmodule/htsboard/template/read/korboardread. jsp?typeID=15&boardid=7623&seqno=784830.

외교부. 팔라우 개황 2013. 주 필리핀 대한민국 대사관. http://embassy_philippines.mofa.go.kr/webmodule/htsboard/template/read/korboardread. jsp?typeID=15&boardid=7623&seqno=1133769.

외교부. 팔라우 약황. 주 필리핀 대한민국 대사관. http://www.mofa.go.kr/webmodule/htsboard/template/read/korboardread_tab.jsp?typeID=24& boardid=11665&seqno=12376&c=&t=&pagenum=1&tableName=TYPE_KORBOARD&pc=&dc=&wc=&lu=&vu=&iu=&du=.

위키백과. 남오세티야. https://ko.wikipedia.org/wiki/%EB%82%A8%EC%98%A4%EC%84%B8%ED%8B%B0%EC%95%BC.

위키백과. 바벨다오브 섬. http://ko.wikipedia.org/wiki/%EB%B0%94%EB%B2%A8%EB%8B%A4%EC%98%A4%EB%B8%8C_%EC%84%AC.

위키백과. 얍하지야. https://ko.wikipedia.org/wiki/%EC%95%95%ED%95%98%EC%A7%80%EC%95%BC.

위키백과. 태평양 전쟁. http://ko.wikipedia.org/wiki/%ED%83%9C%ED%8F%89%EC%96%91_%EC%A0%84%EC%9F%81.

위키백과. 탁월풍. https://ko.wikipedia.org/wiki/%ED%83%81%EC%9B%94%ED%92%8D.

윤재준. 2015. 불법활동 외국어선 태워버린 남태평양국의 팔라우. 파이낸셜뉴스(2015.06.12.). http://www.fnnews.com/news/201506121646028178.

일본외무성. PALM7(The 7th Pacific Islands Leaders Meeting). http://www.mofa.go.jp/mofaj/a_o/ocn/page22_001669.html.

임페리얼팔라우임팩코퍼레이션(Imperial Palau Corporation(IMPAC)). 식당 안내. http://www.impackorea.co.kr/Restaurant_Main.aspx.

임페리얼팔라우임팩코퍼레이션(Imperial Palau Corporation(IMPAC)). 출국 안내. http://www.impackorea.co.kr/Palau_FlightInOut.aspx.

임페리얼팔라우임팩코퍼레이션(Imperial Palau Corporation(IMPAC)). 최신 뉴스. http://www.impackorea.co.kr/BoardRead.aspx?BoardSeq=73.

임페리얼팔라우임팩코퍼레이션(Imperial Palau Corporation(IMPAC)). 팔라우 기본 정보. http://www.impackorea.co.kr/Palau_BaseInfo.aspx.

임페리얼팔라우임팩코퍼레이션(Imperial Palau Corporation(IMPAC)). 팔라우안내-팔라우지도. http://

www.impackorea.co.kr/Palau_Map.aspx.

임페리얼팔라우임팩코퍼레이션(Imperial Palau Corporation(IMPAC)). 팔라우 정부. http://www.impackorea.co.kr/Palau_AccessMethod.aspx.

임페리얼팔라우임팩코퍼레이션(Imperial Palau Corporation(IMPAC)). 호텔 안내. http://www.impackorea.co.kr/Hotel_Main.aspx.

주강현. [적도태평양 횡단기 ⑤ 팔라우] '아이고다리'의 전설을 아십니까. http://legacy.h21.hani.co.kr/section-021046000/2007/12/021046000200712060688006.html.

주 필리핀 대한민국 대사관. 2015. 팔라우 개황. http://embassy_philippines.mofa.go.kr/webmodule/htsboard/template/read/korboardread.jsp?typeID=15&boardid=7623&seqno=1208128

족장사회. http://webcache.googleusercontent.com/search?q=cache:ZCd3LAm1AbAJ:221.145.178.204/nrichdata/common/gogohak/hwp/13250.hwp+&cd=10&hl=ko&ct=clnk&gl=kr&lr=lang_ko.

팔라우 관광청. 식당소개(Restaurants). http://pristineparadisepalau.com/thingstodo/view.php?type=Restaurant.

하나투어. 팔라우 설명회 자료. http://inside.hanatour.co.kr/inside/information/pacific/palau/cd/palau_explan.htm.

한국 웨딩뉴스(Korea Wedding News). 세계신혼여행지 지역정보. 팔라우. http://www.koreaweddingnews.com/html/hunymoon/oseania/oseania-prw-002.html.

外務省. 第7回太平洋・島サミット(PALM 7). http://www.mofa.go.jp/mofaj/a_o/ocn/page22_001669.html.

색 인

( )
어드미럴티 제도(Admiralty Islands) 29

(7)
70 아일랜드(Seventy Islands) 132

(A)
Asia Pacific Commercial Bank 122

(B)
Bai(남자들의 회의 장소) 89, 167~171, 173, 174
Belau Modekngei School(BMS) 205
Belau rekid(Our Palau) 106
Belulu 42
Bethania High School 205

(D)
Dolphin Pacific 134

(F)
Fais 섬 234
First Fidelity Bank 122
Flinn 32

(G)
GCF(Green Climate Fund) 207

(J)
Japan International Cooperation Agency (JICA, 일본 국제 협력단) 220.
Japan's Grant Assistance for Grassroots Human Security Project(GGP) 205, 218

(K)
Kiste 37

(L)
Larry Miller 115
Lord Morris Davidson 116

(M)
Micronesian Challenge Initiative(MCI) 116
Monkey Island(원숭이 섬) 90

(P)
Palau Airways 125
Palau Construction Bank 122
Palau Saving Bank 122
PALM 7 206
PICRC(Palau International Coral Reef Center) 62
PSS(President) 86

(R)
Rois 마을 90
Romónum 37

(S)
Stylotella agminata 63

(T)
The Journal of the Polynesian Society Huntsman and McLean 34

(W)
WCTC 쇼핑센터 93

(Y)
Ymesei O. Ezekiel 106

(ㄱ)
가라르드(Ngaraard) 87, 95~97
가렘렝구이(Ngeremlengui) 97
가르드마우(Ngaradmau) 97
가르첼롱(Ngarachelong) 95
가트팡(Ngatpang) 87, 100
거초(fringing reefs) 17, 39, 60,
게르첼추스 산(Ngerchelchuus) 88, 99
관타나모(Guantanamo) 죄수 118
국제연맹(League of Nations) 72

근친상간 33~35
글리포드(Glifford) 28
기왈(Ngiwal) 87

(ㄴ)
나모록 34
나우루 16, 39, 206, 222, 226
남오세티야 155
노다 요시히코 총리 205
뉴브리튼(New Britain) 섬 27, 29
뉴질랜드(New Zealand) 23, 25, 26, 127
니그리토(Negrito) 68

(ㄷ)
대만 타오위안 국제 공항 125
대만(Taiwan) 79, 83, 109, 113, 114, 122, 123, 124, 125, 126, 141, 143, 196, 197, 221~224, 229
대만-태평양 연합국 정상회의
(Taiwan-Pacific Allies Summit) 114
독일-스페인 협정(German-Spanish Treaty) 72
동족결혼 34

(ㄹ)
라피타 문화(Lapita culture) 21, 22, 25, 26, 28, 29
로저 그린(Roger Green) 22
롱비치(Long Beach) 133

(ㅁ)
마르키즈 제도 23, 25
마리아나 제도 16, 30, 39, 65, 72, 73
마리아나 해구(Mariana Trench) 64
마리아나·팔라우 제도 전투 72
마셜 제도 15, 16, 18, 33, 34, 35, 37, 75, 116, 155, 200, 206, 222, 226, 227
마이크로네시아 연방국(FSM) 16, 30, 39, 65, 72, 73, 200, 205, 206, 223, 226,
마이크로네시아(Micronesia) 14, 15, 16, 26, 30, 32, 33, 34, 35, 37, 36, 38, 39, 53, 55, 60, 61, 88, 116, 119, 155, 156, 157, 158, 165, 167, 193, 222, 228
마이크로네시아어 29, 30
맥 마셜(Mac Marshall) 33
멜라네시아(Melanesia) 14, 16, 22, 23, 26, 165, 165
멜레케오크(Melekeok) 43, 53, 55, 87, 88, 94, 149, 163
모데카이(Modekngei) 45
무역풍 25
문화 전파주의(Diffusionism) 23
미국 해양 대기청(NOAA) 60

미욘스(Meyuns) 92
밀키웨이(Milky way) 133

(ㅂ)
바누아투 15, 23, 206, 226, 227
바벨다오브 섬 55, 87, 88, 89, 92, 94, 95, 100, 101, 175
보세이마루(Bosei Maru) 158
보초(barrier reef) 17, 55, 60, 66
부계살이 37
비스마르크 제도 21, 22, 28
비키니 섬 34, 37
비핵무장 헌법 117

(ㅅ)
사모아 15, 21, 22, 23, 25, 26, 28, 225, 226
사사카와 료이치 206
산 후안(San Juan) 71
산호섬(low-island) 35, 37~39
산호초 17, 38, 43, 56, 59~61, 64, 66, 91
상어 보호지역(Shark Sanctuary) 58
샤를 드 브로스(Charles de Brosses) 15
서캐롤라인 65
세푸삭티 에너지사(Cepu Sakti Energy PTE Ltd) 225
솅겐존(Schengen zone) 227
소시에테 제도(Society Islands) 23, 25, 26
손소롤(Sonsorol) 45, 56, 71, 87, 90, 103
솔로몬 제도 15, 20, 23, 72
순다 열도(Sunda Islands) 68
슈틀러(Shuttler) 28
스페인 동인도(Spanish East Indies) 72
신거주살이(neolocal) 37
신탁통치 16, 48, 70, 74~76, 81~83, 113, 117, 141, 159, 165, 166,

(ㅇ)
아르노 34, 35
아시아개발은행(Asian Development Bank) 191
아이라이(Airai) 87, 88, 89, 92, 100, 113, 127, 153, 169, 173, 175
아이멜리크(Aimeliik) 87
앙가우르(Angaur) 45, 46, 51, 55, 66, 87, 90, 164, 175, 177, 179, 180
얍 34~36, 39, 46, 64, 154
얍하지야 155,
얍 해구(Yap Trench) 64
양해 각서(MOU) 154

오스트로네시아 어족(Austronesian language family) 29
와톰(Watom) 섬 27
외숙거제(avunculocal residence) 37
우즈홀 해양연구소
(Woods Hole Oceanographic Institution,WHOI) 226
이스터 섬 23~26, 28
이원제 의회(bicameral) 48
일반풍 66

(ㅈ)
자유연합협정 48, 70, 76, 77, 115, 117, 121, 141, 155, 156, 157, 158
족장 의회(The Council of Chiefs) 86
존슨 토리비옹(Johnson Toribiong) 58, 70, 71, 79, 87
주팔라우 대만 대사관 221
주팔라우 일본 대사관 218
질 뒤몽 뒤르빌(Jules Dumont d'Urville) 15

(ㅊ)
차모로족 30
체사르(Ngchesar) 87, 100
첼바체브 제도(Rock Island) 56, 57, 61, 87, 92, 132
초호(lagoon) 39
추측항법(dead-reckoning) 20
축(Chuuk) 36

(ㅋ)
카나카족 30, 31
카누 22, 167, 171, 176
카양겔(Kayangel) 56, 87
캐롤라인 섬 55
케라이 마리우르(Kerai) 87
코로르(Koror) 43, 48, 51, 52, 53, 55, 56, 69, 70, 80, 81, 83, 87, 88, 89, 91, 92, 93, 101, 113, 127, 131, 133, 134, 136, 138, 162, 164, 165, 167, 175, 180, 181
코로르-바벨다오브 다리 53, 88, 92, 147, 148, 178, 181
코스레(Kosrae) 37, 39
쿠니오 나카무라(Kuniwo Nakamura) 158
쿡 제도 25, 26, 206, 207
키리바시 16, 18, 206, 222, 226, 227

(ㅌ)
탁월풍 66
탄소 동위원소 연대 측정(Radiocarbon dating) 24, 25
태평양 도서국 15, 57, 119, 141
태평양 도서국 포럼(Pacific Island Forum) 222
태평양 위임 통치령 200

태평양 지역 환경 계획(SPREP) 207
토미 에상 레멘게사우 주니어(Tommy Esang Remengesau, 70, 79, 84, 195, 208, 209, 228
토비(Tobi) 91
통가(Tonga) 15, 23, 24, 206, 226, 227

(ㅍ)
파인스(Pines) 섬 28
파푸아뉴기니 15, 16, 20, 22, 27, 206, 223, 227, 228
팔라우(Palau) 15, 16, 32, 36, 37~39, 43, 45, 48, 53, 55~63, 66~68, 71, 72, 74~79, 85~88, 106, 108, 113, 114~119, 121, 122, 124, 125, 127, 128, 130, 131, 132, 135, 136, 138, 139, 141, 142, 145, 154~173, 175~181, 190~201, 203, 205~208, 218, 220~268
팔라우 국립 박물관 48
팔라우 국제 산호초 센터(Palau International Coral Reef Center) 228
팔라우 국제공항(Palau International Airport) 88
팔라우의 21개 보호구역 63
팔라우 입국 신고서 131
팔라우 컴팩트 로드 프로젝트(Palau Compact Road Project) 193
팔라우 해구(Palau Trench) 65
페르디난드 마젤란(Ferdinand 71
펠렐리우(Peleliu) 51, 55, 66, 101, 164
펠렐리우 전투(Battle of Peleliu) 73, 74
폰페이 34, 35, 39
폴리네시아(Polynesia) 14~16, 23, 24, 26, 28, 34
풀랍(Pulap) 36
피그미인 68
피지 15, 18, 21~23, 25, 26, 206, 227, 228

(ㅎ)
하와이(Hawaii) 15, 23, 25, 26, 30, 113, 166
하짐 텔레이(Hazime T. Telei) 87
하토호베이(Hatohobei) 46
한사리(spring tide) 67
항상풍 66
항해통로 20
해파리 호수(Jellyfish Lake) 132, 138,
호주 16, 19, 20, 30, 31, 50, 87, 127, 156, 191, 206, 227
화산섬(high-island) 38, 39, 56, 66
환초섬 16, 24, 25
흑제도(the Black Islands) 68

태평양 도서국 총서 ⑤
팔라우

2015년 11월 30일 초판 1쇄 인쇄
2015년 11월 30일 초판 1쇄 발행

저　　자	권문상, 이미진
발 행 처	한국해양과학기술원
	경기도 안산시 상록구 해안로 787
	031-400-6507
제　　작	㈜ 비전테크시스템즈
	서울특별시 송파구 위례성대로 16길 27 거성빌딩
	02-3432-7132
	anycopy@visionts.co.kr
출판등록	제2009-000300호

ⓒ 한국해양과학기술원
ISBN 979-11-86184-26-4
ISBN 979-11-950279-2-7 (세트)

값 20,000원

이 책은 저작권법에 의해 보호받는 저작물이므로 무단 전재 및 복제를 금합니다.
이 도서의 국립중앙도서관 출판예정도서목록(CIP)은 서지정보유통지원시스템 홈페이지(http://seoji.nl.go.kr)와 국가자료공동목록시스템(http://www.nl.go.kr/kolisnet)
에서 이용하실 수 있습니다.(CIP제어번호: CIP2014033537)